Un chat POUR LES NULS

Un chat POUR LES NULS

Gina Spadafori & Paul Dilion

First Editions

Un chat pour les Nuls
Wiley Publishing, Inc.
909 Third Avenue
New york, NY 10022.

Pour les Nuls est une marque déposée de Wiley Publishing, Inc.
For Dummies est une marque déposée de Wiley Publishing, Inc.
Maquette : Laurie Cohen
Traduction : Véronique Lévy

Edition française publiée en accord avec Wiley Publishing, Inc.
© 2002 par Éditions Génerales First
27, rue Cassette
75006 Paris – France
Tél : 01 45 49 60 00
Fax : 01 45 49 60 01
E-mail : firstinfo@efirst.com
Web : www.efirst.com
ISBN : 2-87691-768-8
Dépôt légal : 3e trimestre 2003
Imprimé en Italie

Sommaire

Introduction

Bienvenue dans *Un chat pour les Nuls*, la référence la plus actuelle et la plus simple à consulter sur un animal de compagnie parmi les plus merveilleux, mystérieux et fascinants : le chat.

Nous voulions commencer ce livre en vous présentant un aperçu de son contenu, les raisons pour lesquelles vous deviez l'acheter, et en soulignant tout ce que ses informations essentielles pouvaient vous apporter. Mais, comme cela arrive souvent, un chat a eu une meilleure idée.

Le chat en question est PC, l'adorable minette de Paul, qui a *toujours* une meilleure idée.

Nous avons commencé à discuter de notre projet de livre, il y a des mois, dans le bureau à domicile (une chambre reconvertie) de Paul. Cet espace occupé à l'extrême témoigne de ses trois grandes passions : les animaux, l'informatique et la médecine. (Le bureau de Gina, situé dans une autre chambre reconvertie de son domicile quelque trente kilomètres plus loin, est dédié à trois thèmes semblables, dont seul le dernier varie : les livres.)

Le bureau de Paul, agrémenté d'un magnifique aquarium rempli de poissons aux couleurs vives, se compose d'une machine à ultrasons très sophistiquée nichée entre deux bureaux. Ajoutez à cela deux ordinateurs, un fax et un ou deux portables. Une multitude de dossiers s'étalent un peu partout : empilés sur les zones inoccupées des bureaux, sur le sol, stockés dans des armoires de rangement de toutes les tailles et de toutes les formes. Sur les murs, des photos de ceux qu'il aime, hommes et bêtes, se mêlent à quelques récompenses reçues pour ses travaux de recherches qui ont contribué à faire progresser la médecine vétérinaire, et partant à améliorer la condition de nos amies les bêtes.

Par une journée ordinaire, les deux terriers de la famille se promèneraient en toute liberté, recherchant tour à tour l'attention de leurs maîtres à l'intérieur ou aboyant après les passants le long de la haie derrière la maison. Dans la pièce d'à côté, un oiseau handicapé sauvé par la femme de Paul, également vétérinaire, se divertissait avec ses jouets et son étonnant répertoire de sons.

Mais cette journée n'était pas ordinaire ; elle appartenait au chat.

Avec cette étonnante habileté qu'ont tous les petits félins à repérer les moments où il est – ou devrait être – question d'eux, PC essaya d'attirer notre attention alors que nous discutions du projet tout en prenant des notes. Elle se frotta contre nos jambes tout en miaulant, puis s'assit sur ses pattes postérieures, leva ses deux pattes antérieures dans notre direction et les joignit. Comme cela ne provoquait toujours pas l'effet souhaité, elle se rassembla et sauta sur le bureau, son corps tigré et soyeux atterrissant au milieu de nos notes. Après s'être bien fait comprendre, cette fois, elle s'allongea sur le flanc et commença à ronronner.

« N'oubliez pas qui commande ici », dit-elle aussi clairement que si elle avait pu parler, en nous laissant entrevoir une petite lueur de victoire, à travers ses yeux mi-clos.

Nous ne l'avons jamais oublié.

Les chats adorent être le centre de l'attention, et PC, le chat de Paul, sait parfaitement bien comment s'y prendre.

Ce que savent les chats… et ce que vous devez savoir

Nous avons écrit ce livre pour votre chat ; cela ne fait aucun doute. Mais pour une raison étrange et certainement injuste, votre chat ne peut l'acheter tout seul. (Cela n'est peut-être pas si étrange ; après tout, les membres de la royauté n'achètent jamais de livres eux-mêmes !)

Ne le dites pas à votre petit compagnon, mais aucun chat ne peut acheter de livres, et encore moins en lire. Un minet ne peut pas non plus prendre de sages décisions concernant ses soins vétérinaires, vous montrer comment garder ses griffes bien taillées ou choisir des jouets et accessoires appropriés. Il ne peut même pas vous dire pourquoi votre installation de bac à litière en fait un lieu peu convenable pour aller faire... ce qu'il a à faire.

Il ne peut pas, mais *nous*, nous pouvons.

Comprendre les problèmes de litière n'est qu'une infime portion de tout ce que nombre d'entre nous ne connaissent pas sur nos petits amis à poils. La recherche vétérinaire a longtemps négligé les chats. Jusque dans les années 1960, les idées que l'on se faisait des maladies félines et de leurs traitements étaient des plus simplistes, la médecine féline ayant pris un retard considérable par rapport à celle des autres animaux domestiques tels que les chiens ou les chevaux.

Certes, il existe des raisons à cette négligence. Si, tout au long des siècles, ces infatigables chasseurs de rongeurs ont été en tous points aussi importants pour l'espèce humaine que nos autres compagnons animaux, ils ont toujours procédé à leur manière et dans leur propre style. Pendant que les chevaux étaient élevés et entraînés pour courir, encadrer les troupeaux et tirer les charrues, les chats attrapaient rats et souris. Pendant que les chiens étaient élevés et entraînés pour accomplir des centaines de tâches (protection, chasse, course, contrôle des troupeaux, etc., plus quelques adaptations à la vie moderne, telles que servir les personnes handicapées), les chats attrapaient rats et souris.

Parfaitement autonomes, nos petits félins se sont très bien débrouillés tout seuls pendant des centaines d'années, franchissant dans un sens comme dans l'autre et sans difficulté la limite entre mondes sauvage et domestique. Ils ont toujours trouvé parmi nous des partisans qui les aimaient et les admiraient pour leur beauté, mais également des ennemis n'appréciant guère leur liberté et leur indépendance. D'autres, jugeant le chat totalement inutile, les ont ignorés superbement. Dans le domaine de la recherche médicale et comportementale, malheureusement, ce dernier groupe l'a toujours emporté – jusqu'à une période très récente.

L'animal de compagnie privilégié du XXIe siècle

Si d'aucuns continuent à détester les chats, de plus en plus nombreux sont ceux qui les aiment et contribuent, chacun à son niveau, à l'amélioration de leur condition de vie dans des domaines aussi importants que la recherche médicale, l'étude du comportement ou la fabrication d'accessoires destinés à faciliter la cohabitation entre chats et humains.

Le chat est aujourd'hui le deuxième animal de compagnie le plus populaire en France (après les poissons). Neuf millions d'entre eux partagent la vie des Français, devançant les chiens d'un million.

Tous les amateurs de chats ont une caractéristique commune, en plus de leur amour pour ces petits félins : ils n'hésitent pas à dépenser de l'argent pour leurs compagnons. En France, les animaux de compagnie représentent annuellement une industrie d'environ cinq milliards d'euros, et les biens et services félins constituent une fraction importante de ce chiffre. Cette nouvelle demande d'un nombre croissant de propriétaires de chats à vouloir offrir les meilleurs produits et soins à leurs animaux a permis de faire évoluer la médecine féline et a poussé les fabricants à proposer des produits de plus en plus performants pour servir cette part du marché.

Un consommateur averti...

Des millions de chats meurent chaque année, certains parce qu'ils n'ont pas de foyer, d'autres parce qu'ils n'ont pu recevoir les soins qui auraient pu les sauver. De mauvaises informations et des conclusions trop hâtives sont souvent à l'origine de ces tragédies. (De nombreuses légendes et idées fausses circulent encore sur les chats – nous en « décortiquons » quelques-unes au chapitre 17.)

Il est donc impératif d'en savoir un minimum sur les chats pour éviter toute mauvaise surprise. Cet ouvrage a été conçu pour vous apporter toutes les connaissances nécessaires, et plus, pour vous aider à choisir le compagnon félin de vos rêves et à le garder en bonne santé pendant de nombreuses années.

Si le chat est un animal très discret qui s'accommode facilement de la vie des humains, il est toutefois nécessaire de ne pas le confondre avec une plante d'appartement (comme le font, malheureusement, bon nombre de nouveaux propriétaires de chats). En effet, même si leur nourriture est peu coûteuse, si les soins qu'ils exigent sont modestes et s'ils tiennent un minimum de place, les chats ont néanmoins *régulièrement* besoin d'amour et d'attention. Et ce n'est pas tout : un chat peut – et *doit* – être éduqué (pour éviter qu'il ne fasse ses griffes sur vos meubles, par exemple). Pour cela, quelques connaissances du monde félin sont indispensables.

Les informations proposées dans ce livre devraient vous apporter toutes les connaissances nécessaires pour choisir, élever et entretenir un chat le mieux du monde. Nous voulons faire de vous un consommateur *averti* de biens, services et informations félines. Ainsi, vous ne tomberez pas « amoureux » d'un chaton sans vous être préalablement assuré qu'il est en bonne santé ; vous n'adopterez aucun chat sans avoir réfléchi à vos préférences : à poils longs ou courts, avec ou sans pedigree, ou encore de tempérament calme ou actif.

Ce livre contient également toutes les informations essentielles dans le domaine de la santé (prévention des maladies, étude du comportement, hygiène, etc.) et de la nutrition féline (de sorte d'offrir à votre compagnon une alimentation saine et équilibrée), en bref, tout ce que vous devez savoir pour vivre heureux avec votre chat. Malheureusement, de nombreuses personnes passent plus de temps à sélectionner un article commercial pour eux-mêmes qu'à s'informer correctement pour choisir le bon chat et lui apporter tous les soins qu'il mérite.

Pourtant, l'amour et la compagnie d'un chat durent non seulement plus longtemps qu'un repas, mais aussi probablement plus longtemps que votre voiture ou votre ordinateur, que vous n'avez sans doute pas acheté de manière impulsive, sans avoir mené une sérieuse enquête : comparaison des prix et des produits en fonction de vos besoins, du service après-vente, de la qualité, etc.

Votre chat risque même de partager votre vie plus longtemps que votre conjoint(e) ! Et si nous ne pouvons rien faire pour sauver votre couple, nous pouvons, en revanche, vous transformer en un véritable spécialiste du monde félin, en un maître comblé d'un chat heureux.

Organisation du livre

Un chat pour les Nuls est divisé en cinq parties, chacune articulée autour d'un thème particulier. Si vous cherchez à adopter un chat, vous souhaiterez sans doute commencer par le début. Si vous en possédez déjà un, vous pouvez piocher les informations au hasard des chapitres traitant du sujet qui vous intéresse. Vous déménagez ? Voyez le chapitre concernant les chats et les voyages. Vous avez recueilli une chatte pleine qui errait dans votre quartier ? Voyez le chapitre sur l'élevage à domicile pour vous aider à prendre soin de votre nouvel animal et de ses futurs bébés, mais également pour trouver les foyers que ces adorables petits anges mériteront lorsque viendra l'heure de quitter leur nid.

Nous avons réuni dans cet ouvrage tellement d'informations sur le chat que vous voudrez probablement le lire en entier. Sinon, comment pourriez-vous savoir ce que *ronronner* veut dire, ce que sont des *vibrisses*, ou encore comment interpréter le langage corporel de cet être exceptionnel et mystérieux.

Quel que soit l'ordre choisi pour votre lecture, voici ce que vous y trouverez :

Première partie : Commencer à penser chat

Si chaque chat est spécial et certainement unique, certains sont un peu plus particuliers que d'autres. De nombreux chats de race entrent dans cette catégorie tels que le chat basset, Munchkin Cat, le Sphinx (un chat caractérisé par une quasi-absence de poils) ou le Scottish Fold (dont les oreilles sont repliées). Certes, la grande majorité des chats n'ont aucun pedigree, mais nous voulons vous donner suffisamment d'informations sur ceux qui en ont pour que vous sachiez exactement ce que vous pourriez manquer.

Outre ces races distinctives – et parfois étranges –, de nombreux autres aspects sont à considérer avant d'adopter un chat. Certains minets sont plus actifs que d'autres, certains plus bavards, d'autres plus dociles. En ce qui concerne la robe de votre futur compagnon, vous devrez choisir parmi des centaines de couleurs et combinaisons sur poils longs ou courts. (Essayez d'imaginer également ce que donneront ces poils sur votre moquette ou votre pull…) Enfin, vous devrez savoir où vous adresser pour trouver votre compagnon idéal : éleveur, refuge, SPA, etc.

Cette partie vous aidera également à poursuivre des recherches personnelles grâce à un guide concis de ressources félines en lignes.

Deuxième partie : Accueillir un chat dans sa vie

Une fois que vous saurez exactement quel type de chat vous recherchez (chaton, chat adulte, femelle stérilisée, chat de race, etc.), vous aurez besoin d'aide pour trouver *le* chat idéal, celui dont la personnalité vous conviendra le mieux et qui va passer le reste de sa vie en votre compagnie.

Cette partie se propose de vous apporter toutes les informations dont vous avez besoin pour faire ce choix. Nous y avons inclus quelques tests de personnalité pour vous aider à sélectionner les meilleurs candidats : chats et chatons en bonne santé et d'un tempérament sociable. À partir de cette première sélection, vous n'aurez plus qu'à vous laisser guider par votre cœur.

Une fois que votre nouveau compagnon aura fait son entrée dans votre vie, votre relation pourra démarrer d'une bonne patte, si vous suivez toutes les recommandations du chapitre 5 : comment présenter le nouvel arrivant aux autres membres de la famille (bipèdes et quadrupèdes, humains et animaux), s'assurer que la maison ne présente aucun danger pour un chaton curieux, et lui expliquer où il peut faire ses griffes et ses besoins. Enfin, le dernier chapitre de cette partie présente les meilleurs produits disponibles sur le marché félin. Votre chat va adorer !

Troisième partie : Maintenir un chat heureux et en bonne santé

Prendre soin d'un chat, ce n'est pas seulement remplir une gamelle de croquettes tous les matins. Cette partie présente les toutes dernières infos sur la nutrition féline et les soins médicaux (soins préventifs et analyse des problèmes de santé les plus courants). Vous y trouverez également de bons conseils pour vous aider à choisir un bon vétérinaire, et comment vous occuper d'un chat âgé. Vous aider à dire adieu à votre vieux compagnon, lorsque le moment sera venu, fait aussi partie de cette section.

Quatrième partie : Vivre heureux avec un chat

Vous trouverez ici tout ce qu'il faut savoir pour résoudre les problèmes de comportement qui rendent fous la plupart des propriétaires de chats et qui, malheureusement, envoient de nombreux chats dans des refuges sans aucun espoir d'en sortir. Protégez votre moquette, votre mobilier, vos plantes et votre santé mentale en suivant notre guide sur le traitement des troubles du comportement félin. Vous apprendrez également à interpréter le langage corporel de votre chat et même, si vous souhaitez vous lancer dans cette aventure, à élever des chats vous-même.

Quelques mots également sur les activités félines : vous voulez voyager avec votre compagnon, le présenter à un concours de beauté ? Vivre avec un chat ne consiste pas seulement le regarder dormir sur le canapé. Les chats sont de merveilleux animaux de compagnie qui regorgent d'énergie ; apprenez à mieux les connaître et à partager davantage de choses avec eux (pour leur bien-être et votre plus grand plaisir).

Cinquième partie : Les petits plus félins

De l'art de se préparer aux catastrophes naturelles aux dangers domestiques courants à éviter, en passant par les plus belles citations félines, nous avons gardé quelques-unes des meilleures informations pour la fin. Leur lecture vous fera passer un bon moment – qui n'en sera que plus agréable avec votre chat ronronnant sur vos genoux !

Suivez le guide !

Tous les livres de la collection *...Pour les Nuls* contiennent de petits dessins dans la marge – que nous appelons *icônes* –, destinés à faciliter votre lecture. Voici ce que vous devez comprendre lorsque vous voyez chacune de ces icônes :

Vous n'êtes pas *obligé* de lire les informations signalées par cette icône, mais nous pensons qu'elles sont très utiles. Elle apparaît souvent dans les chapitres traitant des soins médicaux pour vous laisser l'opportunité d'approfondir vos connaissances ou, en revanche, si seules les infos fondamentales vous intéressent, de sauter le paragraphe.

Cette icône signale tout ce qui est utile pour faciliter la vie avec votre chat, le rendre heureux ou améliorer sa santé. Elle signale aussi des informations qui vous permettront de gagner du temps et/ou de l'argent !

Votre chat veut que vous lisiez attentivement chacun des mots en regard de cette icône. Pourquoi ? Parce qu'elle signale les meilleurs produits et services disponibles pour les (amoureux des) chats.

Pour en savoir plus sur le sujet abordé, suivez à la trace ces petites pattes de chat.

Cette icône signale des informations intéressantes, amusantes ou étranges sur le monde des chats.

Cette icône indique une information capitale que nous n'hésitons pas à vous rappeler et que vous ne devriez jamais oublier.

Cette dernière icône présente quelques erreurs que font la plupart des propriétaires de chat, accompagnées des conseils qui vous permettront de les éviter.

Nous contacter

Si vous êtes à l'aise en anglais, nous vous invitons à nous parler de votre chat et à nous raconter vos expériences de la vie en compagnie d'un félin. Les anglophones pourront tout savoir sur les exploits des animaux de Gina – et obtenir toutes sortes d'informations sur les animaux de compagnie – dans la rubrique hebdomadaire « Pet Connection » sur AOL (mot clé pour les abonnés : PETS). Vous pouvez également nous envoyer un message électronique à l'adresse Giori@aol.com, mais nous aurons tout autant de plaisir à recevoir un courrier ordinaire à l'adresse :

Gina Spadafori/Paul D. Pion, DVM, DACVIM
Pet Connection/Pet Care Forum
5714 Folsom Blvd., No. 211
Sacramento, CA 95819

Première partie

Commencer à penser chat

"Laisse-moi l'emmener à bord, tu disais. Il est si mignon et si câlin, ce sera notre mascotte chasseur de souris. Ouais ! un sacré chasseur, mais comme mascotte, y a mieux !"

Dans cette partie...

Cette partie contient toutes les informations dont vous avez besoin pour choisir le chat qui vous conviendra le mieux : mâle ou femelle, chat ou chaton, chat de race ou pur greffier, etc. Si vous projetez d'acheter un chat de race, vous trouverez au chapitre 2 de nombreuses indications sur les caractéristiques physiques et les personnalités propres à chaque race. Toutefois, la plupart d'entre vous opteront probablement pour un chat sans pedigree. Si c'est votre cas, de nombreux renseignements vous attendent aussi, avec une présentation des différentes sources possibles d'acquisition d'un chat (refuges, domaines, éleveurs, etc.).

Chapitre 1

Une nouvelle approche du chat

Dans ce chapitre :

- Le chat et son histoire.
- Quelques idées reçues.
- Que faire si vous êtes sujet aux allergies ?
- Sorties autorisées ou non ?

Oubliez l'ancienne Égypte, où les chats étaient adulés et déifiés. La véritable heure de gloire de nos fauves miniatures ne remonte pas à l'Antiquité, elle est des plus actuelle. Aujourd'hui, de plus en plus de personnes s'intéressent aux chats, de plus en plus de livres sont écrits sur le sujet et – technologie moderne oblige – on ne compte plus les sites Web qui se créent sur nos amis félins. Si les chats ont autrefois passionné les Égyptiens et, plus récemment, les artistes et les humanistes, ils intéressent désormais tout le monde, de la vieille dame fervente protectrice des hordes de matous de quartier à la famille nombreuse, en passant par toutes les catégories socio-professionnelles. De très grosses sommes d'argent sont régulièrement dépensées par les industriels et les scientifiques pour effectuer des recherches sur les maladies félines, améliorer la condition des chats, les toiletter ou simplement les amuser. Le nombre de propriétaires de chats ne cesse d'augmenter et tous s'accordent sur un point : le chat n'est pas un simple « chien poids plume » ; c'est un être à part entière, un compagnon affectueux et fascinant.

Ce félin apprivoisé ne l'est jamais complètement. Tout comme ses petites pattes de velours masquent des griffes acérées, son corps soyeux et ronronnant de plaisir abrite un esprit sauvage et libre que l'on ne pourra jamais complètement domestiquer. Le chat nous a été offert pour que l'on puisse caresser le tigre, dit un proverbe anglais, et d'une certaine façon, cela fait probablement partie de son charme. Nos vies sont fort éloignées de ce à quoi elles ressemblaient autrefois, lorsque nos ancêtres, à la fois prédateurs et proies, se battaient et chassaient pour survivre. Si nous sommes hantés par un passé primitif, les chats, eux, le vivent au quotidien et nous le montrent chaque fois que nous les accueillons parmi nous.

Une perspective à la fois exaltante et rassurante.

À LA TRACE

Le corps d'un chat est d'une inimitable élégance, et l'harmonie et la grâce qui s'en dégagent ont inspiré le genre humain depuis des générations. Pour un examen détaillé de son anatomie (et d'autres infos utiles pour garder votre chat en bonne santé), voyez le chapitre 9.

Si les chiens, chevaux, cochons, bestiaux et volailles (et même les tomates ou les roses) ont beaucoup changé entre nos mains, il en est tout autrement du chat. Certes, de nombreuses caractéristiques physiques sont récemment apparues – différents types et couleurs de robes, différentes formes d'oreilles et de corps –, mais toutes ces variations se jouent toujours sur un même thème, le *chat*. Regardez le chat sauvage d'Afrique au pelage tabby (rayures foncées sur fond uniforme) – reconnu comme étant l'un des ancêtres de nos chats domestiques –, et vous verrez un animal presque identique à celui qui ronronne sur vos genoux.

De par sa nature totalement indépendante, le chat n'a pas de maître, il se laisse apprivoiser et choisit notre compagnie *selon ses propres termes*. Nous commençons à peine à réaliser quel cadeau merveilleux il représente.

Le chat et son histoire

Des modifications dans notre mode de vie ont favorisé la brusque popularité des chats dans nos sociétés. Si les hommes ont toujours apprécié les chiens, d'abord pour la chasse et ensuite pour garder les troupeaux, l'utilité du chat ne s'est imposée à l'espèce humaine que beaucoup plus tard, le jour où nos ancêtres ont commencé à cultiver et à stocker du blé. Les premières traces de domestication féline dateraient d'à peu près 6 000 ans (alors que celle des chiens remonte à plus de 12 000 ans), mais les preuves les plus éloquentes de la présence de chats dans nos foyers (de ceux des Égyptiens plus exactement) datent d'à peine 4 000 ans.

Le chat était alors honoré et respecté pour ses qualités de chasseur, puis très vite vénéré comme un animal sacré. Avant son apparition, les souris et les rats vivaient heureux et replets dans les greniers à blé. Ses prouesses de prédateur infatigable (et appréciant tout particulièrement les souris) mirent fin au règne des rongeurs et permirent aux chats d'Afrique du Nord-Est de voyager à bord des bateaux marchands et de peupler le monde entier. D'abord vers l'est, puis vers l'Arabie et la Grèce et, enfin, vers l'ouest et le nord de l'Europe (où, assimilé aux sorcières, le chat subit sa plus cruelle épreuve pendant toute la période d'Inquisition du Moyen Âge).

Bien que l'on trouve encore des chats exerçant leurs talents de destructeurs de souris et de protecteurs de réserves à grains dans les fermes de nos campagnes, notre ami félin joue aujourd'hui un rôle beaucoup plus important en tant qu'animal de compagnie ; rôle dans lequel, une fois encore, il excelle.

Si nos ancêtres admiraient l'adresse des chats en matière de chasse, aujourd'hui la vue d'un oiseau ou d'une souris à moitié mangé et rapporté à la maison à l'attention du maître des lieux ne soulève plus la même admiration. Ce geste, rarement apprécié à sa juste valeur, est plus souvent condamné par ceux qui accusent le chat de contribuer à la baisse démographique des moineaux. Consultez le chapitre 17 pour en savoir plus à ce sujet et d'autres mythes populaires concernant les chats.

Deux facteurs essentiels ont contribué à la soudaine popularité du chat dans nos sociétés modernes.

Le premier concerne notre habitat. Les villes se remplissent à mesure que les zones rurales se vident, et les grandes fermes d'antan laissent désormais la place aux appartements urbains ou aux pavillons de banlieue. Si ces conditions ne favorisent pas l'adoption d'un chien – bien que certains individus n'y voient aucune contre-indication –, elles ne sont en rien incompatibles avec la présence d'un chat. Les facultés d'adaptation du chat (qui accepte la solitude beaucoup mieux que le chien) en font un compagnon idéal, heureux de partager le même foyer que l'homme, qu'il s'agisse d'un petit appartement de ville ou d'une maison.

Mais, si nous avons laissé ces tigres miniatures si vite coloniser nos foyers, c'est probablement aussi pour leur sensibilité. Aujourd'hui, beaucoup d'entre nous ont peu de temps ou d'argent à accorder à l'entretien d'un animal domestique, mais éprouvent un réel besoin de compagnie. Enfants, nous avons besoin de quelqu'un pour nous écouter. Jeunes adultes, nous repoussons souvent le moment de fonder un foyer – ou choisissons de ne pas avoir d'enfants du tout. Vers la quarantaine, nous sommes littéralement assaillis par les exigences familiales et professionnelles. Plus tard, il nous arrive parfois d'être plus actifs que jamais, mais aussi plus seuls et éloignés de nos enfants.

Compagnon sensible et affectueux, le chat peut jouer un rôle très important dans la vie de chacun – pour un investissement en temps et en argent relativement faible.

À LA TRACE

Dans *The Quotable Cat*, Frances et Richard Lockridge soulignent le rôle essentiel que peut jouer le chat dans la vie d'un enfant : « Aucun chat n'a jamais dit " Je t'aime ", si ce n'est dans l'oreille sensible d'un enfant. » Nous pensons que de nombreux chats expriment leur amour à des adultes, mais ceux-ci n'écoutent pas toujours ou pas assez bien pour les entendre. Pour d'autres citations félines, voyez le chapitre 22.

PAROLE DE CHAT

Edward Lowe, les chats d'appartement vous disent merci !

Un autre élément (ou plutôt une personne) a favorisé l'évolution du statut du chat de destructeur de souris à possible compagnon : Edward Lowe, l'inventeur de la litière pour chats.

Avant l'éclair de génie de Lowe, les chats allaient faire leurs besoins dehors – comme bon nombre d'entre eux encore aujourd'hui – ou dans des boîtes de carton remplies de sable, de terre ou de sciure de bois, solutions peu pratiques pour le nettoyage et le contrôle des odeurs.

Tout commence en 1947 au Michigan, lorsque l'heureuse propriétaire d'un chat se rend chez un commerçant pour lui acheter un sac de sciure de bois servant à composer la caisse de son compagnon félin. Sachant que la boutique de son père vendait également de l'argile en granulés pour usage ménager (pour absorber huiles, graisses, etc.), Edward Lowe lui suggère d'essayer un sac de ces minéraux absorbants.

Quand, tout à fait satisfaite, elle revient en chercher un autre plus tard, Lowe flaire la bonne affaire. Il remplit des sacs de trois kilos d'argile, écrit dessus « litière pour chats » et suggère au propriétaire d'un grand magasin local de vendre ces sacs d'argile l'équivalent de 50 centimes d'euros à une époque où le sable se vend à peine 1 centime la livre. Le propriétaire refuse bien évidemment, non sans quelque moquerie, ce qui pousse Lowe à changer de stratégie : « proposez-les gratuitement, dit-il, et voyez si cela marche ».

Sa découverte fit de Lowe, décédé en 1995, un multimillionnaire. Aux États-Unis, les ventes de composants pour bacs à litière représentent entre 600 et 700 millions de dollars par an, et plus d'un tiers de ces revenus va à la société créée par Lowe. En France également, la litière se partage la vedette au rang des équipements pour chats avec les aliments (secs ou en conserve).

Pour en savoir plus sur les litières – comment les choisir et les utiliser – reportez-vous aux chapitres 6 et 12.

L'histoire n'a malheureusement pas retenu le nom du chat de la cliente du Michigan, à qui il faudrait également rendre honneur.

Quelques idées reçues

Même si le chat règne aujourd'hui en maître au sommet des palmarès de popularité, de nombreux préjugés, nourris essentiellement de l'ignorance des individus qui les perpétuent, lui font encore de l'ombre. Pourtant, il y a fort à parier que ces mêmes individus seraient heureux de partager leur vie avec un chat si seulement ils avaient l'esprit et le cœur un peu moins étriqués.

Les idées reçues à propos des chats trouvent généralement leurs sources dans une opposition ancestrale entre chiens et chats ou plutôt entre maîtres de chats et maîtres de chiens. Ces deux animaux familiers ayant des attitudes et des personnalités tout à fait opposées, les partisans des chats admirent généralement chez ces derniers des qualités dont les chiens sont totalement dépourvus, et *vice versa*. D'autres opinions se fondent sur des observations de chats presque sauvages vivant dans les rues ou dans la nature. Un chat domestiqué à la naissance et très attaché à ses compagnons humains est un tout autre animal.

N'oubliez jamais que ce qui apparaît aux yeux de certains comme un défaut peut être une qualité pour d'autres. L'affection exubérante d'un chien plein d'allant peut ne pas convenir à tous.

Pour décrypter les mythes félins, voyez le chapitre 17.

« Tous les chats sont intéressés »

Certes, les chats sont de grands individualistes. Comme ils l'ont toujours fait depuis les premières heures de leur domestication, ils choisissent la compagnie des hommes selon leurs propres modalités.

Bien que certains ennemis des chats prétendent que ces animaux ne manifestent leur affection que par intérêt et ne se laissent apprivoiser que pour obtenir de la nourriture, n'importe quel amoureux du chat sait qu'il n'en est rien : ils se laissent également « apprivoiser » pour la chaleur. Des genoux accueillants, un lit douillet ou un écran de TV ou d'ordinateur encore chaud sont autant d'opportunités pour exercer une de leurs activités favorites : la sieste.

Mais les relations d'homme à chat ne se limitent pas à cela. Ces félins considèrent les êtres humains de leur entourage comme des membres de leur propre famille, et le montrent de plusieurs façons. S'ils vous rapportent des proies, ils subviennent à vos besoins. S'ils jouent avec vous, ils vous traitent comme leurs frères et sœurs de portée. S'ils « pétrissent » délicatement votre pull tout en ronronnant, ils vous assimilent à leur mère naturelle.

Bien que très affectueux, les chats ont également besoin de méditer.

Photo : Randy Anderson.

Certes, les chats ont également besoin de leurs petits moments privilégiés de solitude et de contemplation. Ils passent parfois des heures à méditer – à l'attachement qu'ils éprouvent pour vous, ou au délicieux repas qu'une souris leur a procuré. Mais quiconque a vécu avec un chat répondra de la sincérité et de la constance de leur affection.

PAROLE DE CHAT

Il arrive qu'une personne n'appréciant pas les chats se plaigne qu'un chat ait choisi de grimper sur *ses genoux* dans une pièce pourtant remplie d'amoureux de chats qui auraient adoré offrir leurs propres genoux. Ce comportement est souvent donné en exemple de la nature indépendante – voire malicieuse – du chat. La vérité est tout autre. Les chats ressentent les regards insistants comme des menaces et évitent tous les étrangers qui se permettent trop de libertés. Dans une pièce contenant plusieurs amis du chat et un seul « ennemi », seul ce dernier ne regardera probablement pas le chat avec insistance et obtiendra donc à coup sûr et à contrecoeur ses faveurs !

« Les chats s'attachent aux lieux, pas aux gens »

De nombreuses histoires font état de chats qui auraient parcouru des centaines, voire des milliers, de kilomètres pour retrouver leurs anciennes maisons après un déménagement. Ce comportement incroyable pousse certaines personnes à croire que les chats préfèrent les lieux aux gens. Malheureusement, cette même conviction conduit souvent les propriétaires de chats à ne pas les emporter avec eux lorsqu'ils déménagent, pensant que ces animaux seront plus heureux dans leurs anciennes maisons et espérant que les nouveaux habitants voudront bien les accueillir.

Nombre de ces chats abandonnés rejoignent alors les tristes rangs des chats errants ou sont ramassés et conduits dans des refuges où ils finissent souvent euthanasiés.

Que les chats soient très attachés à leur territoire, qu'ils s'approprient en déposant des marques visuelles et olfactives, ne fait aucun doute. (Ils déposent même leurs odeurs sur *vous* lorsqu'ils se frottent contre vos jambes, vos mains ou votre visage.) Mais ce comportement ne signifie pas qu'ils préfèrent les lieux où ils vivent aux personnes avec qui ils vivent, il explique simplement leur difficulté à entretenir les *mêmes* rapports affectifs avec leurs maîtres dans un environnement différent – et ils risquent de rechercher votre présence dans votre ancienne maison.

Votre chat vous aime tout autant dans votre nouvelle maison que dans l'ancienne, il a juste besoin d'un peu de temps pour s'adapter.

À LA TRACE

Un déménagement doit se préparer à l'avance pour ne pas trop perturber votre chat. Vous trouverez toutes les infos utiles au chapitre 15.

« Les chats savent très bien s'occuper d'eux-mêmes »

Les chats font certainement partie des animaux domestiques les moins contraignants au monde. Mais quiconque adopte un chat pensant que ces petits animaux sont comme des plantes d'appartement avec des poils, doit s'attendre à quelques surprises. Chats et chatons nécessitent et recherchent attention et affection. Ils ont également besoin de soins routiniers et préventifs. Les troubles du comportement félin (tels que faire ses besoins hors de la litière) sont beaucoup plus courants qu'on le croit. Pour prendre soin de votre chat comme il le mérite, trois conditions sont requises : quelques ustensiles de base, une alimentation saine et équilibrée et un bon vétérinaire à qui vous pourrez poser toutes les questions qui vous préoccupent en cas de problème.

Si le chat n'a rien d'une plante d'appartement, il n'en est pas moins accommodant et se révèle être un animal familier idéal pour les personnes qui travaillent, voyagent ou souhaitent simplement leur compagnie agréable et reposante. Votre chat respectera toujours sa part du marché – à vous de respecter la vôtre.

Les chats sont incontestablement les animaux domestiques les plus faciles à vivre et les moins coûteux que l'on puisse trouver. Ils ont, toutefois, leurs propres besoins. Il est de votre responsabilité de protéger votre petit compagnon et de lui apporter toute l'affection et tous les soins nécessaires. En retour, vous aurez auprès de vous un être heureux et affectueux pour de longues années.

Que faire si vous êtes sujet aux allergies ?

Le nombre d'amis des chats ne cesse d'augmenter d'année en année. Toutefois, certains de leurs admirateurs continuent à les aimer à distance (à leur plus grand regret), parce qu'ils y sont allergiques. Les allergies d'origine « féline » sont plus fréquentes que celles d'origine « canine », et plus graves également. Elles peuvent d'ailleurs se révéler très dangereuses pour les personnes (et plus particulièrement les enfants) asthmatiques.

La première chose à savoir concernant ces allergies est que les poils de chats *ne les provoquent pas*. Leur cause est un élément, appelé *Fel D1*, que l'on trouve dans leur salive et qu'ils déposent sur leur peau et leur fourrure lorsqu'ils font leur toilette. Cet allergène, constitué de minuscules particules de peau, de poils et de sécrétions salivaires, se répand dans l'atmosphère lorsqu'ils sautent, se secouent ou sont caressés.

La deuxième chose à savoir est directement liée à la première : dans la mesure où ces petites particules chargées en allergène sont la cause du problème, *il n'existe pas* de chat hypoallergénique. D'après les allergologues, et contrairement à ce que peuvent prétendre certains éleveurs de chats nus (Sphinx) ou de chats à poils très courts (tels que les Cornish Rex et Devon Rex), les chats avec très peu ou pas de fourrure n'y changeront rien.

Malgré tout, des personnes allergiques aux chats ne se privent pas de leur compagnie. Comment font-elles ? Comment vivre avec un chat si vous êtes sujet à ce type d'allergie ? Pour commencer, allez consulter un allergologue qui ne vous accueille pas en vous conseillant de vous débarrasser de vos animaux domestiques. Dans certains cas, et pour certaines personnes, c'est malheureusement la seule solution possible. Mais il ne faut jamais envisager cette solution radicale dès le départ. Elle n'interviendra qu'en dernier recours. C'est votre vie, après tout.

Voici donc quelques conseils à suivre pour vivre le mieux possible avec un chat *et* des allergies :

- **Traitez soigneusement vos autres allergies.** Consulter un allergologue afin de mieux contrôler vos autres allergies vous permettra de « souffler un peu », suffisamment peut-être pour supporter la vie avec un chat. N'oubliez pas que les allergies et l'asthme sont deux problèmes de santé graves qu'il ne faut pas prendre à la légère.

- **Faites de votre chambre une « zone hypoallergénique ».** Nous passons plus d'un tiers de notre vie à dormir. Aussi, veiller à ce qu'aucun allergène ne vienne perturber notre organisme pendant cette activité est une précaution indispensable. Fermez votre chambre et limitez au minimum les surfaces de type « nids à poussière », telles que les tapis, descentes de lit, tableaux, etc. Faites l'acquisition d'un purificateur d'air et nettoyez régulièrement les conduites d'aération et ventilateurs de plafond. Supprimez les oreillers, édredons, couettes et traversins remplis de plumes ou de duvet. Recouvrez le matelas et les oreillers de housses zippées anti-poussière et luttez contre les mites à poussière en lavant fréquemment votre literie à l'eau chaude.

  Interdisez l'accès de votre chambre à tout animal domestique de la maison. Bien qu'aucun ami des chats ne voudrait se priver du doux ronronnement de son matou confortablement installé sur son lit, faire de la chambre une zone totalement libre d'allergène représente certainement la meilleure solution pour toutes les personnes souffrant d'allergies.

- **Dans la mesure du possible, évitez tout contact avec les autres allergènes.** Éloignez-vous des produits de nettoyage, aérosols, fumées de cigarette et parfums trop forts. Pensez à utiliser un masque lors de vos travaux de jardinage ou de ménage, tout particulièrement au moment de la saison du pollen. Mieux encore : arrangez-vous pour que quelqu'un d'autre tonde le gazon, passe l'aspirateur et nettoie la caisse du chat à votre place ! Rappelons que c'est en vous efforçant de contrôler *toutes* les allergies dont vous souffrez que vous permettrez à votre corps de mieux accepter votre chat.

- **Veillez à ce que votre chat soit toujours parfaitement toiletté.** Il est évidemment préférable qu'un autre membre de la famille ne souffrant pas d'allergies se charge des soins de beauté de Minet. Un bain hebdomadaire dans une eau claire est indispensable : cela permet de réduire au minimum le taux de petites particules à risque. Vous pouvez ajouter du savon si votre chat a besoin d'un bon bain, mais ce n'est pas nécessaire pour contrôler le taux d'allergène – l'eau claire fera très bien l'affaire. Certains produits pour chats spécialement conçus pour réduire les risques d'allergies sont proposés dans le commerce et certains valent la peine d'être essayés.

Donner un bain à votre chat ? Aurions-nous perdu la tête pour vous faire une telle suggestion ? Parcourez le chapitre 7 pour découvrir quelques soins de beauté pour chats.

Un espoir se dessine à l'horizon. Des chercheurs américains sont récemment parvenus à des résultats prometteurs en mettant au point un nouveau vaccin, appelé *Allervax Cat*. Des essais concluants ont prouvé qu'ils peuvent réduire, plus rapidement qu'avec les méthodes traditionnelles, les allergies aux chats, ainsi que le nombre d'injections nécessaires pour y parvenir[1].

Sorties autorisées ou non ?

Aujourd'hui, de plus en plus de chats vivent exclusivement à l'intérieur. Toutefois, de nombreuses personnes refusent encore de se charger du nettoyage des bacs à litière. Ajoutez à ces gens ceux qui ne croient pas qu'un chat puisse être heureux en appartement, et vous aurez un aperçu d'un des désaccords majeurs qui opposent nombre d'amis des chats : doit-on garder un chat exclusivement à l'intérieur ou doit-il pouvoir entrer et sortir à volonté ?

Le sujet est si brûlant que la plupart des éleveurs et un nombre croissant de refuges, domaines et associations félines refusent de placer des chats chez toute personne qui ne promettrait pas (par écrit) de *ne pas* leur permettre de sortir. Pour certaines races d'ailleurs, cette restriction est un impératif : imaginez le petit Devon Rex à la fine fourrure bouclée ou le Sphinx, dont la peau ressemble à celle d'un bébé, essayant de survivre dehors !

La vérité est que tous les chats autorisés à entrer et sortir à volonté vivent dangereusement. Avec une alimentation équilibrée et de bons soins préventifs, un chat d'appartement peut vivre 15 à 20 ans, voire davantage encore. Un chat jouissant des privilèges du grand air sera terriblement chanceux s'il vit autant, mais il y a toujours des exceptions, bien entendu. Voici une liste non exhaustive des risques encourus par votre petit moustachu si vous le laissez vadrouiller à sa guise :

- **Voitures.** Bien sûr, les chats peuvent se faire écraser, mais les voitures présentent aussi un danger lorsqu'elles ne roulent pas. Les minets si friands de petits coins chauds se glissent sous les moteurs encore tièdes et peuvent être gravement blessés – ou tués – si quelqu'un démarre la voiture alors qu'ils sont en pleine sieste.

1. Informez-vous auprès de votre allergologue pour savoir si ce vaccin est disponible en France, ce qui n'était pas le cas au moment de l'impression de ce livre. (N.d.T.)

- **Chiens.** Certains chiens sont de véritables tueurs de chats et adorent chasser ceux qui ont le malheur de pénétrer sur leur territoire. Certains maîtres vicieux encouragent même leurs chiens à les attaquer.

Chat d'intérieur ou d'extérieur ? Il faut choisir.

Photo : Linda Stark.

- **Pièges de braconniers.** Dans les zones rurales, les plus grands dangers encourus par les chats sont, outre les chasseurs, les pièges à grives, renards ou sangliers des braconniers et les machines agricoles (telles que les faucheuses silencieuses et meurtrières auxquelles il suffirait de mettre quelques petits grelots pour faire fuir les chats qui se trouveraient sur leur passage).[2]

- **Poisons.** De l'antigel au raticide, des produits chimiques que l'on peut trouver dans un jardin (tels que les produits anti-limaces) aux plantes elles-mêmes : autant de dangers mortels auxquels est exposé un chat vivant en liberté. Ces dangers sont bien plus nombreux que pour un chat vivant exclusivement en intérieur. (Mais la maison a aussi ses propres pièges. Les chapitres 5 et 21 vous expliquent comment ne pas y faire courir de risques inutiles à votre chat ou chaton.)

2. Nos amis les chats américains et canadiens risquent également de rencontrer sur leur route de dangereux prédateurs sauvages, tels que des coyotes.

- **Maladies.** La leucose du chat, l'immunodéficience féline virale et la péritonite infectieuse féline sont trois des grandes maladies infectieuses, parfois mortelles, transmises le plus souvent par des sécrétions (salive, urine, sécrétions génitales, etc.) et généralement inoculées lors d'une morsure ou d'un accouplement. Les chats non castrés vivant en liberté sont donc les plus exposés à ces risques. Les mâles entiers passent d'ailleurs le plus clair de leur temps à se battre pour défendre leur territoire – et vous, à faire soigner leurs plaies et abcès chez un vétérinaire. (Pour plus de détails sur les maladies infectieuses, voyez le chapitre 10.)
- **Humains :** Certaines personnes haïssent tellement les chats qu'elles se plaisent à leur faire du mal. D'autres, telles que les jardiniers, n'hésitent pas à « agir » contre ceux qui abîment leurs parterres de fleurs ou leurs potagers. Également dangereux (et à ne pas prendre pour un mythe) sont ceux qui volent des chats pour les vendre à des centres de recherche biomédicale. Tous ces gens représentent une réelle menace pour votre compagnon.

Le monde extérieur et ses multiples dangers justifient à eux seuls que l'on veuille garder son chat dans un environnement plus sécurisé. Mais considérez aussi les choses du point de vue de *votre* responsabilité. Pensez-vous être vraiment juste envers votre voisin si vous laissez votre chat faire ses besoins dans son jardin parce que vous refusez de nettoyer un bac à litière ? Si votre animal est porteur d'une maladie infectieuse, telle que la leucose, est-il bien raisonnable de le laisser aller librement au risque de transmettre ce virus à d'autres chats sains ? Et si votre chat (ou chatte) n'a pas été opéré(e), le (ou la) laisser aller dehors pour se reproduire ne vous rend-il pas partiellement responsable de la surpopulation de chats et chatons errants et tués chaque année ? Vous et votre conscience êtes les seuls juges.

En ce qui concerne l'autre question, à savoir si les chats peuvent être heureux dans un appartement ou une maison, la réponse est un retentissant « oui ! ». Les chatons élevés dans un environnement clos deviennent des chats ne souffrant pas du manque de liberté, puisqu'ils n'ont jamais connu l'extérieur. Avec de la patience, vous pouvez même convertir un chat adulte. Outre l'affection que vous lui apportez, jouets, griffoirs, vérandas fermées ou balcons sont autant d'éléments qui rendront la vie d'un chat d'intérieur très agréable – tout comme l'adoption d'un autre chat (ou même d'un chien) pour lui tenir compagnie.

Pour savoir comment faire le bonheur d'un chat d'intérieur, consultez le chapitre 6.

Chapitre 2

Quelques considérations félines

Dans ce chapitre :

- Chat ou chaton, mon cœur balance…
- Mâle ou femelle ?
- Au poil !
- Pedigree ou pas ?
- Petit tour d'horizon des différents types de chats.
- Les chats sans pedigree ne sont pas si ordinaires.
- Explorer le cyberespace félin.

Vous avez tout pris en compte : votre domicile, votre temps, vos finances. Adopter un chat fait définitivement partie de vos projets, mais quel type de chat exactement ? Fermez les yeux et essayez de le visualiser dans votre salon. Voyez-vous un magnifique Persan langoureusement allongé sur le canapé, la robe longue et soyeuse caressée par le soleil ? Ou plutôt un Abyssin actif et curieux de tout, vous lançant un regard impérieux du haut de la bibliothèque une fraction de seconde avant d'exécuter un saut parfait jusqu'au buffet ? Ou encore un chat sans pedigree, un simple chat de maison universel et néanmoins unique, dont le tempérament, les couleurs et la morphologie peuvent se situer n'importe où dans une palette aussi variée et surprenante que la nature elle-même.

Mais attendez, ce n'est pas tout ! Avant de pouvoir imaginer votre chat idéal, vous devez déterminer l'âge de ce dernier : chat ou chaton ? Et, avant d'opter pour une race et une couleur, essayez de définir votre préférence en matière de robe (fourrure) : longue ou courte ? Et le sexe ? Pensez-vous que les femelles soient plus affectueuses que les mâles ?

Quel que soit votre choix, vous devrez vous y tenir. Les chats font bien trop souvent les frais d'un engouement momentané, d'un achat impulsif – il suffit de visiter les refuges animaliers pour s'en convaincre.

Toutefois, aussi importante que cette décision puisse paraître, il ne faut pas oublier que choisir un chat pour compagnon procure également beaucoup de plaisir. Vous avez sans doute la possibilité de voir des quantités de chats magnifiques, de jouer avec d'adorables chatons et de vous rendre vraiment compte de l'incroyable variété de facettes qu'offre le plus accommodant et fascinant compagnon de l'homme.

Pedigree ou pas, chat adulte ou chaton, mâle ou femelle, poils longs ou courts, robe unicolore ou bicolore, calico, tigrée, écaille de tortue, etc., le choix est pour le moins vaste. Mais, quel que soit l'objet de votre choix, nous voulons que vous en soyez satisfait pendant de nombreuses années. Alors, continuez votre lecture.

Lorsque vous saurez quelle sorte de chat ou chaton vous voulez, vous devrez également choisir l'endroit où vous allez dénicher le compagnon qui conviendra parfaitement à votre style de vie. Nous traitons des différentes sources possibles (éleveurs, refuges, associations félines, etc.) dans le chapitre 3. Vous trouverez quelques bons conseils pour trouver le chat ou le chaton idéal (dont des tests de comportement pour vérifier son état de santé et son tempérament) dans le chapitre 4.

Chat ou chaton, mon cœur balance...

Lorsque les gens décident d'adopter un chat, nombre d'entre eux pensent automatiquement « chaton ». Et pourquoi ne le feraient-ils pas d'ailleurs ? Cette perspective est si attrayante : une petite boule de poils qui grandirait dans votre maison et dans votre cœur. D'autres, au contraire, préfèrent accueillir un chat adulte. Si vous faites partie de la première catégorie de personnes, sachez toutefois que les chats adultes présentent de grandes qualités qu'ils seraient heureux de vous montrer si seulement vous vouliez bien leur donner une chance. Ne faites pas votre choix avant d'avoir soigneusement considéré chacune des deux possibilités.

Tout le monde adore les chatons !

Même les personnes qui déclarent ne pas aimer les chats ne peuvent s'empêcher de s'émouvoir devant un si « adorââââble » petit chaton. Tous les bébés animaux sont craquants, mais les chatons semblent avoir quelque chose de plus qui séduit absolument tout le monde. C'est peut-être leurs grands yeux qui suivent chaque mouvement intensément. Leurs oreilles démesurées qui s'agitent dans tous les sens. Leur profonde curiosité, leur plaisir de jouer, de chasser et de poursuivre tout ce qui bouge, que ce soit le bout de vos doigts ou une petite balle qui rebondit sur le plancher. Leur pelage ébouriffé qu'ils semblent ne jamais vouloir toiletter comme le font si assidûment leurs aînés. Un chaton est tout cela, et plus encore.

Les attraits évidents du chaton font souvent oublier à ceux qui y succombent qu'il exige aussi beaucoup plus de temps, d'attention et d'affection qu'un chat adulte. Prendre un chaton à la maison peut impliquer beaucoup de travail, de complications… et de dépenses. Dans la mesure où les chats semblent utiliser la totalité de leurs neuf vies dès le plus jeune âge, vous risquez de vous familiariser très vite avec le personnel – probablement fort sympathique – des urgences de votre clinique vétérinaire locale. L'éducation d'un chaton est également à prendre très au sérieux, non pas que celle d'un chat adulte soit à négliger, mais il vous faudra beaucoup de patience pour lui faire comprendre certaines choses qu'un chat adulte a déjà assimilées (telles que ne pas grimper sur les rideaux, ne pas faire ses griffes sur le fauteuil Voltaire ou ne pas attaquer vos pantoufles chaque fois que vous traversez la pièce). Pour veiller à la sécurité de votre chaton (plus exposé qu'un chat adulte aux dangers de la maison), une vigilance de tous les instants s'impose et certaines précautions sont à prendre lors de vos absences (comme lui interdire l'accès de certaines pièces « à hauts risques »).

A LA TRACE

Voyez le chapitre 5 pour en savoir plus sur l'éducation de votre chat et comment l'écarter des dangers de la maison.

Un chaton n'est franchement pas un choix idéal pour les familles avec de très jeunes enfants ou les personnes d'un âge avancé ou diminuées par la maladie. Ces petites boules de poils sont très fragiles et peuvent facilement être blessées par les enfants qui n'auraient pas encore compris le sens du mot « délicatesse ». De la même façon, si l'énergie vous fait défaut, ce petit tigre qui s'agite dans tous les sens, attaque tout ce qui bouge et vous joue sa symphonie « chastorale » jusqu'à ce que vous daigniez jouer avec lui finira par vous épuiser.

En revanche, il conviendra parfaitement à une famille dont les enfants sont plus grands et plus responsables ou à tout adulte actif plus âgé. Quel que soit votre cas, il est essentiel de bien considérer les problèmes et les joies qu'un chaton peut apporter dans votre vie avant de faire un choix définitif.

Dans vos considérations, n'omettez jamais le facteur temps. Un chat adulte peut très bien se débrouiller seul à la maison pendant que vous travaillez – tant que vous lui procurez des distractions (bien que, de toutes façons, il passe une bonne partie de son temps à dormir). Un chaton a davantage besoin de votre temps pour son éducation et sa sécurité. Si vous n'avez pas beaucoup de temps à lui accorder, optez pour un chat adulte.

Et les chats adultes ?

Les chats adultes offrent de nombreux avantages et peu d'inconvénients – le plus important étant qu'ils ne sont pas aussi « adorâââââbles » que les chatons !

Leur taille étant inversement proportionnelle à leur taux de popularité, les chatons s'en tirent généralement beaucoup mieux que les chats adultes lorsqu'ils font des bêtises. Toutefois, si vous pensez vous fatiguer de leurs attaques de pantoufles répétées et embuscades de couloir, si vous vous inquiétez du comportement de vos enfants ou si vous ne voulez pas avoir à vous demander à chaque heure du jour ou de la nuit ce que fabrique votre petit félin saccageur, optez plutôt pour un chat adulte. L'adoption d'un chat adulte ne vous réserve pas autant de « mauvaises » surprises : vous avez, tout de suite, une idée précise de sa morphologie, de son pelage et de la couleur de ses yeux. Placide ou actif, calme ou bavard, affectueux ou plus indépendant, la personnalité d'un chat adulte s'est déjà affirmée. Ces considérations sont évidemment de moindre importance pour un chat de race, dans la mesure où la réputation et le savoir de l'éleveur ainsi que les origines du chaton vous permettront de savoir exactement à quoi ressembleront la morphologie, la couleur de poils et le caractère du chat. Pour un chaton sans pedigree, ces qualités sont beaucoup plus aléatoires. (Vous trouverez plus d'informations sur les chats de race dans quelques instants.)

La facilité d'entretien et la douce affection des chats adultes en font de parfaits compagnons pour toute personne qui ne pourrait pas ou aurait des difficultés à promener un chien. Par ailleurs, de nombreuses études ne cessent de confirmer l'importance d'un chat dans la vie des personnes isolées par l'âge ou les handicaps.

Peu importe sa bonne santé, son équilibre et son élégance : il est peu probable qu'un chat récupéré par un refuge à l'âge adulte bénéficie d'une seconde chance. Les chatons sont si adorables, et leurs jeux, curiosité et joie de vivre retiennent tellement l'attention que la plupart des visiteurs passent devant les cages des adultes sans même les voir.

N'OUBLIEZ PAS

Un chat adulte peut présenter des troubles du comportement que vous n'auriez pu déceler lors du premier contact. Il peut, par exemple, être malpropre ou destructeur. Tout bon élevage, refuge ou association féline révélera toujours tout problème de santé ou de comportement des animaux proposés. N'oubliez pas, cependant, qu'il est possible de remédier à la plupart des troubles du comportement félin, qui sont généralement dus à des éléments externes, tels qu'un mauvais emplacement du bac à litière ou une litière sale qui pousserait un chat à aller faire ses « petites affaires » ailleurs.

La malpropreté est une des premières causes d'abandon des chats adultes. Toutefois, si vivre avec un chat qui boude sa litière peut être très dérangeant, il faut savoir que ce problème n'est pas incurable. Pour mieux comprendre l'aversion d'un chat pour sa litière et résoudre ce problème, voyez le chapitre 13.

Lorsque vous adoptez un chat adulte, les grands traits de sa personnalité seront peut-être déjà définis, mais pas l'affection qu'il pourra manifester : il y a de fortes chances pour que s'établissent entre vous des liens aussi forts que si vous l'aviez adopté dès son enfance, peut-être même plus, dans la mesure où nous sommes persuadés que les chats adultes savent très bien à quoi ils échappent et vous en seront d'autant plus reconnaissants.

Mâle ou femelle ?

Vaut-il mieux adopter un chat mâle ou femelle ? Tout dépend, en fait, des préférences de chacun. D'autant plus que, si vous les stérilisez, ils feront tous deux d'excellents compagnons, sans distinction.

Qu'il soit mâle ou femelle, la vie en appartement avec un chat, que les experts appellent « entier » (autrement dit possédant tous les organes nécessaires à la reproduction), est à peine supportable. Lorsque les femelles sont en chaleur (période qui intervient plusieurs fois par an et qui dure de 7 à 12 jours), elles attirent les matous en chasse par des miaulements bruyants qu'ils entendent à des kilomètres à la ronde. Lorsqu'ils atteignent leur maturité sexuelle, les mâles commencent à marquer leur territoire, c'est-à-dire (s'ils vivent exclusivement en appartement) à uriner sur les rideaux, meubles et vêtements, sans parler de l'odeur de fauve qu'ils dégagent. Quelle perspective ! Ils deviennent également de grands miauleurs et de redoutables bagarreurs.

La stérilisation permet de supprimer non seulement le problème de marquage par l'urine, mais également d'autres comportements désagréables. Pour en savoir plus sur les troubles du comportement félin et comment les soigner, voyez le chapitre 13. En quoi consiste exactement la stérilisation (ou castration) d'un chat ? Vous trouverez la réponse au chapitre 14.

Tous les spécialistes – y compris les éleveurs renommés qui gardent leurs chats entiers pour la reproduction – s'accordent pour dire que la castration de l'animal, quel que soit son sexe, est la clé d'un compagnonnage réussi entre félin et humain. Les organisateurs de concours félins ont d'ailleurs grandement contribué à rendre aux chats castrés leurs lettres de noblesse en les autorisant à concourir dans la catégorie *neutre*. (Pour en savoir plus sur les expositions félines, voyez le chapitre 16.)

Les mâles castrés font-ils de meilleurs compagnons que les femelles ? La réponse dépend entièrement de la personne à qui vous vous adressez. Certains vous diront que les mâles sont plus expansifs, d'autres que les femelles sont plus intelligentes. (Nous avons récemment eu une discussion à ce sujet, et chacun de nous a trouvé un nombre équivalent d'exemples de mâles intelligents et de femelles expansives, le chat de Paul.)

Malgré le goût prononcé de Paul pour les ordinateurs, « PC » ne fait pas référence à un micro-ordinateur, et n'est pas l'abréviation de « poste de contrôle » ni de « politiquement correct », mais de « *prière de chat* ». Ce petit nom lui a été donné parce qu'elle a l'étrange habitude de « prier », en joignant ses deux pattes antérieures devant elle, pour obtenir tout ce qu'elle veut. Jetez donc un œil sur la photo de PC dans l'introduction, si vous ne nous croyez pas.

La raison la plus probable qui pousserait certaines personnes à préférer les mâles aux femelles – ou l'inverse – se résume souvent en un seul mot : l'habitude. Ces personnes ont *toujours* eu des mâles (ou des femelles), ont *toujours* été heureuses de leurs choix et ne voient donc aucune raison d'en changer.

Si vous envisagez d'adopter un chat de race, le problème est différent : vous n'aurez peut-être pas le choix du sexe. Il arrive assez fréquemment que les éleveurs ne proposent que des mâles, surtout si la race qu'ils élèvent est rare ou en cours de développement. Le cas échéant, les éleveurs conservent généralement les femelles pour assurer la procréation et les vendent parfois à la seule condition que l'acheteur s'engage à élever le chaton exactement comme il le lui a été recommandé.

Alors, mâle ou femelle ? La décision finale dépend de vous. Il nous est impossible de vous orienter dans une voie plutôt que dans une autre. Si vous n'avez aucun *a priori*, prenez toutes les *autres* décisions qui s'imposent (race, couleur, etc.), puis optez pour le chaton qui correspond le mieux à vos critères, quel que soit son sexe.

Au poil !

Tous les chats ont des poils, même le plus nu des félins, le Sphynx, dont la peau est recouverte d'un fin duvet ! Ce pelage est aussi appelé *fourrure* (bien que dans le cas du Sphynx ce terme soit *légèrement* exagéré) ou *robe*.

La robe d'un chat est constituée de trois variétés de poils : le *poil de bourre*, le *poil de jarre* et le *poil de garde*. Le poil de bourre, formant le sous-poil, est le plus court, le plus fin et le plus duveteux. Le poil de jarre (aussi appelé *poil primaire*) est le plus long, il forme la couverture et donne l'aspect brillant. Enfin, le poil de garde (aussi appelé *poil secondaire*), plus ou moins épais, est de longueur moyenne. Certains chats ne disposent pas de ces trois qualités de poils : le Sphynx, évidemment, avec ses quelques poils de bourre, mais également le Cornish Rex, simplement pourvu de poils de bourre et de garde. Les poils secondaires sont généralement plus courts que les poils primaires (et plus longs que les poils de bourre), mais chez certains chats, tels que chez le Bleu russe, ces deux sortes de poils sont de même longueur. On parle alors de *fourrure double*.

Si tous les chats ont des poils, on peut alors également avancer que tous les chats *perdent* des poils, même si certains, comme le Sphynx ou le Cornish Rex, en perdent moins que d'autres. Les chats à poils longs semblent toujours en perdre plus que les autres, car les poils qu'ils perdent sont plus longs. Même le chat de maison, le « vulgaire » chat de gouttière, laisse des poils par-ci par-là, suffisamment pour rendre fous les plus méticuleux des maîtres. Si vous ne supportez pas de voir des poils de chat sur le canapé, sur vos vêtements ou même dans la nourriture de temps à autre, considérez très sérieusement ce problème.

Vous êtes allergique aux poils de chat ? Si c'est le cas, vous souffrez probablement d'autres allergies. Voyez le chapitre 1 pour savoir comment vivre avec un chat *et* des allergies.

Au moment de définir la robe idéale de votre futur chat, il est essentiel de considérer non seulement la texture et la longueur du poil, mais aussi son aspect pratique, ainsi que le temps et l'argent dont vous disposez.

- **Texture et longueur de poil.** Certaines personnes aiment l'aspect lisse et soyeux d'un poil court ; d'autres ne jurent que par l'épaisseur et la brillance d'un poil long. Certains chats à poil court sont de vrais tigres miniatures évoquant puissance et tendresse : leur démarche souple et élégante laisse transparaître une musculature puissante, alors que leur fine fourrure appelle à la caresse. Le charme d'un chat à poil long, où se conjuguent harmonieusement puissance, souplesse et grâce, est encore plus subtil. Préférez-vous caresser la robe fine et soyeuse d'un poil court ou plonger votre main dans une épaisse et longue fourrure ? La réponse à cette question devra figurer parmi vos priorités.

- **Aspect pratique.** Si tous les chats perdent régulièrement leurs poils, certains en perdent plus que d'autres (tels que les Persans, célèbres pour l'épaisseur et la longueur incomparable de leur fourrure). Êtes-vous prêt à vivre avec une brosse à vêtements à portée de main en quasi-permanence ? Seriez-vous contrarié si l'un de vos proches retirait un poil long de douze centimètres du dos de votre pull ? Si vous êtes du genre à laisser vos chaussures à l'entrée et à sortir l'aspirateur dès la moindre miette, oubliez tout de suite les chats à poil long ou mi-long.

- **Budget temps et argent.** Les chats dont la fourrure est opulente requièrent un toilettage régulier plus contraignant. Dans la mesure où leurs poils s'emmêlent facilement, il est nécessaire de les démêler tous les jours et de les brosser au moins une fois par semaine. La moindre négligence transformera la magnifique fourrure de votre chat en un malheureux sac de nœuds. Lorsque le chat fait sa propre toilette, il avale des boules de poils qui risquent de bloquer son système digestif et de provoquer des problèmes chroniques nécessitant l'intervention d'un vétérinaire. Si les nœuds de votre chat sont devenus trop nombreux, vous devrez le faire toiletter (voire même raser) par un professionnel, et cela n'est pas donné.

Les chats à poil long posent également un autre problème : urine et excréments peuvent se prendre dans les poils (c'est la raison pour laquelle nombre de leurs propriétaires préfèrent couper très court les poils des régions anales) et des particules de litière se coincent souvent dans leurs pattes, si bien qu'on peut les suivre à la trace dans toute la maison !

À LA TRACE

Consultez le chapitre 7 pour en savoir plus sur le toilettage des chats, et le chapitre 6 pour obtenir quelques conseils sur les litières, bacs à litière et autres accessoires.

La fourrure d'un chat, qui lui procure une protection naturelle, peut, si elle est très légère ou quasiment absente, comme chez le Cornish Rex ou chez le Sphynx, ne pas le protéger suffisamment du soleil ou du froid. De même, si l'épaisse fourrure du Maine Coon ou du Norvégien leur permet de s'adapter à tous les éléments extérieurs, la robe délicate et soyeuse du Persan en fait un animal plus fragile qui préférera le confort de la maison.

ATTENTION

Bien que le choix de la longueur, du type et de la couleur de la robe d'un chat soit entièrement une affaire de goût personnel, un élément lié à la couleur du poil doit être considéré avec plus de raison. Les chats blancs aux yeux bleus ont une forte propension à la surdité. Certains de ces chats ont des yeux vairons et ne sont sourds que d'une seule oreille, celle du côté de l'oeil bleu. (Pour vérifier l'ouïe de votre chat ou chaton, claquez des doigts ou tapez des mains derrière sa tête.) Si la surdité des chats blancs ne les empêche pas de devenir de très agréables compagnons – qu'il vaudra mieux garder à la maison pour leur propre protection –, il est tout à fait normal de vouloir vous informer de l'état de son ouïe avant d'adopter un chat.

À LA TRACE

De belles couleurs pour de merveilleux chats

Si l'on considère le maigre choix qu'ils avaient au départ, les éleveurs de chats ont réussi un tour de force en développant une incroyable variété de couleurs et de motifs. Toutes les couleurs et les motifs (aussi appelés *patrons*) les plus diversifiés peuvent aujourd'hui habiller pratiquement toutes les races. Le Persan, par exemple, compterait à lui seul plus de cinq cents combinaisons possibles, selon la Société centrale féline de France (S.C.F.F.).

Le patron le plus courant est, de loin, la robe rayée ou tachetée, appelée *tabby* ou *agouti*, motif que vous pouvez toujours distinguer chez les ancêtres sauvages du chat domestique. Le terme *tabby* vient de *Atabi*, une soie autrefois importée en Angleterre dont le motif rayé ressemblait au dessin du chat tigré.

Les motifs tabby existent dans toutes les couleurs, telles que le roux, aussi appelée *red* ou *ginger*, le *cream* (ton très pâle de beige), le chocolat (brun) ou le bleu (la couleur la plus répandue dans le monde félin). Le patron tabby est si dominant qu'il arrive assez souvent de distinguer chez les chats aux couleurs unies des petites rayures, souvent localisées sur la tête, les pattes et la queue.

Les termes *smoke*, *shaded* et *shell* décrivent les différentes sortes de *tipping* (caractéristique d'une couleur différente sur le bout du poil). Le tipping shell désigne une couleur recouvrant uniquement la pointe du poil. Ensuite vient le shaded, pouvant recouvrir jusqu'à 50 % du poil, et enfin le smoke donnant une apparence de couleur unie (on peut distinguer la couleur plus claire à la base lorsque l'animal se déplace), sauf chez le Persan, où le contraste est plus remarquable à cause de la longueur du poil. La robe d'un chat peut également être *ticked*, barrée de sombre alterné avec du clair. La robe de l'Abyssin en est le meilleur exemple.

Le motif *colour point*, tel que celui du Siamois, désigne une robe assez claire avec des couleurs complémentaires plus foncées aux extrémités (masque – région de la face incluant le nez, les moustaches, le menton, le tour des yeux et s'arrêtant entre les oreilles –, queue, pattes et oreilles). Les yeux sont toujours bleus.

Le *bicolore* est constitué de n'importe quelle couleur (ou patron, tel que le tabby) associée à du blanc, et le *particolore* désigne une fourrure composée de trois couleurs ou plus (le *calico*, par exemple, est un mélange net de blanc, de roux et de noir et la couleur *écaille de tortue* est une combinaison plus mêlée de roux et de noir ou de crème et de bleu).

L'association de ces couleurs et patrons peut produire d'imprévisibles résultats. L'Ocicat Spotted (un fauve miniature recouvert de petites taches), par exemple, est le résultat d'un mariage entre le Siamois et l'Abyssin !

Pedigree ou pas ?

Si le développement de chiens de race existe depuis presque aussi longtemps que les chiens eux-mêmes, l'élevage de chats de pure race est un phénomène relativement récent qui remonte au siècle dernier. Pourquoi cet écart ? Probablement parce que les hommes ont très tôt eu recours au dressage de chiens pour exécuter certaines tâches (garder les troupeaux, chasser, etc.), alors que les chats nous sont apparus d'emblée parfaitement adaptés aux besoins des hommes : aucun chasseur de rongeur plus efficace que le chat n'a encore été trouvé. Pourquoi essayer de modifier la perfection ?

Les fervents admirateurs des chats apprécient ces félins autant pour leur beauté et leur agréable compagnie que pour leurs qualités de chasseur, et nombre d'entre eux contribuent activement à la préservation et au développement des concours félins, s'attachant à créer de nouvelles races (souvent controversées).

Il y a, bien sûr, de nombreux avantages à posséder un chat de race, mais le plus important peut se résumer en un mot : garantie. Lorsque vous vous adressez à un éleveur expérimenté, vous savez exactement ce que vous achetez. Taille, morphologie, couleur (et même le degré d'activité et de « vocalises ») sont imprimés dans chaque chaton dès sa conception. Même si tous les chats de race sont uniques, vous savez, lorsque vous achetez, disons, un Siamois, que votre chat unique aura beaucoup plus de qualités communes avec un autre Siamois (que ce soit du point de vue de la personnalité ou de la morphologie) qu'avec un Persan, par exemple. Le Siamois est actif et bavard, le Persan calme et distant. Si vous avez des exigences particulières, situées quelque part entre ces deux extrémités, alors choisir un chat de race est probablement la meilleure solution.

Les chats avec *pedigree* (carte d'identité des chats de race) offrent également un peu plus de choix que les chats dits *de maison* ou *de gouttière*. Si vous affectionnez plus particulièrement les chats actifs au poil court et soyeux, certaines races répondront mieux que d'autres à ces critères. Il en va de même si vous recherchez un chat massif, plutôt court et large, appelé *cobby* par les experts. L'éventail de couleurs est également plus varié. Le bleu argenté, très intense chez le Korat et étincelant chez le Bleu russe, n'est pratiquement pas connu chez les chats sans pedigree, tout comme le ton chocolat uni (un beau brun sans tache ni ombre) du Havana.

Les élevages de chats de race peuvent également satisfaire en vous une soif de nouveauté et d'insolite. Où trouver un chat aux oreilles pliées ou au poil frisé – ou même sans poil –, si ce n'est parmi les rangs des pures races.

Certaines de ces nouvelles races sont très controversées, mais elles permettent de mettre à la disposition du public un choix toujours plus varié.

Lors des expositions félines, il est intéressant de remarquer que les chats les plus représentés et les plus primés sont généralement de gros chats à poil long, tels que le Persan (lequel détient tous les records) et le Maine Coon, aux États-Unis (un géant issu du mariage des premiers Angoras avec des chats semi-sauvages des forêts du nord-est des États-Unis). Le « Top Cinq » des chats de race inclut également le Siamois, l'Abyssin et l'Exotic Shorthair (le Persan à poil court). Il existe une cinquantaine de races dans le monde entier, et certaines sont si rares qu'elles ne sont représentées que par une centaine de chats.

Le manteau châtaigne du Havana est une couleur exceptionnelle qui le distingue des autres races.

Photo : Michael Brim, Cat Fanciers' Association.

Il faut toutefois savoir que la plupart des personnes qui cherchent à adopter un chat (plus de neuf personnes sur dix) *ne choisissent pas* un chat de race, mais un simple chat domestique. Le faible coût (généralement gratuit) et la facilité avec laquelle on peut obtenir un chat sans pedigree sont les deux raisons qui motivent le plus grand nombre d'aspirants propriétaires. Le prix d'un chat de race peut varier entre quelques dizaines d'euros et plus de quatre mille euros, en fonction de la rareté de la race et de la couleur, ce qui peut en rebuter plus d'un. Certains chats, issus de races plus rares, sont difficiles à trouver. Le soin requis par certaines fourrures opulentes peut également conduire certains amoureux des chats de race à les admirer de loin.

Bien que les chats de race soient généralement aussi bien portants que leurs cousins domestiques, des différences génétiques peuvent fragiliser certaines races. En effet, quelques pathologies sont particulières à la race. Il n'est pas rare, par exemple, qu'un Persan ait des problèmes respiratoires (sans parler des yeux qui semblent couler en permanence). Le Scottish Fold, quant à lui, présente parfois des problèmes de raideur articulaire. Les éleveurs sont parfaitement conscients des problèmes génétiques de leur race et font de leur mieux pour les résoudre. Lorsque vous achetez un chat ou un chaton de race chez un éleveur, celui-ci a le devoir de vous informer des éventuelles pathologies rencontrées chez cette race et des études vétérinaires réalisées pour en réduire la fréquence.

Le Persan est le chat de race le plus célèbre, le plus primé et le plus « aristocratique ».

Photo : Michael Brim, Cat Fanciers' Association.

Voulez-vous vraiment d'un chat bavard ?

Une des caractéristiques prévisibles chez les chats de race est le niveau de *vocalises*. Certains chats sont si peu bavards que vous ne vous apercevez jamais de leur présence ; d'autres n'en finissent pas de vous raconter leurs moindres petits soucis.

Les Siamois sont probablement les plus grands bavards, mais ce ne sont pas les seuls. D'autres races ont également la langue bien pendue. Le Balinais, par exemple, version à poil long du Siamois, est très vocal, tout comme l'Oriental à poil court (une autre version du Siamois) et le Tonkinois (une race toujours issue du Siamois). Parmi les félins les plus loquaces, on compte également le Bombay, le Burmese, le Rex et l'Ocicat.

Les chats dotés d'une voix particulièrement discrète ont souvent un corps massif et un tempérament plutôt calme, tels que le Persan, le British Shorthair et le Maine Coon.

Petit tour d'horizon des différents types de chats

Les éleveurs répartissent souvent les chats de race en deux grands groupes en fonction de leur morphologie et de leur caractère.

Les races du premier groupe, les Orientaux, incluent les chats à poil long, au corps mince et musclé et qui s'intéressent activement au monde qui les entoure. Ils ne sont heureux que lorsqu'ils supervisent le repas, grimpent en haut de la bibliothèque (si vous les avez bien élevés pour ne plus grimper aux rideaux), taquinent le chien qui dort ou vérifient ce que fait chaque membre de la famille. Les chats de ce groupe, tels que le Siamois, le Burmese et l'Abyssin, possèdent une vive intelligence, une vitalité sans borne et sont généralement très attachés à leur maître – le Siamois, par exemple, est capable de se laisser dépérir s'il se sent délaissé.

Les non-Orientaux voient les choses autrement. Pour ces merveilleux gros chats, le monde existe pour satisfaire leurs besoins. Pourquoi interrompre une bonne sieste alors que l'on voit très bien ce qu'il y a en haut de la bibliothèque depuis le canapé ? Les chats de ce groupe, tels que le Persan et le Ragdoll, préfèrent dormir sur vos genoux pendant que vous lisez plutôt que de s'attaquer aux pages que vous tournez !

On pourrait croire que les différences entre ces deux grands groupes sont liées à leur longueur de poils, les premiers faisant partie du groupe poil court, les autres du groupe poil mi-long et long. Mais ce serait sans compter l'imagination de ceux qui travaillent pour vous offrir encore plus de variétés de chats, telles que le Siamois et l'Abyssin en robe mi-longue (le Balinais et le Somali) et le Persan à la fourrure d'ourson (l'Exotic Shorthair).

De nombreux livres présentent les différentes races de chat et fournissent des tonnes d'infos sur l'histoire, le comportement, l'alimentation, l'hygiène, la vie sociale et les expositions de ces félins miniatures. Voici quelques références bibliographiques pour compléter votre culture féline : le *Guide des chats*, édité par Sélection du Reader's Digest, le Guide Vert (Solar) *Les Chats* de Christiane Sacase, *Absolument tout sur le chat* (Éditions First) de Steve Duno ou encore l'*Encyclopédie du chat* (édité par Aniwa/Le Sang de la Terre), de Bernard-Marie Paragon et Jean-Pierre. Vaissaire. Nombre de sites Web sont également à la disposition des internautes du monde entier. (Voyez la fin de ce chapitre et le chapitre 20 pour quelques visites francophones et anglophones du cyberespace félin.)

Contrairement aux races canines qui font l'objet d'une classification par fonctions reconnue par tous (chiens de course, de chasse, de berger, etc.), les races félines ne suscitent pas la même unanimité, chaque représentant d'une race étant unique en son genre.

Peu satisfaits par une division en deux grands groupes, nous avons préféré répartir toutes ces races en plusieurs catégories. Certes, cette classification n'est pas parfaite (certains chats à poil long sont aussi de gros matous et quelques minets actifs se distinguent également par bien d'autres caractéristiques), mais elle offre un choix plus vaste, plus représentatif qui devrait faciliter les recherches du futur maître.

Actifs et joueurs

Considérez le Siamois comme le prototype de ce groupe. Sans cesse en mouvement, très attaché à son maître, curieux et bavard : ces traits de caractère sont l'essence même de ce chat, tout comme le bleu foncé de ses yeux et la pigmentation de sa robe aux extrémités. La race siamoise est si importante que ses gènes ont permis de créer d'autres variétés et races, telles que le Persan colourpoint, une variété de Persans portant les points colorés du Siamois sur le visage, les oreilles, les pattes et la queue (et que certains clubs américains reconnaissent comme une race à part, appelée Himalayen), le Balinais (un Siamois à poil mi-long pour l'essentiel), le Birman, le Burmese, le Havana, l'Ocicat, l'Oriental à poil court (différent du Siamois uniquement par le vert des yeux et la couleur unie du pelage pour les unicolores et les motifs apparaissant sur tout le corps pour les autres), le Tonkinois (issu du croisement d'un Siamois et d'un Burmese), sans parler de toutes les autres variétés de Siamois offrant un plus grand choix de couleurs (le seal-point, le chocolate-point, le blue-point, etc.). Tous ces chats, à l'exception de l'Himalayen (qui conserve le caractère du Persan), sont d'une vivacité à toute épreuve.

Il n'est toutefois pas nécessaire qu'un chat ait une parenté siamoise pour le classer dans le groupe des chats vifs et sportifs. Y figure également l'Abyssin, moins bavard mais tout aussi curieux et très intelligent, dont la prestance et les couleurs chaudes le font ressembler à un cougouar miniature. D'autres races ont également de l'énergie à revendre, telles que le Bombay, le Cornish Rex (le « chat 100 000 volts ») et le Devon Rex (chat à la fourrure frisée), l'Egyptian Mau, le Somali (un Abyssin à poil long) et le Sphynx (dont la quasi-absence de poil lui vaut le pseudonyme de *chat nu*).

Si vous recherchez un chat vif et intelligent, optez pour un Abyssin, un Burmese, un Cornish Rex ou un Siamois.

N'OUBLIEZ PAS

Un Siamois, un Burmese ou tout autre chat de cette catégorie, avec son énergie à revendre et son espièglerie, est une source de distraction assurée. Mais un tel tempérament implique aussi quelques contraintes. Ces chats ne s'arrêtent jamais et peuvent vouloir jouer à toute heure (à 2 h de l'après-midi comme du matin !) ; leur voix rauque ou perçante vous le fera toujours savoir. Certes, ils veulent rester *avec* vous tout le temps, mais pas *sur* vous. Ronronner sur vos genoux ? C'est peu probable, ils ont beaucoup trop de choses à faire ! Si vous recherchez un compagnon paisible, passez votre chemin. En revanche, si vous aimez les boute-en-train agités et intrépides, inutile de chercher plus loin.

Si vous envisagez d'adopter un de ces chats débordant d'énergie, n'oubliez pas de vous procurer un arbre à chat (voir le chapitre 6) et/ou tout autre accessoire pour le distraire : *vous* en aurez besoin !

Des fauves à pattes de velours

Une des qualités que nous, les humains, apprécions le plus chez les chats est certainement leur côté sauvage qu'ils ont su préserver au cours des siècles tout en entretenant des rapports privilégiés avec les hommes. La plupart de nos chats domestiques n'ont-ils pas ces rayures foncées qui les font ressembler à des tigres ? Sans parler de leur allure de petit fauve et de leur agilité.

Cet attrait pour l'aspect sauvage des chats a poussé nombre d'experts à développer de nouvelles races et de nouvelles robes de plus en plus proches des léopards, panthères, cougouar et autres félins sauvages.

Le Bengal, l'Egyptian Mau et l'Ocicat évoquent, avec leur robe tachetée, la beauté du léopard.

L'un des chats de type « sauvage » le plus controversé est probablement le California Spangled Cat, en raison de la méthode choisie par son créateur pour commercialiser les chatons issus de cette nouvelle race. Proposés l'équivalent de 1 300 € pièce, dans un catalogue de Noël (Neiman Marcus) en 1986, ces chatons suscitèrent de nombreuses polémiques de la part de ceux pour qui vendre des chats par catalogue véhiculait une idée fausse et révoltante : les chats ne seraient rien de plus que des peluches vivantes ou des accessoires de décoration.

L'origine du nom California Spangled vient de *California*, nom de l'État où il a été créé et du terme d'ornithologie *Spangled* signifiant « taché ».

À l'instar du California Spangled, la plupart des chats dotés d'une robe de type « sauvage » n'ont rien du caractère sauvage de leurs modèles. Ils ne sont que les résultats de croisements destinés à développer des pelages approchant de plus en plus ceux de leurs véritables cousins sauvages. L'Ocicat, issu d'un croisement entre un Abyssin et un Siamois et baptisé ainsi pour sa ressemblance avec l'ocelot, un chat sauvage d'Amérique du Nord, fait également partie de cette catégorie ; tout comme l'Egyptian Mau (*chat* en égyptien), issu du célèbre « chat des pyramides », dont la robe marquée de points noirs semble avoir été peinte à la main.

Le Bengal, issu d'un croisement entre un chat domestique et un sujet de l'espèce *Felis bengalensis* (chat du Bengale), très répandue en Asie, est une tout autre variété. C'est en voulant conserver la magnifique robe mouchetée de ces petits félins sauvages que des éleveurs ont développé cette hybridation, dont les premiers chatons furent ensuite mariés à des Egyptian Mau. Plusieurs générations d'hybrides furent nécessaires pour développer un tempérament amical chez ce léopard miniature.

PAROLE DE CHAT

Un Bengal n'est d'ailleurs admis en championnat qu'à partir de la quatrième génération – laps de temps jugé nécessaire pour qu'il perde totalement les instincts agressifs de l'espèce sauvage et se comporte comme un vrai chat domestique pouvant se révéler très affectueux et attachant. Petite particularité : ces chats *adorent* l'eau !

Le caractère « sauvage » de ces espèces les situe quelque part entre ceux très actifs du premier groupe et ceux plus faciles à vivre dont nous allons maintenant parler. Ils n'ont rien du bon gros chat qui ronronne dès qu'on lui parle, mais ne sont pas non plus aussi actifs que ceux d'autres espèces. Amateurs de fauves, vous avez là de magnifiques spécimens de léopards d'appartement !

De magnifiques robes longues

Le Persan est, avec le Siamois, le chat que tout le monde (amateurs ou non) peut reconnaître. L'incroyable fourrure aux poil et sous-poil allongés de cette race séduit et enchante les amoureux du chat depuis des siècles. Le Persan est le chat « glamour » par excellence. Il est également le plus primé des chats de race.

Plus qu'aucun autre chat de race, le Persan possède la garde-robe la plus somptueuse et la plus variée qui soit – la S.C.F.F. admet plus de cinq cents couleurs ! Outre les unicolores (blanc, noir, bleu, roux, crème, chocolat, lilas, etc.) et les particolores (bleu et blanc, crème et blanc, écaille de tortue, calico, etc.), citons également le Persan smoke (noir, bleu, chocolat, etc.), le tabby (marbré, tigré ou moucheté), le chinchilla, le zibeline et le mink, sans oublier la version siamoise du Persan, appelée Persan colourpoint ou Himalayen, dont il existe pas moins d'une vingtaine de variétés.

Si vous recherchez un chat à poil long un peu plus « naturel », d'autres options s'offrent à vous. L'Angora turc, qui doit son nom à la ville d'Ankara où il fut découvert, et le Turkish Van qui, lui, le doit au lac de Van sur les bords duquel il fut développé, sont tous deux de très anciennes races pures très affectueuses. Le Norvégien (chat des forêts norvégiennes ou Skogkatt), le Maine Coon et le Chat de Sibérie (très proche de l'Européen) sont des chats imposants (surtout l'hiver lorsque leur fourrure est la plus fournie) qui ont parfaitement su préserver leur rusticité. N'oublions pas non plus le Birman, le Chat Sacré de Birmanie, un chat dont la robe ressemble à celle de l'Himalayen, exception faite des gants blanc pur qui recouvrent l'extrémité de ses pattes.

Le Ragdoll, particulièrement doux et confiant (d'où son nom qui signifie en anglais « poupée de chiffon ») est un autre chat « ganté » (mitted) d'origine plus récente. Le Tiffany, dont la robe soyeuse qui a la couleur brun-chocolat du Zibeline, est un autre chat que l'on peut classer dans cette catégorie de chats à poil long ou mi-long.

Figurent également dans cette catégorie quelques autres races qui se distinguent de leurs parents plus connus uniquement par leur longueur de poils. Il s'agit du Cymric (chat gallois), une version à poil long du Manx (le célèbre chat sans queue de l'île de Man), du Somali, un Abyssin à poil long, du Balinais, un Siamois à poil long, et du Javanais, un chat colourpoint à poil long de type Oriental.

Seul inconvénient de ces magnifiques chats à poil long : leur entretien. La fourrure du Persan, tout particulièrement, exige des soins quotidiens importants. Elle doit être brossée et démêlée régulièrement afin d'éviter la formation de nœuds et l'accumulation de poils morts. Le toilettage des autres chats à poil long n'est pas aussi contraignant, mais il l'est toujours plus que n'importe quel chat à poil court. Et ils perdent tous leurs poils de manière assez *impressionnante* ! L'ingestion de boules de poils (ou *catons*) peut également causer des problèmes de santé chez les chats à poil long.

Pour tout savoir sur l'art d'entretenir ces magnifiques fourrures, voyez le chapitre 7. Vous trouverez également dans ce chapitre de plus amples informations sur les boules de poils.

Le tempérament d'un chat à poil long dépend de ce que renferme cette opulente fourrure. Si elle cache une morphologie de type oriental, comme chez le Balinais, alors vous êtes en présence d'un chat plutôt vif et joueur. Les corps plus massifs, tels que ceux des Persans et des chats des forêts norvégiennes, abritent des tempéraments plus calmes et faciles à vivre.

Le Birman, l'Himalayen et le Persan sont particulièrement appréciés pour leur somptueuse fourrure.

Les gros matous

Si aucun chat domestique ne pourra jamais rivaliser en taille avec un Saint-Bernard – et c'est tant mieux ! – quelques-uns sont suffisamment imposants pour justifier la création d'une catégorie « poids lourds ». Si la plupart des chats en bonne santé – avec ou sans pedigree – pèsent entre 4 et 6 kilos, certains chats bien charpentés, et plus particulièrement les mâles, peuvent atteindre de 7 à 10 kilos !

Voilà au moins un chat qui pourra vous réchauffer les pieds pendant vos longues nuits d'hiver !

Le plus gros chat domestique est probablement le Chat de Sibérie, originaire de Russie (mais très proche physiquement de l'Européen). La femelle peut peser plus de 6 kilos et le mâle près de 11 kilos ! Peu connu hors de ses frontières, ce chat partage avec le Norvégien et le Maine Coon le même gabarit et la même fourrure drue et longue – tous trois sont issus de contrées forestières au climat rude. Le Maine Coon, numéro deux des chats les plus populaires aux États-Unis, est lui aussi encore peu répandu en France.

D'autres gros matous à poil long incluent le Ragdoll, le Turkish Van et l'American Bobtail (un chat puissant et lourd avec une queue écourtée).

Si vous êtes amateur de gros chat à poil plus court, optez pour un Européen, un British ou American Shorthair ou encore un Chartreux.

Les gros matous sont généralement plus calmes et débonnaires que de nombreuses autres races. Si vous recherchez un compagnon plus exubérant participant activement à la vie de famille, ces races ne vous conviendront pas.

Le Turkish Van, le Maine Coon et le British Shorthair conviendront parfaitement à tout amateur de chats autant élégants qu'imposants.

Le Maine Coon est depuis longtemps très populaire aux États-Unis (que ce soit auprès du grand public ou des juges d'expositions félines). Le 8 mai 1895, un Maine Coon brown tabby, du nom de Cosey, remportait le premier titre suprême de « Best in show » à la grande exposition féline du Madison Square Garden, à New York.

Rares et insolites

De nouvelles races félines voient régulièrement le jour. Fruits du hasard ou des recherches de généticiens et d'éleveurs, elles suscitent toujours la curiosité du public. Nombre de ces races et couleurs nouvelles apparaissent dès lors qu'une personne a remarqué un chaton doté de pattes, oreilles ou toute autre caractéristique « différentes ».

Ces chats figurent parmi les plus rares et les plus controversés. Ils sont également les plus chers !

La fourrure – ou l'absence de fourrure – distingue certaines races. La plus étonnante parmi ces races est probablement le Sphynx, aussi appelé « chat nu », pour son absence presque totale de poils ; sa peau est recouverte d'un fin duvet, donnant au toucher la sensation du daim, avec quelques poils courts sur le visage, l'extrémités des pattes et la queue. Certaines races se distinguent également par leur poil frisé. Il s'agit, bien entendu, des frisés « Rex » : le Cornish, Devon, German et Selkirk Rex, mais également du chat américain au pelage crépu, l'American Wirehair.

Le Munchkin Cat (chat basset), le Bobtail japonais (portant une queue touffue écourtée) et le Scottish Fold (aux oreilles repliées vers l'avant) sont des chats insolites qui éveillent toujours la curiosité et dont l'existence et la commercialisation soulèvent parfois de vives polémiques.

À LA TRACE

Certains éleveurs de chats frisés « Rex » prétendent que leurs espèces sont les seuls spécimens hypoallergéniques de la race féline. Les personnes souffrant de diverses allergies, et notamment celles dues aux poils de chats, pourraient tolérer certaines races mieux que d'autres. Certes. Mais, malheureusement, il n'existe pas de chat hypoallergénique. Voyez le chapitre 1 pour obtenir des informations supplémentaires sur ces allergies et savoir quelques règles suivre si vous souffrez d'allergies et possédez (ou souhaitez acquérir) un chat.

L'aspect de la queue – notamment son absence – peut à lui seul créer de nouvelles races. Dans la catégorie des chats avec une queue plus ou moins absente, le Manx (chat sans queue de l'île de Man) est probablement le plus connu. Mais il en existe d'autres, tels que le Cymric (un Manx à poil long), le Bobtail japonais (dont la queue est retournée une ou plusieurs fois), l'American Bobtail et le Pixie-Bob.

Et les oreilles ? Deux races sont nées d'une mutation génétique des oreilles : le Scottish Fold, dont les oreilles pliées vers l'avant descendent en casquette, et l'American Curl aux oreilles incurvées qui se dressent vers l'arrière du crâne.

La plus controversée des races est, sans aucun doute, celle des chats bassets, caractérisée par des pattes très courtes et baptisée par les Américains Munchkin Cat. Si certaines personnes s'opposent farouchement au développement de cette mutation (naturelle), d'autres ne voient aucune différence entre avoir un chat basset et un chien de race Teckel, Basset ou Hound. Une chose est sûre : les polémiques concernant le développement des races dû à des mutations génétiques ne sont pas près de s'arrêter.

Peut-on craquer pour une de ces races ? Pourquoi pas ? Si vous adorez autant les chats que l'originalité et l'insolite, n'hésitez pas. Mais soyez prêt à entendre toutes sortes de propos mitigés quant à la légitimité de telles surprises génétiques.

Les inclassables

Certains chats n'entrent dans aucune de ces catégories, tels que le Singapura, un chat miniature venu de l'île de Singapour, en Asie du Sud-Est, dont la robe très près du corps, tiquetée comme celle de l'Abyssin, les immenses yeux en amande et la petite taille le classent dans une catégorie à part entière.

Et où ranger le Snowshoe, un chat ganté aux nombreux croisements, principalement du Siamois et de l'American Shorthair particolore, qui a hérité du premier la grâce et l'élégance et du second la puissance musculaire et l'équilibre (mais qui n'est ni aussi actif que le Siamois, ni aussi imposant que le Shorthair) ?

Trois autres types de chats, plus ou moins réservés et de taille moyenne, se distinguent par la spécificité de leur robe. Il s'agit du Korat, un chat bleu ancien qui porte le nom d'une province de Thaïlande d'où il est originaire, du Bleu russe (qui serait parvenu en Europe à bord d'un cargo venu d'Arkangelst, un port situé sur la mer Blanche, au nord de la Russie) et du Nebelung (un Bleu russe à poil long), tous trois remarquables pour l'exceptionnel bleu argenté de leur fourrure.

Les chats sans pedigree ne sont pas si ordinaires

La plupart des gens ne se soucient guère de savoir si un chat possède un pedigree ou non ou s'il descend d'une lignée prestigieuse. Ils sont tout simplement heureux d'offrir leur toit au chaton qui leur plaira le plus ou au chat errant qui sera entré dans leur vie par hasard.

Un chat sans pedigree, aussi appelé chat de maison ou chat domestique commun est un chat de gouttière (souvent récupéré dans la rue, à la SPA ou auprès d'un particulier) dont les origines sont inconnues. Grâce à des sélections humaines, le chat de maison a permis de créer de nombreuses races, soit directement comme c'est le cas pour les Européens, American Shorthair et British Shorthair, soit par croisement. Il ne faut toutefois pas confondre ces « greffiers » avec des Européens (ou des American ou British Shorthair), car ces derniers ont des ascendants connus et répertoriés, alors qu'un chat de maison, adopté au hasard d'une rencontre, ne possède pas d'arbre généalogique.

Certains chats sans pedigree ont une beauté naturelle qui leur est propre et des couleurs plus franches que bon nombre de leurs frères à pedigree. D'autres ressemblent à s'y méprendre à des chats de race : un gros matou allongé à la robe mi-longue pourra évoquer un chat des forêts norvégiennes, par exemple. Quoi qu'il en soit, en termes d'affection, ces chats ne sont ni plus ni moins précieux que leurs homologues de race.

Si les chats de maison avaient, autrefois, une certaine homogénéité autant comportementale que physique, des croisements naturels plus récents ont offert à ceux d'aujourd'hui des morphologies, des robes et des tempéraments très divers. Lors des expositions félines, où les chats de maison peuvent maintenant concourir dans une classe à part, toutes les morphologies, longueurs et couleurs de poils sont acceptées. Le bicolore noir et blanc est très courant, ainsi que l'écaille de tortue (mélange de roux et de noir ou de crème et de bleu), le calico ou tricolore (écaille et blanc) et le tabby (agouti), notamment le gris tigré et le roux tigré.

Les couleurs calico et écaille de tortue existent-elles uniquement chez les femelles ? Ce mystère est élucidé au chapitre 17.

Tous les chats, quelle que soit leur origine ou leur apparence, sont parfaitement qualifiés pour devenir de très précieux compagnons. Ils sont, en outre, beaucoup plus semblables qu'ils ne sont différents en termes de santé, de morphologie générale et de comportement. Tout dépend, en fait, de vos propres critères et de ce que vous attendez de leur compagnie. Vous devez savoir ce qu'il y a dans votre cœur avant d'y laisser entrer un chat.

Les robes noir et blanc, calico et tabby reflètent la merveilleuse variété de couleurs que l'on peut trouver chez les chats de maison.

Explorer le cyberespace félin

Pourquoi ne pas choisir votre chat sur le Net ? Les amoureux des chats ont épousé la cause cybernétique avec une ferveur inégalée. L'Internet offre aujourd'hui une infinité d'informations sur les chats : listes de diffusion, forums de discussion, sites Web, textes, photos, vidéos, etc., sans parler des cybercommunautés, très actives.

Les heureux internautes auront plaisir à surfer sur les sites Web consacrés aux chats et à échanger des idées avec d'autres amateurs de félins sur les différentes races de chats, leur hygiène et la fascination qu'ils peuvent exercer sur l'homme. Et, si vous envisagez d'adopter un chat, les informations que vous pourrez y trouver seront toujours nombreuses et, dans la plupart des cas, fiables et précises. Saluons au passage le travail remarquable réalisé par toutes ces personnes sans qui aucune de ces informations de qualité ne serait disponible.

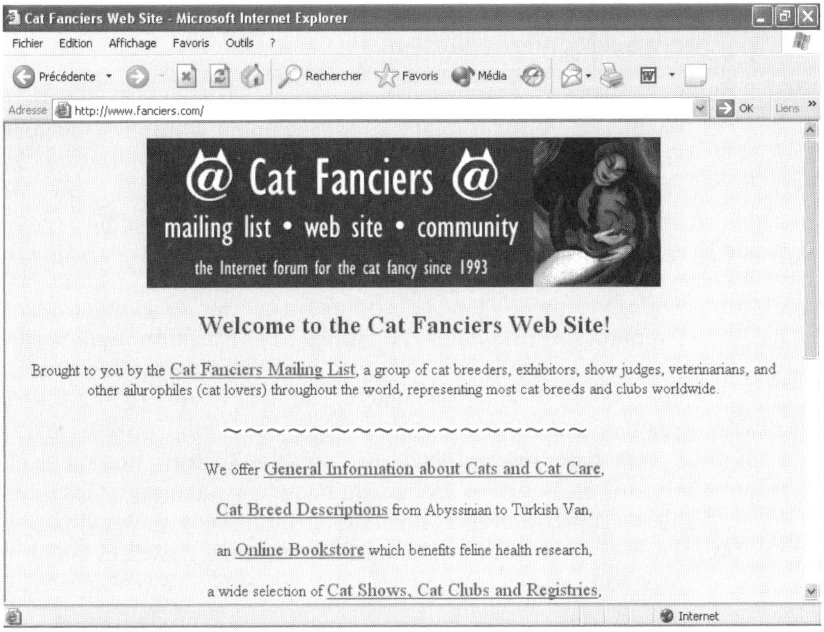

Le site anglophone Web Cat Fanciers est l'une des plus importantes sources d'informations félines du World Wide Web.

Il existe plusieurs moyens d'accéder aux informations concernant nos amis félins. Nous les utilisons tous pour étoffer nos connaissances et essayer de mieux vivre avec cet animal exceptionnel. En voici la liste :

- **Listes de diffusion.** Ceux qui adorent recevoir du courrier électronique ne trouveront rien d'aussi satisfaisant. Certaines listes de diffusion (*mailing lists*, en anglais) vous inondent littéralement de dizaines de messages postés quotidiennement par des membres et distribués à tous les abonnés de la liste. Les meilleures listes entretiennent un esprit communautaire, grâce à la participation de personnes qui partagent un intérêt commun (une race particulière de chat, par exemple) et échangent des conseils utiles et de sympathiques anecdotes concernant leur fauve miniature. Si vous affectionnez tout particulièrement une race féline mais ne savez pas exactement à quoi peut ressembler la vie avec ce type de chat, une consultation régulière d'une liste consacrée à cette race vous permettra d'obtenir toutes les informations utiles et éventuellement de trouver l'éleveur le plus approprié.

  Pour vous abonner à une liste, il suffit généralement d'envoyer un message (comprenant le mot `SUBSCRIBE`) à un ordinateur gérant automatiquement les inscriptions. Une liste peut également être gérée manuellement par son propriétaire, appelé *modérateur*, auquel cas la procédure pourra être différente. Certaines listes sont parfois limitées en nombre, d'autres ne vous ouvrent leurs portes que si vous répondez à des critères particuliers.

Lorsque vous vous abonnez à une liste, prenez le temps de la lire, sans y participer, pendant quelques jours afin de vous faire une idée des sujets abordés. Cette pratique, connue sous le nom de *netiquette*, fait appel à votre bon sens : vous ne connaissez pas les opinions des membres de la liste et ne voulez pas vous ridiculiser aux yeux des personnes qui pourraient vous aider à élargir vos connaissances dans le domaine.

Pour trouver des listes du diffusion consacrées aux chats et aux animaux de compagnie, consultez le site Francopholistes (`www.francopholistes.fr`), qui recense des listes de diffusion francophones. Le site Web américain Cat Fanciers offre, quant à lui, un inventaire des listes de diffusion anglophones, dont sa propre liste traitant, entre autres, de la médecine vétérinaire, de l'histoire des races et des chatteries. D'autres listes sont davantage axées sur les intérêts des heureux propriétaires de chats. Pour accéder à des dizaines d'autres listes et obtenir des informations sur leurs règles et les différentes procédures d'inscription, connectez-vous à l'adresse `www.fanciers.com/joining.html`.

- **Groupes de discussion.** Un groupe de discussion, aussi appelé forum de discussion ou *newsgroup* en anglais, n'est pas très différent d'une liste de diffusion, si ce n'est que tout le monde peut y participer et que le courrier ne parvient pas directement dans votre boîte aux lettres électronique : vous devez aller le consulter vous-même.

  Dans la mesure où ces groupes sont ouverts à tous – ce qui inclut évidemment tous les petits malins qui adorent envoyer des messages anonymes désobligeants –, le civisme et l'esprit de communauté caractéristiques des listes de diffusion sont beaucoup moins présents. Le contenu des messages est parfois très provocateur et nombre de participants se laissent souvent entraîner dans des *flame wars*, des guerres de propos sans fin, aussi ridicules que des chamailleries d'enfants. Pire encore, les groupes de discussion non modérés (dont le contenu n'est pas contrôlé par un modérateur) attirent souvent de véritables détraqués, des gens qui trouvent amusant de raconter des histoires atroces sur des chats mutilés...

  Nous préférons nettement les listes de diffusion (qui ne dévient pas de leurs sujets et où les déséquilibrés n'ont pas leur place), mais les groupes de discussion offrent parfois des informations d'ordre général intéressantes qui méritent le détour. À vous de savoir trier le bon grain de l'ivraie ! À l'heure actuelle, il n'existe aucun groupe de discussion francophone exclusivement dédié aux chats. Nous vous recommandons néanmoins de consulter les groupes `fr.rec.animaux` (consacré aux animaux dans leur ensemble) et `fr.bio.medecine.veterinaire` (traitant de la médecine vétérinaire). Connectez-vous au site `www.usenet-fr.net` pour obtenir une liste descriptive des différents groupes de discussion francophones. Si vous comprenez l'anglais, explorez la catégorie anglophone `rec.pets.cats`, qui inclut six groupes de discussion consacrés aux à nos amis félins : `rec.pets.cats.anecdotes`, `rec.pets.cats.announce`, `rec.pets.cats.community`, `rec.petw.cats.health+behav`, `rec.pets.cats.misc`, et `rec.pets.cats.rescue`.

Vous trouverez aussi une variante du groupe de discussion, appelée « forum », également consultable en ligne à partir d'un site, comme celui d'Aniwa.com.

- **Sites Web.** Des centaines de sites Web consacrés aux chats et composés de textes, d'images, de photos et même d'animations vidéo existent sur l'Internet. Il suffit d'entrer une adresse Web dans votre logiciel de navigation pour accéder à une kyrielle d'informations dont l'éventail peut aller du site dédié à une race particulière à une page personnelle présentant son propre élevage, en passant par les expositions félines ou les jouets pour chats. La plupart de ces sites sont l'œuvre d'amateurs passionnés des chats ou de sociétés commerciales ; les sujets traités et leur qualité peuvent donc varier considérablement.

La rubrique consacrée aux chats du site Aniwa.com.

La rubrique « Chat » du site www.aniwa.fr constitue un excellent portail sur l'univers des chats (informations générales, actualité, annonces, adresses utiles, liste de pages personnelles, forum, etc.). Pour les anglophones, le site www.fanciers.com dresse une liste très complète de sites Web (en anglais) consacrés aux chats.

Le monde en ligne consacré aux chats ne se limite pas aux quelques références présentées ici. Pour une sélection de sites Web francophones et anglophones qui valent vraiment le détour, voyez le chapitre 20.

Chapitre 3

Refuges, éleveurs et autres sources

Dans ce chapitre :

- Tout ce qu'il faut savoir sur les refuges.
- Les bons éleveurs, les ignorants et ceux qu'il faut éviter à tout prix.
- Animaleries : prudence !
- Les autres possibilités.

Vous savez désormais quel type de chat vous voulez : à pedigree ou de gouttière, à poils longs ou courts, adulte ou chaton, mâle ou femelle... Vous avez donc une idée bien précise de votre chat idéal. (Si vous n'avez pas encore affiné votre choix, retournez aux chapitres 1 et 2.)

La question qui se pose maintenant est : où trouver le chat ?

Une chose est sûre : pendant la saison « douce », ce qui signifie pour les chats, pendant (ou juste après) celle des amours, les offres semblent intarissables. On trouve des chatons un peu partout, devant les centres commerciaux, sur votre lieu de travail, dans les refuges, les animaleries, sous forme de petites annonces dans les commerces de proximité, etc.

Alors pourquoi se compliquer la vie ? Pourquoi ne pas adopter tout simplement un des chatons issus de la dernière portée de la chatte du voisin ? Et, si vous recherchez un chat avec pedigree, vaut-il mieux vous adresser à un éleveur professionnel, à un amateur passionné ou l'acheter dans une boutique spécialisée ? Dans la mesure où l'on vous délivre un certificat de vente mentionnant, notamment, le numéro du pedigree, toutes ces sources ne se valent-elles pas ?

Acheteurs, méfiez-vous !

L'endroit où vous achetez votre chat est aussi important que le type de chat que vous voulez adopter. Méfiez-vous des faux amateurs qui sévissent à longueur d'année. L'acquisition d'un chat est un acte qui vous engage à long terme ; ne prenez aucune décision sur un coup de cœur.

Certes, un bon compagnon félin peut se trouver n'importe où, et de nombreux exemples sont là pour le prouver. Une de nos amies, par exemple, possède un chat magnifique qu'elle a trouvé à moitié mort dans la rue ! Toutefois, si vous voulez vous assurer de la sociabilité et de la bonne santé de votre futur compagnon, il est préférable de vous adresser à un bon éleveur, à une société de protection ou à un refuge réputé. Rien n'est plus pénible que d'entendre votre vétérinaire vous annoncer que le chaton dont vous étiez tombé amoureux est porteur du virus de la leucose !

La différence entre un chat malade et un chat sain ne tient parfois qu'à un poil. Consultez le chapitre 4 pour savoir comment choisir votre compagnon idéal dans une portée d'adorables chatons ou dans un refuge peuplé de chats qui ne demandent qu'à être adoptés.

Tout ce qu'il faut savoir sur les refuges

Il y a quelques années, Gina s'est rendue à une conférence destinée aux propriétaires de refuges et a assisté à un séminaire sur les différents moyens permettant d'améliorer la condition des chats et de les garder en bonne santé dans un environnement aussi stressant que peut l'être un refuge. L'un des présentateurs était une femme qui avait modifié les installations de son refuge pour améliorer la condition de ses résidants. Elle avait quelques photos pour les illustrer.

Autrefois, les installations de son refuge se limitaient à des espèces de niches de chien reconverties avec ouverture sur le haut dans lesquelles étaient « lâchés » les chats. Ils ne pouvaient en sortir que pour deux motifs : la mort ou l'adoption. Et, quelle que soit la raison, leur sortie s'opérait toujours de la même façon : un système mécanique destiné à les extraire de leur cellule les saisissait et ils étaient soulevés dans des grognements et des feulements de terreur. Imaginez l'horrible impression qu'un chat traité de la sorte pouvait laisser sur un éventuel acquéreur ! (Impression qui n'importait guère d'ailleurs, dans la mesure où la plupart des chats étaient euthanasiés.)

Combien coûte un chat ?

Le prix d'un chat adulte ou d'un chaton varie considérablement : cela va de l'adoption gratuite à l'achat pour 450 à 600 € d'un chaton avec pedigree chez un éleveur, en passant par le forfait de 70 € que les sociétés de protection demandent généralement pour couvrir les frais de vaccination, sans parler des sommets vertigineux que peut atteindre le prix d'un chat de race rare ou à la mode. Le prix d'un chaton de race peut d'ailleurs varier du simple au double si les parents de celui-ci ont été primés lors d'un concours ; il a alors des « chances » de devenir champion à son tour.

Le véritable prix à payer pour un chat se calcule, en fait, d'après les soins quotidiens. Il s'agit, bien entendu, de l'amour et de l'attention que vous lui apporterez, mais également des soins les plus élémentaires, tels que la nourriture, la litière, les accessoires de base, les soins vétérinaires, le gardiennage pendant vos vacances et, éventuellement pour les chats à poil long, le toilettage. Tout cela peut vous coûter entre 150 et 300 € par an. Ajoutez à ces dépenses les occasionnelles visites aux urgences pour morsure, empoisonnement, piqûre d'insecte et autres petits accidents qui nécessitent des soins vétérinaires et les éventuels jeux et accessoires très appréciés de la gent féline, tels que fausses souris, griffoirs et litières haut de gamme, sans oublier les livres et magazines pour votre information et plaisir personnel, et le coût d'un chat peut se révéler beaucoup plus élevé que vous ne l'auriez pensé.

Il est par conséquent très important de vous projeter dans l'avenir lors de l'acquisition d'un chat. Un chaton avec pedigree d'une valeur de 450 € acheté chez un éleveur de confiance vous coûtera finalement 30 € par an sur une estimation de vie de 15 ans.

Le plus important n'est finalement pas le coût, mais la santé et le tempérament de votre nouveau compagnon. Il vaut mieux acheter un chat qui présente tous les signes d'une bonne santé et d'un tempérament sociable (il vous lèche, a le poil brillant, etc.) dans un petit refuge près de chez vous, que faire l'« affaire du siècle » en achetant, chez un éleveur de mauvaise qualité, un chaton de race qui se révélera malade ou agressif. Chat de race ou pas, optez toujours pour l'éleveur, le particulier ou le refuge qui garantit fournir des animaux domestiques équilibrés et en bonne santé. Vous y gagnerez forcément.

Ce refuge a considérablement changé aujourd'hui, tout comme bon nombre (mais malheureusement pas la totalité) d'autres refuges animaliers. Chats et chatons sont désormais traités avec soin et respect, même au terme de leur vie et bénéficient d'installations plus confortables adaptées à leur mode de vie naturelle, qui contribuent à leur bien-être. Des loges individuelles propres dans un endroit calme éloigné des chiens ou des enclos grillagés abritant plusieurs chats et contenant des poteaux, planches et autres accessoires facilitant le jeu et leur permettant de se percher, de s'observer et de s'ébattre, rendent désormais leur séjour aussi agréable que possible. Pour bien des chats, cependant, le chemin d'un refuge reste encore à sens unique – le nombre de chats et de chatons qui y résident est largement supérieur à celui des maisons d'adoption – mais les bons refuges font aujourd'hui tout leur possible pour que leurs animaux trouvent un foyer.

Ces dernières années, de nombreux refuges ont modifié leurs installations et restauré leur bâtiment afin d'attirer un plus grand nombre de personnes et faire de leurs centres d'accueil des lieux beaucoup moins « déprimants » qu'ils ne l'étaient autrefois. Les meilleurs refuges disposent d'un personnel qualifié qui aime, soigne et s'occupe avec respect des animaux qu'ils abritent, ainsi que d'un groupe de bénévoles chargés de soigner les troubles du comportement de certains chats et de conseiller les éventuels preneurs quant à leurs responsabilités envers leur nouveau compagnon.

Grâce à de récents programmes permettant de déceler et de soigner des troubles du comportement félin, les refuges actuels offrent au public des chats beaucoup plus équilibrés qu'autrefois. Oubliez tous vos préjugés qui vous faisaient associer les refuges à des « mouroirs à chats » : *agréables*, *propres* et *aérés* sont les termes qui caractérisent désormais la plupart de ces lieux.

Choisir un chat ou un chaton parmi toutes ces adorables créatures qui ne demandent qu'à être adoptées s'avère parfois bien difficile. Vous voudriez les prendre tous. Et réaliser que certains de ces animaux ne trouveront jamais de foyer adoucit les cœurs les plus durs. Mais vous ne rendrez de service à personne en laissant votre cœur prendre la décision à la place de votre tête. Bien au contraire, votre sensibilité pourrait vous faire adopter un chat à la place d'un autre qui vous conviendrait mieux. Demandez à un ami de vous accompagner pour vous aider à faire le meilleur choix. Assurez-vous que cet ami ne se laisse pas encore plus facilement attendrir que vous, sans quoi vous pourriez repartir tous les deux avec un chat qui ne vous convient pas. Prenez tout votre temps. Au besoin, retournez plusieurs fois visiter le refuge.

Bien que la plupart des chats d'un refuge – comme la plupart des chats en général – soient des greffiers à poil court, il arrive qu'on y croise quelques pures races (pas avec la même fréquence que les chiens, toutefois). S'il n'y a aucune chance pour que vous rencontriez dans le refuge de votre région un chat issu d'une race rare, tel qu'un Devon Rex ou un Havana Brown, vous pouvez en revanche y trouver un Persan ou un Siamois. Une solution idéale pour acheter le chat de vos rêves à un prix très raisonnable !

Tous les refuges ne se ressemblent pas. Certains sont gérés par des associations à but non lucratif, d'autres sont financés par des subventions publiques – et de très bons refuges existent dans chacune de ces deux catégories.

Des chats sains et équilibrés peuvent se retrouver dans n'importe quel refuge, quel que soit l'état de délabrement de ses installations et la négligence de son personnel. Après tout, un animal n'est pas responsable de l'endroit où il a été abandonné. Mais, tout comme vous pouvez augmenter vos chances d'acheter un chat sain, équilibré et heureux en vous adressant à un éleveur réputé, vous réussirez d'autant mieux une adoption en choisissant un refuge qui se soucie visiblement de ses animaux, des visiteurs et de son personnel.

Sachez qu'un séjour dans un refuge peut stresser un animal ou l'exposer à certaines maladies. Le stress éprouvé par certains chats peut non seulement provoquer des troubles du comportement, mais également augmenter le risque de contracter des infections respiratoires (pour lesquelles il existe des traitements spécifiques). Ils peuvent, en outre, entrer en contact avec des animaux malades et contracter la leucose féline, la péritonite infectieuse féline et l'immunodéficience féline virale, contre lesquelles il n'existe aucun remède. (Pour en savoir plus sur ces maladies, reportez-vous au chapitre 10.)

Par ailleurs, on ne vous laissera probablement pas le choix de garder votre chat « entier », dans la mesure où la plupart des refuges pratiquent une stérilisation systématique ou l'exigent comme condition à l'adoption. (Pour en savoir plus sur les opérations de castration et d'ovariectomie, reportez-vous au chapitre 14.)

Les associations de protection animale en France

De très nombreuses associations de protection animale de taille variable veillent sur nos petits amis (voir les adresses en annexe). Certaines sont de véritables entreprises avec des filiales sur tout le territoire, d'autres regroupent quelques bénévoles qui soignent les animaux abandonnés sur la voie publique et essaient de leur trouver de nouveaux foyers.

La Société protectrice des animaux (SPA), fondée en 1845 et reconnue d'utilité publique en 1860, la Confédération des SPA de Lyon et Assistance aux animaux sont les trois associations les plus importantes en France. Deux d'entre elles (la SPA et l'Assistance aux animaux) ont ouvert des dispensaires pour permettre aux personnes nécessiteuses de faire soigner gratuitement leurs animaux de compagnie.

En outre, certaines de ces associations demandent aux candidats à l'adoption de bien vouloir se soumettre à un questionnaire (sur leur mode de vie, leurs revenus, etc.) avant d'accepter ou de refuser leur candidature. Ces précautions, ainsi qu'un forfait de 70 € environ, servent à dissuader les éventuels trafiquants qui adopteraient des animaux pour les revendre en fraude à des laboratoires et permettent de vérifier que le futur maître possède bien toutes les qualités requises.

Les bons éleveurs, les ignorants et ceux qu'il faut éviter à tout prix

La CFA (*Cat Fanciers' Association*) estime que moins de 5 % des chats ont un *pedigree*, c'est-à-dire un certificat distribué par un organisme, un club, un cercle ou une fédération garantissant la pureté de la race. Si plus de quarante races sont officiellement reconnues dans le monde, la plupart d'entre elles sont assez rares. Et les plus rares ne sont pas souvent disponibles : leurs éleveurs se consacrent davantage à préserver et à améliorer leur standard et conservent généralement tous les chatons ou les placent dans d'autres élevages travaillant sur les mêmes lignées.

Les plus populaires, en revanche, principalement le Persan et le Siamois, ont de nombreux éleveurs regroupés en clubs. Ces éleveurs sont parfois de simples amateurs passionnés, moins intéressés par les expositions félines que par l'élevage d'un bel animal domestique. Après l'élevage « pur et dur », une autre forme d'élevage est née pour servir un marché de plus en plus important d'amateurs de chats (ou de chiens) désireux de posséder un « bel animal domestique ».

Bien que cela paraisse évident, de nombreuses personnes semblent ne pas réaliser qu'un chat n'est en aucune manière un objet. Ils partent en quête du bon produit et de la bonne marque – comme s'il agissait d'un lecteur de CD –, puis étudient tous les prix et fournisseurs pour trouver la meilleure affaire.

Toutefois, le fait qu'un chat soit enregistré n'atteste en rien de sa valeur, le plus important dans ce domaine étant les connaissances et la réputation de l'éleveur. Et tous les éleveurs ne se valent pas. Certains n'ont que de maigres notions de génétique, sans parler de ceux qui s'intéressent plus au profit qu'à la « félinotechnie ». Méfiez-vous des éleveurs malhonnêtes et médiocres qui présentent des chatons peu socialisés ou avec des tares génétiques que vous ne saurez déceler, lorsque vous partez en quête d'un chat avec pedigree.

Vous envisagez de vous lancer dans l'élevage ? Au chapitre 14, vous apprendrez pourquoi cette entreprise est moins rentable et plus compliquée qu'il n'y paraît, comment votre relation avec votre petit animal va inexorablement changer et comment l'élevage contribue au problème de la surpopulation féline – même si vous projetez de n'élever que des races pures. Si vous êtes suffisamment passionné et tenez absolument à élever des chats, vous trouverez dans ce même chapitre toutes les informations pratiques sur les mariages réussis, l'élevage de chatons et leur placement.

Trouver un bon éleveur

Un éleveur compétent, qui a une réputation à défendre, peut s'avérer difficile à trouver et ne pas pouvoir satisfaire votre demande au moment où vous lui rendez visite ; une petite difficulté et un contretemps qui, à eux seuls, poussent de nombreux acheteurs à s'adresser ailleurs, dans des endroits bien moins recommandables.

Dans le meilleur des cas, votre chat passera une vingtaine d'années en votre compagnie. Dans ce contexte, ne semble-t-il pas raisonnable de prendre tout son temps pour trouver le bon éleveur, de passer quelques coups de fils, de lire un livre ou deux, de surfer sur le Web, d'effectuer quelques déplacements et de bavarder avec une personne qui connaît bien la race que vous recherchez pour obtenir plus de réponses qu'un livre ne pourrait offrir ?

A LA TRACE

Pour quelques renseignements pratiques sur l'utilisation du Net en vue de trouver des informations sur les chats de race – et leurs éleveurs –, voyez le chapitre 2.

TRUC

Un bon éleveur fait régulièrement concourir ses chats. Comment saurait-il qu'il élève d'excellents spécimens s'il ne les faisait pas passer devant des juges expérimentés ?

Une animalerie proposant une sélection de chatons est souvent incapable de vous fournir des informations complètes, car son personnel, aussi serviable soit-il, ne peut que vous renseigner superficiellement sur les races disponibles en boutique. Un éleveur peu passionné ou intéressé uniquement par l'argent pourra certes vous informer sur le comportement de ses Siamois, mais ne sera nullement qualifié pour répondre à des questions concernant la race dans son ensemble. Et aucune des deux sources ne vous proposera de chats présentant toutes les qualités que vous êtes en droit d'exiger.

Un éleveur sérieux, en revanche, vous fournira beaucoup plus d'informations sur la race de votre rêve que vous ne pourriez l'imaginer. Son engagement ne s'arrête pas une fois la vente conclue. Non seulement vous posséderez un chaton parfaitement bien élevé, soigné et socialisé, mais vous disposerez également d'un véritable « service après-vente », digne de faire rougir bon nombre de sociétés informatiques !

N'OUBLIEZ PAS

Sachez faire le tri entre les bons éleveurs et les moins bons. Les premiers ne sont pas de simples producteurs ne cherchant qu'à monnayer leurs chatons ; ils fournissent un travail considérable en sélectionnant les meilleures lignées pour améliorer le type, la longueur de poil, les yeux de la race qu'ils affectionnent. Ils sont passionnés de « félinotechnie », amoureux de leurs animaux et travaillent dans le seul but d'optimiser la beauté et l'équilibre d'une race.

Visiter une exposition féline

Les expositions félines fournissent aux amoureux des chats et acheteurs éventuels le moyen idéal de découvrir les différentes races et d'acquérir un chaton ou du matériel spécialisé. Vous recherchez un bon éleveur ? Allez tout simplement là où ils se retrouvent tous régulièrement pour présenter les animaux qu'ils chérissent tant et font toute leur fierté : l'exposition féline.

Ces manifestations pittoresques, que tout amateur de chat se doit de voir au moins une fois dans sa vie, vous permettront de rencontrer de nombreux éleveurs qui se feront un plaisir de vous renseigner sur les caractéristiques et qualités de leur race, à moins qu'ils ne préparent le plus beau fleuron de leur élevage à passer devant les juges. Après tout, vous souhaitez les entretenir sur un des sujets qu'ils affectionnent le plus : leurs chats !

N'OUBLIEZ PAS

N'oubliez pas non plus de regarder un ou deux concours de beauté, plus particulièrement si le jugement se fait à l'américaine. En effet, ce système, beaucoup plus spectaculaire car la description des races est faite oralement, vous permettra non seulement de passer un moment agréable, mais également de vous informer sur les meilleurs éleveurs. Il est souvent passionnant, autant pour le public que pour l'exposant, d'entendre certains juges expliquer les bons et les mauvais points de chaque chat ou chaton qu'ils manipulent et comparent avec le *standard de la race* – description écrite et enregistrée du chat idéal dans chaque race.

Vous n'aurez peut-être pas le temps de poser toutes vos questions et souhaiterez retourner visiter un ou deux éleveurs. Alors n'hésitez pas à leur demander des cartes de visite et à noter leur numéro de téléphone, ainsi que les points importants de votre conversation pour pouvoir vous y reporter plus tard. Renseignez-vous sur la disponibilité des chatons ou l'évolution d'une race, mais n'entrez pas dans les détails : les éleveurs sont généralement très occupés lors des expositions. Profitez de cette journée pour récolter des informations, admirer les chats de vos rêves et en découvrir d'autres, puis reprenez contact plus tard, par téléphone ou en personne.

TRUC

Les expositions félines fleurissent à l'automne. Mais les lieux et les dates de ces manifestations ne sont pas toujours très bien médiatisés. Vous pouvez, toutefois, vous procurer un calendrier complet des expositions félines de diverses façons. Les magazines spécialisés, tels que *Atout chat* et *Chat magazine*, publient régulièrement les dates et lieux des expositions et compétitions félines. Le Web fournit également un support idéal pour obtenir un agenda de ces manifestations dans le monde entier. Et n'oubliez pas de jeter un œil sur les prospectus disponibles dans les magasins d'animaux.

Vous apprécierez mieux les expositions félines quand vous en comprendrez l'organisation et le déroulement. Qui sait ? Vous déciderez peut-être d'y exposer votre propre chat – certaines manifestations permettent même aux chats sans pedigree de concourir dans une classe à part. Cela vous intéresse ? Le chapitre 16 contient toutes les informations nécessaires.

Jetez un coup d'œil aux dépliants, prospectus annonçant les prochaines manifestations et autres fascicules d'informations gratuits généralement disponibles sur les divers stands d'exposants et à l'accueil.

Les éleveurs atteints de « podiumite aiguë » !

Les éleveurs obsédés du podium ne sont pas toujours de bonnes références pour acheter un chat, quel que soit le nombre de prix qu'ils aient déjà pu obtenir. Pour que des chatons puissent devenir des chats adultes affectueux et équilibrés, ils doivent être *socialisés*, autrement dit avoir été en contact avec les humains – enfants et adultes des deux sexes – et manipulés régulièrement et avec douceur depuis leur naissance. Les bruits de la vie quotidienne des bipèdes doivent leur être familiers.

Posez toutes les questions d'usage concernant le dépistage des maladies congénitales, le pedigree, les expositions et concours de beauté, le carnet de santé, les certificats de vente et autres garanties. Mais n'oubliez pas de demander *où* et *comment* les chatons ont été élevés.

Si l'éleveur répond « dans ma cuisine » et insiste à la fois sur les soins qu'il leur a prodigués et la tendresse qui les a entourés, vous êtes sur la bonne voie.

Consulter les magazines

Les expositions félines constituent probablement le moyen le plus agréable de trouver un éleveur, mais vous disposez également d'autres possibilités.

La presse animalière publie régulièrement des articles sur les bons éleveurs et leurs chats, leurs programmes, leurs coordonnées, etc., et propose généralement un guide, des petites annonces ou des pages publicitaires avec les coordonnées des associations, clubs, éleveurs et autres acteurs du monde félin. Ces magazines sont, pour l'essentiel, *Atout chat*, *Chat magazine*, *Le*

Monde des animaux et *30 millions d'amis* (dont les coordonnées figurent en annexe).

Toutefois, dans la mesure où ces publications ne sélectionnent pas les éleveurs et autres particuliers ou organismes avant d'imprimer leurs annonces, vous devez être très vigilant. Si vous ne trouvez aucun éleveur de la race qui vous intéresse dans votre région, appelez l'éleveur le plus proche. S'il jouit d'une certaine réputation, il appartient probablement à une association féline régionale ou nationale et peut vous recommander auprès d'un autre éleveur plus proche de votre domicile.

Comment repérer les « mauvais » éleveurs

Rares sont les éleveurs assez odieux pour ne pas pourvoir aux besoins essentiels de leurs animaux. Il existe malheureusement quelques irresponsables qui vivent dans des logements insalubres grouillant de chats qui s'accouplent en toute liberté. Vous n'aurez aucun mal à repérer et éviter ces personnes – à moins que leurs chats ne soient toilettés avant d'être vendus dans d'autres lieux.

La plupart des « mauvais » éleveurs – les « éleveurs d'arrière-cour » comme on a coutume de les appeler – ne négligent pas volontairement la santé de leurs chats. Ils sont tout simplement mal informés. Ils ignorent que nombre des chatons qu'ils élèvent peuvent finir dans un refuge ou souffrir toute leur vie d'une maladie congénitale. Ils veulent juste que leurs chattes aient de nombreuses portées pour le bonheur des enfants, parce que les chatons sont d'adorables créatures ou parce qu'ils croient que l'élevage est un bon moyen de gagner de l'argent. Ils ne sont pas tous malintentionnés, mais ce ne sont pas pour autant de bons éleveurs.

La liste suivante présente quelques lacunes et négligences qui devraient vous faire réfléchir à deux fois avant de traiter avec un éleveur :

- **Manque de connaissance sur la race.** Un éleveur n'ayant que peu de connaissances sur la race, son histoire ou son standard ne peut être qualifié pour produire des spécimens de cette race.

- **Manque de connaissance « félinotechnique ».** Un bon éleveur a nécessairement des notions de génétique, lesquelles lui permettront de bien sélectionner ses lignées pour les améliorer. Dans le cas contraire, des sélections moins rigoureuses pourraient conduire à des mariages consanguins défaillants et à des anomalies congénitales.

- **Non-participation aux expositions félines.** Vous augmenterez vos chances de trouver une pure race de qualité en l'achetant chez un éleveur qui présente régulièrement ses chats en exposition. S'il est suffisamment passionné par ses chats pour en faire des « bêtes de concours », il y a de fortes chances pour qu'il les soigne avec tout autant de passion.

- **Refus de vous laisser voir la portée, la mère, d'autres chats ou l'endroit où ont été élevés les chatons.** Des chats adultes sains et sociables, une chatterie propre, aérée et bien entretenue constituent un gage évident de qualité. Si un éleveur refuse de vous laisser voir autre chose que le chaton qu'il essaie de vous vendre, vous êtes en droit de vous poser quelques questions.

- **Absence de papiers officiels.** Si l'éleveur vous assure que le pedigree du chaton est enregistré sur un livre des origines félines (LOF), il doit vous fournir les papiers l'attestant. Un certificat de vente, mentionnant les termes du contrat, devra également vous être remis. Ce papier vous permet d'avoir un recours légal au cas où le chaton souffrirait d'une maladie virale dans les quinze jours ou s'il se révélait avoir des « vices cachés » (malformation congénitale, tare héréditaire, etc.) ou ne pas être qualifié pour concourir (si cette condition faisait partie des termes de votre contrat).

- **Défaillance en matière de socialisation.** Pour être bien socialisés et devenir de bons compagnons, les chatons doivent rester avec leur mère naturelle suffisamment longtemps et avoir été câlinés et manipulés avec douceur. Un éleveur qui ne pourrait vous expliquer ce qui a été réalisé dans ce domaine ou qui essaierait de vous vendre un chaton de moins de 12 semaines a de toute évidence des connaissances trop faibles pour pouvoir se targuer d'élever des chats.

N'OUBLIEZ PAS

Cette mise en garde ne vise qu'à augmenter vos chances de succès. Certes, vous pouvez très bien trouver un bon chaton de race chez un éleveur amateur qui passe une annonce dans le journal local. Mais vous aurez beaucoup plus de chances de trouver un chat sain et sociable en vous entourant d'un maximum de garanties.

Animaleries : prudence !

Acheter un chaton de race dans un magasin d'animaux ne vous demandera guère d'efforts. Les animaleries proposent généralement une sélection assez large de chatons de race. Inutile de parler aux éleveurs, de remplir de petites fiches ou d'attendre plusieurs mois en fonction des disponibilités. Ces magasins offrent parfois des garanties sanitaires et acceptent toujours les cartes de crédit. Alors, que demander de plus ?

Même si toutes les boutiques prennent bien soin de leurs animaux « en stock » et entretiennent correctement leurs installations, vous serez probablement mieux loti avec un chaton élevé en famille, chez un professionnel de petite envergure, expérimenté et réputé. Les chatons ne sont pas des « produits commerciaux » que l'on peut produire en masse, et c'est pourtant bien souvent ce dont il s'agit dans ce type de magasins. Bon nombre d'animaleries proposent des chatons aux origines incertaines et porteurs de maladies.

N'oubliez pas que pour acheter un bon chat ou chaton, vous devez faire preuve de discernement et d'une extrême vigilance. Si certaines personnes ont eu la chance de tomber sur des chatons sociables et en bonne santé, d'autres se sont retrouvées avec de malheureux animaux souffrant toute leur vie de maladies congénitales. Alors, prenez votre temps, documentez-vous, posez toutes les questions essentielles concernant la santé du chaton, son éducation, son arbre généalogique, etc., et *surtout*, ne faites aucun achat impulsif, tenté par la facilité de paiement ou ému par l'air malheureux d'un chaton derrière les barreaux d'une cage.

Vétérinaires, éleveurs, associations de protection animale et clubs félins s'accordent tous sur un point : un magasin d'animaux n'est pas l'endroit idéal pour trouver un chaton avec pedigree sain, équilibré et bien socialisé.

Les autres possibilités

Que diriez-vous d'adopter un chat à 100 % de gouttière ou un chaton issu d'une portée de la chatte de votre voisin ou de votre collègue de travail ? Ou ce chat abandonné qui vient miauler à votre porte tous les matins ? Vous n'avez, en effet, aucune raison de ne pas prendre en considération ces opportunités si l'animal est en bonne santé, bien socialisé et remplit parfaitement vos conditions.

Les chatons de votre voisin ou de votre collègue de travail

Si vous ne pouvez ignorer toutes les propositions de votre entourage, vous devez également savoir qu'en acceptant de telles adoptions apparemment faciles, vous risquez de vous retrouver avec plus de problèmes que vous ne l'imaginiez. Si le chaton se révèle porteur du virus de la leucose féline ou souffre de toute autre maladie, sachez que vous ne disposez d'aucun recours contre la personne qui vous l'a procuré ? Il y a de fortes chances pour qu'aucun test de dépistage n'ait jamais été pratiqué sur la mère et que le père soit d'origine inconnue.

En outre, chaque fois qu'une personne accepte un chaton issu d'une portée d'une maison voisine ou d'une quelconque connaissance, elle contribue indirectement au problème de surpopulation en aidant le propriétaire de la chatte non stérilisée à fuir ses responsabilités. Tous les ans, de nombreux chats errants sont capturés et éliminés pour le seul crime de constituer un « surplus ». Chaque fois qu'une personne accepte un chaton d'un propriétaire qui n'a pas fait opérer sa chatte, elle encourage la prolifération des « éleveurs du dimanche » et de chats (potentiellement) errants, au sinistre destin. Si les campagnes de castration menées par de nombreux vétérinaires et des sociétés de protection animale aident à contrôler la population féline dans les centres urbains, elles ne sont toutefois pas suffisantes. Alors, n'encouragez pas cette attitude qui consiste à penser qu'un chaton trouvera toujours un foyer ; dites plutôt à votre voisin de faire opérer sa chatte.

Amis et collègues de travail offrent parfois de merveilleux chats adultes pour diverses raisons. Donnez-leur une chance, tout en restant vigilant.

Photo : Dominique DeFelice.

Acceptez un de ses chatons si vous y tenez ; de nombreuses personnes ont été comblées en adoptant un chaton pour dépanner un voisin ou ami. Mais, encore une fois, assurez-vous qu'il est bien socialisé et en bonne santé, et faites de votre mieux pour convaincre le propriétaire de faire opérer sa chatte.

À LA TRACE

Pour savoir comment tester la personnalité et la santé d'un chaton dans une portée, voyez le chapitre 4.

TRUC

L'adoption d'un chat adulte est une tout autre histoire. Un chat adulte peut être offert pour diverses raisons, certaines aussi frivoles qu'un changement de décor, d'autres aussi dramatiques que le décès du propriétaire ou l'apparition d'une grave allergie chez un enfant. Nombre de ces minets proposés en adoption constituent de remarquables compagnons potentiels et vous n'aurez aucune raison de les refuser, sous réserve de poser toutes les questions d'usage concernant leur santé (et de vérifier qu'ils ne souffrent d'aucun trouble du comportement).

Le chat qui vous choisit et celui que vous partagez

Il arrive parfois que ce soit le chat qui vous adopte plutôt que l'inverse. De nombreux chats entrent ainsi dans notre vie, attirés par la promesse d'un peu de nourriture et d'affection.

Le premier chat de Gina fait partie de cette catégorie de matous qui ont su se faire adopter. À l'âge de 8 ans, alors qu'elle voulait désespérément un chat calico (bicolore), un gentil minet qu'elle nourrissait en cachette de ses parents entra dans sa vie. Ce chat – qui appartenait à un voisin – s'était temporairement réparti entre les deux maisons pour finalement adopter celle de Gina, où il était tellement choyé, câliné et dorloté qu'il ne voulut plus en repartir. Ce chat gris tigré s'attacha tellement à sa nouvelle famille qu'il finit par accepter son nouveau nom : Calico !

Certains chats n'arrivent jamais à se décider et se « partagent » ainsi entre deux maisons qui leur prodiguent, de manière égale chacune, nourriture et affection. D'autres mettent un terme à leur existence de chats sans domicile fixe pour élire domicile dans un foyer exclusif. Adopter un chat errant est un bon geste non seulement pour le chat lui-même, mais également pour le voisinage et pour vous (qui découvrirez ainsi un compagnon irremplaçable).

Deuxième partie

Accueillir un chat dans sa vie

Dans cette partie...

Cette partie explique comment tester la personnalité d'un chat ou d'un chaton pour vous aider à choisir l'individu félin qui vous convient le mieux. Pouvez-vous adopter deux chatons à la fois ? Un chat à moitié sauvage ? Nous vous indiquerons tous les pour et les contre. Vous trouverez également des informations sur la meilleure façon de faire accepter votre nouveau compagnon par les résidants actuels de votre domicile, non seulement vos enfants, mais aussi vos autres chats, chiens et autres animaux domestiques. Enfin, nous vous présenterons un éventail d'accessoires qui rendront la vie de votre chat (et la vôtre !) plus agréable.

Chapitre 4

Choisir votre compagnon

Dans ce chapitre :

- Enquêter sur son passé et son milieu.
- Choisir un chaton.
- Adopter un chat adulte.
- Reconnaître un chat en bonne santé.
- Un grand cœur, mais les yeux ouverts !

D'après Éric Gurney, « quelles que soient les circonstances, vous n'aurez pas à choisir un chat, c'est lui qui vous choisira ». Est-ce encore vrai ? Pas vraiment. Si quelques chats entrent encore dans notre vie par hasard, le temps est loin où il suffisait de sortir une soucoupe de lait sur le seuil de la porte pour accueillir un chat.

Ce scénario peut s'appliquer à tous les chats, mais il est plus particulièrement vrai pour des chats avec pedigree. Même si leur nombre reste encore très largement inférieur à celui des chats de gouttière, aussi appelés *chats domestiques communs*, l'intérêt que l'on porte aux chats de race ne cesse d'augmenter. Et si vous souhaitez en adopter un, vous devrez vous armer de patience et vous délester parfois d'une somme considérable pour dénicher l'éleveur confirmé qui détient le chat de vos rêves.

Mais où trouver un chat domestique « commun » ? (Nous utilisons ce terme avec précaution, car chaque chat offre à l'homme qui le contemple un spectacle unique de mystère, de grâce et de beauté.) Absolument partout ! Au printemps et en automne plus particulièrement, vous en trouverez à tous les coins de rue. Une annonce dans le journal, un collègue de travail qui a trop tardé pour stériliser sa chatte, une sélection d'adorables petits chatons proposés sur le marché, etc. : les occasions ne manquent pas pour trouver un animal domestique.

N'OUBLIEZ PAS

Rappelons toutefois qu'il est vivement déconseillé d'acheter un chat sur un marché aux puces, à un gamin devant un supermarché, dans une animalerie ou chez un « éleveur du dimanche ». Pourquoi ? Parce que cela encourage l'irresponsabilité des gens qui élèvent des chats sans prendre soin de leur élevage, sans aucun code de déontologie et sans se soucier des conséquences de leurs actes (lesquels conduisent souvent à la tragédie de milliers de chats en surnombre éliminés chaque année).

Réfléchissez avant d'adopter un chat. Choisissez avec votre tête pour trouver le compagnon qui conviendra le mieux à votre mode de vie, mais aussi avec votre cœur, car l'affection qui s'établira entre vous est un lien privilégié qui vous unira pendant de nombreuses années.

N'oubliez jamais que votre nouveau compagnon va passer toute sa vie auprès de vous.

Photo : Elisabeth Cárdenas-Nelson.

À LA TRACE

Si vous ne savez pas encore quel chat adopter, pedigree ou non, mâle ou femelle, etc., le chapitre 2 vous aidera à prendre une décision. Jetez également un œil au chapitre 3 pour un tour d'horizon de toutes les sources disponibles, du collègue de travail à l'éleveur confirmé en passant par les refuges. Sa lecture vous aidera à faire un choix réfléchi et à éviter bon nombre d'erreurs que commettent fréquemment les candidats à l'adoption.

Enquêter sur son passé et son milieu

Pour trouver votre chat ou chaton idéal, vous devez commencer *non pas* par examiner l'animal lui-même ou ses frères et sœurs de portée, mais le milieu dans lequel il a été élevé. Après tout, vous cherchez à adopter un animal de compagnie, bien socialisé et en bonne santé. Et si la propre personnalité du chat joue son rôle dans cette équation, les circonstances de son éducation comptent probablement davantage.

La domestication du chat est un produit à la fois de son héritage (en tant que « veilleur de grain ») et de son éducation, et peu d'animaux domestiques franchissent avec autant d'aisance la frontière qui sépare le monde sauvage du monde domestique. Si la vie d'un chat sauvage ou *chat haret* (voir l'encadré en fin de chapitre) n'est pas facile – et souvent très courte –, le chat domestiqué est capable de vivre *à la limite* de la société de l'homme, chassant pour satisfaire un besoin ancestral, se nourrir, explorant son monde et vivant chaque petit instant de sa vie avec une participation humaine réduite au minimum et des contacts tout aussi restreints.

La différence entre un chat haret et celui qui ronronne affectueusement sur vos genoux peut se résumer en deux mots : chance et socialisation.

Pour qu'un animal accepte le contact de l'homme avec confiance, il doit avoir été élevé « en famille ». Pour qu'il apprécie sa compagnie, il doit avoir été *socialisé* avec soin et régulièrement depuis son plus jeune âge. Des recherches assez récentes ont montré que si le chat domestiqué obéissait toujours à ses instincts, l'immense majorité de ses comportements s'acquiert tout au long de sa vie, influencée par son environnement.

Cet apprentissage de la vie commence très tôt, avant même que les yeux du chaton ne s'ouvrent. Si des humains (ou tout autre animal, tel qu'un chien) font partie du monde qui l'entoure dès sa naissance, un chaton aura toutes les chances devenir un chat adulte sociable et affectueux. En revanche, s'il n'a pas été en contact avec l'homme au cours des premières étapes importantes de sa vie, toute la gentillesse et toutes les tentatives de socialisation ne pourront guère changer son tempérament timide, anxieux, voire agressif.

Si le niveau de socialisation du chaton est probablement un des plus importants facteurs à considérer lorsque vous évaluez son caractère, ce n'est certes pas le seul. La qualité des soins qu'une mère prodigue à ses chatons, par exemple, dépend de la qualité des soins qu'elle-même a reçus à sa naissance. La chatte a un instinct maternel très développé. Très attentive, elle fera toujours de son mieux pour répondre aux besoins de sa portée, même dans les pires conditions. Toutefois, quel que soit son dévouement, le stress d'une vie de privation peut avoir des effets très négatifs sur ses chatons. De récentes études ont démontré que les chatons d'une mère ayant souffert de malnutrition risquent de se développer plus lentement et de présenter à long terme des troubles du comportement.

À moins que votre vœu le plus cher soit de posséder un chat qui passe le plus clair de son temps sous votre lit, éliminez d'emblée dans votre liste tous les chats et chatons qui ne présenteraient pas toutes les garanties d'une bonne éducation. Des soins maternels appropriés dans les premières semaines de leur vie et des contacts humains plus fréquents par la suite sont essentiels à l'obtention d'un compagnon sociable, confiant et affectueux.

Nous traitons des refuges, éleveurs et autres « fournisseurs » (recommandables et moins recommandables) de chats et chatons au chapitre 3. Dans ce chapitre, nous partons du principe que vous avez considéré toutes les options disponibles, choisi le meilleur point de vente ou d'adoption et qu'il est temps de trouver, parmi les animaux proposés, votre compagnon idéal.

Quelques signes qui ne trompent pas

Comment faire pour savoir si le chat ou chaton que vous souhaitez adopter a été élevé dans de bonnes conditions ? Vous ne pouvez tout de même pas lui demander de vous raconter son enfance : si certains chats se révèlent parfois plus bavards qu'on ne pourrait l'espérer, leur langage ne contient malheureusement pas encore de mots compréhensibles par l'homme. Pour en savoir plus sur le passé d'un chat, vous devrez donc vous montrer observateur et étudier attentivement son comportement pour essayer de déceler un signe qui pourrait indiquer une personnalité de gagnant.

Il n'est d'ailleurs pas toujours très difficile de trouver des informations concernant les origines et l'éducation d'un chat : cela se limite parfois à quelques questions judicieusement posées à son propriétaire. Si vous traitez avec un éleveur confirmé qui n'ignore pas l'importance d'une alimentation appropriée pendant la gestation de la mère et d'une présence humaine discrète et affectueuse pour assurer sa socialisation avec l'espèce humaine, découvrir le passé de votre chat et en déduire ses futures propensions ne posera aucun problème. Cet éleveur se fera un plaisir de vous décrire les différentes étapes qui ont permis de modeler votre futur chaton, depuis la sélection de ses parents à la nature et la fréquence des contacts humains après sa naissance, en passant par le choix d'un régime alimentaire spécifique pour la mère.

Si l'éleveur présente régulièrement ses chats en exposition, il y a de fortes chances pour qu'il soit encore plus attaché que vous au caractère sociable de ses chatons, car ceux-ci devront être fréquemment lavés, toilettés, transportés en avion ou en voiture, exposés dans des lieux bruyants et manipulés par des juges évaluant les qualités propres à leur race (standard).

Le monde des expositions félines est présenté au chapitre 16. Vous y trouverez, notamment, des informations sur le déroulement de ces manifestations, leur organisation, les précautions à prendre avant de vous y rendre, les différents types de jugements pratiqués et les démarches à suivre au cas où vous souhaiteriez postuler pour votre propre chat (qu'il s'agisse d'un chat de race ou d'un simple chat de maison).

Mais qu'en est-il des chatons que votre collègue de travail cherche à placer ? Sa famille a pu, elle aussi, leur fournir un environnement idéal en leur apportant tous les soins et l'affection nécessaires à leur bien-être. Toutefois, là encore, posez toutes les questions qui s'imposent concernant la mère de ces chatons : a-t-elle été élevée et choyée par la famille dès son plus jeune âge ou récupérée dans la rue à l'âge adulte ? Est-elle en bonne santé ? Où a-t-elle été installée pour mettre bas ? Une portée élevée au cœur de la famille, dans la cuisine par exemple, est idéale dans la mesure où les chatons se seront habitués très tôt aux bruits quotidiens de la maison : conversations, rires, bruits de vaisselle, musique, TV, etc. Si la santé et l'héritage génétique sont des facteurs très importants, l'acclimatation aux humains n'en demeure pas moins capitale.

Et les orphelins ?

Si nous vous avons donné l'impression que seuls les chatons dont vous connaissez le passé, ainsi que celui de leurs parents, méritaient votre attention, ce n'était absolument pas notre intention. Il existe probablement des millions de merveilleux chatons et chats adultes aux origines inconnues qui ne demandent qu'à être adoptés ou achetés chez des particuliers, dans des associations de protection animale, refuges et autres points de vente ou d'adoption. Dans ce cas, vous devrez vous fier à votre sens de l'observation (pour déceler tout signe de troubles physiques ou émotionnels) et aux dires de l'organisme ou du particulier avec lequel vous traitez concernant la santé et le tempérament de l'animal.

N'hésitez pas à donner une seconde chance à un orphelin ou à tout autre chat qui aurait eu le malheur de naître au mauvais endroit. Si des chatons sains, équilibrés et bien socialisés peuvent s'adapter à n'importe quel milieu, même les plus solides auront l'air misérable et désorienté derrière les barreaux d'une cage. Si vous ignorez le passé du chat que vous souhaitez adopter, vous trouverez un peu plus loin dans ce chapitre quelques indications qui vous permettront de tester son tempérament. Mais, pour l'instant, vous ne devez retenir qu'une seule chose : l'environnement ne fait pas tout. De nombreux chatons et chats adultes aux origines incertaines deviennent par la suite de merveilleux animaux domestiques. Vous devez simplement passer un peu plus de temps à observer et tester leur personnalité, c'est tout.

Choisir un chaton

La plupart des gens on tendance à imaginer automatiquement une attendrissante petite boule de poils lorsqu'ils envisagent d'adopter un chat. En effet, bien qu'il ne faille pas négliger les avantages que présentent les chats adultes, les attraits du chaton l'emportent souvent sur ceux de leurs aînés.

De façon presque générale, le choix d'un nouveau maître se fonde uniquement sur des valeurs esthétiques – bien que, selon nous, *tous* les chats soient de merveilleuses créatures ! Certaines personnes sont plus attirées par telle ou telle couleur, d'autres par tel ou tel type de poil, d'autres encore par telle ou telle race. Mais là n'est pas le problème. La beauté d'un chat et sa contemplation font partie des joies que vous procure sa compagnie, et cette beauté dépend toujours du regard qu'on lui porte.

Veillez simplement à ne pas fonder votre choix sur les seuls critères esthétiques. Votre chat doit avoir une bonne santé et un tempérament compatible avec votre mode de vie. L'examen de ces deux aspects exige un peu de votre temps.

Peut-on emmener ses enfants choisir un chat ou un chaton ? La question est plutôt : comment ne pas les emmener ? En fait, les plus jeunes (moins de trois ou quatre ans) devraient effectivement rester à la maison ; ne maîtrisant pas encore très bien le sens du mot « délicatesse », ils ne savent pas comment manipuler les animaux et pourraient effrayer ou blesser un chaton fragile. (À l'arrivée de votre nouveau compagnon, quelques petites sessions d'apprentissage s'imposeront pour le bien-être de votre animal *et* de votre enfant.)

Passé six ou sept ans, les enfants peuvent participer au test de personnalité, qui n'est finalement rien d'autre qu'un jeu très agréable destiné à stimuler les réactions du chaton (voir la section « Tester la personnalité du chaton », plus loin dans ce chapitre). À partir de neuf ou dix ans, ils pourront être totalement impliqués dans l'opération, depuis le choix du chaton jusqu'aux soins domestiques – sous la surveillance d'un adulte. Enfants et chats vont très bien ensemble !

Avant de craquer pour une adorable petite boule de poils, vérifiez toujours sa santé et son tempérament.

Photo : Tim Gallan.

À quel âge acheter un chaton ?

Certains éleveurs gardent leurs chatons pendant une durée d'au moins 14 semaines, le temps que leur système immunitaire se soit complètement développé (voir la section traitant des vaccinations au chapitre 9), et pour leur permettre de bénéficier d'un bon départ grâce à l'enseignement de leur mère et la compagnie de leurs frères et sœurs de portée – ainsi que de celle des enfants, chiens, et de tout autre acteur du monde bipède.

À partir de 3 ou 4 semaines, le chaton commence à jouer et simuler des combats avec ses frères de portée. Cet « apprentissage de la vie », qui dure à peu près 3 mois, va permettre aux petits d'affirmer leur personnalité et d'acquérir tous les atouts nécessaires pour devenir des animaux domestiques parfaitement équilibrés et socialisés avec les membres de leur espèce. (Pour une bonne socialisation avec l'espèce humaine, le jeu et les câlins avec un humain devront commencer à la quatrième semaine.) Il est, par conséquent, préférable de ne pas sevrer un chaton trop tôt pour lui laisser le temps de profiter pleinement de l'enseignement privilégié de sa mère. Nous pensons qu'une bonne adoption ne doit pas avoir lieu avant une dizaine de semaines.

À quel âge un chaton ouvre-t-il les yeux ? Quand commence-t-il à marcher, entendre et faire sa toilette ? Vous trouverez toutes les informations concernant le développement d'un chaton depuis la naissance – et les moyens de l'influencer positivement – au chapitre 14.

N'oubliez pas que vous essayez de trouver le meilleur compagnon félin possible. Pour cela, vous devez vous comporter en *consommateur averti* en utilisant autant – si ce n'est plus – votre tête que votre cœur pour prendre votre décision finale. Une personne qui essaie de vous vendre un chaton trop jeune, de moins de 6 ou 7 semaines, cherche plus à s'en débarrasser qu'à lui trouver le meilleur foyer.

Quel chaton choisir dans une portée ?

Vous devez considérer la portée dans son ensemble, dès les premiers instants où vous apercevez les chatons, et réciproquement. Si, en vous approchant d'une portée, vous ne voyez rien d'autre que la queue d'une demi-douzaine de chatons terrifiés s'efforçant de se mettre à l'abri sous le ventre de leur mère, faites demi-tour : ces chatons ne sont pas pour vous !

Que devriez-vous voir ? Des chatons vifs et joueurs, confiants, curieux, qui se frottent à vous et vous lèchent lorsque vous approchez vos doigts, de petites boules de poils brillants et lustrés au ventre rond et aux yeux clairs qui regardent dans votre direction.

Portez des vêtements confortables, vous serez plus à votre aise pour examiner les chatons et, éventuellement, vous mettre à leur hauteur. N'hésitez pas à vous asseoir par terre pour vous rapprocher d'eux et stimulez leurs réactions en agitant vos doigts ou de petits accessoires, tels qu'une petite balle ou un bouchon au bout d'un fil.

Après avoir examiné la portée dans son ensemble, commencez à étudier la personnalité des chatons individuellement. Vous aurez besoin d'un peu de temps pour vous faire une idée précise de chaque tempérament, mais cela ne devrait pas trop vous déranger : peu de choses sont aussi plaisantes que de jouer avec une portée d'adorables chatons en bonne santé. Cherchez un chaton actif, intrépide, qui n'hésite pas à aller au-devant des autres. Mais faites attention de ne pas opter pour un petit agité qui semble ne jamais vouloir s'arrêter si vous rêvez de passer vos longues soirées d'hiver à lire ou regarder la télé avec un chat ronronnant sur les genoux ! Ne choisissez pas non plus un chaton trop placide ou timide si votre rythme de vie est plutôt mouvementé, avec de nombreux passages d'enfants et d'invités dans votre maison.

Si la portée que vous examinez a bénéficié de bons soins, deux ou trois chatons devraient se distinguer par leurs qualités « intermédiaires » : confiants et joueurs, mais pas trop fous. Observez-les plus attentivement ; l'un d'entre eux est probablement *votre chat idéal*.

TRUC

Si les chatons d'une portée vous semblent un peu endormis ou lents, ils viennent peut-être de finir leur repas ou ont passé les deux dernières heures à courir à travers toute la maison. Le cas échéant, demandez au propriétaire de vous accorder une autre visite, à un moment plus opportun afin d'évaluer la véritable personnalité des chatons lorsqu'ils sont complètement éveillés.

NOTE TECHNIQUE

Il n'est pas toujours possible d'examiner un chaton en compagnie de ses frères de portée. C'est plus particulièrement vrai dans les refuges où les portées sont souvent séparées dès leur venue. Cette pratique – qui est malheureusement nécessaire en période de forte natalité – consiste à choisir un ou deux chatons d'une portée en vue d'une adoption et à euthanasier les autres. Les heureux sélectionnés sont souvent les plus robustes et les plus jolis, mais ils pourront, eux aussi, subir finalement le même sort que leurs congénères. Ne vous révoltez pas trop vite contre de telles pratiques : refuges, associations, cabinets vétérinaires et sociétés de protection animale font de leur mieux pour contrôler la surpopulation féline dans les grandes villes.

Même si vous n'avez pas l'occasion d'examiner toute une portée, vous pouvez néanmoins sélectionner un merveilleux petit félin domestique. Des chatons issus de différentes portées sont souvent réunis dans un même endroit, pour économiser de la place et leur permettre de profiter, à un âge idéal, de la compagnie d'autres membres de leur espèce. Ainsi, vous pourrez toujours apprécier la façon dont chaque petit animal interagit avec les autres et effectuer l'étape la plus importante de votre sélection : le test de personnalité.

Tester la personnalité du chaton

Plusieurs chatons, apparemment en bonne santé, sont à votre disposition, et vous ne savez lequel choisir ; il est temps de tester leur personnalité tout en passant un agréable moment en leur compagnie. Voici quelques conseils qui vous aideront dans cette tâche :

- **Évaluez le degré d'intérêt du chaton pour les humains.** Emmenez le chaton à l'écart de la portée pour mesurer l'attention qu'il vous porte – vous semble-t-il confiant ou terrorisé ? – et tester à la fois ses réactions au changement et sa curiosité.
- **Concentrez-vous sur le chaton en tant qu'individu.** Tous les chatons sont d'adorables créatures. Alors, essayez de faire abstraction de leurs

charmes et attraits physiques pour vous concentrer sur leur comportement. S'il est essentiel d'apprécier l'allure et le physique d'un chat, sa personnalité est encore plus importante à long terme.

- **Ne vous précipitez pas.** Testez autant de chatons qu'il faudra et sachez apprécier ces moments privilégiés de jeu et de tendresse en leur compagnie. Si vous choisissez le premier chaton venu, celui qui aurait pu mieux vous convenir risque de ne jamais trouver de foyer.
- **Apportez quelques accessoires.** Une plume, une balle de ping-pong ou une boulette confectionnée à l'aide d'un emballage en plastique sont des outils très utiles pour notre exercice. Vous pouvez également apporter un ruban, un bout de ficelle ou une guirlande, à la condition de ne jamais oublier qu'aucun de ces objets ne doit être laissé à la portée d'un chaton ou même d'un chat adulte en permanence, car ils peuvent les avaler facilement, ce qui aurait pour effet de déclencher des occlusions intestinales.

Le test de la plume

Nous utilisons généralement une plume pour ce test, mais vous pouvez tout aussi bien vous servir d'un autre objet que vous aurez apporté. Nous considérons pour ce test que vous cherchez un chaton regorgeant d'énergie, joueur et en bonne santé, et qui se sente en confiance auprès d'un humain.

À ce stade, vous devrez avoir identifié et retiré de votre liste de candidats possibles les chatons trop timides et ceux qui, tristement, crachent et sortent leurs griffes de terreur dès que vous les approchez. Si vous visitez un refuge, son personnel aura probablement déjà « retiré » ces pauvres chatons de la circulation pour ne laisser que les plus sains et sociables. Prenez délicatement le chaton dans vos mains et installez-le à l'écart dans votre zone d'observation.

Laissez-lui le temps de réagir à ce changement et d'explorer son nouvel environnement (il ne doit ni se paralyser de peur ni s'agiter avec frénésie) tout en vous installant sur le sol près de lui. Puis commencez à le solliciter et à le taquiner avec la plume (ou tout autre objet en votre possession digne de fonctionner comme un jouet). Il devrait la fixer du regard, la poursuivre avec avidité tout en lui donnant quelques coups de pattes. Si vous l'agitez au niveau de sa tête, le chaton devrait s'asseoir et essayer de l'attraper avec ses pattes antérieures. Agitez-la un peu plus haut, et le chaton fera quelques sauts et cabrioles pour l'attraper.

Toutes ces réactions sont des comportements parfaitement normaux pour un chaton joueur et en bonne santé. Si le vôtre réagit de cette façon, il a passé avec succès le test de la plume !

Utilisez une plume (ou tout autre objet que vous pouvez facilement agiter) pour vous assurer que votre futur chaton est un animal domestique curieux et en bonne santé, comme devrait l'être tout chaton normalement constitué.

Un moment de calme

Le chaton qui vous conviendra le mieux ne doit être ni trop timide ni trop actif et intrépide. Il doit être confiant lorsque vous le prenez délicatement dans vos mains et commencer à apprécier rapidement vos caresses pendant que vous lui parlez d'une voix rassurante. Un chaton qui se contorsionne dans tous les sens pour se libérer et continuer à jouer – même s'il ne s'agit pas d'une réaction de peur – deviendra probablement un adulte très actif, voire peut-être trop à votre goût.

Passez quelques instants de calme avec chacun des candidats et observez-les individuellement. Vous devez maintenant être à l'écoute de votre cœur et commencer à envisager que l'une de ces adorables petites boules de poils est peut-être *votre chat idéal*.

Rappelez-vous que le chat idéal doit être confiant et bien socialisé, actif, mais pas trop, et posséder toutes les qualités esthétiques que vous affectionnez. L'éventail des possibilités est vaste et de nombreux chatons sauront satisfaire toutes vos exigences.

Évitez les adoptions ou achats impulsifs. Le félin apprivoisé que vous allez choisir fera partie de votre vie pendant de longues années ; prenez donc tout le temps nécessaire pour sélectionner le chaton le plus adapté au style et au rythme de vie de votre foyer.

Peut-on acheter un chaton sans l'avoir vu ?

Si vous avez jeté votre dévolu sur l'une des races félines les plus rares, telle que la race des chats bassets, baptisés Munchkin Cats, il faudra peut-être vous résigner à accepter le chaton sélectionné par l'éleveur contacté et vous le faire livrer à domicile.

De toute évidence, ce type de transaction exige une grande confiance entre les deux parties. Vous devrez impérativement vous assurer de la fiabilité et de la réputation de l'éleveur (voir le chapitre 3).

Pouvons-nous vous suggérer autre chose ? Si vous achetez un chaton de race rare, vous êtes prêt à dépenser une forte somme (pouvant dépasser parfois 1 500 €), alors qu'est-ce qu'un petit supplément pour le voyage ?

Déplacez-vous et allez voir la portée vous-même. Allez choisir votre chaton et ramenez-le à la maison dans de bonnes conditions. Un chat non accompagné en avion voyage dans la soute à bagages. Si vous ramenez vous-même votre petit compagnon, il pourra voyager avec vous dans la cabine comme un bagage accompagné.

Certes, les éleveurs expérimentés ont l'habitude de livrer des animaux dans tout le pays ou à l'autre bout du monde et prennent toutes les précautions d'usage pour minimiser les risques liés au transport. Mais il est préférable, à la fois pour le chaton et pour les nerfs des deux parties en présence, d'aller chercher soi-même son futur compagnon. À ce propos, si vous souhaitez voyager avec votre chat, le chapitre 15 contient de nombreuses informations utiles pour son bien-être.

Adopter un chat adulte

Les chats adultes ne peuvent rivaliser avec les chatons. Les attraits et les qualités de ces derniers semblent si évidents au public que les premiers récoltent toujours le plus faible taux d'adoption. Et, alors que les candidats à l'adoption se dirigent droit sur la section des chatons, les chats matures ronronnent désespérément dans leur petite cage métallique, témoins impuissants des préférences injustifiées de l'homme.

Trop de chats adultes finissent leurs jours dans les refuges !

C'est une tragédie pour les chats, bien sûr, mais c'est aussi malheureux pour toutes ces personnes qui ne réalisent pas qu'un chat adulte peut constituer un bien meilleur choix qu'un chaton. Lorsque vous adoptez un adulte, vous savez exactement à quoi vous attendre en matière de santé, de degré d'activité et de socialisation. Après un peu de temps passé dans un environnement chaleureux et attentionné, un chat adulte s'attachera à son nouveau maître comme n'importe quel chaton. Il lui sera peut-être même encore plus reconnaissant, d'une certaine façon, de lui avoir donné une chance de vivre une vie meilleure.

Comme avec les chatons, il est nécessaire de bien vous informer sur la santé, le degré de socialisation et le passé général de votre nouveau compagnon, tout particulièrement si votre domicile abrite enfants et animaux. Si vous adoptez un chat directement auprès de son propriétaire d'origine, il vous sera plus facile d'obtenir toutes les réponses souhaitées. Les refuges et associations vous fourniront, dans la mesure du possible, toutes les informations essentielles qu'ils auront pu obtenir auprès des personnes leur apportant leurs animaux.

Les refuges sont des lieux stressants et déroutants pour un chat. Essayez de vous éloigner un peu pour vous faire une meilleure idée de sa véritable personnalité.

Que faire si ces informations ne sont pas à l'avantage du chat – par exemple s'il s'est retrouvé dans un refuge parce qu'il refusait systématiquement d'utiliser sa litière ? Cette situation est très délicate dans la mesure où vous ne connaissez pas les causes – la malpropreté du chat peut être due à une mauvaise localisation du bac à litière ou à un mauvais entretien de ce bac (voir le chapitre 13). Avec un nombre aussi important de chats disponibles pour l'adoption, la réponse à cette question semble évidente : sélectionnez un meilleur candidat. Mais que faire si toutes ses autres qualités vous conviennent parfaitement : âge, sexe, morphologie, degré d'activité, caractère, etc. ? Essayez alors de trouver la véritable cause du problème et voyez, avec l'aide d'un spécialiste (ou simplement du chapitre 13), s'il est possible de soigner le trouble. Assurez-vous d'avoir le temps et la patience pour cela.

Dans la mesure du possible, sortez chacun des candidats en lice de leur cage et éloignez-les des autres chats et de l'influence de leur précédente famille. Asseyez-vous et posez-les sur vos genoux tout en les caressant et en leur parlant doucement de sorte de leur permettre d'exprimer leur véritable personnalité. Les refuges sont des lieux à haut niveau de stress, si bien qu'il peut falloir quelques minutes avant qu'un chat se laisse vraiment aller. Les plus calmes, confiants et sociables se détendront très rapidement et commenceront à ronronner sous vos caresses. Le chat qui aura répondu à toutes vos autres exigences et réussi en outre ce dernier test de docilité et de confiance devrait remporter tous vos suffrages !

Reconnaître un chat en bonne santé

Ne tombez pas amoureux d'un chat malade. C'est triste à dire, mais tant de chats et de chatons en bonne santé sont disponibles sur le marché qu'il semble absurde de vouloir courir le risque d'adopter un chat qui vous coûtera cher en soins médicaux pour une durée de vie finalement beaucoup plus courte que vous ne l'espériez.

Certains symptômes sont évidents, et vous pourrez les diagnostiquer vous-même. D'autres requièrent un examen vétérinaire plus complet. Avant de vous décider pour tel ou tel chat, examinez-le en détail pour vous assurer qu'il ne présente aucun symptôme anormal. Veillez également à faire suivre votre propre examen par une visite chez le vétérinaire.

Votre première impression du chat est très importante. Celui que vous emporterez chez vous doit respirer la santé. Dans vos bras, il doit être ni trop mince, ni trop gros, bien proportionné, et avoir le poil brillant et dense. Si ses côtes sont apparentes ou si l'animal vous semble ballonné, il peut souffrir de malnutrition ou être infecté par un parasite intestinal – deux pathologies que l'on peut facilement traiter, mais qui sont des signes évidents de négligences pouvant masquer d'autres problèmes plus sérieux.

Tout en le caressant et en lui parlant d'une voix rassurante, inspectez l'animal de la tête aux pattes, en examinant avec la plus grande attention les régions suivantes :

- **Poils et peau.** La peau doit être parfaitement propre, ne présenter aucune lésion et être recouverte d'une fourrure épaisse et brillante. Des plaques dépourvues de poils sont généralement typiques de la teigne, qui n'est pas un parasite externe mais une mycose cutanée transmissible à l'homme. Examinez attentivement la fourrure de l'animal pour vous assurer qu'elle ne contient aucun signe pouvant indiquer la présence de puces. Ces parasites sont probablement trop petits et trop rapides pour que vous puissiez les localiser. Vous trouverez plus facilement leurs excréments : noirs à l'origine, semblables à des grains de poivre, ils deviennent rougeâtres lorsqu'ils sont dilués dans l'eau. N'éliminez pas trop rapidement un chat à cause de quelques puces (que de nombreux insecticides non toxiques pourraient facilement mater), mais sachez qu'une infestation importante peut conduire à des problèmes de santé beaucoup plus graves (tels que l'anémie), tout particulièrement chez les chatons.

- **Oreilles.** L'intérieur des oreilles doit être propre et bien rose, avec une légère couche de sébum. Des oreilles sales et un chat qui se secoue continuellement la tête sont des signes d'infections (gale auriculaire, otite infectieuse, etc.) qui nécessiteront des soins prolongés.

- **Yeux.** Les yeux doivent être clairs et brillants. Des yeux qui coulent ou qui présentent d'autres symptômes anormaux (clignements persistants, coloration du « blanc » de l'œil, etc.) peuvent indiquer une affection des yeux de diverses origines pouvant être plus ou moins grave. La troisième paupière, une membrane protectrice d'un blanc nacré qui se ferme horizontalement, aussi appelée *membrane nictitante*, ne doit pas être visible.

- **Nez.** La truffe du chat doit être propre et légèrement humide (parce qu'il y passe fréquemment la langue et parce que des larmes s'écoulent en permanence à travers les canaux lacrymaux). Un chaton ou un chat dont le nez est sec, qui respire avec difficulté, qui tousse ou qui éternue peut être gravement malade.

- **Bouche.** Les gencives doivent être roses et ne présenter aucun signe d'inflammation à la base des dents. Ces dernières doivent être blanches et dépourvues de tartre.

- **Région anale.** La région à la base de la queue doit être sèche et propre. Toute humidité ou présence de matières fécales peut indiquer de graves problèmes de santé.

Dans le meilleur des cas, un carnet de santé mentionnant les vaccins contre les maladies virales vous sera remis par le vendeur ou le centre d'adoption. Si ce n'est pas le cas, et dans la mesure où le vendeur est tenu à une garantie sanitaire de quinze jours (même si l'acquisition est gratuite) contre les maladies virales du chat, consultez vite un vétérinaire :

- **Maladies infectieuses.** La leucose féline est la plus grave. Si quelques chats peuvent être uniquement porteurs du virus et vivre pendant des années sans développer la maladie, vous devriez peut-être réfléchir à deux fois avant d'adopter un chat infecté. En outre, si vous avez déjà un chat à la maison, il est préférable de préserver sa santé en évitant de l'exposer à ce virus contagieux. Votre vétérinaire peut déterminer la présence d'une maladie infectieuse à l'aide d'un simple test et vous en expliquer les conséquences et les moyens d'agir.

- **Parasites.** Les vers (*ténia* et *ascaris*) sont les plus fréquents. Votre vétérinaire saura en déceler la présence et prescrire un traitement approprié.

Ne courez pas le risque d'infecter le chat que vous possédez déjà en accueillant un chat malade dans votre maison. Faites-le examiner par votre vétérinaire *avant* de l'emmener chez vous.

Un grand cœur, mais les yeux ouverts !

Pour chacune des « règles » que nous avons mentionnées dans ce chapitre – n'adoptez pas de chat malade, timide, souffrant de troubles du comportement, ni de chat haret –, nous connaissons toute une série de contre-exemples qui prouvent que cela a pourtant parfaitement réussi. D'ailleurs, ne dit-on pas que l'exception confirme la règle ?

Toutes ces adoptions heureuses contre toute attente ont en commun des maîtres conscients, avertis et volontaires, prêts à perdre beaucoup de temps (et parfois beaucoup d'argent) pour faire le bonheur, guérir et/ou socialiser un chat malheureux, malade et/ou souffrant de troubles du comportement.

Si vous vous en sentez le cœur et le courage, n'hésitez pas à tenter votre chance. Mais soyez honnête avec vous-même. Il est plus dur de vivre avec un chat « à problème » qu'avec un chat parfaitement sain et équilibré (et cela revient souvent beaucoup plus cher). N'oubliez pas non plus que, si vous

vous apercevez plus tard que vous n'avez pas fait le bon choix, vous n'arriverez peut-être pas à lui trouver un nouveau foyer.

Avec beaucoup d'amour et d'efforts, de vrais miracles sont possibles. Mais si vous ne vous sentez pas capable d'assumer la responsabilité d'un chat malade, désorienté ou fragile, de faire tout votre possible pour l'aider et le soigner, choisissez un chat bien socialisé et en parfaite santé qui trouvera plus facilement sa place dans votre vie et dans votre cœur.

Quelques mots sur les chats harets

De nombreux bénévoles dévoués attrapent, nourrissent et apprivoisent des chats harets – c'est-à-dire des chats domestiques qui sont retournés vivre à l'état sauvage – pour leur permettre de trouver de nouveaux foyers. Bien que ces efforts soient très louables (et nombres d'entre eux sont souvent récompensés), un ancien chaton ou chat haret est peu recommandable pour l'adoption.

Pourquoi ? Tout simplement parce que, n'ayant pas été au contact des hommes à un moment crucial de son développement, il n'arrivera probablement jamais à se sentir complètement à l'aise en leur compagnie. Même ceux qui auront pu profiter d'un programme de socialisation très performant pourront devenir très sélectifs, n'accordant leur confiance qu'à l'unique personne qui aura su la gagner et se cachant de toutes les autres.

Un chaton ou chat haret ne sera jamais aussi confiant et affectueux qu'un animal qui a passé toute sa vie en compagnie de l'homme, et si vous adoptez l'un de ces petits sauvages, vous pourrez très bien regretter un jour les effusions de tendresse et d'affection d'un chat plus attachant.

Certes, il est difficile de dire « non » à un animal dans le besoin, mais le nombre de chats et de chatons abandonnés qui désespèrent de trouver une maison comme la vôtre est si important que vous devriez peut-être y réfléchir à deux fois avant d'adopter un chat à moitié sauvage, avec tous les problèmes que cela implique.

Chapitre 5
Accueillir votre nouveau compagnon

Dans ce chapitre :

- Préparer le terrain.
- Minet arrive à la maison.

Accueillir un animal domestique à la maison devrait constituer l'une des expériences les plus exaltantes de votre vie, que vous soyez un petit garçon de 8 ans dont les parents ont fini par craquer devant tant de supplications pour posséder un chaton ou une dame de 80 ans recherchant la compagnie discrète et apaisante d'un chat adulte. Impossible d'oublier cette première journée magique ! Lorsque ce chat fait son entrée dans votre vie, le temps semble suspendu et vous vous retrouvez tous deux à l'interstice de deux mondes, celui des promesses et celui de la réalité.

Pour que la réalité soit aussi heureuse que vous l'aviez envisagée lorsque vous avez choisi votre chat, vous allez devoir vous assurer que votre animal démarre d'une bonne patte. Pour cela, il est de votre devoir de prendre certaines précautions face aux éventuels pièges de la maison, de ne laisser traîner aucun objet dangereux ou toxique et d'expliquer à vos enfants qu'un chat (et plus encore un chaton) est une créature fragile qu'il faut savoir manipuler avec délicatesse. Si d'autres animaux domestiques ont déjà conquis votre domicile, et quelles que soient ces espèces, vous devrez avant toute chose faire les présentations afin de ne pas les mettre mal à l'aise ou de risquer des altercations. Ils pourront ainsi s'installer dans leur routine tout en apprenant à apprécier (ou au moins tolérer) la présence de l'autre.

Tout aussi important, vous allez devoir passer les premières semaines – ou mois, dans le cas d'un chaton – à établir, avec douceur et patience, les bases d'une bonne éducation. Si vous voulez que votre nouveau compagnon utilise le bac à litière, le griffoir plutôt que le dossier du fauteuil et qu'il ne se serve jamais de votre main comme d'un jouet qu'il peut mordre, vous devrez impérativement définir des règles de conduite dès le début. Les chats adorent la routine, et sitôt que le vôtre se sera adapté à votre rythme de vie, vous en serez tous deux beaucoup plus heureux.

Si vous avez adopté un chat adulte avec des problèmes de comportement, ne baissez pas les bras ! Le chapitre 13 contient tous les tuyaux qui vous aideront à résoudre les problèmes les plus courants : comment lui apprendre à utiliser sa litière, à ne plus faire ses griffes sur le dossier de votre fauteuil préféré ou à ne plus uriner sur les rideaux.

Ne soyez pas rebuté par la perspective de devoir faire des efforts pour apprendre à vivre avec votre nouveau compagnon. Certes, pour le bon déroulement de cette phase d'adaptation et pour que s'établisse entre vous une relation équilibrée et affectueuse, vous devrez faire preuve de beaucoup de patience (et de sens de l'humour). Mais si les premières semaines passées avec un nouveau chat sont parfois éprouvantes pour les deux parties impliquées, cette même période se révèle souvent très agréable et enrichissante pour ces mêmes parties. C'est précisément à ce moment-là que vous découvrirez la personnalité et la beauté uniques de votre chat et que ce dernier apprendra à vous faire confiance et à vous aimer.

Vous verrez que vous regretterez très vite ces instants magiques, ces quelques semaines exaltantes où un nouveau compagnon s'est installé dans votre maison et votre cœur, que vous vous plairez à vous rappeler avec bonheur… et une pointe de nostalgie.

Si vous souhaitez posséder deux chats, la méthode la plus simple consiste à adopter deux chatons, de préférence d'une même portée, en même temps. Les chatons n'ont pas le même sens de la propriété que les chats adultes et s'entendent d'emblée très bien sur un même territoire. Si un chat règne déjà en maître dans votre domicile, pas de panique : quelques bons conseils vous attendent dans les dernières pages de ce chapitre.

Pour tout savoir sur les soins vétérinaires préventifs pour chats et chatons, rendez-vous au chapitre 9.

Préparer le terrain

« La curiosité est un vilain défaut », dit la sagesse populaire, et cet adage est d'autant plus vrai pour ces petites boules de poils qui adorent se nicher partout, explorer tous les recoins de la maison (sans parler du monde extérieur) avec tous les pièges qui s'y cachent : plantes, produits ménagers, billes, élastiques, etc. Une curiosité qui peut parfois leur coûter cher !

Si un danger l'attend quelque part, votre chaton est sûr de le trouver, c'est pourquoi vous devez aménager votre domicile avant d'accueillir votre chaton, non seulement pour assurer sa sécurité, mais aussi pour faciliter sa phase d'adaptation.

Baliser le territoire

Voici la formule magique pour aménager votre domicile avant une colonisation féline : *penser comme un chat*. Regardez votre maison avec des yeux de chat : un vaste territoire avec des dizaines de choses excitantes à découvrir. Regardez en hauteur, étagères et armoires où il pourrait se percher, et regardez très bas, dans les fentes et les recoins. Rien ne résiste à la curiosité d'un chat et, face à tant de souplesse, d'agilité et d'ingéniosité, rien n'est jamais hors de portée. Recherchez tout ce qu'un chat pourrait faire tomber, car s'il en a la possibilité il ne s'en privera certainement pas, et examinez tout objet avec lequel il pourrait jouer et qui risquerait de le blesser.

Prévention et vigilance sont vos deux règles d'or !

Des jouets et des pièges

Si vous affectionnez les travaux d'aiguilles (couture, raccommodage, tricot, etc.), investissez dans un panier d'osier pour y ranger tout votre matériel lorsque vous ne l'utilisez pas. Chats et chatons adorent jouer avec toutes sortes de fils, cordes, ficelles ou rubans sans aucune considération pour les dangers que de tels « jouets » peuvent causer s'ils sont avalés. Si l'idée d'avaler du fil ne vous affole pas, imaginez un peu la descente de l'aiguille accrochée à ce fil dans la gorge de votre chat !

Parallèlement, pensez à ranger hors de la portée ou de la vue de votre compagnon intrépide toute pelote de laine, bobine de fil, ganse et autre objet de décoration filandreux. Et n'oubliez pas les cordons de vos rideaux ! Ramassez-les en boule et attachez-les derrière les rideaux.

TRUC

Corbeilles à papier et poubelles avec couvercle sont absolument indispensables lorsque vous habitez avec un chat curieux. Les poubelles qui s'ouvrent avec le pied sur une petite pédale et qui se referment lorsque vous retirez votre pied sont parfaites pour éviter que Minet ne goûte aux restes des repas jetés dans la poubelle de la cuisine ou au fil dentaire de la poubelle de la salle de bains. Certes, vous pouvez lui apprendre à ne pas s'approcher des poubelles, mais le chemin de la moindre résistance est souvent bien meilleur. Les poubelles avec couvercle ne sont pas si chères et beaucoup plus propres.

Une autre possibilité : placez vos poubelles hors de portée, sous l'évier, à l'intérieur d'un placard ou d'un bahut.

Si les jouets pour chats du commerce ne sont pas toujours très jolis ni originaux, ils ont l'avantage de ne présenter aucun danger. Pour en savoir plus sur ces jouets spécifiques, et d'autres qui ne vous coûteront par un centime, voyez le chapitre 6.

Chats et chatons adorent jouer avec toutes sortes de fils, cordons, rubans et autres « jouets-pièges » improvisés : soyez vigilant !

Photo : Mogan boese.

Pour éviter les explorations qui finissent mal

Les chats adorent trouver des endroits sombres et calmes, surtout lorsqu'ils sont stressés. Tant que ces lieux ne sont pas dangereux, vous ne devriez pas dissuader votre chat de les explorer. En revanche, les chatons, qui n'ont pas le sens commun de leurs aînés, se retrouvent souvent prisonniers de leurs propres cachettes. Curieux et aventureux, ils dénichent toujours d'incroyables petites cachettes et vous aurez parfois vous-même beaucoup de mal à retrouver votre chaton miaulant de détresse dans un labyrinthe caché derrière un évier ou une latte du garage. Si vous venez d'adopter un chaton et devez le laisser seul à la maison pendant que vous travaillez, localisez les endroits qui pourraient lui être dangereux et essayez de trouver un moyen pour le décourager de s'y aventurer.

Si vous avez un enfant qui a récemment traversé la phase « touche-à-tout » de sa vie lors de laquelle il commence à crapahuter et à explorer son environnement, vous avez probablement investi dans ces petits fermoirs en plastique qui retiennent les portes de placards et empêchent tout aventurier en herbe de les ouvrir complètement. N'hésitez pas à ressortir ces accessoires, surtout si vos placards ne ferment pas très bien : une patte de chat se faufile facilement partout et pourrait se coincer ou renverser un produit toxique dans le placard de l'évier. Vous pouvez également placer des serrures sur vos placards dangereux, de petits aimants ou des clochettes pour signaler l'ouverture d'un meuble. Pour d'autres idées de fermetures sûres et pratiques, rendez-vous chez un vendeur de matériaux de bricolage.

Puisque nous en sommes à parler de recoins et petits coins dangereux, il en est un auquel on ne pense pas toujours et que les chats adorent : les toilettes. Les chats sont fascinés par l'eau fraîche, et si vous ne voulez pas que Minet boive l'eau des cuvettes, y prenne un bain ou, pire encore, s'y noie, empêchez-le d'y accéder en vous assurant de toujours bien refermer l'abattant.

TRUC

Votre chaton sera peut-être attiré par le petit espace situé derrière votre réfrigérateur, canapé ou bibliothèque, où traînent souvent des fils électriques. Le cas échéant, il peut être judicieux d'en bloquer l'accès avec du carton ou de scotcher sur le sol, à l'entrée de cette zone, du ruban adhésif double face : les chats ont horreur de marcher sur des surfaces collantes !

ATTENTION

Méfiez-vous également des commodes et des armoires. Si les chats adorent y faire la sieste, ils n'apprécieront probablement pas de s'y retrouver enfermés. Plus dangereux encore : un chaton pourrait vouloir explorer non seulement un tiroir ouvert, mais aussi l'espace situé derrière ce tiroir, et si vous le refermez brutalement avant la fin de son exploration, vous risquez de lui faire *très* mal. Refermez vos tiroirs aussitôt après les avoir ouverts pour éviter ce genre d'accident. Pour plus de sécurité, vous pouvez aussi vérifier l'arrière de vos tiroirs chaque fois que vous vous apprêtez à les refermer. En fait, avant de refermer quoi que ce soit, il est toujours conseillé de s'assurer qu'un chat espiègle ne s'y trouve pas, et nous pensons tout particulièrement aux caves, machines à laver, sèche-linge, et autres lieux ou appareils ménagers dans lesquels les chats adorent se faufiler.

Chats et chatons adorent se réfugier dans des endroits sombres et confinés, mais tous ne sont pas aussi protégés que l'intérieur de cet arbre à chat.

Photo : Gay Currier.

Chat perché !

Si les chats au tempérament placide, tels que les Persans, adoptent plus facilement une vie calme et oisive sur la terre ferme, les plus actifs, tels que les Abyssins et les Siamois – sans oublier les chatons de toute origine – préfèrent sans conteste voir le monde d'en haut, perchés sur un de leurs innombrables postes d'observation. C'est un comportement tout à fait naturel et vous ne pourrez rien y faire, si ce n'est essayer de le canaliser en encourageant les activités d'escalade sur des objets dédiés à cet usage (comme un arbre à chat), plutôt que sur des rideaux, par exemple.

À LA TRACE

Voyez le chapitre 6 pour des informations utiles sur les arbres à chat, et le chapitre 13 pour quelques bons conseils vous permettant de résoudre un problème de comportement, tel qu'une passion intarissable pour la lacération de rideaux.

Un dernier mot : n'oubliez pas qu'un chat sur une étagère peut causer des dégâts. Si vos meubles et étagères sont garnis de bibelots et autres petits objets de décoration auxquels vous tenez, vous devriez peut-être les mettre à l'abri quelque temps ou les fixer à l'aide d'un peu de scotch jusqu'à ce que s'achève la période « touche-à-tout » de votre clown félin d'appartement.

Quelques autres précautions

Ne doutez jamais de l'ingéniosité d'un chaton pour trouver les ennuis et n'oubliez jamais qu'il est de votre responsabilité de les écarter de son chemin. Voici quelques précautions supplémentaires à prendre pour assurer la sécurité de votre compagnon :

- **Fils et câbles électriques.** Rassemblez tous les fils électriques qui traînent et mettez-les hors de portée de votre chat – vous pouvez enduire tout ce qui restera à sa portée d'un produit répulsif. (Voyez le vendeur de la boutique animalière du coin pour des produits adaptés.) Soyez particulièrement précautionneux avec les petits appareils électroménagers tels que les fers à repasser – un bon coup de patte sur le fil qui pend et le fer (brûlant, qui plus est !) pourrait lui tomber sur la tête. Pour les tentacules qui se cachent derrière les composants de votre ordinateur, de votre chaîne hi-fi ou de votre téléviseur, il existe des étuis spécifiques vendus dans la plupart des magasins informatiques qui permettront de les camoufler et d'éviter tout accident malheureux, que ce soit pour la sécurité de votre chat ou l'intégrité de vos données et de votre matériel !

- **Fenêtres.** Assurez-vous que les vitres de vos fenêtres sont solidement fixées, tout particulièrement si vous habitez en étage et n'oubliez pas de les fermer avant de sortir. Les chats adorent regarder par les fenêtres. Vous ne voudriez sans doute pas retrouver le vôtre plusieurs de dizaines de mètres plus bas...

- **Plantes.** Outre les produits toxiques à mettre hors de portée des animaux (antigel, eau de javel, mort-aux-rats, etc.), certaines plantes (telles que le philodendron, le ficus ou le gui) peuvent également entraîner des troubles plus ou moins graves (salivation excessive, vomissements, tremblements et, parfois, la mort). La meilleure précaution consiste à questionner votre vendeur avant d'acheter une nouvelle plante. Si vous en possédez déjà, pensez à les placer en hauteur pour ne pas tenter votre chat. Qui s'y frotte s'y pique !

À LA TRACE

Avant de conclure que votre maison est aussi bien aménagée que possible pour accueillir en toute sécurité votre nouveau compagnon, inspectez-la une nouvelle fois en vous appuyant sur les recommandations du chapitre 21.

Chatons et fers à repasser ne font pas bon ménage.

Photo : Beth Jenkins.

Un abri pour Minet

Dans ce véritable champ de mines que constitue parfois la maison, vous ne serez probablement pas étonné que l'on vous recommande de préparer un endroit spécifique réservé à votre nouveau chat ou chaton lorsque vous n'êtes pas là pour le surveiller. Si cet espace est souvent nécessaire pour protéger le chaton des dangers de la maison, pour le chat adulte, en revanche, il s'agit plus de le rassurer et de faciliter son adaptation.

Vous voulez acheter toute la panoplie du chat heureux (bac à litière, griffoir, herbe à chat, etc.) avant de l'accueillir à la maison ? Reportez-vous au chapitre 6.

Cet endroit sécurisé et limité va également faciliter le « dressage » de votre nouveau chat. Certes, s'il est impossible de dresser un chat, comme l'on dresse un chien par exemple, en revanche, avec beaucoup de patience et de douceur, vous pourrez certainement l'éduquer. Confiner votre chat ou chaton durant les premiers jours de sa phase d'adaptation limite ses options. Il apprendra à « faire ses griffes » sur un griffoir ou un arbre à chat et finira par comprendre que son bac à litière est le meilleur endroit pour faire ses besoins.

Pour en savoir plus sur les troubles du comportement félin, et comment les prévenir ou les soigner, voyez le chapitre 13.

Protéger le chaton

Une salle de bains est un endroit très convenable où laisser votre chaton lorsque vous vous absentez : c'est très facile à nettoyer et, avec un minimum d'aménagement, il y sera en parfaite sécurité. (Mais, s'il vous plaît, évitez les salles de bains minuscules et sans fenêtre, votre chaton risquerait de déprimer !) Retirez le tapis de bain, le rideau de douche, les serviettes, éventuellement le papier hygiénique (pour éviter qu'il soit mis en morceau), et les savons, rasoirs, shampooings en bouteille et médicaments (*surtout* les médicaments). Et, s'ils sont localisés dans la salle de bains, n'oubliez pas de refermer la lunette des toilettes – un chaton trop curieux pourrait s'y noyer.

Lorsque vous aurez terminé, vous aurez une pièce aseptisée qui ne correspond en rien à l'idée qu'un chaton se fait de l'amusement. Mais pas d'inquiétude : nous allons vous expliquer comment l'agrémenter pour que ce petit joueur ne s'y ennuie pas.

Aménagez la pièce de sorte qu'il trouve sa gamelle et son bol dans un coin et sa litière dans un autre. (Placez la gamelle et le bol trop près du bac, et votre chat pourra en être offensé et décider de ne plus manger ou de faire ses « petites affaires » ailleurs.) Pensez également à installer un griffoir stable, une couche et quelques jouets.

L'aménagement d'une pièce « spéciale chat » vous aidera non seulement à assurer la sécurité de votre chaton, mais aussi à l'éduquer plus facilement. En limitant ses options au minimum, vous lui apprenez à orienter ses comportements naturels d'une manière acceptable. Si votre chaton dispose d'un griffoir et non d'un fauteuil, par exemple, il apprendra à faire ses griffes où il faut.

Comment faire comprendre à votre compagnon où il *ne doit pas* faire ses griffes ? Voyez le chapitre 13.

Rassurer le chat adulte

Certes, vous pouvez utiliser exactement la même installation pour un chat adulte que pour un chaton, mais une pièce plus agréable et confortable sera, dans ce cas, plus appropriée. Si confiner un chaton permet essentiellement d'assurer sa sécurité en votre absence, limiter les options d'un chat adulte l'aide à se familiariser progressivement avec son nouvel environnement. Un peu moins espiègle et plus averti que le chaton, le chat mature brave naturellement moins de dangers. (Une rapide inspection sera, toutefois, nécessaire.) Une chambre à coucher par exemple, lui apportera tout le confort nécessaire et facilitera son adaptation en établissant un lien privilégié et rassurant entre cette pièce de la maison et son nouvel occupant. Il pourra par la suite s'y retirer chaque fois qu'il recherchera un endroit calme où se reposer et se recueillir.

Choisissez une pièce calme et toujours – ou souvent – inoccupée : une chambre éloignée de la route, une grande salle de bain souvent inutilisée (dans le cas d'une maison avec deux salles de bain), une véranda d'hiver, une bibliothèque, un office à l'arrière de la cuisine. Votre décision dépend entièrement de la configuration de votre logement.

Quelle que soit la pièce sélectionnée, les mêmes accessoires s'imposent : une gamelle pour la nourriture, un bol pour l'eau, un endroit pour dormir, un autre pour se faire les griffes, quelques jouets pour se divertir et un bac à litière.

L'aménagement d'une pièce spécialement destinée au chat est une étape importante dans le processus de rééducation d'un chat présentant des troubles du comportement, mais aussi l'étape essentielle d'un déménagement. Pour en savoir plus sur les troubles du comportement félin, consultez le chapitre 13. Pour les déménagements et tout ce qui concerne le transport de votre chat en général, voyez le chapitre 15.

Chat ou chaton, les premiers jours se dérouleront au mieux (autant pour vous que pour votre compagnon) si vous préparez son arrivée.

Minet arrive à la maison

L'arrivée d'un nouveau chat à la maison est un grand jour autant pour vous que pour lui. Si vous avez adopté un chaton, c'est le moment où il quitte ses frères et sœurs de portée et sa mère naturelle pour découvrir un nouveau monde et une nouvelle famille. S'il s'agit d'un chat adulte, ses expériences passées lui ont certainement appris à être très méfiant. Soyez présent et attentif, surtout au début, pour rassurer votre nouveau compagnon et faire disparaître le stress qu'il peut ressentir suite à un tel changement. Quatre jours après son arrivée chez Paul, PC était installée dans la véranda et refusait de prendre part à toute activité sociale. En fait, elle faisait des bons d'un mètre cinquante chaque fois que Paul entrait dans *sa* pièce alors qu'elle mangeait ou faisait sa toilette. Mais, au bout de quelque temps, elle s'est habituée à sa présence et à son nouvel environnement, et a fini par se laisser approcher et tenter par quelques activités sociales, selon ses propres modalités.

Essayez de prendre quelques jours de congé pour accueillir dans les meilleures conditions votre nouveau compagnon. Une présence chaleureuse et attentive l'aidera à supporter ce changement et renforcera le lien qui s'établira entre vous pour la vie. Si vous ne pouvez pas prendre de congé, aller chercher votre chat ou chaton la veille d'un week-end est une excellente alternative.

Convertir un chat d'extérieur en chat d'intérieur

Si votre nouveau compagnon a été élevé dans un environnement ouvert et que vous vouliez le garder exclusivement à l'intérieur, pas de problème : il s'y habituera très bien, sous réserve de procéder à ce changement dès son arrivée. Certes, il vous faudra faire preuve de beaucoup de résolution et de détermination pour y parvenir, mais si vous lui accordez tout ce dont il a besoin – une bonne alimentation, de l'eau fraîche, un bac à litière toujours propre, un griffoir, des jouets et, très important, votre compagnie –, vous en ferez un chat d'appartement très heureux.

Que faire si votre chat a toujours eu accès à l'extérieur depuis qu'il vit chez vous et que vous vouliez (ou deviez) y mettre un terme ? Est-ce toujours possible ? Bien sûr. Il suffit de choisir le moment. Acceptera-t-il facilement ce changement ? Probablement pas, mais si vous participez activement à sa « réinsertion », il finira par oublier les joies de l'extérieur.

Le chat est un animal très attaché à son territoire, et le jour où vous lui en retirez une partie en l'isolant du monde extérieur, vous allez vous en faire un ennemi ! Votre chat sera d'abord très surpris par cet oubli : « Quoi ? Mais c'est fermé ! Hep ! La porte, s'il vous plaît ! J'attends... » Ensuite, il deviendra de plus en plus exaspéré : « Hé ! Ho ! La porte, *la poooorte* ! Personne n'entend ou quoi ? Faut-il que je miaule encore plus fort ? »

Surtout, *ne cédez pas*. Si vous finissez par ouvrir la porte après quelques œillades insistantes et une symphonie de miaous révoltés et déchirants, vous laisserez entendre à votre chat qu'avec un peu de persévérance, il parviendra toujours à ses fins. Et si vous essayez une nouvelle fois de lui refuser l'accès à l'extérieur, bouchez-vous les oreilles, et tous à l'abri !

Soyez patient, mais ferme. Un petit jet d'eau sur le museau à l'aide d'un vaporisateur vous aidera à le garder éloigné de la porte, ainsi que des jeux et une plus grande attention de votre part. S'il semble s'ennuyer, jouez avec lui un peu plus souvent. S'il est sensible à l'odeur de la *cataire* ou herbe à chat – une plante dont bon nombre de chats raffolent –, achetez-en un pot et frottez quelques feuilles sur ses jouets et son griffoir.

En moins de deux semaines, votre chat se sera installé dans une nouvelle routine et vous n'aurez plus à vous inquiéter des dangers qu'il court à l'extérieur.

Une bonne acclimatation commence dès la voiture. Beaucoup de chats n'aiment pas voyager en voiture. La première règle pour réussir cette étape initiale : utilisez une caisse rigide ! La deuxième règle : utilisez une caisse rigide ! Vous pouvez également déposer dans le fond de la caisse une petite couverture, surtout s'il fait froid.

S'il existe également des sacs de transport, ceux-ci ne sont pas aussi pratiques et fiables que les caisses rigides. Ils s'écrasent, sont mal ventilés, leurs fermetures à glissière peuvent s'ouvrir et ils ne se nettoient pas facilement. Pour en savoir plus sur les caisses de transport en plastique ou en osier, voyez le chapitre 6.

Vous a-t-on mentionné que vous devez transporter votre chat dans une caisse ? Si son utilisation est indispensable pour ne pas trop le perturber, vous devez toutefois savoir qu'il n'est pas toujours facile de faire entrer un chat que vous ne connaissez pas dans une caisse. En outre, même si vos enfants insistent pour garder leur nouveau copain dans les bras, ne cédez pas ; une seule petite griffure suffirait pour qu'un chat effrayé soit lâché dans la voiture. Il pourrait alors sauter par la fenêtre – à garder impérativement fermées ! – ou se glisser sous vos pédales. Même s'il se contente de se cacher sous un siège, vous pourrez ensuite avoir beaucoup de mal à l'extirper de la voiture. Le tirer par une partie de son corps qui dépasse n'aidera pas à le convaincre de votre bonne foi et de votre gentillesse et pourrait vous laisser quelques souvenirs saignants.

Si vous avez déjà un chat à la maison, commencez par faire un petit tour à la clinique vétérinaire avant de rentrer chez vous, car si votre nouveau compagnon avait quelque maladie infectieuse, vous pourriez mettre la vie de votre autre chat en danger. Il est de votre responsabilité de vous assurer que votre nouvel animal n'est pas atteint d'une maladie infectieuse, telle que la leucose féline, en le faisant examiner par un vétérinaire *avant* de le ramener chez vous (voir le chapitre 9). Si cela n'est pas possible, si vous le récupérez un dimanche par exemple, gardez-le isolé jusqu'à sa visite chez le vétérinaire.

Présenter le nouveau venu aux autres « membres » de la famille

Les chats adorent la routine. Tout changement les perturbe et l'arrivée dans une nouvelle maison est un grand bouleversement dans leur vie. Certains se cachent sous les lits. D'autres refusent d'utiliser le bac à litière. D'autres encore accueillent toutes griffes dehors la moindre approche de leur nouveau maître pour améliorer la situation.

Bien qu'il s'agisse de réactions au stress tout à fait normales pour un chat, certains de ces comportements peuvent finir par devenir de mauvaises habitudes. Il est essentiel, pour votre bien-être, et surtout celui de votre chat, de procéder lentement et avec délicatesse.

Si certains chatons curieux et bien socialisés peuvent gérer mieux que d'autres le stress lié aux changements, ne soyez pas trop enthousiaste en grillant des étapes essentielles. Soyez patient et laissez le temps à votre nouveau compagnon de s'acclimater à son rythme.

La meilleure solution pour aider tout chaton ou chat adulte, quel que soit son tempérament, à s'acclimater à un nouvel environnement, consiste, comme nous l'avons mentionné plus avant, à lui préparer une pièce bien à lui. Une pièce où il se sentira en sécurité et où il *sera* en sécurité, un refuge où il pourra se retirer chaque fois qu'il en ressentira le besoin. Un chat timide ou facilement effrayé en aura plus besoin que tout autre chat bien socialisé et correctement élevé.

Les enfants

Les enfants sont naturellement attirés par les chats, d'autant plus s'ils sont eux-mêmes enfants. Ces petites boules de poils encore un peu maladroites et qui s'agitent dans tous les sens sont amusantes et attendrissantes. Toutefois, il est nécessaire, pour leur sécurité mutuelle, de définir dès les premiers jours les règles sur lesquelles pourra s'établir une relation positive et enrichissante. En effet, certaines précautions sont à prendre pour éviter que des enfants encore maladroits blessent ces petites bêtes fragiles. En outre, un chat apeuré pourrait mal réagir et griffer ou mordre un enfant qui n'aurait pas su le manipuler correctement ou respecter son indépendance.

En cas de morsure, vous devez soigneusement nettoyer la blessure avec de l'eau et du savon et, si la plaie est ouverte, contacter votre médecin : vous risquez de graves infections, surtout si votre système immunitaire est défaillant. Si un chat inconnu vous a mordu, contactez au plus vite l'association de protection animale la plus proche : ce chat pourrait avoir la rage !

Malgré son penchant naturel pour l'indépendance, le chat est capable d'entretenir des relations privilégiées avec l'enfant : il lui apporte une compagnie, drôle et réconfortante, favorise le développement psychomoteur de l'enfant et, contrairement à une peluche, lui renvoie aussi beaucoup d'affection. Toutefois, pour que cet échange puisse fonctionner, vous devez non seulement surveiller leurs jeux (fondement essentiel de leur communication), mais également apprendre à votre enfant à manipuler et à respecter les chats. Voici quelques « tuyaux » en fonction de l'âge de l'enfant :

- **Nourrisson.** En aucune circonstance un chat (ou tout autre animal domestique) ne doit être laissé seul avec un nouveau-né. Si les chats ne présentent (presque) aucun danger pour les bébés, contrairement à ce que véhicule depuis toujours la croyance populaire (voyez le chapitre 17 pour plus d'informations, ainsi que toutes les dispositions à prendre pour les femmes enceintes), ne pas laisser dans la même pièce votre chat et votre bébé sans surveillance est une simple précaution qui fait appel au sens commun. Sachez toutefois qu'un contact trop rapproché avec un bébé de moins de 6 mois pourrait favoriser le déclenchement d'allergies.

- **Le tout-petit.** Les tout-petits peuvent vraiment mettre à l'épreuve la patience des chats ! Jusqu'à l'âge de trois ou quatre ans, les enfants ne comprennent pas pourquoi les chats ne trouvent pas amusant qu'on les tape, qu'on les secoue dans tous les sens ou qu'on leur tire la queue. Bien que la plupart des chats, eux, comprennent très vite qu'il est préférable d'éviter les enfants de cette catégorie, votre chat pourrait finir par griffer ou mordre votre enfant s'il était pris au dépourvu ou se retrouvait acculé. Supervisez toute rencontre entre l'enfant et le chat et installez, pourquoi pas, une barrière pour enfants à l'entrée de la pièce du chat, de sorte que ce dernier puisse avoir un endroit où se réfugier pour ne pas être importuné.

- **Le jeune enfant.** À l'âge où l'enfant commence à être scolarisé, il peut apprendre à être responsable d'un être vivant, à le nourrir et à s'en occuper – sous la haute surveillance des parents, bien sûr. Une bonne solution pour lui apprendre à le traiter avec respect consiste à pratiquer un petit jeu de mimétisme : s'il est affectueux avec le chat, faites-lui une petite caresse, s'il lui donne des coups ou lui tire la queue, donnez-lui des petites tapes pour l'aider à faire la connexion.

Apprenez à vos enfants à manipuler un chat avec délicatesse, à le porter sans laisser pendre ses pattes arrière. Un chat que l'on porte convenablement se sentira en sécurité et n'essaiera pas de se libérer d'un coup de griffes.

TRUC

Toute personne vivant avec un chat doit savoir qu'il vaut mieux éviter de lui toucher le ventre. Même les chats qui semblent apprécier qu'on leur gratouille cette partie de leur anatomie peuvent réagir brusquement et attraper la main qui les câline pour la griffer ou la mordre. Apprenez à vos enfants à éviter cette zone sensible et à les caresser là où ils l'apprécient toujours : derrière les oreilles ou sous le menton. Pour en savoir plus sur le langage du corps félin, jetez un œil au chapitre 12.

Les enfants doivent apprendre à porter un chat correctement, en soutenant ses pattes postérieures et en plaçant une main rassurante sur son corps.

Les autres chats

Faire accepter un nouveau chat à la maison par l'ancien maître félin des lieux est une délicate entreprise qui requiert beaucoup de patience. Mais, malgré quelques appréhensions initiales, l'ancien chat finit généralement par apprécier sa nouvelle compagnie, tout particulièrement s'il vit exclusivement en appartement.

Il est souvent plus facile d'introduire un chaton dans la mesure où la plupart des chats adultes acceptent plus volontiers un bébé chat qu'un chat déjà mature. Mais, même dans ce cas, des conflits peuvent apparaître. Vous devez surveiller attentivement les deux fauves et être prêt à intervenir pour les séparer, comme l'expliquent les sections suivantes.

TRUC

Les conflits territoriaux sont rares chez les chats castrés. Les mâles entiers, en revanche, n'acceptent pas facilement les intrus et peuvent se mettre à uriner pour marquer leur territoire. Pour plus de renseignements sur la castration, rendez-vous au chapitre 14.

Aménagez une pièce pour accueillir votre nouveau chat en y installant le matériel habituel : une assiette, un bol, un bac à litière, une couche, un griffoir ou un arbre à chat et quelques jouets. (L'installation d'un deuxième lot complet pourra être temporaire ou permanente en fonction de la relation qui s'établira entre les chats.) Cette pièce spéciale sera la « niche » de votre nouveau chat jusqu'à ce qu'ils s'habituent l'un à l'autre.

N'oubliez pas de commencer par faire examiner votre nouveau chat par votre vétérinaire. Ce n'est qu'après cette visite obligatoire pour vous assurer de sa bonne santé que vous pourrez passer aux présentations.

Entrez à la maison avec votre chat sans le faire sortir de sa caisse de transport et déposez cette dernière dans la pièce que vous avez préparée. Laissez le maître félin des lieux découvrir le nouvel arrivé dans sa cage et ne soyez pas trop découragé si votre chat accueille cet intrus par quelques soufflements et feulements. Après quelques instants, faites sortir votre ancien chat et refermez la porte avant de libérer le nouveau. S'il ne semble pas vouloir sortir de sa caisse, ne le forcez pas. Laissez-le sortir et découvrir son nouvel environnement à son rythme.

Tenez les chats séparés l'un de l'autre pendant une semaine environ, en apportant à chacun beaucoup d'attention par l'affection et le jeu. Ensuite, organisez une rencontre sous votre haute surveillance. Ouvrez la porte de la pièce aménagée, mais ne forcez pas son occupant à en sortir. Encore une fois, laissez-le procéder à son rythme. Les négociations de territoire entre chats peuvent être longues et délicates, et vous devez laisser les deux protagonistes procéder selon leur rituel en ignorant les éventuelles vocalises et regards fixes.

Au bout d'un certain temps (quelques heures ou quelques jours selon la durée des conflits), vous pourrez les encourager à jouer avec vous à l'aide d'un objet (une boule de papier, un bouchon ou tout jouet spécifique) accroché à une ficelle. Et, progressivement, rapprochez leurs gamelles pour les faire manger côte à côte.

La plupart des chats (mais pas tous) apprennent à vivre heureux en compagnie d'autres membres de leur espèce. Lorsque vous verrez vos deux petits tigres dormir ensemble, jouer ensemble et se toiletter l'un l'autre, vous saurez que cela en valait la peine.

TRUC

Minet, attention, le petit oiseau va sortir !

N'oubliez pas de préparer votre appareil photo le jour où votre nouveau chat arrive à la maison. Si vous adoptez un chaton, prévoyez plusieurs pellicules ou videz la carte mémoire de votre appareil numérique, sinon vous pourriez vous en vouloir plus tard d'avoir raté certaines photos et regretter de ne pas avoir davantage de souvenirs de votre merveilleux chat lorsqu'il était petit. Ils grandissent vite, vous savez !

Voici quelques astuces pour faire de superbes photos :

- **Faites participer vos enfants.** Si vous avez des enfants, demandez-leur de vous aider en amusant le chat avec un bout de ficelle ou un jouet, ils en seront ravis et vous pourrez à la fois faire des photos de votre chat et de vos enfants. Vous pouvez également laisser vos enfants réaliser eux-mêmes leurs propres souvenirs en leur distribuant des appareils jetables et en les laissant « mitrailler » leur nouveau compagnon dès son arrivée. Ils adorent ça !
- **Prenez vos photos à l'extérieur.** La lumière naturelle – tôt le matin est idéal – évite l'effet « yeux rouges », lorsque le flash transforme votre splendide félin miniature en un affreux *Gremlin*. En outre, votre chat paraîtra en meilleure forme et plus naturel à l'extérieur. Si sa fourrure est noire uniforme, utilisez un flash même à l'intérieur (si votre appareil vous le permet) : la luminosité supplémentaire apportée par le flash fera ressortir les détails des expressions du chat.
- **Rapprochez-vous.** Si vous voulez obtenir de bonnes photos de votre chat, vous allez devoir vous mettre à sa hauteur. Placez-vous à peu près au niveau de ses yeux et utilisez un zoom pour les détails.
- **Tenez compte de l'arrière-plan.** Évitez les décors qui pourraient gâcher une photo : bureau mal rangé, murs noirs derrière un chat noir, etc. Pensez également au contraste : léger pour un chat de couleur sombre et plus soutenu pour un chat de couleur claire.
- **Soyez créatif.** Si vous voulez une photo de votre chaton faisant un bisou à votre enfant, utilisez les trucs des professionnels : déposez un peu de beurre sur la joue de l'enfant et laissez le chaton se régaler !

Faites entrer un nouveau chat à la maison dans sa caisse de transport, et laissez l'ancien le découvrir. Les deux chats ne doivent pas être confrontés l'un à l'autre dès les premiers jours.

S'entendre comme chien et chat ?

Avant d'accueillir un nouveau chat à la maison, assurez-vous que votre chien répond correctement à ces deux ordres élémentaires : « ne touche pas » et « reste là ». Vous allez devoir les employer régulièrement au cours des deux premières semaines. Il est donc essentiel de vérifier qu'il les connaît bien *avant* l'arrivée de Minet à la maison.

Voici comment procéder pour apprendre à votre chien ces deux ordres fondamentaux :

- « **Reste là.** » Commencez par l'ordre « assis », avec le chien à vos côtés, la laisse non tendue formant une ligne droite au-dessus de sa tête. Tendez la paume devant son museau et prononcez « reste là ». Placez-vous devant lui afin de l'empêcher d'avancer. S'il essaie de bouger, donnez-lui une petite tape avec la laisse pour le corriger, levez de nouveau la main et répétez « reste là ». S'il se tient tranquille, revenez vous placer à côté de lui après une ou deux secondes, prononcez le terme habituel pour le libérer d'un ordre (« c'est bien » ou « bravo », par exemple) et complimentez-le. Ensuite, vous allez pouvoir lui apprendre à obéir à une distance de plus en plus grande. Si vous travaillez avec une laisse de deux mètres et que votre chien se tienne correctement sans bouger, donnez discrètement un petit coup sur la laisse. S'il avance, retournez auprès de lui et donnez-lui une petite tape avec la laisse, puis reprenez votre place pour faire une nouvelle tentative. S'il résiste à votre pression, revenez vous placer à côté de lui, prononcez la formule d'usage pour le libérer et complimentez-le.

- « **Ne touche pas.** » Tandis que votre chien est en position « assis-reste là », serrez le poing d'une main (surface plate vers le haut) et tendez un biscuit avec l'autre. Au moment où votre chien s'approche pour le manger, prononcez « touche pas » en lui donnant un petit coup sous le menton avec le poing (juste assez pour lui refermer la mâchoire, pas question de le faire décoller du sol !) Offrez-lui de nouveau le biscuit en répétant l'ordre. S'il hésite ou se détourne, félicitez-le. Rares sont les chiens qui ont besoin qu'on leur fasse cette démonstration plus de deux fois.

Amenez votre nouveau chat à la maison dans sa caisse de transport et installez cette dernière dans la pièce spéciale que vous avez aménagée. Tandis que votre animal est toujours à l'abri dans sa caisse, faites entrer votre chien tenu en laisse et laissez les deux protagonistes faire une première approche en toute sécurité. Tout ira bien tant qu'ils se toiseront et sentiront leurs odeurs mutuelles, mais si votre chien devient un peu trop excité, utilisez l'ordre « ne touche pas » et complimentez-le dès qu'il vous obéira.

Si les relations félino-canines ne commencent pas toujours très bien, vos amis apprendront vite à se tolérer, voire même à s'apprécier.

Photo : Amie Rohrer.

Faites ensuite sortir votre chien, refermez la porte de la pièce et ouvrez la caisse pour que le chat puisse en sortir quand il le voudra. Laissez les deux animaux sentir leurs odeurs mutuelles pendant une ou deux semaines et placez une barrière pour enfants à l'entrée de la pièce pour empêcher le chien d'y entrer et permettre au chat de choisir lui-même le degré d'interaction.

Ne tolérez aucun comportement agressif de la part de votre chien. Tenez-le en laisse tant que les relations sont tendues et utilisez les ordres « reste là » et « ne touche pas » pour le discipliner.

Si les chats et chiens n'arrivent pas toujours à s'entendre parfaitement et maintiennent un genre de cessez-le-feu, d'autres deviennent de véritables amis. Soyez simplement patient, exercez votre surveillance de loin et n'intervenez qu'en cas d'affrontement sérieux.

Nouveau chien, ancien chat

Bien sûr, le chat n'est pas toujours le dernier arrivé dans la maison ; c'est parfois un chien qui arrive sur le territoire d'un chat. Si vous projetez d'ajouter un compagnon canin dans le petit monde de votre chat, là encore, certaines précautions sont à prendre.

Est-ce que le coin nourriture de votre chat pourrait être accessible à un chien ? La nourriture des chats est plus élevée en protéines que celle des chiens et nombre d'entre eux en raffolent. Seulement, elle n'est pas bonne pour eux. En outre, votre chat n'acceptera probablement pas de la partager. Aussi, placez le coin repas de votre chat dans un endroit où il pourra manger sans être importuné.

Il en va de même pour le bac à litière. Assurez-vous qu'il n'est accessible qu'au chat, pour sa propre tranquillité, mais aussi pour éviter que votre chien ne se prête à un redoutable vice canin : manger les excréments de chats. Une litière équipée d'un couvercle avec une petite entrée ou une chatière fera très bien l'affaire. (Pour savoir comment apprendre à votre chat à utiliser une de ces petites portes battantes, voyez le chapitre 6.)

Effectuez tous ces changements au moins deux semaines avant d'accueillir votre nouveau chien, de sorte que votre chat pourra s'y habituer en toute tranquillité.

Ne laissez pas votre chien courir après le chat et n'hésitez pas à le tenir en laisse ou à le corriger s'il se montre trop agressif. Ne forcez pas votre chat à réagir – laissez-le traiter avec l'« intrus » à son rythme et selon les modalités propres à son espèce.

Bien que cela puisse vous sembler injuste, parce que votre chat était là le premier, s'il réagit mal au stress – en refusant d'utiliser sa litière, par exemple – vous devrez peut-être recourir aux méthodes d'approche traitées plus haut à propos de l'arrivée d'un nouveau chat, en l'enfermant pendant toute la phase d'acclimatation dans une pièce avec eau, nourriture, couche, litière, griffoir et jouets.

Les autres animaux domestiques

Si vous avez des oiseaux, reptiles, poissons, lapins ou rongeurs, aucune présentation n'est nécessaire. Une seule recommandation : *gardez votre chat éloigné !* N'oubliez jamais que même si votre chat semble un compagnon adorable, affectueux et bien socialisé, il n'en est pas moins un prédateur redoutable pour ses proies naturelles, et ces petits animaux domestiques sont ses proies préférées.

Ne prenez aucun risque. Lorsque vous vous absentez, veillez à ce que tous vos petits animaux soient en sécurité, hors de portée des griffes de votre fauve miniature. Fermez la porte de la pièce où ils se trouvent et corrigez votre chat en l'aspergeant d'eau avec un vaporisateur s'il fait mine de s'y intéresser de trop près.

Gardez votre chat éloigné des autres animaux, tout particulièrement des poissons et autres proies naturelles.

Photo : Aaron Springer.

Chapitre 6

L'équipement au complet

Dans ce chapitre :

- Où trouver les meilleurs accessoires pour votre chat ?
- Le bac à litière.
- Retour à la maison : colliers, médailles d'identité...
- Un bon endroit pour se faire les griffes.
- Dodo pour le minou.
- Gamelles et bols.
- Minou part en voyage : le transport.
- Les chatières.
- Des super-joujoux pour le minou.
- Toujours plus pour le matou.

Même dans ses rêves les plus fous, aucun matou « des champs » n'aurait pu imaginer le mode de vie de nos minets d'aujourd'hui. Bien que depuis des générations les chats n'aient compté que sur leurs propres talents pour trouver de l'eau et de la nourriture, faire leurs besoins ou trouver un coin pour dormir et des joujoux avec lesquels s'amuser, nos chats d'appartement ont plutôt tendance à compter sur nous pour subvenir à leurs besoins essentiels. Ce chapitre présente le *nec plus ultra* du matériel pour minou.

Et il y a du choix ! Abandonnez votre projet de nouveau piège à souris pour vous vous consacrer à l'élaboration d'un jeu amélioré pour minous, et la foule se massera à votre porte. Encore mieux : concevez un bac à litière de rêve, et vous êtes sûr de devenir millionnaire, à l'instar d'Edward Lowe, l'inventeur de la litière, en 1947.

Le matériel destiné à votre chat doit vous permettre de prendre soin de l'animal sans vous coûter les yeux de la tête. Quoique dépenser un peu plus peut valoir le coup pour améliorer l'ordinaire de votre chat, et de fait le vôtre, surtout si votre petite bête reste seule toute la journée.

Sachez en outre qu'aller faire ses courses dans les rayons spécialisés pour les chats peut être une aventure tout à fait drôle, vu les trésors d'imagination développés par les fabricants.

Ce chapitre présente le *must* en matière de gamelles pour chat. Pour savoir ce qu'il faut y mettre, rendez-vous au chapitre 8.

Où trouver les meilleurs accessoires pour votre chat ?

Jamais le choix d'articles pour animaux n'a été aussi vaste. On trouve sans problème des magasins pour animaux de compagnie très bien équipés dans toutes les villes et tous les quartiers. Les supermarchés font eux aussi, à présent, attention aux propriétaires d'animaux domestiques. De gros efforts ont été faits : l'accent est mis sur les marques connues depuis longtemps et certains magasins proposent même leurs propres marques.

Sans parler de la vente par correspondance et de l'Internet : le boom de la vente par correspondance n'a pas épargné le business des chats. Les vépécistes proposent un choix varié qui n'a rien à envier aux boutiques spécialisées. Bien qu'ils ne représentent encore qu'une petite part du marché, les vendeurs en ligne commencent à se faire connaître. Toutefois, pour l'instant, les propriétaires d'animaux domestiques recourent au Web davantage pour obtenir des informations sur les produits que pour commander des articles. Les experts pensent que cette situation est amenée à évoluer à mesure que les acheteurs potentiels se familiariseront avec le commerce en ligne.

Tous ces points de vente proposent donc des produits de grande qualité pour vos chats. Vous pouvez ainsi vous fournir dans les boutiques spécialisées pour animaux de compagnie (cela va du supermarché au magasin de quartier), les supermarchés génériques et les magasins d'usine, les catalogues et les boutiques en ligne.

En ce qui concerne les marques, ne vous laissez pas trop impressionner. Si vous voulez acheter un article de marque, n'oubliez pas toutefois que les qualités d'un accessoire doivent répondre à deux questions : l'article est-il sans danger pour l'animal ? Est-ce qu'il plaît à l'animal ?

Lorsque le besoin d'un nouveau panier ou d'un nouveau bac à litière se fait sentir, inutile de vous jeter sur la dernière nouveauté. Vous trouverez un grand nombre d'accessoires de qualité dans les dépôts-vente pour la moitié du prix du même matériel neuf. À la seule condition de nettoyer avec grand soin tout équipement ayant déjà servi, ce genre d'achat peut s'avérer avantageux pour vous et votre mistigri.

Le bac à litière

Pour des relations harmonieuses entre maître et chat, rien ne joue un plus grand rôle que le bac, ou caisse, à litière. Ce que les spécialistes du comportement félin appellent l'*élimination inappropriée* ou, en termes moins savants, le syndrome du chat qui ne fait pas là où on lui dit de faire, figure en première place dans la liste des reproches que font les propriétaires à propos de leur animal. C'est malheureusement aussi une des raisons principales pour lesquelles tant de chats adultes finissent dans des refuges.

Le bac à litière et sa garniture représentent l'achat le plus important de votre vie de maître de chat. Il faut savoir que vous n'obtiendrez peut-être pas d'emblée la bonne formule. Vous devez comprendre qu'il existe toute une variété de bacs et de litières, et vous préparer à faire quelques expériences avant de trouver la combinaison caisse-litière correspondant au tempérament et à la santé de votre chat.

Une fois le bac et la litière *ad hoc* trouvés, reste encore à rendre le tout accueillant et confortable. Si votre animal boude sa caisse, rendez-vous au chapitre 13, qui propose une section complète sur les raisons pour lesquelles le chat refuse d'utiliser son bac et les solutions pour y remédier.

Choix de bacs à litière

Le choix en matière de bacs à litière est extrêmement vaste ; il s'étend des vieux plats à cuisine recyclés ou dispositifs en carton (pas chers et jetables), aux modèles plus coûteux et perfectionnés qui facilitent le nettoyage (automatisé sur certains modèles).

- **Dispositifs jetables.** Ces petites boîtes en carton sont bien connues du personnel des refuges (sauveteurs, éleveurs) et des animaleries, mais ne sont pas très pratiques pour un usage à long terme. Toutefois, vous pouvez toujours en avoir quelques-unes si vous recueillez un chat errant, ou encore pour les chatons ou les chats en convalescence. Gina s'est occupée il y a quelque temps d'un chat qui avait une patte cassée, et le faible encombrement de ces boîtes (elle avait choisi la plus petite taille) s'est avéré idéal pour les placer dans le panier où séjournait l'animal malade.

- **Bacs « maison ».** De vieux plats en métal de 25 x 40 cm, que vous n'utilisez plus pour cuisiner, peuvent très bien servir de premier bac à litière pour un chaton. Les bords assez bas permettent ainsi aux petits d'y accéder et d'en sortir en un bond. Les plats en plastique, dont les bords sont plus hauts, sont bien adaptés aux chats « gratteurs » qui ont tendance à envoyer de la litière partout.

LE CHOIX DES CHATS

Une idée vraiment originale dans la catégorie des bacs à litière « maison » nous vient de la spécialiste féline Kate Gamble, qui travaille en association avec la SPA américaine de San Francisco (*SPCA, Society for the Prevention of Cruelty to Animals*) et dont les vidéos sur le comportement des chats sont les meilleures du genre. Elle utilise une caisse en plastique servant à ranger les couvertures, dont elle coupe un côté pour faire une ouverture puis recouvre les bords de ruban adhésif afin d'éviter que la fourrure des animaux ne s'y accroche. Les bords hauts forment de très bons dispositifs contre les « gratteurs fous ». De même, pour contrer les « semeurs » (de type Petit Poucet, en qui promènent dans toute la maison), Kate préconise de placer le couvercle *sous* la boîte.

- **Bacs simples en plastique.** Des milliers de chats se contentent de ce modèle simple, et le vôtre en fait peut-être partie. Très peu coûteux et vendus partout, ces bacs se présentent en différentes formes, tailles et couleurs. Certains ont des bords spéciaux pour bien contenir la litière. Assurez-vous que le bac que vous achetez se nettoie facilement et est que son fond est solide.

- **Bacs couverts.** Les fabricants affirment que les bacs couverts empêchent les odeurs de se propager et dissuadent les enfants et les chiens de jouer avec la litière. Malheureusement, pour certains propriétaires, à partir du moment où la litière ne sent pas, cela signifie qu'elle n'a pas besoin d'entretien. Le chat, lui, qui *sent bien* que sa litière a besoin d'être changée, choisit un autre endroit pour faire ses besoins. Si vous avez opté pour ce genre de caisse, cela ne vous dispense pas de la nettoyer : ce modèle réclame autant d'entretien que les autres. Et si vous ne le faites pas consciencieusement, ne vous en prenez qu'à vous-même en cas de problème !

ATTENTION

Vous ne devez pas utiliser de caisse fermée si votre chat souffre d'asthme. Il a besoin d'une bonne ventilation que seule une caisse non couverte peut fournir. Pour plus de détails sur l'asthme et d'autres problèmes de santé courants, consultez le chapitre 10.

- **Bacs autonettoyants**. Personne n'aime nettoyer la caisse du chat, mais certains minets sont si délicats que, si vous retardez trop cette mission, le petit fauve boudera sa litière et fera ses besoins ailleurs. Ces dernières années, les inventeurs se sont creusé la cervelle pour concocter des bacs dont la litière se change presque « sans les mains ». Le truc ? Des garnitures qui ont pour propriété de s'agglomérer lorsqu'elles s'imbibent des déjections. En effet, la portion de litière souillée forme une motte facile à retirer. Certains bacs disposent même de système de tamis, qu'il suffit de soulever pour enlever les morceaux souillés. Bien que généralement plus chers que les modèles traditionnels, ces systèmes sont parfaits si le nettoyage du bac s'avère être un tel calvaire que vous ne le faites pas aussi souvent que nécessaire.

- Deux nouveaux produits américains repoussent les limites de l'innovation et de la dépense ! Le premier est un système à double bac qui n'utilise pas de litière, mais de gros granulés imperméables qui, selon le fabricant, ne s'éparpillent pas partout dans la maison. Le liquide traverse la caisse et est récupéré par des tampons absorbants que l'on doit changer toutes les semaines (les déchets solides doivent être ramassés à la pelle). Le second produit est un système robotisé qui approche de la perfection en matière de caisse pour minous. Il utilise de la litière compacte (c'est-à-dire agglomérante) et supprime chaque motte usagée immédiatement après l'utilisation. Le tout grâce à un œil électronique servant à repérer le chat qui entre dans la caisse et d'un minuteur qui attend que le minet ne soit plus dans les parages (10 min) pour commencer le nettoyage. La machine dispose d'une espèce de râteau qui parcourt la litière et attrape les morceaux usagés pour les jeter dans une poubelle scellée qui sera elle-même ensuite jetée. Lorsque le râteau repasse dans l'autre sens, il nivelle la litière pour la prochaine visite du chat !

ATTENTION

Il est bien évident que nul ne raffole de manipuler de la litière sale. Cela dit, certaines personnes doivent absolument en éviter le contact : il s'agit des femmes enceintes et de ceux dont le système immunitaire est déficient, suite à une maladie ou une médication particulière. Certains chats sont en effet porteurs d'un parasite pouvant s'avérer dangereux pour les fœtus et les individus dont le système immunitaire est faible. Il faut toutefois considérer ce danger dans ses justes proportions : il n'est pas de nature à contraindre quelqu'un à se débarrasser d'un chat. Toutes les explications concernant ce parasite et la maladie qu'il provoque, appelée *toxoplasmose*, sont données au chapitre 17.

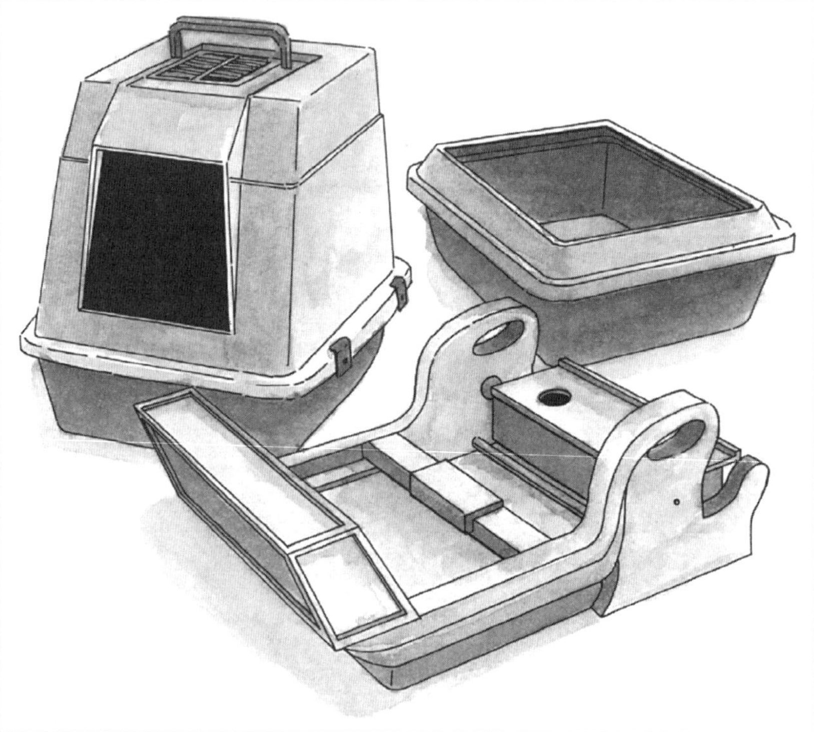

Le choix de bacs à litière est vaste ; il va du bac simple aux modèles couverts, sans oublier le tout dernier gadget électronique à nettoyage automatique. Quel que soit votre choix, celui-ci doit convenir à votre chat. Sinon, vous êtes dans… hum… l'embarras.

Accessoires pour bacs à litière

Quel que soit le type de bac choisi, vous verrez qu'il existe de nombreux accessoires complémentaires, généralement conçus pour améliorer l'hygiène du bac ou en faciliter le nettoyage :

- **Pelle.** De la petite pelle en plastique à quatre sous aux ustensiles en métal et plastique haut de gamme, c'est l'élément indispensable, même si vous êtes équipé d'un bac autonettoyant. Il est souvent plus simple de ramasser une saleté à la pelle que de changer toute la litière. Oubliez les pelles de médiocre qualité et préférez celles susceptibles de durer un moment.
- **Sac en plastique protecteur.** Étudiés pour faciliter le changement de la litière, ces sacs à litière que l'on place au fond du bac sont parfaits, à condition que votre chat n'y voie pas d'inconvénient. S'il a tendance a gratter jusqu'au fond de la litière toutes griffes dehors, il risque de le

déchirer. Faites l'expérience et voyez par vous-même ce qui vous convient le mieux (à lui comme à vous).

- **Tapis.** Vous verrez que vous passerez moins de temps à faire la chasse aux grains de litière si vous placez un tapis sous le bac. Il existe des tapis spécialement destinés à cet usage, mais un reste de moquette ou un paillasson peut très bien faire l'affaire.

Les différents types de litières

Des spécialistes affirment que les améliorations et les nouveautés en matière de litières ont contribué à faire du chat l'animal de compagnie préféré des hommes. C'est certainement vrai. Avant la litière auto-absorbante, on utilisait de la sciure ou du sable, ce qui n'était guère pratique et ne masquait pas les odeurs. De fait, les chats étaient souvent condamnés à rester à l'extérieur pour pouvoir y faire leurs besoins. Grâce aux nouvelles litières, le chat s'est installé dans la maison et dans la vie de famille à tel point que les félins sont devenus les animaux domestiques préférés d'un nombre toujours croissant de personnes.

Le choix de litières est extrêmement vaste, mais votre achat doit toujours prendre en compte les goûts de votre animal. C'est lui qui, en fin de compte, décidera de la litière qui lui convient le mieux.

Même avec les chats les plus propres, des « accidents » peuvent survenir. Pour le nettoyage, souvenez-vous qu'il ne faut jamais laver avec un produit ammoniaqué. L'endroit sentira encore *plus* l'urine (l'ammoniaque étant un des composants de l'urine), et attirera l'animal qui y fera de nouveau ses besoins.

Parmi les produits nettoyants qui vous faciliteront la vie, citons ceux qui suppriment les taches et les odeurs et dont l'efficacité repose sur l'action d'enzymes. Ou encore les nettoyants sous forme de cristaux absorbants qui pompent l'humidité et peuvent ensuite s'aspirer facilement.

Litière à base d'argile

Vieille d'un demi-siècle et tenant toujours bien le coup sur le marché, la litière minérale à base d'argile broyée, séchée et calibrée compte parmi les produits ayant initié la révolution féline ! C'est l'option la moins onéreuse au kilo. Heureusement, car il faut la changer toutes les semaines pour ne pas être incommodé par les mauvaises odeurs. (Quelques marques proposent cependant des produits avec désodorisant incorporé.)

Certains pensent que la litière à base d'argile s'éparpille moins dans la maison et qu'elle est plus saine pour les chatons (voir l'encadré « Toute la vérité sur la litière et la santé », plus loin dans ce chapitre).

L'argile est simple à utiliser avec les bacs jetables, raison pour laquelle elle est très appréciée des personnels de refuges. Les sacs en plastique de protection peuvent également faciliter le changement complet de la litière.

Litière compacte

Les litières compactes sont, en quelque sorte, à l'origine de la deuxième révolution féline. Ce type de litière rencontre un succès fou auprès des amoureux des chats.

LE CHOIX DES CHATS

La litière compacte est constituée de granules agglomérants qui se dissolvent au contact de l'humidité contenue dans l'urine ou les déchets solides, forment ensuite des mottes contenant les souillures, mottes que l'on peut facilement enlever, ratisser ou « faire glisser ». Dans la mesure où l'on enlève tous les déchets à chaque fois (si les mottes de litière ne se défont pas), les problèmes d'odeurs s'en trouvent considérablement réduits. De plus, comme pour la litière à base d'argile, certaines litières compactes contiennent des produits désodorisants.

Bien que plus chère au kilo, la litière compacte s'utilise en quantité plus réduite puisque vous remplacez uniquement la quantité de litière qui a formé des mottes. Il faut aussi la changer entièrement de temps en temps, disons chaque mois, en fonction de la qualité du produit (certaines marques ont un meilleur pouvoir agglomérant que d'autres) et du nombre de chats fréquentant le bac.

Des études indiquent que la majorité des chats préfèrerait la litière compacte. Ccla signific qu'un chat qui boude la litière traditionnelle peut renouer avec le bac si celui-ci est garni de litière compacte.

La litière compacte a pour inconvénient de s'éparpiller facilement dans la maison. Son principe agglomérant, pratique pour agréger les déchets, a en effet tendance à coller aux pattes des matous si celles-ci sont humides. L'ajout d'un tapis sous le bac peut néanmoins résoudre ce problème.

TRUC

Ce type de litière pose un autre problème, plus ennuyeux que les granules qui collent aux pattes. Sur les chats aux longs poils soyeux, comme le Persan, la litière sale a tendance à se coller autour de la zone génitale et à l'arrière des cuisses, à partir du moment où ces zones sont humides. Si l'on n'y prend pas garde, ce désagrément peut entraîner de réels problèmes d'hygiène. Pour y remédier, la fourrure de l'animal doit être coupée courte à l'intérieur des cuisses et aux endroits qui peuvent être mouillés. Il faut en outre procéder à un toilettage régulier pour éliminer toute trace de litière prise dans les poils. Le toilettage du chat est étudié au chapitre 7.

Un minet « des champs » ou « des rues » a-t-il besoin d'un bac de litière ?

Appartenez-vous au clan des propriétaires qui espèrent ne jamais avoir affaire à un bac à litière ? À moins que vous n'habitiez une propriété de quelques dizaines d'hectares, nous vous conseillons de revoir votre position et de faire l'acquisition d'un bac. En outre, nous sommes certains que vous aurez la bénédiction des voisins !

Laisser votre chat faire ses besoins dans la nature comme il lui sied n'est pas très respectueux pour vos voisins, ni très hygiénique pour les personnes (dont les membres de votre famille) susceptibles de tomber sur les déchets de votre minou dans les parterres de fleurs.

Nous n'allons pas revenir sur les arguments contre le vagabondage des chats domestiques (déjà abordés au chapitre 1), mais il faut souligner que si votre chat se balade dans le voisinage, vous devez faire votre possible pour qu'il fasse ses besoins chez vous. Préparez et entretenez sa litière comme s'il n'avait pas la possibilité de sortir.

Autres types de litières

Au troisième rang des préférences des consommateurs figurent d'autres types de litières, notamment les garnitures en copeaux de bois, en boulettes de papier journal ou divers types de matériaux recyclés. Certains chats (et propriétaires) sont ravis de leurs bacs écologiques 100 % biodégradables ; d'autres ne supportent pas ce genre de modèle. N'hésitez pas à tenter des expériences, jusqu'à ce que vous ayez trouvé la bonne solution, qui saura satisfaire votre chat et votre porte-monnaie.

ATTENTION

Certaines litières sont dites « éliminables dans les toilettes », c'est-à-dire que vous pouvez vous débarrasser de la litière et des déchets en les jetant simplement dans vos toilettes. L'idée est-elle bonne ou mauvaise ? Cela dépend de la configuration de votre maison, de l'état de vos canalisations et si l'évacuation de vos sanitaires s'effectue par les égouts ou une fosse septique. Gina, fait grand cas des conseils de son plombier dont la devise est la suivante : « Ne jetez dans vos toilettes que ce que vous avez mangé ! » Le meilleur conseil est donc de consulter votre plombier au préalable ou, au moins, de conserver son numéro à portée de main. Franchement, vous prenez moins de risques en mettant le tout dans un sac plastique que vous jetez avec les autres détritus.

Le dernier conseil « spécial élimination » émane des autorités chargées de la santé publique qui précisent qu'il ne faut *jamais* se débarrasser des déchets d'un animal carnivore comme le chat dans du compost. Les déchets des herbivores sont, eux, sans danger.

Toute la vérité sur la litière et la santé

Comme nous l'avons déjà évoqué plus haut dans ce chapitre, les bacs couverts sont inadaptés pour les chats souffrants d'asthme. De même, les litières formant beaucoup de poussière et les désodorisants ne sont pas recommandés pour ces chats sensibles dont les voies respiratoires sont facilement irritables.

Il est inexact, en revanche, que la litière compacte entraîne des risques de blocage intestinal – pouvant même provoquer la mort – chez les chatons. C'est une idée reçue, sans fondement, véhiculée par certains magazines sur les chats et reprise, puis largement diffusée sur l'Internet par les groupes de discussion (*newsgroups*) et les listes de diffusion (*mailing lists*). À cette date, aucune étude scientifique n'a confirmé l'existence d'un tel problème.

Pour plus de sécurité, certains vétérinaires préconisent d'éviter la litière compacte jusqu'à ce que le chaton ait passé l'âge de goûter à tout ce qui lui tombe sous le nez. Il s'agit d'une simple mesure de précaution tout à fait inutile pour les chats adultes.

Retour à la maison : colliers, médailles d'identité...

Les propriétaires de chats sont connus pour leur réticence à attacher un collier autour du cou de leur petite bête. Certains ne prennent pas la peine de remplacer l'ancien collier perdu, tandis que d'autres sont persuadés que leur chéri en balade risque de rester accroché à un arbre et de s'étrangler.

Les uns comme les autres prennent d'incroyables risques pour la vie de leurs animaux. Les colliers avec plaque d'identité prémunissent, pour presque rien, contre les pertes de l'animal. Et, en ce qui concerne le danger des pendaisons par collier, votre chat risque beaucoup plus de se perdre que de se pendre.

Si vous laissez votre chat vagabonder, donnez-lui un billet de retour sous la forme d'une médaille d'identité.

Identitification traditionnelle

Le matériau des colliers pour chats est généralement léger et conçu pour être un peu lâche, de façon que le chat puisse se libérer si le collier s'accroche quelque part. Ne prenez pas un collier de chiot par erreur ; ceux-ci sont conçus de telle sorte que l'animal ne puisse pas s'échapper, tandis que les colliers de chats doivent leur permettre de s'en délivrer en cas de problème. Proposés dans des gammes de couleur très variées, les modèles ont de quoi satisfaire tous les goûts, sauf celui de votre chat, qui se passerait bien de cet accessoire. Le collier doit être plutôt ajusté, mais pas trop serré : vous devez tout juste pouvoir glisser le petit doigt dessous.

Lorsque vous avez trouvé le bon collier pour votre minou, faites-lui faire une médaille d'identité. Il existe des modèles en plastique dans de nombreuses couleurs et dans des formes variées. Les autres modèles sont en métal, toujours de formes diverses (ronds, têtes de chat, munis d'un dispositif réfléchissant, etc.). Les plaques sont petites, aussi n'est-il pas utile d'y inscrire le nom de l'animal (il y a peu de chances qu'il y réponde, de toutes façons). Inscrivez plutôt votre adresse pour permettre à toute personne trouvant votre chat de vous contacter jour et nuit. Inscrivez également quelques coordonnées téléphoniques complémentaires en cas d'absence (ami, parent ou voisin).

Si les médailles d'identification pendant au collier vous inquiètent, sachez que vous pouvez trouver des médaillons plaqués sur le collier.

Que penser des clochettes accrochées aux colliers pour calmer l'instinct chasseur des petits félins ? Cela ne peut pas leur faire de mal, mais certains apprennent assez vite à se déplacer sans faire tinter cette alarme destinée à alerter les oiseaux. La seule façon sûre d'empêcher votre chat de chasser est de ne pas le laisser sortir. Vous trouverez au chapitre 5 tous les conseils qui vous permettront de transformer un chat habitué à vagabonder en chat d'appartement.

Si votre chat revient toujours à la maison cou nu, et si vous savez utiliser une machine à coudre, voici une solution facile et rapide pour que votre animal conserve son collier. Dans une mercerie, achetez du ruban élastique d'environ un centimètre de largeur et commandez des étiquettes en tissu semblable à celles que l'on coud sur les vêtements des enfants qui partent en colonie de vacances. Coupez un brin à la longueur adéquate, fixez-y l'étiquette avec du fil ou de la colle et cousez ensemble les extrémités du brin pour en faire un collier. Si vous le souhaitez, vous pouvez décorer ce collier avec des accessoires proposés en mercerie. Évitez simplement tout ce que votre chat pourrait mordiller et avaler, par exemple des paillettes. Fabriquez plusieurs de ces brides d'identification à la fois et votre chat ne sera jamais à court de colliers confortables.

Puce d'identification

Cette puce est une identification permanente plus petite qu'un grain de riz que votre vétérinaire glisse sous la peau de l'animal, au-dessus des omoplates à l'aide d'une grande aiguille ! (Mais ne vous inquiétez pas, un petit miaulement tout au plus, et l'affaire est dans le sac.) Ce système a surtout cours en Amérique du Nord.

Ce système de puces d'identification ne s'est pas révélé d'une grande efficacité pour la récupération d'animaux perdus car, dans le passé, les scanners d'une agence ne pouvaient pas détecter les puces fabriquées par une autre entreprise et les refuges ne pouvaient pas s'adapter à tous les systèmes concurrents. Les fabricants allant vers une standardisation, les choses ont évolué récemment, surtout depuis que l'AKC (*American Kennel Club*) fait également office de registre de tous les animaux équipés de ce système (et non pas seulement des chiens de pure race), aux États-Unis et au Canada. Le coût de cette intervention par votre vétérinaire peut aller de 15 à 40 €, mais c'est un bon investissement pour la sécurité de votre animal.

Une plaque d'identification peut aider à ramener chez lui un chat perdu.

Photo : Ann Cony.

Tatouage

La meilleure sécurité pour votre chat, celle qui lui donnera son identité véritable et fera de lui un être à part entière, est le tatouage. En outre, depuis la loi de 1989, tous les chats proposés à la vente ou en adoption par une société de protection animale doivent être tatoués par un vétérinaire. Le tatouage est également indispensable si vous voulez laisser Minet en pension, dans un refuge ou l'emmener avec vous dans un camping, ou encore si vous vivez dans un département atteint par l'épizootie de rage vulpine. Il représente dans ce cas, avec la vaccination antirabique, le seul moyen d'identifier votre animal et de lui épargner le sort tragique des chats errants qui finissent très souvent (et en toute clandestinité) dans les laboratoires d'expérimentation ou qui sont euthanasiés en cas de ramassage par la fourrière dans ces régions. (Si vous vivez dans un département atteint par la rage, il est de votre devoir non seulement de vacciner votre chat, mais également de le faire tatouer.)

Pratiqué à l'aide d'un dermographe dans l'oreille de Minet (sous anesthésie générale, rassurez-vous !), le tatouage se compose de lettres et de chiffres. Près d'un million de chats sont actuellement tatoués en France et inscrits au Fichier national félin, géré par le Syndicat national des vétérinaires urbains. Si vous perdez votre chat, il suffit alors de téléphoner à un vétérinaire ou à une antenne de la SPA qui pourra consulter le fichier pour vous. Vous pouvez également vous informer directement par téléphone (voir les coordonnées en annexe).

Un chat tatoué dispose d'une réelle protection. Il n'est plus considéré comme un bien mobilier, mais comme tout être vivant ayant le droit de vivre dans des conditions acceptables et de ne pas être maltraité.

Toutefois, il faut savoir que bon nombre d'animaux perdus sont aujourd'hui retrouvés non pas par les refuges ou la SPA, mais par les voisins. C'est la raison pour laquelle, en plus du tatouage, nous vous recommandons de vous assurer également que votre chat porte toujours son collier muni d'une plaque d'identification avec votre numéro de téléphone. Si votre chat se fait heurter par une voiture, éventualité tristement courante pour les chats en liberté, le port d'un médaillon ou plaque au collier présente au moins l'avantage de vous épargner l'attente interminable du retour de votre animal. Il s'agit là d'une piètre consolation, mais soyez certain qu'il vaut mieux être mis au courant très rapidement que de continuer à espérer et à s'inquiéter pendant des mois.

Un bon endroit pour se faire les griffes

Il est essentiel de garder à l'esprit qu'il est aussi naturel pour votre chat de se faire les griffes que de respirer. Votre chat *doit* se faire les griffes et vous devez lui réserver un objet qu'il pourra griffer à loisir.

En d'autres termes, vous devez lui donner un griffoir ou un objet quelconque suspendu à une porte ou bloqué par un coin de mur, jouet sur lequel Minet pourra « s'éclater ».

Pour que votre chat se fasse les griffes là où cela ne vous dérange pas (plutôt que sur le dossier d'un beau fauteuil, par exemple), trouvez-lui un objet non seulement robuste, mais également d'un matériau dans lequel il aura plaisir à planter ses griffes.

Promener le chat ?

Vous pouvez habituer un chat d'intérieur à une promenade en laisse mais il vous faudra pour cela lui mettre un harnais. (Les colliers pour chats étant prévus pour que ces derniers puissent s'en débarrasser, n'attachez pas une laisse à un collier.)

Choisissez un harnais pour chat, pas pour chien, en huit. Comme les colliers, vous pouvez trouver des harnais de différents coloris avec une laisse légère assortie.

Néanmoins, ne vous attendez pas à ce que votre chat vous suive aux talons comme un toutou. Pour promener un chat, vous devez l'encourager à explorer les endroits qui l'attirent tout en le suivant, en le flattant, voire en lui offrant une petite friandise.

Ne laissez pas votre chat attaché quelque part et ne vous éloignez pas de lui. Il serait alors très vulnérable en cas d'agression, ou pourrait être terrifié s'il se retrouvait suspendu par son harnais en essayant de sauter par-dessus une haie ou une barrière.

Cet objet doit être stable, car si la première fois qu'il l'utilise celui-ci lui tombe dessus, vous pouvez être sûr que ce sera également la dernière fois. Pour ce qui est du matériau, les chats adorent le sisal (une sorte de garniture ressemblant à de la corde) et les tapis à boucles courtes.

Un griffoir est en général assez petit – moins d'un mètre de long – et placé soit verticalement sur un socle, soit horizontalement comme un rondin. Pour imiter ce que les chats apprécient dans la nature, une bûche fait parfaitement l'affaire.

LE CHOIX DES CHATS

Pour le plaisir de votre chat, le meilleur investissement demeure une structure ludique assez haute avec un juchoir en son sommet (les chats adorent regarder les gens d'en haut pour conforter leur sentiment de supériorité !), ainsi qu'une cache pour tous ces moments de la vie d'un chat où il ne veut voir personne. Certaines de ces structures pour chats sont livrées avec des jouets suspendus ; vous pouvez y ajouter les jouets que vous aurez choisis vous-même. Assurez-vous tout de même qu'aucun des objets qui y sont fixés ne représente de danger potentiel pour le chat, comme des morceaux de ficelle ou des paillettes qu'il pourrait avaler.

Si vous êtes un peu bricoleur, vous pouvez construire votre propre arbre à chat à l'aide de chutes de bois et de moquette.

TRUC

Vous pouvez rendre cet arbre à chat encore plus accueillant en y ajoutant de la *cataire*. Vous en saurez plus cette plante, pourquoi elle rend fous certains chats, en lisant l'encadré intitulé « Herbe à chat et autres gourmandises chlorophyllisées », à la fin ce chapitre.

À LA TRACE

Un griffoir, un arbre à chat ou tout autre objet sur lequel votre chat pourra se faire les griffes est essentiel pour lui apprendre à épargner votre mobilier. Vous trouverez au chapitre 13 les conseils nécessaires en cas de problèmes de comportement destructeur. Vous pouvez contribuer à l'entretien des griffes de votre chat en les taillant. Le chapitre 7 donne toutes les instructions expliquant comment tailler les griffes de votre petit félin de façon à éviter tout bobo pour lui comme pour vous...

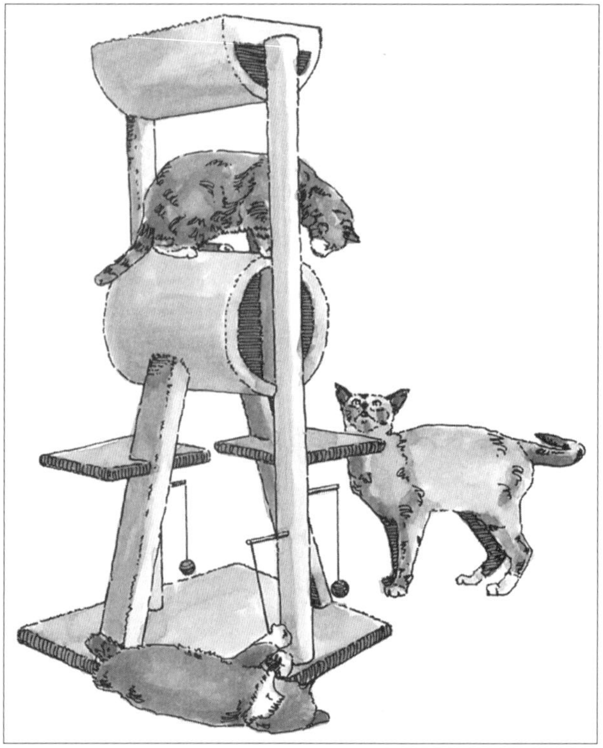

Un bon arbre à chat doit être stable et offrir à l'animal la possibilité de jouer, dormir ou se cacher.

Dodo pour le minou

Connaissez-vous la blague sur le gorille de 400 kilos ? Non ? Laissez-nous vous éclairer sur ce point :

Question : où dort un gorille de 400 kilos ? *Réponse* : où il veut.

Maintenant, appliquez ce principe à votre chat d'environ 4 kilos car, en toute honnêteté, la réponse demeure plus ou moins la même. Dans les limites de votre tolérance (en empêchant Minet de monter sur les plans de travail de la cuisine, par exemple) et pour sa sécurité (en l'empêchant de se faufiler dans le sèche-linge), votre chat dormira de toute façon où il voudra : sur votre divan, votre lit, voire même dans votre linge sale si vous ne prenez pas le soin de le mettre hors d'atteinte. Il peut également choisir de dormir sur vos genoux, sur votre clavier d'ordinateur, sur votre poitrine, sur votre télévision, sur votre visage, dans votre lavabo, sur vos pieds ou sur des documents, surtout si vous êtes en train de les lire et avez besoin d'en tourner les pages.

Cela ne signifie pas que vous ne pouvez ou ne devez pas donner à votre chat un lit pour lui tout seul. Après tout, adoptez le point de vue infaillible de la logique féline. Le chat voit les choses de la façon suivante : tout ce qui est à lui lui appartient et tout ce qui est à vous lui appartient également. Trouvez-vous à y redire ?

Le meilleur lit que vous puissiez offrir à votre chat est en fait le sommet d'un arbre à chat, un juchoir haut perché au sommet duquel il pourra faire la sieste au-dessus des humains ou même d'êtres encore plus inférieurs, tels les chiens. Les niches pour chat qui se fixent sur les rebords de fenêtres lui offriront un endroit pour faire la sieste tout en contemplant le monde ainsi que la possibilité de prendre un bain de soleil.

Le confort du sommeil est très important pour les chats, qui parviennent à passer pratiquement deux tiers de leur vie les yeux fermés.

Pour certains petits félins, il n'y a rien de mieux que les creux arrondis d'un lit ou d'une couette où il fait bon se pelotonner alors que, pour d'autres, les coussins demeurent le summum du confort. À vous de tester où va la préférence de votre chat !

Les paniers en textile peuvent être de véritables nids pour les œufs et les larves de poux. Assurez-vous, quel que soit le modèle que vous achetez, que celui-ci contient une housse amovible que vous pourrez laver souvent. Rendez-vous au chapitre 7 pour en savoir plus sur les remèdes antipuces.

Les chats adorent faire la sieste et prendre le soleil au sommet d'un arbre à chat...

Photo : Ellen Camm.

...ou sur un perchoir fixé à une fenêtre.

Photo : Shannon Ross.

Gamelles et bols

La vaisselle de votre chat (gamelles, bols, etc.) devra elle aussi être à son goût, sans quoi vous risquez de dépenser de l'argent pour rien. De plus, le matériau doit résister aux rayures car les restes de nourriture et les bactéries peuvent s'accumuler dans les griffures. Vous devez pouvoir laver ces ustensiles convenablement, de préférence au lave-vaisselle. D'une manière générale, cela vous oblige à acheter des articles en inox ou en plastique résistant. Cette seconde possibilité vous ouvre un large éventail de couleurs et de motifs pouvant s'accommoder à n'importe quel style de décoration, et vous pouvez même commander par le biais de catalogues ou de boutiques spécialisés des modèles personnalisés.

Les gamelles en plastique peuvent être à l'origine d'irritations sur le minois des minous. Si vous constatez des lésions sur le museau, le menton ou sur la bouche de votre animal, il est préférable d'adopter un modèle dans un matériau différent.

Certains chats partagent volontiers leurs gamelles mais la plupart de ces petits félins les considèrent comme des ustensiles très personnels. Certains chats acceptent de partager dans un même plat leur ration de nourriture sèche mais exigent un service individuel pour leur ration de nourriture en boîte, et à température ambiante... s'il vous plaît ! Si vos chats font la tête dès qu'il s'agit de partager, donnez une gamelle à chacun et servez-les à distance respectable l'un de l'autre.

L'hygiène des plats est la chose la plus importante à garder à l'esprit. Les chats sont en particulier intraitables sur la qualité de leur eau et sont nombreux à détourner le museau d'un bol de nourriture ou d'eau dont la fraîcheur les fait douter.

Les nouveautés sont nombreuses dans le domaine de la vaisselle des animaux de compagnie. Certains systèmes à distribution automatique permettent de conserver suffisamment de nourriture pour une semaine entière en distribuant chaque repas à intervalles prédéfinis. Dans une maisonnée comptant plusieurs chats parmi lesquels un chat plus gourmand avalant plus que sa part au détriment d'un autre plus pointilleux, il existe un collier que l'on fait porter au chat glouton et qui déclenche un signal sonore dissuasif dès qu'il s'approche de la ration de son compagnon.

Les inventeurs amoureux des chats n'ont pas non plus oublié la buvette des matous. Bien qu'il existe depuis longtemps déjà des gamelles avec un emplacement pour l'eau, de nouveaux modèles satisfaisant le goût naturel des chats pour l'eau fraîche sont maintenant disponibles : il s'agit d'un système de circuit fermé faisant circuler l'eau en permanence qui reproduit le principe de l'eau courante.

Le grand inconvénient des gamelles avec réservoir est que l'on oublie trop souvent de les laver. Il est important de les nettoyer à fond quotidiennement car les chats aiment que leur eau soit de la première fraîcheur.

Vous trouverez au chapitre 8 tout ce que vous devez savoir sur l'alimentation de Minou.

Minou part en voyage : le transport

Un chat a besoin d'un transport individuel. Un panier de transport vous permet de l'amener chez le vétérinaire, de l'emmener avec vous en voyage et tout simplement de le transporter facilement et en toute sécurité. Il peut également servir en cas d'urgence.

Un bon panier de transport pour votre chat permet aussi de faciliter sa présentation à d'autres animaux (voir chapitre 5). Les meilleures caisses de transport pour chats peuvent se trouver à moins de 25 € si vous prenez la peine de chercher dans les magasins. Vous avez même de bonnes chances d'en dénicher une pour presque rien en allant fouiner dans les marchés aux puces.

Recherchez un panier qui procurera à votre petit animal une sensation de sécurité et qui lui permettra de jeter un œil sur l'extérieur – le chat est un animal d'affût, qui aime observer sans être vu. Le meilleur modèle que nous puissions recommander est constitué de deux parties. La partie supérieure est en plastique rigide et présente des aérations en son sommet. Cette partie est maintenue à la partie inférieure par des charnières et contient une petite porte grillagée. Ces boîtes en plastique se nettoient aisément et offrent à la fois des ouvertures frontales et par le haut qui permettent de saisir l'animal plus facilement. Bien qu'un peu plus fragile et moins facile à nettoyer, le panier en osier, souvent apprécié des maîtres et des chats eux-mêmes est un classique qu'il ne faut pas oublier.

Nous déconseillons les modèles suivants :

- **Les cages grillagées.** Ces modèles rendent les chats extrêmement nerveux car ils sont exposés à l'extérieur de tous les côtés.
- **Les sacs de transport.** Ces sacs sont mal ventilés, s'écrasent et leur système de fermeture à glissière n'est pas fiable. Un chat aventureux et astucieux pourrait s'en échapper.

- **Les caisses en carton.** Le carton dans lequel vous avez amené chez vous votre chat ou chaton le jour de son adoption a fait l'affaire ce jour-là, mais n'est pas fiable à long terme.

Un panier de transport pour votre chat n'est pas un investissement onéreux, mais il est nécessaire pour sa sécurité. C'est un achat à ne pas négliger !

Le panier de transport compte beaucoup dans la vie d'un félin apprivoisé. Vous trouverez au chapitre 9 tous les conseils indispensables pour faciliter le transport de votre chat chez le vétérinaire, et le chapitre 15 vous donnera toutes les informations nécessaires si vous devez voyager ou vous déplacer avec votre animal. Enfin, vous trouverez au chapitre 18 tout ce que vous devez savoir pour le protéger dans des situations critiques.

Les chatières

Mais pourquoi les chats qui viennent à peine de rentrer veulent-ils toujours sortir de nouveau ? Cherchent-ils à nous rendre fous ? Pas exactement...

Les chats, très attachés à leur territoire, doivent le surveiller continuellement, et si ce territoire s'étend à l'extérieur de la maison, ils doivent s'y rendre fréquemment pour y jeter un coup d'œil et y « déposer » des signes (olfactifs et visuels) de leur passage, sortes de cartes de visite qui permettent à plusieurs chats de partager un même territoire sans jamais se croiser. Lorsque le chat est dehors, qui va garder le territoire intérieur ? Le chat doit tout contrôler. Quelle vie !

L'installation d'une chatière pourra mettre fin à votre carrière de portier et permettra à votre chat de rentrer et de sortir à sa guise. Mais ce n'est pas tout : les amoureux des chats installent parfois des chatières sur les portes intérieures, notamment pour empêcher que le chien (normalement plus gros que le chat) aille dans la pièce où se trouve la litière du chat. Une chatière n'est pas nécessairement une sortie sur l'extérieur : vous pouvez en installer une qui donne accès à une véranda ou une verrière, ce qui permettra à votre chat de retrouver les sons et les odeurs du monde extérieur. La chatière la plus simple se compose d'un volet plastique souple qui bascule sur ses gonds quand le chat le pousse et qui se referme hermétiquement grâce à des aimants pour isoler la pièce du froid, de la chaleur ou du vent lorsque le chat est passé. Bien que ces chatières « anti-intempéries » fassent parfaitement l'affaire sous des climats assez doux, elles peuvent être inefficaces en cas de froid rigoureux. Certains propriétaires vivant dans des conditions climatiques hivernales ont eu l'ingénieuse idée de construire une sorte de sas se composant d'un tunnel équipé d'une chatière à chaque extrémité, permettant ainsi de limiter les courants d'air.

Vous avez plusieurs possibilités pour installer une chatière. Si vous avez des portes-fenêtres coulissantes, vous pouvez acheter une vitre avec chatière intégrée qui peut se poser sur la glissière. Si les chats du voisinage profitent de la chatière pour rentrer chez vous, sachez qu'il existe des chatières fonctionnant électroniquement. Elles s'ouvrent uniquement pour les chats portant un collier équipé d'un petit émetteur fonctionnant sur piles.

A LA TRACE

Les autres chats ne sont pas les seuls animaux capables d'ouvrir votre chatière. Les rongeurs nuisibles, notamment, apprennent très bien à passer par les chatières. Une des amies de Gina en a fait les frais en surprenant un jour dans sa buanderie un putois qui était en train de se régaler avec la nourriture de son chat ! Il n'est toujours pas sûr que l'odeur du putois ait complètement disparu de la maison...

Les chatières posent un autre problème. En effet, votre chat peut ramener toutes sortes d'objets indésirables dans la maison. Les voisins de Gina ont un jour eu la désagréable surprise de voir leur gros matou noir et blanc ramener un geai adulte dans la maison, puis lâcher l'oiseau terrifié au beau milieu de leur salon !

Apprendre à votre chat à utiliser la chatière

Lorsque vous installez une chatière, laissez-la telle quelle pendant environ une semaine pour que votre chat s'habitue à ce nouvel élément. (N'oubliez pas que les chats n'apprécient pas particulièrement les changements.)

Pour lui apprendre à utiliser la chatière, maintenez le volet ouvert pendant quelques jours à l'aide d'un ruban adhésif, de sorte qu'il vienne à apprécier le fait qu'il puisse rentrer et sortir à sa guise grâce à cette porte magique. Il est important que le volet soit solidement maintenu ouvert car si, lors d'un de ses passages, celui-ci se rabat sur son museau, il faudra beaucoup de temps avant qu'il s'en approche de nouveau.

Ensuite, remettez le volet de la chatière en position rabattue normale et mettez un peu de beurre sur le bord inférieur du volet. Placez-vous de l'autre côté de la chatière et incitez le chat à franchir ce passage en l'attirant avec des friandises. Vous pouvez également attacher un jouet à une ficelle et lui faire poursuivre ce jouet à travers la porte.

Répétez souvent cet exercice pendant quelques jours et vous pouvez être certain que votre chat comprendra très vite le truc. Si vous avez déjà un chat habitué à la chatière, vous n'aurez pas besoin de recommencer l'exercice avec votre nouveau chat car il apprendra très vite avec l'autre chat, voire avec votre chien si la chatière sert également à ce dernier.

Des super-joujoux pour le minou

Voici la partie la plus amusante ! Les jouets ne sont pas un luxe pour les chats d'intérieur. Ils constituent un moyen essentiel pour que votre chat fasse un peu d'exercice, pour éviter qu'il s'ennuie et déprime. Le jeu aide également à établir une bonne relation entre votre chat et vous.

Comme tout ce qui concerne les chats, le choix des jouets est très vaste et s'élargit de jour en jour, car les créateurs d'articles pour chats espèrent bien créer le jouet idéal qui se vendra à des millions d'exemplaires.

Un des plus anciens jouets pour félins d'appartement a été inventé par le docteur A.C. Daniels, qui déposa en 1907 le brevet de sa balle à herbe à chat. Il s'agissait d'une balle en bois creuse dans laquelle se glissait de l'herbe à chat, de préférence de l'herbe de sa propre marque. Après cette balle suivirent d'autres jouets contenant de l'herbe à chat. Cette entreprise de Boston fondée en 1878 continue de nos jours à prospérer grâce à la fabrique de jouets pour chats.

Gadgets pour chats

L'achat de jouets peut vous revenir assez cher, surtout si l'on prend en compte des jouets aussi sophistiqués que ces gadgets sur piles qui font courir une souris mécanique sur un rail ou qui agitent des peluches à divers endroits d'une pièce. Il existe également des souris télécommandées livrées avec la radiocommande, les piles étant naturellement vendues séparément.

Votre chat peut évidemment beaucoup s'amuser avec tous ces gadgets, mais, souvent, les meilleurs jouets ne coûtent pas grand-chose. Au hit-parade des jouets figure la « canne à pêche » qui se compose d'une tige souple du haut de laquelle sont suspendues par un lien solide toutes sortes de babioles, des plumes ou des peluches. Ce genre d'accessoires vous permet de jouer avec votre chat sans qu'il s'habitue à vous sauter sur les doigts ou sur les mains toutes griffes dehors.

Les petites souris en fourrure sont très marantes, de même que les balles contenant des grelots ou des clochettes. Réservez les canards « couineurs » et autres objets du genre à votre chien car il est peu probable que votre chat les apprécie. Les jouets favoris des chats comprennent également les articles fourrés d'herbe à chat ainsi que les balles de ping-pong ou les balles en mousse, des cure-pipes auxquels on aura donné une forme insolite, ou encore des pattes de lapin.

Vous pouvez véritablement vous amuser comme un fou à essayer toutes sortes de possibilités ; votre chat ne s'en plaindra pas, garanti ! Assurez-vous seulement que le jouet ne présente aucun risque pour l'animal et éliminez tout objet que le chat pourrait avaler.

Les babioles : la préférence des chats

Certains des plus grands plaisirs de la vie sont gratuits, il en va de même pour les chats, ou presque. Quelques études que nous avons menées ont révélé que les jouets les plus appréciés des chats étaient des babioles insignifiantes, telles qu'une boulette de papier froissé ou les petits anneaux de plastique maintenant les couvercles des bouteilles de lait.

Beaucoup de chats affectionnent également les cartons vides, ainsi que les sacs en papier. (Ne laissez pas votre chat jouer avec des sacs en plastique car il risque de s'asphyxier en rentrant dedans.) Parmi les autres objets faisant le bonheur des chats, on trouve également les paquets de cigarettes vides (ou même tout simplement l'emballage desdits paquets), les pailles, les anneaux en plastique fermant les pots de crème de fromage blanc, les rouleaux de papier hygiénique, de ruban adhésif, de Sopalin, etc.

Pour les chats les plus chasseurs, essayez les boulettes de papier ou les bouchons de liège. Les chats adorent pousser dans tous les sens les étuis en carton des rouleaux de papier aluminium ainsi que les coquilles de noix.

En revanche, certains objets comme les bouts de ficelle, le fil dentaire, les ganses ou les rubans pour paquets cadeaux peuvent s'avérer dangereux, comme tout objet que le chat pourrait avaler. Il est préférable d'éviter ce genre d'accessoires pour jouer ou de bien superviser les séances de jeu et de les mettre hors de portée du chat après celles-ci.

Toujours plus pour le matou

Vous ne trouverez pas grand-chose en matière de vêtements pour chats, car ceux-ci sont beaucoup trop dignes pour se laisser affubler de ces articles ridicules qu'on afflige plus facilement aux chiens. Néanmoins, si vous souhaitez vraiment aller jusqu'au bout de votre passion pour les chats, il existe un nombre infini de possibilités bien plus acceptables et amusantes.

On pourrait écrire un chapitre entier sur les articles liés aux chats que vous pouvez acheter pour *vous* : autocollants, tee-shirts, assiettes et tasses, calendriers, papeterie, carillons, boîtes à lettres, fourre-tout, bijoux, du plus ringard au plus raffiné... Les expositions félines, les foires, les boutiques animalières et les magasins branchées sont autant d'endroits où vous pourrez vous amuser à dénicher toutes sortes d'accessoires.

À LA TRACE

Pour en savoir plus sur les expositions et salons consacrés au chat, notamment pour savoir où ils se trouvent dans votre région, reportez-vous au chapitre 16. Consultez également en annexe la liste des adresses utiles, où vous trouverez des renseignements pour tous vos « à-chats » !

Les jouets les plus amusants ne se trouvent pas toujours dans les magasins !

Photo : Ron Bell.

Herbe à chat et autres gourmandises chlorophyllisées

Si tous les chats n'apprécient pas l'herbe à chat (le goût pour cette plante est inscrit dans leurs gènes), une grande majorité de ces petits félins en sont fous.

L'herbe à chat, aussi appelée *cataire* ou *Nepeta cataria* pour les férus de botanique, provoque chez les chats des moments d'euphorie. Cette plante contient dans ses tiges et dans ses feuilles une substance appelée *nepetalactone* qui est à l'origine de ce comportement qui ne dure que quelques minutes et qui se traduit par des roulades, des petits bonds, des ronronnements, enfin un état d'euphorie sans inhibitions. Les chatons de moins de trois mois ne réagissent pas à cette herbe et, pour les chats qui aiment « planer », elle n'a pas d'effet d'accoutumance et ne présente aucun danger.

La *valériane* est une autre plante qui entraîne un certain état d'euphorie chez les chats. Vous pouvez faire pousser les deux plantes dans le jardin de votre chat. Vous trouverez au chapitre 8 des informations sur les plantes sans danger pour les chats, que ce soit pour les mâchonner ou pour jouer avec.

Troisième partie

Maintenir un chat heureux et en bonne santé

"Il me semble un peu caractériel ces derniers temps. Il saute sur les plans de travail de la cuisine et sur la table quand nous mangeons ; il lacère les rideaux et déchiquette tous les draps de la maison."

Dans cette partie...

Les chapitres de cette partie s'articulent autour de la santé du chat : des soins vétérinaires les plus bénins aux maladies les plus redoutables, en passant par le toilettage de Minet et son alimentation. Votre chat a-t-il besoin d'être transporté d'urgence chez un vétérinaire ? Notre petit guide des symptômes vous aidera à prendre une décision. Les soins particuliers pour chats âgés sont décrits dans le dernier chapitre, ainsi que tout ce que vous devez savoir pour traverser les moments difficiles que sont l'euthanasie et la perte d'un animal de compagnie.

Chapitre 7

L'hygiène du chat, sa toilette et son bien-être

Dans ce chapitre :

- La fourrure, une protection au poil !
- Pourquoi les chats font-ils leur toilette ?
- Pourquoi est-il recommandé de les aider ?
- La trousse de toilette idéale.
- Outil indispensable : la patience.
- Entretenir la fourrure de Minet.
- Des pattes de velours.

On peut vraiment se perdre dans la fourrure d'un chat. Naturellement brillante et soyeuse pour le plaisir des yeux, douce et chaude au toucher, la fourrure d'un chat détend les visages les plus stressés, avant même que le félin lui-même ne commence à ronronner. De merveilleuses combinaisons de couleurs et de motifs, de textures et de longueurs font des robes de nos chats des sources d'inspiration inépuisables pour ceux qui savent apprécier les cadeaux que leur offre la nature.

Très méticuleux, les chats semblent trouver énormément de fierté – un de leurs passe-temps favoris – dans le toilettage et l'entretien de si belles robes. Mais leur souci d'esthétique ne se limite pas à une simple parade. Une fourrure bien soignée fournit une protection contre les intempéries et les dangers de la nature, et permet à l'animal de se cacher à la fois des prédateurs et de ses proies. Le chat sait instinctivement combien chacun de ses poils est important, et il passe une grande partie de son temps à nettoyer sa fourrure selon un rituel aussi ancien que l'espèce féline elle-même en la débarrassant de tout poil mort et de toute saleté pour restaurer ordre et brillance à l'aide d'une langue parfaitement adaptée, aussi râpeuse que le papier de verre et plus efficace qu'un peigne.

Vu le temps que votre chat passe à faire sa toilette (et avec quel soin méticuleux !), est-il vraiment nécessaire de l'aider dans cette tâche ? Absolument ! Prendre soin de la fourrure de votre chat – sans oublier ses griffes – vous aide à le garder en bonne santé et renforce les liens qui vous unissent. Pour certains chats, une intervention est indispensable. Poussées à des extrêmes d'esthétisme par des sélections génétiques rigoureuses, certaines fourrures longues et soyeuses, telles que celles des Persans, ont besoin de soins permanents pour éviter toute formation de nœuds (qui pourraient se resserrer et entraîner des douleurs), mais également activer la circulation du sang et favoriser la santé du poil.

Si les soins apportés par l'homme sont absolument essentiels pour certains chats de race, tous les chats quels qu'ils soient gagneront à être brossés, peignés (et parfois même baignés). Si vous vous y prenez bien – et nous allons vous expliquer comment –, votre chat s'habituera très vite au petit rituel que vous lui imposerez et finira même par y prendre plaisir.

Certains chats requièrent plus de soins que d'autres. Pour en savoir plus sur les différents types de poils au moment de sélectionner votre animal de compagnie, voyez le chapitre 2. L'hygiène de la bouche est aussi essentielle que celle du poil ou des griffes, mais nous en reparlerons au chapitre 9. Une bonne alimentation est également importante pour maintenir votre chat en bonne santé ; pour savoir comment le nourrir convenablement à toutes les étapes de sa vie, voyez le chapitre 8.

La fourrure, une protection au poil !

La fourrure de votre chat est plus qu'une belle robe. Longue ou courte, elle lui procure une protection naturelle l'isolant du froid et de la chaleur. Le pelage tigré est le plus ancien. Il est toujours très courant aujourd'hui, très apprécié des amateurs de chats et convient parfaitement pour les embuscades dans les feuillages et les sous-bois.

Les propriétés protectrices offertes par les différentes couleurs des fourrures de chats sont, bien entendu, fonction de la vie qu'ils mènent. Une couleur ou des motifs sombres peuvent se révéler très avantageux pour chasser ou se cacher la nuit, mais ces qualités sont un réel handicap pour le chat qui arpente les rues de la ville et les banlieues – le noir ne se distingue pas la nuit.

La fourrure des chats est généralement constituée de trois types de poils : un sous-poil près du corps, aussi appelé *poil de bourre*, fin et duveteux, un poil de longueur moyenne, plus ou moins épais, dit *poil de garde*, et un poil plus long et plus raide, appelé *poil de jarre*, qui forme la véritable couverture et donne son aspect brillant à la robe. Les poils tactiles (moustaches et sourcils), appelés *vibrisses*, forment une quatrième catégorie de poils un peu spéciale.

Certains chats ne possèdent pas toutes ces catégories de poils. Les autres peuvent en avoir dans des proportions ou longueurs très variées. Le Cornish Rex au poil bouclé, par exemple, a la particularité d'être dépourvu de poils de jarre, et ses sous-poils et poils de garde sont courts et frisés – tout comme ses moustaches ! Le Persan, en revanche, a une fourrure longue, épaisse et soyeuse, dans laquelle même le poil de bourre est long, comparé à la fourrure de certains chats, ce qui rend sa fourrure très délicate à démêler.

Pourquoi les chats font-ils leur toilette ?

Les chats font de leur mieux pour entretenir leur fourrure – et non uniquement par souci d'esthétique. Le toilettage leur apporte un certain nombre d'avantages :

- **Isolation et imperméabilisation.** Lorsque le chat fait sa toilette, il ordonne et aère ses poils et les humidifie avec sa salive pour leur permettre de jouer le rôle d'isolant thermique (grâce à une couche d'air enfermée dans la fourrure). Au cours de sa toilette, il étale également les sécrétions des glandes sébacées sur son manteau pour le lustrer et l'imperméabiliser.

- **Marquage olfactif.** La toilette permet au chat de répandre son odeur sur tout son corps, phénomène très rassurant pour cet animal à l'odorat très sensible. Les odeurs sont si importantes qu'un chat se lèche souvent juste après qu'on l'a caressé, à la fois pour rétablir sa propre odeur et pour « goûter » la vôtre. (De la même façon, lorsqu'un chat fait ses griffes sur un arbre ou sur un fauteuil, il ne fait pas qu'entretenir ses griffes. Il dépose aussi des marques olfactives, des sécrétions des glandes situées sous ses coussinets, sur les objets qu'il affectionne pour faire acte de propriété.)

- **Contrôle des parasites.** Bien qu'aucun chat ne puisse se débarrasser d'une infestation importante de puces et de tiques, il fait de son mieux pour protéger son corps de ces parasites externes. Pour savoir comment traiter efficacement puces et tiques, voyez la section « Chasser les parasites externes », plus loin dans ce chapitre.

- **Renforcement du lien social.** Lorsque plusieurs chats partagent le même foyer (tout particulièrement s'ils sont issus d'une même portée), ils se lèchent souvent entre eux. Cette activité communautaire – parfois exercée sur les humains de leur entourage – intensifie et renforce les liens entre un chat et sa famille.

Outre ses rôles hygiénique et social, le toilettage offre au chat un moment de calme et de tranquillité. Après une longue séance, il s'endort généralement, détendu et paisible. Avec autant d'avantages, on comprend plus facilement pourquoi la toilette est, après la sieste, la plus importante des tâches quotidiennes du chat.

Des changements liés au comportement durant le toilettage peuvent être des signes de maladie (voir le chapitre 9).

Pourquoi est-il recommandé de les aider ?

De nombreux chats passent leur vie entière à assumer seuls leur toilette, sans que jamais quiconque leur présente une brosse, un peigne, et encore moins une pince à ongles. Alors un bain, vous pensez ! Nous devons être fous de simplement le mentionner ! Toutefois, et même si votre chat n'entre pas dans la catégorie des chats à fourrure longue et délicate, compléter sa toilette par un bon brossage régulier ou un bain occasionnel *vous* met à l'abri de nombreux désagréments :

- **Poils morts.** Les poils ramassés par votre peigne ou brosse sont autant de poils en moins sur votre canapé, pull ou tartine de confiture du matin.

- **Odeurs.** L'odeur de la plupart des chats n'est jamais dérangeante (un humain y est rarement sensible), si ce n'est celle des mâles non castrés qui, de temps à autre, peuvent *vraiment* empester. En outre, les fourrures longues peuvent être souillées autour de la zone génitale, ce qui est très incommodant (autant pour le chat que pour le maître) et peu hygiénique.

- **Boules de poils.** Si les boules de poils sont davantage un problème chez les chats à poil long que chez leurs congénères à poil court, personne n'aime entendre un chat vomir, et la perspective de marcher pieds nus au réveil sur une masse de poils régurgités est encore moins réjouissante ! Des soins réguliers permettent de réduire considérablement le volume de poils morts ingurgités par votre chat lorsqu'il fait sa toilette, ce qui signifie moins de boules de poils en forme de cigare sur votre magnifique tapis persan. (Pour davantage d'infos sur ces « boules de poils », voyez l'encadré « Halte aux cigares de poils ! ».)

PAROLE DE CHAT

Toilettage sur pilote automatique

Les chatons sont consciencieusement toilettés par leur mère pendant à peu près trois semaines, après quoi ils commencent à assurer leur propre toilette, comme tout chat et selon un ordre bien défini, en se léchant soigneusement pour démêler les poils enchevêtrés et les débarrasser des poussières, saletés et parasites. À l'âge de 5 ou 6 semaines, ils sont capables d'assurer intégralement l'activité de toilettage inculquée par leur mère.

Lorsque les chats s'installent pour faire leur toilette, ils commencent par se passer la langue sur les lèvres, puis à humidifier leurs pattes pour se les passer sur le nez et au-dessus des oreilles, la patte gauche pour le côté gauche du visage et la patte droite pour le côté droit. Lorsque leur visage (*masque*) est bien propre, ils nettoient leurs pattes antérieures, épaules et côtés. Ensuite, ils s'asseyent et dressent une patte postérieure, puis l'autre (dans une position que les amateurs de chats connaissent bien), pour nettoyer toute la patte, l'intérieur des cuisses, le ventre et les parties génitales. Ils terminent leur séance de toilettage par la queue, en commençant à la base pour finir par la pointe.

Quelle organisation ! Il en résulte un pelage propre, brillant et soyeux, prêt pour de nouvelles aventures (qui se résument bien souvent à une sieste bien méritée).

Photo : Elizabeth Cárdenas-Nelson.

TRUC

S'il est probable que votre chat n'apprécie pas d'emblée que vous l'aidiez à faire sa toilette, en persévérant et en pratiquant avec douceur, il finira par raffoler de ces petits moments de détente et de complicité. (La meilleure solution consiste à ritualiser l'opération dès son enfance pour qu'il l'accepte plus facilement adulte.) Brosser régulièrement votre chat tout en lui parlant et en le caressant renforcera les liens qui vous unissent.

- **Comportement destructif.** Couper les griffes de votre petit félin à l'aide d'une pince à ongles ou d'une pince spéciale réduit son besoin de faire ses griffes, car en agissant ainsi il se débarrasse des cornes superficielles usées pour laisser apparaître des griffes neuves et acérées. (Pour en savoir plus à ce sujet, n'oubliez pas de lire le chapitre 13.)
- **Argent.** Un toilettage régulier vous fera économiser de l'argent de plusieurs façons. En prenant soin des griffes de votre chat, par exemple, vous limitez son besoin de faire ses griffes, et vous économisez ainsi l'argent que vous auriez dépensé pour remplacer tout ce qu'il aurait pu détériorer. Un bon toilettage fait également partie d'un régime de soins préventifs : en accordant davantage d'attention au corps de votre petit félin, vous pouvez non seulement lui épargner certains tracas, mais également détecter certains signes de maladie assez tôt pour les traiter à la source, ce qui vaut mieux pour votre portefeuille comme pour votre chat ! Pas besoin d'un examen détaillé : bien souvent, un simple contact suffit pour réaliser que votre animal perd du poids, qu'il a d'étranges plaques, des bosses ou des plaies ouvertes. Manipuler régulièrement (au moins une fois par semaine) votre chat dans un rituel de toilette permet de prévenir certaines maladies et crée un moment de plaisir et de complicité avec votre compagnon. Autre avantage : habitué à être manipulé et inspecté au niveau des oreilles et de la bouche, votre chat vivra mieux ses visites occasionnelles chez le vétérinaire. Ce dernier pourra travailler en toute quiétude, et vous ne ressentirez plus cette petite expédition comme une corvée.
- **Allergies.** Des recherches ont démontré qu'un bon toilettage, incluant des bains réguliers, aide à mieux supporter les allergies que provoquent les poils de chat (ou plutôt la salive déposée sur ces poils). Les chats aussi peuvent souffrir d'allergies, aux piqûres de puce par exemple, et des soins préventifs dans ce domaine rendront la vie de votre animal de compagnie plus agréable.

A LA TRACE

Si vous pensez être allergique à votre chat, consultez le chapitre 1 pour savoir comment vivre avec un chat *et* des allergies.

LE CHOIX DES CHATS

Un brossage régulier permet de réduire le nombre de poils morts qui sévissent dans la maison, mais si vous pensez faire de votre foyer un lieu totalement exempt de poils, vous vous faites de sacrées illusions. Si vous devez vivre avec un chat, vous devez également vous procurer une brosse à vêtements. Envelopper votre main de ruban adhésif avec la face collante à l'extérieur et la frotter contre vos vêtements sera, toutefois, plus efficace. Encore mieux : achetez un de ces petits rouleaux présentant de multiples couches autocollantes que vous pouvez retirer les unes après les autres. Des magasins spécialisés dans les articles animaliers proposent diverses versions de ces accessoires, mais vous pourrez également en trouver dans les supermarchés classiques. N'hésitez pas à comparer les prix, car il vous en faudra plusieurs modèles (pour la maison, le travail et la voiture, par exemple) !

La trousse de toilette idéale

Réunir tous les outils nécessaires pour le bon toilettage de Minet implique quelques dépenses. Achetez des produits de qualité dans un magasin d'accessoires pour animaux et rangez-les ensemble de façon à toujours savoir où ils sont.

TRUC

Gina range son nécessaire de toilette féline dans une boîte en plastique rigide avec couvercle dans une armoire. Mais elle garde également un peigne supplémentaire dans un tiroir de la table du salon pour profiter de ces moments où les chats sont bien disposés lorsque tout le monde regarde la télévision.

Pour le soin du poil

Plusieurs accessoires sont nécessaires pour le bon entretien de la fourrure de votre chat, mais ce que vous achetez dépend de la longueur et de la texture de son poil.

N'OUBLIEZ PAS

Le toilettage de compétition exige beaucoup de travail et des années d'expérience. Le chapitre 16 recense tout ce qu'il faut savoir sur les expositions félines, toutefois, si vous envisagez sérieusement de faire concourir votre chat, il est préférable de travailler en association avec un éleveur ou tout autre expert qui voudra bien vous inculquer quelques rudiments. Les explications du présent chapitre vous permettront d'opérer un toilettage classique pour entretenir la condition physique de votre chat, mais ne sont aucunement destinées à le préparer pour les concours de beauté.

Voici les accessoires de toilette que nous vous recommandons selon le type de poil de votre animal :

- **Les poils courts ou mi-longs.** Commencez par utiliser deux types de peignes métalliques, l'un aux dents serrées, appelé *peigne fin*, et l'autre aux dents plus espacées pour retirer les poils morts, les petits nœuds. Terminez en passant une brosse en crin naturel pour lisser le poil démêlé. Vous pouvez également acheter un gant de toilette spécifique ou une peau de chamois pour masser le poil, si bien que vous pourrez caresser et brosser le chat en même temps.

- **Les poils frisés.** Le matériel à acquérir dépend du volume de fourrure à entretenir. Certains chats frisés ont les trois types de poils (poil de jarre, de garde et de bourre) bouclés, de sorte que leur fourrure peut être considérée comme « normale », si ce n'est qu'elle est frisée. D'autres chats ont le pelage plus rare et uniquement des poils de bourre et de garde. Si la fourrure de votre animal est épaisse, vous aurez besoin du même équipement que pour un chat à poil court ou mi-long. En revanche, pour les robes plus fines, la solution idéale consiste à utiliser un peigne fin en complément d'une petite brosse pour bébé en poils naturels.

- **Les poils longs.** Pour ce type de chat, un complément de toilette est *absolument indispensable*. Utilisez une brosse en poils de sanglier associée à une étrille, un gros peigne et un peigne aux dents plus serrées. (En fonction de l'épaisseur et de la longueur des poils, un peigne fin pourra ne pas être d'une grande utilité – il y a peu de chances pour que vous arriviez à le passer dans l'opulente fourrure de votre animal.) Vous aurez également besoin de talc et d'un produit démêlant pour les nœuds (voir l'encadré « Ces saletés qui s'incrustent ! » plus loin dans ce chapitre).

TRUC

Un massage à rebrousse-poil est aussi une bonne idée pour aérer tous les types de fourrure (et plus particulièrement les fourrures longues et épaisses) et faire tomber un plus grand nombre de poils morts.

Toutes les fourrures gagnent à être shampouinées de temps à autre. Choisissez un produit spécialement conçu pour les chats ou utilisez un shampooing doux pour bébé. Pour les longues fourrures soyeuses, ajoutez une lotion démêlante. De petits bouchons de coton permettront aux oreilles de rester sèches pendant le bain. Un coton imbibé d'eau tiède facilitera la toilette des oreilles après le bain. L'usage de Coton-tige est à proscrire !

ATTENTION

N'utilisez pas de shampooings antipuces pour chiens – les produits chimiques ajoutés sont toxiques pour les chats. Bien qu'il soit tout à fait possible d'utiliser des shampooings antipuces spécifiquement conçus pour les chats, ce n'est absolument pas nécessaire : un shampooing ordinaire évacuera les puces dans les conduits aussi efficacement que tout autre pesticide.

À la fin de ce chapitre, vous trouverez de plus amples informations sur la chasse aux puces.

Pour le soin des griffes

Votre chat entretient ses griffes en retirant les cornes superficielles usées qui tombent sous forme d'écailles sous la pression de ses dents ou lorsqu'il se fait les griffes. En examinant attentivement son griffoir, vous apercevrez probablement des petits morceaux de griffes incrustés dedans.

Couper l'extrémité des griffes d'un chat est une pratique très utile pour deux raisons. Premièrement, vous limitez les dégâts que votre chat pourrait causer – en réduisant son besoin d'enfoncer ses griffes sur tous les objets qu'il apprécie. Deuxièmement, cela nous permet, nous les humains à la peau si peu épaisse, de mieux apprécier certains moments partagés avec notre félin préféré – qu'il s'agisse des séances de jeu ou de ces instants privilégiés où ils « pétrissent » nos genoux affectueusement juste avant de s'endormir.

Pour manucurer Minet, deux types d'outils s'offrent à vous : les paires de ciseaux forts ou les pinces guillotine. Bien sûr, vous pouvez également utiliser les coupe-ongles classiques ou des coupe-griffes spécialement conçus pour les chats.

Pensez également à avoir à portée de main une poudre hémostatique pour arrêter les saignements au cas où vous sectionneriez dans la partie rose de la griffe (au-delà de la partie translucide) contenant les vaisseaux sanguins.

Outil indispensable : la patience

Il faut bien le reconnaître : il est toujours très difficile de faire à un chat quelque chose qu'il n'a pas envie qu'on lui fasse. Et toute intervention humaine dans son rituel de toilette vient en tête de liste des désagréments. En outre, si vous devez vous battre pour prendre soin de votre animal, vous vous fatiguerez bien avant lui – nous ne sommes que des humains, après tout !

Quoi qu'il en soit, vous serez surpris de ce que certains chats sont capables d'endurer. Les chats d'exposition, par exemple, tolèrent docilement de longues séances de toilettage, sans parler des voyages et des manipulations effectuées par des étrangers. Ils y sont habitués très tôt, et cette vie de star est la seule qu'ils connaissent. Certes, il y a peu de chances pour que votre petit félin fasse preuve d'autant de docilité et de confiance qu'un chat habitué aux compétitions, mais avec un peu de doigté et une bonne dose de patience, vous parviendrez certainement à lui faire accepter, voire apprécier, quelques étapes du toilettage. La liste suivante présente quelques petits tuyaux qui vous y aideront :

- **Commencez très tôt.** Habituez votre chat à être manipulé, brossé, peigné et baigné et à se faire couper l'extrémité des griffes très jeune, en ritualisant ces soins de sorte qu'il les accepte plus volontiers adulte.
- **Progressez lentement.** Introduisez de nouvelles étapes progressivement pour élever petit à petit le seuil de tolérance de votre chat.
- **Évoluez sur de bonnes bases.** Si la longue fourrure du chat ou chaton que vous venez d'adopter est terriblement emmêlée, il sera peut-être nécessaire de le tondre complètement. Faites appel à un toiletteur professionnel ou demandez au refuge ou centre d'adoption. Ainsi, vous ne ferez pas connaissance avec votre chat en commençant par tirer sur ses poils. Certes, son aspect sera plutôt étrange, mais les poils repoussent vite, et lorsque sa fourrure sera complètement restaurée, votre chat se sera habitué à vous et à votre rituel de toilette.
- **Complimentez votre chat.** Pour aider votre animal à mieux tolérer vos séances de toilettage, vous devez lui parler avec douceur, le caresser et le féliciter. Cela le calmera et lui fera entendre que vous appréciez son comportement.
- **Acceptez la défaite.** Il est préférable d'arrêter toute tentative avant que votre petit félin ne devienne trop impatient, énervé ou apeuré, et si vous n'avez pu interpréter ces signes à temps, concluez la séance en le félicitant et en le caressant. Si vous êtes allé trop loin et que Minet est *vraiment* en colère, laissez-le aller et remettez l'opération à plus tard.

Si votre chat ne semble pas apprécier vos soins et commence sérieusement à s'énerver, n'insistez pas ! Presque n'importe quel chien répondra à votre autorité comme un enfant, sans s'opposer à vous physiquement, mais si un chat se sent acculé, il peut réagir d'une manière très explosive. La meilleure méthode à adopter face à un chat particulièrement énervé consiste à le laisser tranquille et à renouveler votre tentative plus tard.

Vous n'arrivez pas toujours très bien à comprendre votre chat ? Les signes avant-coureurs d'une explosion de colère sont parfois si subtils qu'ils échappent à certains maîtres. Vous trouverez des informations sur le langage du corps félin au chapitre 12.

Entretenir la fourrure de Minet

La durée et la fréquence des soins apportés à la fourrure d'un chat dépendent de plusieurs facteurs, le plus important étant la longueur de son poil. Avec leur longue robe soyeuse, les Persans ont besoin d'un brossage quotidien (avec peigne, brosse et démêlant), de bains réguliers et occasionnellement d'un toilettage professionnel (voir l'encadré « Mon chat a-t-il besoin d'un toilettage professionnel ? » à la fin de ce chapitre). D'autres longues fourrures, telles que celle du Maine Coon, ne s'emmêlent pas aussi facilement et sont donc moins contraignantes, même si elles aussi requièrent plus d'attention que les poils courts avec ou sans pedigree et les fines fourrures de certains pedigrees à poil plus rare, tels que le Cornish Rex.

Un toilettage hebdomadaire, avec bain occasionnel (en cas de gros dégâts), conviendra tout à fait aux chats à poil court ou mi-long. Toutefois, des soins plus fréquents ne feront pas de mal, surtout si cela permet de réduire le nombre de poils morts dans la maison et les allergies.

Brosser et peigner

La toilette des chats à poil court, mi-long et frisé est un vrai plaisir (dans la mesure où ils sont habitués aux ustensiles). Passez le peigne dans la fourrure de votre chat, suivi d'une brosse plus douce ou d'une peau de chamois, puis reculez et admirez la brillance du résultat !

Un des avantages des poils courts : vous pouvez utiliser un peigne fin pour retirer poils morts et parasites. Les dents de ces peignes sont si resserrées qu'elles permettent d'expulser les petites puces de leurs salles à manger préférées : le dos des chats. Pour débarrasser Minet de ses visiteurs indésirables, commencez par utiliser un peigne classique, puis passez le peigne fin sur toute la longueur du poil en partant de la racine. Progressez très lentement, par petites mèches de poils, en faisant tomber les puces dans un bol d'eau tiède au fur et à mesure. Lorsque vous avez terminé, jetez le contenu du bol dans les toilettes – la plupart des puces seront probablement déjà noyées.

N'oubliez pas toutefois que débarrasser un chat de ses puces à l'aide d'un peigne fin *ne résout pas* le problème des puces. Pour s'attaquer plus efficacement à une invasion de puces, lisez la section consacrée à ce sujet, plus loin dans ce chapitre.

Pour les chats à poil long, l'utilisation d'un peigne fin n'est pas toujours très facile, et le brossage requiert une procédure un peu particulière :

1. **À l'aide d'un gros peigne, faites des raies dans la fourrure de votre chat pour répartir ses poils en plusieurs sections et passez le peigne délicatement dans le sens du poil.**

2. **Répétez l'étape 1, en utilisant cette fois un peigne aux dents plus serrées.**

3. **Passez ensuite une brosse à rebrousse-poil, puis dans le sens du poil pour bien aérer et ordonner la fourrure.**

4. **Caresses et compliments sont indispensables tout au long de la procédure !**

Accordez une attention toute particulière aux régions situées à la base des pattes (au niveau des omoplates et du bassin), derrière les oreilles et sous la queue, qui sont des zones où se forment souvent les nœuds des chats à poil long. (Pour en savoir plus sur les problèmes de nœuds et saletés résistantes, jetez un œil à l'encadré « Ces saletés qui s'incrustent ! » plus loin dans ce chapitre.)

Humidifier légèrement la fourrure à l'aide d'un brumisateur facilite le brossage et permet de ne pas abîmer la partie longue de la robe. Vous pouvez également utiliser un produit démêlant en pulvérisateur, le bruit d'un flacon pressurisé risquant d'effrayer Minet.

Si votre chat mâle n'est pas castré, vous remarquerez peut-être une zone de poils plus gras sur le dos et à la base de la queue. Ce phénomène, appelé *queue d'étalon*, est le résultat d'un excès de sébum produit par la glande caudale. Tous les chats possèdent cette glande, mais celle-ci ne cause de problèmes qu'aux mâles. La castration est une solution qui mettra définitivement fin à ce problème. Si vous ne voulez pas opérer votre chat, seul un shampooing régulier pourra redonner lustre et brillance à ces poils collés. Et dans certains cas, il faudra associer ce shampooing à un traitement antiséborrhéique.

La toilette est un moment idéal pour examiner la fourrure et la peau de votre chat. Des poils qui tombent par plaques, par exemple, peuvent être le signe de présences parasitaires, de carences vitaminiques, de dermatoses (gale, acné féline si ces plaques présentent de petites croûtes noires, etc.) ou même de problèmes hormonaux. Soyez très vigilant, tous ces symptômes nécessitent une visite chez le vétérinaire.

Un toilettage régulier permet non seulement d'entretenir la fourrure de votre chat, mais également de détecter d'éventuels problèmes à la source.

Chat + eau + savon = cocktail explosif !

Peu importe ce que pense Minet ; un bon bain n'a jamais fait de mal à personne. Si les chats à poil court peuvent se contenter d'un bain tous les deux mois, les longues robes soyeuses des Persans ou des Norvégiens, par exemple, devront être shampouinées une fois par semaine. La meilleure solution pour faire accepter et même apprécier un bain à un chat consiste, une fois encore, à l'y habituer dès son plus jeune âge.

Peignez votre chat avant de le baigner, car les bourres et les nœuds, une fois mouillés, ne pourront plus être démêlés – il faudra les couper. Si votre chat n'y voit aucun inconvénient, enfoncez deux boules de coton dans ses oreilles pour les garder sèches (sans oublier de les retirer après le bain !).

Lavez votre petit animal dans le lavabo (plus pratique et plus confortable pour votre dos) à l'eau tiède avec, de préférence, un tapis antidérapant au fond. Voici une liste des ustensiles indispensables que vous devez préparer avant d'entrer en action :

Halte aux cigares de poils !

Ce que l'on appelle *cigares de poils* ou *boules de poils* sont des poils que le chat avale en faisant sa toilette, qui s'accumulent dans l'estomac et qu'il finit par régurgiter sous forme de bâtonnets de feutre (résultat du brassage gastrique). Ce phénomène est tout à fait normal. Si votre chat vomit de temps à autre (une ou deux fois par mois) une boule de poils, mais qu'il semble en bonne santé, il n'y a aucune raison de s'inquiéter.

Votre vétérinaire pourra vous suggérer l'utilisation d'un laxatif doux ou un régime alimentaire élevé en fibres pour aider votre animal à digérer les boules de poils. Toutefois, essayez d'éviter de droguer votre chat aux laxatifs : une utilisation prolongée est fortement déconseillée et pourrait provoquer des carences en vitamines. Et, pour ce qui est du changement de régime, optez plutôt pour un brossage plus fréquent qui permettra d'ôter l'excès de poils.

Si votre chat semble vomir des boules de poils de plus en plus fréquemment, prenez rendez-vous avec votre vétérinaire. Dans le cas contraire, prenez aussi rendez-vous (des poils engagés dans l'intestin pourraient causer une occlusion intestinale).

- **Serviettes.** Vous en aurez besoin pour l'essuyer, bien sûr, mais vous pouvez également en glisser une au fond du lavabo si vous n'utilisez pas de tapis antidérapant. Il aura ainsi autre chose que vos mains à se mettre sous les griffes.
- **Pomme de douche.** Ne soyez pas trop dur avec votre chat : ne le laissez pas tremper dans l'eau. Utilisez plutôt une pomme de douche flexible qui se fixe sur le robinet pour le rincer.
- **Shampooing.** Utilisez un produit conçu pour les chats ou un shampooing doux pour bébé, mais *jamais* de shampooing antipuce pour chiens.

Quand sonne l'heure du bain, voici les étapes à suivre :

1. **Installez le chat dans le lavabo en le saisissant par la peau du cou (pour l'inhiber).**
2. **Mouillez-le complètement à l'aide de la pomme de douche.**
3. **Frottez toute la fourrure, en commençant par le cou, à l'aide d'une éponge imbibée de shampooing (en évitant les yeux et les oreilles).**

4. **Rincez abondamment avec une eau légèrement plus chaude.**

5. **Répétez la procédure si l'animal est vraiment sale.**

6. **Utilisez un après-shampooing si votre chat a le poil long, puis rincez de nouveau.**

7. **Enroulez votre chat dans une serviette et frottez vigoureusement pour le sécher. Ensuite, laissez-le terminer sa toilette tranquillement. Il l'a bien mérité !**

   Vous pouvez accélérer le processus à l'aide d'un sèche-cheveux, mais pas trop chaud et seulement s'il est silencieux. De toute façon, votre chat préférera sûrement s'en passer !

8. **Gardez Minet bien au chaud dans la maison, à l'abri des courants d'air tant qu'il n'est pas complètement sec.**

TRUC

Nous vous l'accordons : nous avons décrit une procédure beaucoup plus simple qu'elle ne l'est en réalité. Faire prendre un bain à votre chat ne deviendra jamais une de vos activités préférées (pour vous comme pour lui), mais si vous êtes hésitant, votre chat le sentira. Maintenez votre animal par la peau du cou avec fermeté, car il saura tirer profit du moindre petit relâchement pour s'échapper. Dès que vous vous sentez dépassé, lâchez prise : il vaut mieux se retrancher qu'être griffé.

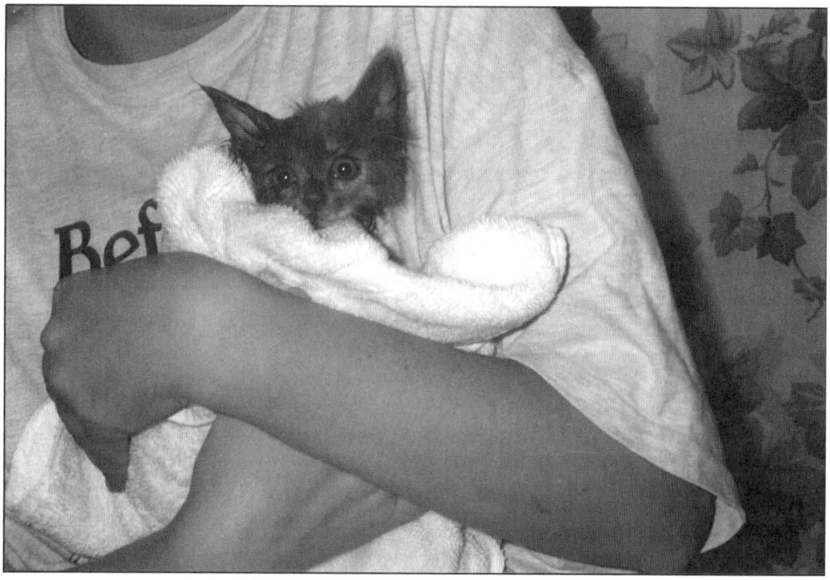

Laver régulièrement votre chat dès son plus jeune âge vous aidera à entretenir une merveilleuse fourrure tout au long de sa vie.

Photo : Kristin Cocks.

Ces saletés qui s'incrustent !

Certains nœuds, bourres et autres substances collantes ne partent pas facilement et devront probablement être coupés. Mais, avant de vous précipiter sur les ciseaux, testez d'abord quelques-unes de ces techniques :

- **Nœuds et bourres.** Saupoudrez la zone de fécule ou de talc, puis prenez tous les poils emmêlés entre vos doigts depuis leur racine afin de ne pas couper la peau ni tirer sur les poils. Utilisez ensuite une paire de ciseaux pointus (ou une aiguille à tricoter) pour séparer très délicatement le nœud en deux depuis sa base. Si vous êtes patient et méticuleux, vous devriez réussir à détacher les mèches avec vos doigts. Passez ensuite un coup de peigne sur toute la zone dégrossie, puis finissez à la brosse pour ôter saletés et poils morts (à l'origine du problème).
- **Peinture, huile ou goudron.** Les chats sont extrêmement sensibles aux produits à base de goudron. Si votre minou a plus qu'une petite tache de l'une de ces substances sur le corps, appelez votre vétérinaire pour plus de sécurité. Une tache ou deux ne devraient pas trop causer de problèmes. N'utilisez *jamais* de solvants car ils irritent la peau du chat et sont toxiques et inflammables ! Retirez le maximum de ces substances à l'aide de papier absorbant avant de laver la zone souillée avec du savon doux. Le goudron peut se ramollir avec de l'huile végétale. Il suffit ensuite d'appliquer du papier absorbant, puis de savonner. (Cela ne donne pas toujours de résultat, auquel cas vous devrez couper les poils souillés.)
- **Chewing-gum et autres substances collantes.** Lubrifier la zone avec un corps gras (du beurre, par exemple) peut vous permettre de retirer la substance en la faisant lentement glisser sur les poils. Si cela ne marche pas, optez pour les ciseaux.

Terminez chaque fois en lavant la zone souillée et en rinçant à l'eau tiède.

Chasser les parasites externes

Puces, tiques et gale auriculaire provoquent bien plus que des démangeaisons : elles peuvent causer de sérieux problèmes de santé, tout particulièrement chez les chats très jeunes, vieux ou faibles.

La persévérance est le mot clé pour réussir à vaincre ces parasites. Et la bonne nouvelle : les produits antiparasites aujourd'hui disponibles sur le marché sont très efficaces.

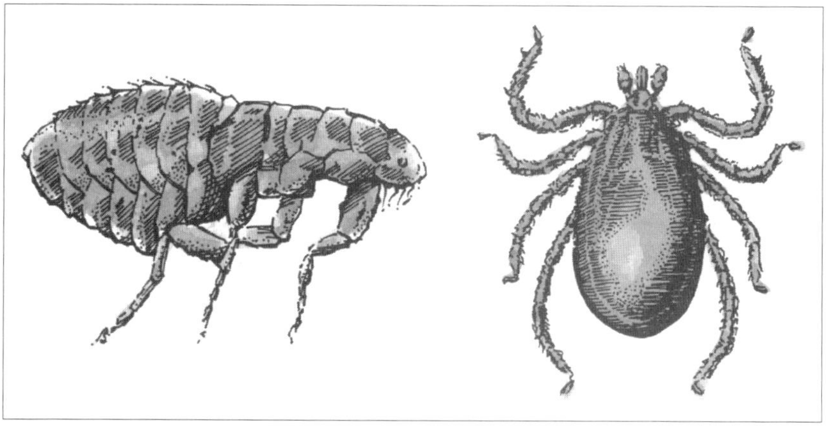

Les puces et les tiques peuvent représenter une réelle menace pour la santé de votre chat.

Les puces

Pour éliminer efficacement les puces, une stratégie s'impose : il faut traiter votre animal et son environnement. Vous devez tuer les puces adultes afin de les empêcher de piquer votre chat et empêcher les autres d'atteindre l'âge adulte. En bref, vous devez faire tout votre possible pour contrôler l'afflux de puces en passant régulièrement l'aspirateur dans les endroits préférés de votre chat et en lavant souvent son panier.

N'OUBLIEZ PAS

Impossible de baisser les bras ! Jamais. Il s'agit là d'un travail de longue haleine et des gens s'y emploient dans le monde entier. Même dans les régions les plus froides, les puces peuvent hiberner dans les foyers, en compagnie des hommes et de leurs animaux. En pleine saison, le contrôle et la prévention antipuces doivent être effectués deux fois par semaine.

Voici quelques bons tuyaux pour débarrasser la maison et votre chat des puces :

- **Dans la maison.** Traitez avec un aérosol ou une bombe qui dégage un nuage « adulticide » et un « inhibiteur de croissance ». Vous pouvez aussi utiliser une poudre au borate qui tue les puces en les déshydratant. Votre vétérinaire vous recommandera le meilleur produit sur le marché.
- **Sur votre chat.** Les traitements mensuels à base de pilules ou de liquides à incorporer dans la nourriture sont des soins préventifs très efficaces contre les puces. Toutefois, dans la mesure où ils ne tuent pas les puces adultes, il est préférable de les coupler avec d'autres traite-

ments. Ces produits empêchent les œufs des puces de se développer. ***Conseil :*** Versez le liquide dans du jus de thon pour encourager Minet à le laper. Il existe également des produits liquides que vous appliquez une fois par mois entre les épaules de votre chat et qui agissent sur son sang – les puces qui le piquent sont aussitôt empoisonnées. Utilisez fréquemment un peigne fin, mais oubliez les colliers antipuces, vaporisateurs et poudres, qui ne sont pas aussi efficaces que les nouvelles formes de traitements antipuces.

TRUC

Parmi les produits qui ne donnent guère de résultats – même s'ils se vendent en grande quantité chaque année –, citons le collier électronique antipuce et divers compléments nutritionnels, tels que l'ail, la levure de bière et la vitamine B. Leur efficacité s'avère purement anecdotique et n'a jamais fait l'objet d'études scientifiques. Le meilleur traitement antipuce « naturel » sur le marché est déjà dans votre maison : votre lave-linge et votre aspirateur. En lavant chaque semaine la couche de votre chat et en aspirant quotidiennement ses endroits favoris, vous réduirez considérablement le taux de population parasitaire dans votre foyer.

La lutte antipuce échoue systématiquement lorsque les maîtres s'y emploient à la légère ou de manière sporadique : ils vaporisent de temps en temps la maison et traitent le chat à l'occasion. En bref, ces quelques efforts n'empêchent pas les puces adultes et en cours de développement d'infester de nouveau les zones traitées.

ATTENTION

Vos efforts pour contrôler une invasion de puces pourront se révéler infructueux, voire dangereux, si vous utilisez trop de produits ou mélangez des substances incompatibles. Lisez *toujours* le mode d'emploi de chaque produit en vérifiant qu'il convient bien à l'usage prévu et qu'il n'incommodera pas les autres animaux de la maison. Dans le doute, demandez conseil à votre vétérinaire, notamment si votre chat est très jeune, malade ou âgé.

La gale auriculaire

Un peu de cire dans les oreilles de votre petit félin est tout à fait normal et peut facilement se nettoyer avec un coton imbibé d'eau tiède. Mais si le cérumen devient foncé et malodorant et si votre chat semble se gratter furieusement les oreilles, il souffre probablement de gale auriculaire (une dermatose due à une infestation d'acariens, qui peut entraîner des troubles de l'équilibre).

Une visite chez le vétérinaire est indispensable pour vous assurer qu'il s'agit bien d'une gale auriculaire et vous faire prescrire une thérapie efficace. Veillez à bien suivre toutes les recommandations, notamment à aller jusqu'au bout du traitement – même si votre chat semble guéri – pour éviter qu'il ne soit infesté de nouveau.

Les gales auriculaires sont fréquentes dans les refuges et très contagieuses. Ces affections pouvant être très difficiles à soigner, soyez tenace !

Les tiques

Les chats se débarrassent généralement des tiques (qu'ils récupèrent dans la campagne) tout seuls, au cours de leur toilette. Toutefois, il peut arriver qu'ils oublient un de ces affreux « suceurs de sang » dans une région peu accessible de leur anatomie (comme la base de leurs oreilles, par exemple). Vous commencerez probablement par sentir une petite bosse alors que vous caressez votre chat, puis découvrirez une boule sombre plus ou moins grosse, la taille dépendant de l'espèce de tique et de la quantité de sang absorbée.

Ne touchez jamais une tique avec les doigts ! Les tiques peuvent vous transmettre la maladie de Lyme (piroplasmose) en vous piquant et même se coller à vous. Pour retirer une tique, utilisez des gants et une pince à épiler. Pincez-la fermement après l'avoir asphyxiée à l'aide d'un coton imbibé d'éther et tirez d'un coup sec. Enveloppez-la ensuite dans un mouchoir en papier et jetez-la dans les toilettes (s'il y a plusieurs tiques, jetez-les au fur et à mesure dans un bol d'eau alcoolisée et versez le contenu du bol dans les toilettes lorsque vous avez terminé. Ne vous inquiétez pas si un morceau de tête est resté dans la peau : il finira par sortir. Pour l'heure, appliquez un antiseptique sur la zone pour éviter toute infection.

Des pattes de velours

Dans le domaine de l'hygiène des griffes, la partie la plus compliquée consiste à obtenir la coopération de votre chat. N'oubliez pas que vous devez toujours vous munir de cet outil indispensable qu'est la patience. Si vous ne parvenez à tailler qu'une seule griffe à la fois, ne désespérez pas : les autres viendront toujours à temps.

Pour couper l'extrémité des griffes de votre chat, commencez par le coincer sur le dos entre vos jambes et pressez doucement sur une de ses pattes pour en faire sortir les griffes, puis coupez-en l'extrémité sans entamer la partie rose qui est la partie charnue de la matrice contenant les nerfs et les vaisseaux sanguins. Cette opération nécessite précision, rapidité et douceur. Sectionner au-delà de la zone translucide entraînerait saignements et douleurs. Si vous n'arrivez pas à distinguer la limite entre le triangle rose et la partie translucide, coupez seulement un petit morceau de griffe à la fois. Évidemment, n'oubliez pas de caresser votre chat et de lui parler tout au long de la procédure pour le tranquilliser.

En cas d'accident, appliquez une pincée de poudre hémostatique sur la zone à vif pour arrêter le saignement et dites adieu à votre carrière de « coupeur de griffes ». Le mauvais souvenir qu'en gardera votre chat rendra toute autre tentative impossible.

Plusieurs outils permettent de tailler les griffes de Minet, tels qu'une pince guillotine, mais les plus importants sont la patience, la douceur et la précision.

Mon chat a-t-il besoin d'un toilettage professionnel ?

Si votre chat est un magnifique félin à poil long avec un sous-poil abondant, démêler ses nœuds peut devenir une véritable corvée. Trop de bourres et de nœuds inextricables peuvent faire souffrir le chat – les nœuds tirent sur la peau et peuvent rendre certains mouvements impossibles. La tonte complète est alors inévitable. Vous pouvez essayer de le tondre vous-même, mais nous pensons qu'il est préférable de laisser un professionnel faire le sale boulot à votre place.

Si vous n'arrivez pas à assumer tous les soins de beauté qu'exige votre star, vous pouvez également programmer des séances de toilettage régulières dans un salon professionnel. Il en va de même si vous n'arrivez pas à couper vous-même certaines régions de son anatomie qui sont souvent souillées, telles que la zone génitale.

Demandez à votre vétérinaire ou éleveur de vous conseiller un toiletteur sérieux et expérimenté et vérifiez ses installations avant de lui confier votre chat. Assurez-vous qu'il sera isolé des chiens, pour sa tranquillité d'esprit, et des chats, pour sa santé. Un toiletteur qui a l'habitude de s'occuper des chats – et qui les aime – leur offrira tout le confort nécessaire pour leur sécurité et leur bien-être.

Chapitre 8
L'alimentation du chat

Dans ce chapitre :

- La commodité, oui, mais à quel prix ?
- Le « RAI » félin : le régime alimentaire idéal.
- Satisfaire ses besoins nutritionnels.
- Le choix des aliments.
- Résoudre les problèmes alimentaires.

La toute première chose à savoir concernant l'alimentation des chats est que ces derniers sont des *carnivores impénitents*. En d'autres termes, ils ont développé des besoins nutritionnels spécifiques qui, avant l'ère des boîtes de conserve du commerce, ne pouvaient être satisfaits que par la consommation d'autres animaux. Les êtres humains peuvent très bien se passer de protéines animales (et certains y réussissent à merveille). Mais les chats ? Tout en eux évoque le « chasseur », des griffes aux canines, en passant par leur agilité et leur habitude de se tapir pour mieux surgir et mordre d'un coup sec et assuré le cou d'un oiseau ou d'un rongeur.

Si certains chats domestiques chassent encore (au grand dam de nombreux volatiles), très peu agissent ainsi pour se nourrir. Ce qui nous amène à la deuxième chose que vous devez savoir sur l'alimentation du chat : l'industrie qui est née pour subvenir à ses besoins spécifiques est aujourd'hui très développée et lucrative.

Des milliards de francs sont dépensés pour satisfaire nos minous (et leurs maîtres). Si vous en doutez, promenez-vous dans les rayons de votre supermarché. Les rayons pour animaux domestiques occupent désormais autant d'espace que n'importe quelle autre ligne de produits.

Les vétérinaires aussi proposent aujourd'hui des produits alimentaires dits « équilibrés », ainsi que des aliments diététiques destinés à soigner divers problèmes de santé, des plaques dentaires aux affections cardiaques en passant par l'obésité et les insuffisances rénales.

Avec un éventail aussi important de produits spécifiques, comment faire son choix ? Comment choisir l'aliment qui fournira à votre chat tout ce dont il a besoin, ces éléments essentiels procurés depuis des générations par des millions de proies animales ? Peut-on réellement trouver des substituts équivalents en sachets, cartons ou boîtes ?

Ce chapitre se propose de vous guider à travers les grands principes de l'alimentation féline. Vous apprendrez tout ce qui est connu et moins connu dans ce domaine ; ce dont votre chat a besoin et ce qui est directement commercialisé pour *votre* plus grand plaisir ; comment maintenir une alimentation équilibrée après avoir choisi les « bons » aliments – pour que Minet ne devienne ni trop gros ni trop maigre.

Qu'y gagnerez-vous ? Un chat en bonne santé, avec une robe lustrée, des yeux clairs et brillants et de l'énergie à revendre. Une bonne alimentation fera ronronner votre chat pendant de nombreuses années, et le choix d'une nourriture adaptée est aussi important que toutes les autres démarches que vous entreprendrez dans le but de fournir à votre animal une vie longue et heureuse.

La commodité, oui, mais à quel prix ?

À l'instar des litières et des caisses pour chats, les aliments industriels pour animaux domestiques sont une conséquence directe de leur popularité dans le monde moderne. Le marché alimentaire félin, créé autant – si ce n'est plus – pour la commodité offerte à l'homme que les besoins des chats, a permis à nos petits compagnons de ne plus se soucier du prochain repas et de se laisser apprivoiser et choyer, gagnant ainsi une vie plus longue grâce à des conditions plus saines.

Toutefois, ce nouveau secteur alimentaire ne s'est pas développé sans quelques erreurs dramatiques pour le chat : des aliments industriels inadaptés ont ainsi causé quelques problèmes de santé. *Dilatations cardiaques* et *calculs rénaux*, pour ne citer que deux exemples, ont été causés par des carences nutritionnelles dans l'élaboration de ces aliments. L'*hyperthyroïdie* (qui est apparue subitement dans le monde félin à la fin des années 1970 et qui est toujours absente dans les localités où le commerce de produits alimentaires pour chats n'est pas bien implanté) est une affection qu'étudient de plus en plus les spécialistes de la nutrition féline. Que vont-ils trouver ? Que quelque chose dans la nourriture ou un quelconque agent conservateur est responsable de l'apparition de cette maladie ou plutôt, à l'inverse, qu'une alimentation améliorée, de meilleurs soins et d'autres facteurs conduisant à de plus grandes proportions de populations félines vivant plus longtemps crée un nouveau problème, celui du chat âgé.

Le « RAI » félin : le régime alimentaire idéal

Quel que soit le produit industrialisé et commercialement viable que les propriétaires de chats sont prêts à acheter, il est souvent très loin de l'aliment original, et tout particulièrement de ce que mangent les chats lorsqu'ils sont livrés à eux-mêmes. Si ces derniers pouvaient contrôler leur propre industrie alimentaire, voici ce que serait probablement la recette qu'ils conseilleraient pour un bon repas nutritionnel :

Sortir une petite souris du congélateur. Décongeler. Dépecer. Servir à température ambiante, dans une assiette bien propre.

Berk, dites-vous ? C'est certainement pour cela qu'à la place d'une souris fraîche décongelée, vous servez des aliments secs à votre chat, dont les quatre premiers ingrédients figurant sur la boîte sont souvent du riz broyé, de la farine de blé, du poulet et du maïs.

Riz ? Blé ? Maïs ? Mais de quoi parlons-nous ? Les chats sont-ils des carnivores, oui ou non ?

Oui, mais tous leurs besoins ne reposent pas exclusivement sur la viande. L'industrie alimentaire pour chats a réussi à créer quelque chose qui semblait impossible : un régime présentant un taux élevé de légumes et de céréales et nourrissant néanmoins comme il se doit un carnivore invétéré.

Toutefois, comme nous l'avons mentionné plus haut, l'équilibre entre commodité, nutrition et esthétique (les aliments doivent être à la fois appétissants pour le chat *et* l'homme) est très difficile à maintenir. Mais l'industrie alimentaire féline s'en sort très bien et devrait continuer à s'améliorer grâce aux recherches des spécialistes en nutrition.

Les chats ont-ils besoin de boire du lait de vache ? Pas du tout, bien que dans la plupart des cas une petite dose de ce liquide blanc soit très appréciée – à moins qu'ils n'en digèrent pas le lactose. Voyez le chapitre 17 pour en savoir un peu plus à ce sujet et sur d'autres idées fausses.

Mon chat peut-il devenir végétarien ?

Certaines personnes qui ont opté (pour elles-mêmes) pour une alimentation dépourvue de protéines animales souhaitent parfois étendre leur choix diététique à leur chat.

Quelles que soient vos réticences à l'idée de manger de la viande, le corps de votre chat a une opinion totalement différente de la vôtre, et lorsque sa santé est en jeu, vous feriez mieux de mettre de côté vos sentiments.

Outre la *taurine*, les chats ont besoin de plus d'une douzaine d'éléments nutritionnels, incluant vitamines, acides gras et acides aminés, que les nutritionnistes vétérinaires qualifient d'*essentiels* parce qu'ils ne peuvent être synthétisés par l'animal et doivent lui être apportés par des sources externes – autrement dit, des aliments d'origine animale.

Satisfaire ses besoins nutritionnels

De nombreux éléments différents (à peu près 60) permettent de garder Minet en bonne santé. Tous ces éléments nutritionnels jouent un rôle, et bien que certains semblent plus importants que d'autres, ils sont tous aussi nécessaires pour que la machine féline ne s'enraye pas. Les sections suivantes décrivent les principaux besoins nutritionnels du chat.

Protéines

Les chats ont naturellement des besoins élevés en protéines (ou protides) : une fois et demie à deux fois plus par kilo que les chiens ou les humains. Ces besoins représentent, chez l'adulte, plus de 25 % de l'énergie (le double chez le chaton).

Un taux inférieur à 19 % entraîne une carence en *acides aminés* (éléments constitutifs des protéines). Tous les mammifères ont besoin de ces apports nutritionnels vitaux. Certains acides aminés sont synthétisés par l'organisme du chat ; d'autres, dits *essentiels*, doivent être apportés par les aliments. Le mot clé à retenir en matière de protéines : la diversité. Une alimentation équilibrée et variée de viande rouge, volaille, poissons, produits laitiers et autres sources protéiniques assurera à votre chat un apport idéal en acides aminés.

La viande, le poisson et certains légumes sont très riches en protéines. La viande rouge et la volaille, les produits laitiers et les œufs sont très bien assimilés par le chat et constituent donc d'excellentes sources de protéines. Certaines parties des animaux, telles que les plumes, les becs et les os, ne sont pas très digestibles. Le degré d'assimilation des graines se situe quelque part entre ces deux bornes.

Glucides

Le chat n'a que de très faibles besoins en glucides (sucres et fécules). De tous les ingrédients contenus dans les repas industriels pour chats, les glucides sont les plus éloignés de ce qu'il pourrait acquérir avec un carpaccio de souris.

Il ne faut toutefois pas en déduire que les chats ne peuvent « utiliser » les glucides présents dans la nourriture industrielle. Une chance, car ceux-ci sont les principaux composants de la plupart des produits alimentaires pour chats. Les enzymes digestives convertissent les sucres et glucides plus complexes en substances qu'ils peuvent assimiler et exploiter.

Les fibres présentes dans la nourriture facilitent le transit intestinal et aident à combattre la constipation.

Lipides

Si les lipides (matières grasses) sont souvent bannis de nos sociétés modernes, les chats, en revanche les apprécient et les digèrent très bien. Ils peuvent représenter de 50 à 60 % des apports énergétiques et constituent, avec les protéines, tout le plaisir du nez et du palais du chat.

La matière grasse d'origine animale contient des acides gras essentiels qu'ils ne peuvent synthétiser à partir de sources végétales. Leur nourriture doit donc contenir un minimum de matière grasse animale.

Si les chats ne peuvent suivre le même régime alimentaire que les chiens, c'est essentiellement à cause de leurs besoins différents en lipides et protéines. Contrairement aux chats, les chiens peuvent fabriquer les acides gras essentiels à partir de matières végétales. En outre, le taux de protéines des boîtes pour chiens est généralement beaucoup trop faible pour le bon équilibre du chat, sans compter que la plupart des aliments pour chiens ne contiennent pas de taurine, cet acide aminé essentiel qu'ils ne peuvent, contrairement aux chiens, synthétiser à partir d'autres acides aminés. Enfin, si les chiens sont toujours heureux de pouvoir laper la gamelle du chat, le taux élevé en protéines des aliments pour chats pourra causer des ennuis rénaux au chien âgé, et leur pourcentage de lipides ne conviendra ni à sa ligne ni à son transit intestinal.

Vitamines

Les vitamines sont réparties en deux catégories : les *solubles dans l'eau* et les *solubles dans les matières grasses*. Elles jouent toutes un rôle essentiel dans la santé de votre chat, et l'absence de l'une d'entre elles entraînerait des troubles. Les vitamines solubles dans l'eau incluent les vitamines du groupe B, l'acide nicotinique, l'acide pantothénique, l'acide folique, la biotine, la choline et la vitamine C. Les vitamines solubles dans les matières grasses (aussi appelées *vitamines liposolubles*) sont les vitamines A, D, E et K. Dans la mesure où les chats sont incapables de convertir les carotènes d'origine végétale en vitamine A, celle-ci doit impérativement être de source animale. Votre chat ne n'acquerra jamais d'yeux de lynx avec des carottes, qu'on se le dise !

Les traitements à base d'huile contre les boules de poils pouvant gêner l'assimilation des vitamines liposolubles, vous ne devriez pas en donner régulièrement à votre chat sans en avoir parlé au préalable avec votre vétérinaire. Pour plus de détails sur ces boules de poils, consultez le chapitre 7.

Sels minéraux

Les sels minéraux dont le chat a besoin incluent le calcium et le phosphore (présents dans le lait et le fromage), le potassium, le magnésium, le sodium et les oligo-éléments (zinc, fer, cuivre, iode, manganèse, sélénium). À l'instar des vitamines, ils ne représentent qu'une petite quantité de l'alimentation du chat, mais un dosage équilibré de ces éléments est essentiel pour sa santé.

Il est important de se rappeler que le chat a besoin d'une *certaine* quantité de vitamines et de sels minéraux – mais guère plus. « Peu c'est bien, plus c'est mieux » ne s'applique pas dans le cas des vitamines – et de la majorité des autres éléments. Un excès en vitamines (*hypervitaminose*) et en sels minéraux peut être encore plus dangereux qu'une carence. Nous vous déconseillons de donner des compléments nutritionnels à votre chat sans en avoir préalablement discuté avec votre vétérinaire. Si un surplus de vitamines solubles dans l'eau peut être évacué par l'urine, un excès en vitamines liposolubles sera stocké par l'organisme et pourra conduire à de graves problèmes de santé.

Eau

Vous pensiez que l'alimentation du chat ne concernait que ce qu'il mange ? N'oubliez pas que ce que votre chat boit est aussi important pour son équilibre que ce qu'il mange. De l'eau – limpide, fraîche et toujours disponible – est essentielle pour le bon fonctionnement de l'organisme du chat (constitué à 70 % d'eau).

Même les plus petites cellules des êtres vivants ne peuvent survivre sans eau. Un chat peut rester des semaines sans manger, mais sans eau, il ne survivrait pas plus de quelques jours. La viande ou les conserves lui apportent 70 % de ses besoins en eau. Veillez à ce qu'il ait toujours un bol d'eau fraîche et limpide disponible pour les 30 % restants.

N'OUBLIEZ PAS

Les chats sont très exigeants quant à la qualité de l'eau qu'ils boivent. Si elle n'est pas renouvelée tous les jours, Minet pourra dédaigner son bol. Certains chats préfèrent boire directement au robinet, là où ils savent que l'eau est toujours fraîche et limpide.

Votre compagnon aura toutes les chances d'être heureux et en bonne santé s'il dispose d'une alimentation adaptée et équilibrée.

Photo : Catherine Schmitz.

Le choix des aliments

Le chat a la réputation d'être un fin gourmet, qui plus est très exigeant. Certes, vous l'avez vu, ses besoins et ses plaisirs culinaires sont principalement satisfaits par des aliments carnés. Mais, dans la mesure où vous allez lui servir des boîtes et non des souris fraîches, il peut être intéressant de considérer vos possibilités d'un peu plus près. Avant d'opter pour tel ou tel type d'aliment, il est bon de suivre quelques règles :

- **Choisissez des aliments adaptés à l'état physiologique de votre chat.** Si le chat âgé peut suivre le même régime alimentaire que le chat adulte (bien qu'il soit préférable de lui servir exclusivement des aliments faciles à digérer), les chatons requièrent davantage de glucides (matières grasses) et de protéines, et devraient donc être nourris avec des aliments qui leur sont spécifiquement destinés ou des rations ménagères contenant une forte quantité de ces deux éléments essentiels à leur croissance. Jusqu'à l'âge de trois semaines environ, le chaton se nourrit exclusivement de lait maternel. Si celui-ci fait défaut, vous trouverez des laits reconstitués en pharmacie ou chez le vétérinaire. Entre trois et six semaines, vous pouvez commencer à modifier (très progressivement) son alimentation. La femelle qui attend des petits ou en nourrit a également besoin d'une nourriture très énergétique, ce qui n'est pas le cas d'un chat âgé ou d'un chat obèse (voir plus loin).

- **Limitez-vous aux marques connues.** La concurrence qui s'est vite développée dans le marché de l'alimentaire pour chats a mis à la disposition de nos petits compagnons des aliments plus variés et de meilleure qualité. Dans la mesure où les grandes marques actuelles ont subventionné de nombreuses recherches et appliqué leurs résultats pour garantir des aliments sains et équilibrés, nous n'hésitons pas à vous les recommander. Que vous achetiez la nourriture de Minet dans un supermarché, un magasin spécialisé ou chez un vétérinaire, tant que son étiquette présente le nom d'une marque connue, vous ne devriez pas avoir de problème. Certains produits affichant la marque personnelle d'un supermarché ne sont en fait que des reproductions de marques connues à prix réduits. Renseignez-vous plus précisément et, le cas échéant, n'hésitez pas à économiser quelques euros.

- **Variez les aliments pour garantir une alimentation équilibrée.** La nutrition féline est encore un domaine qui se définit davantage par ce que nous en ignorons que par ce que nous en connaissons. Selon nous, la meilleure façon de garantir à votre chat tous les éléments qui lui sont essentiels consiste donc à varier sa nourriture en optant pour différents types d'aliments de compositions variées – volaille, bœuf et poisson – et de différentes grandes marques. Varier ainsi la nourriture évitera également qu'il ne devienne « accro » à une seule sorte d'aliment. À moins que votre chat ne soit réfractaire au changement alimentaire (en refusant de manger, avec diarrhées ou vomissements), offrez-lui une nourriture variée en diversifiant ses menus.

Quels types ?

Savoir exactement ce dont votre chat a besoin ne répond pas à toutes vos questions face au choix sans cesse croissant que vous offrent les rayons alimentaires pour animaux domestiques. Les produits que nous proposent les distributeurs varient en types, avec des avantages et des inconvénients pour chacun. La liste suivante présente les trois principaux types d'aliments disponibles :

- **Aliments secs.** Économiques et pratiques, ces aliments, aussi appelés *croquettes*, sont proposés en sachet ou en paquet. Vous pouvez remplir un bol de croquettes et le laisser à la disposition de votre chat sans craindre que les aliments ne s'abîment (très pratique si vous devez vous absenter un jour ou deux). Les aliments secs aident votre chat à garder des dents saines en réduisant le tartre qui s'y dépose année après année (et qui peut finir par les faire tomber). Toutefois, certains gourmets tatillons n'apprécient pas autant les aliments secs qu'une bonne boîte fraîchement ouverte.

- **Aliments en boîte.** Plus agréables au palais félin, les conserves sont également plus chères (vous payez aussi l'eau qu'elles contiennent). Ces aliments peuvent se conserver très longtemps… c'est-à-dire jusqu'à leur ouverture, après quoi il ne leur reste plus qu'une petite demi-heure avant que votre chat décide qu'ils ne sont plus assez frais à son goût. Le reste d'une boîte ouverte doit impérativement être conservé au réfrigérateur. (Certaines marques proposent des couvercles en plastique.) Mais attention, ne servez pas à votre chat des aliments directement sortis du frigo : ils perdent de leur saveur et peuvent irriter l'estomac et provoquer des vomissements. Pour éviter cela, vous pouvez opter pour de toutes petites boîtes de conserve dont le contenu correspond à un repas unique et dont le prix est encore plus élevé.

- **Aliments semi-humides.** Situés exactement entre les croquettes et les conserves en termes de facilité d'utilisation et de coût, les aliments semi-humides sont souvent critiqués car conçus pour plaire davantage aux maîtres – avec leurs colorants et leurs formes sophistiquées – qu'aux chats.

Pour une alimentation équilibrée à coût réduit, nous vous recommandons un régime de base constitué d'aliments complets secs avec des rations quotidiennes en conserve.

Quand nourrir Minet ?

D'aucuns aiment laisser des rations d'aliments secs en libre-service pour que Minet puisse « picorer » à sa guise, ce qui convient mieux à son comportement alimentaire naturel. Toutefois, ce procédé n'est pas toujours idéal, notamment si votre chat a de l'embonpoint – voir plus loin dans ce chapitre – ou s'il suit un régime restreint. Une alimentation servie *ad libitum* (en libre-service) ne peut s'appliquer si plusieurs chats vivent sous le même toit et que l'un d'entre eux suit un régime particulier, ou encore si vous avez un chien très friand de nourriture pour chats.

Une formule de libre-service permanent ne satisfera pas non plus les maîtres qui apprécient les démonstrations d'affection et de joie dont font preuve les chats à l'ouverture d'une boîte. Si vous raffolez de ces petits moments, voici un bon compromis : servez *ad libitum* des croquettes et épisodiquement (une fois par jour) des aliments en conserve.

Que penser des aliments prescrits par les vétérinaires ?

L'état physiologique de votre chat peut conduire votre vétérinaire à lui prescrire un régime alimentaire spécial uniquement disponible dans un cabinet vétérinaire. Certaines affections peuvent être soignées par des préparations alimentaires spécifiques. Ces préparations existent sous la forme d'aliments secs et en boîte, de sorte que vous pourrez choisir le type d'aliments que vous (et votre chat) préférez.

Si la prescription d'un régime spécial est souvent temporaire, elle peut parfois être définitive. Toute situation impliquant que votre chat suive un régime spécial suppose également que vous envisagiez avec le vétérinaire tous les autres moyens susceptibles de traiter la maladie et qu'il réponde à toutes vos questions concernant l'issue de cette dernière.

Bien que les intentions de votre vétérinaire, lorsqu'il prescrit à votre chat un tel régime, soient tout à fait honnêtes, vous devez être conscient qu'à l'exception des régimes conçus pour les animaux souffrant de calculs ou cristaux urinaires, d'obésité et peut-être d'insuffisances rénales et de quelques cas de diarrhées, il n'y a aucune donnée scientifique qui permette d'affirmer le bien-fondé médical de ces aliments. Tant qu'aucune recherche médicale ne confirme l'utilité de tels produits, et dans l'intérêt de votre chat et de votre porte-monnaie, insistez auprès de votre vétérinaire pour qu'il vous fournisse toutes les informations nécessaires justifiant leur prescription. Cela l'incitera probablement à faire pression sur les fabricants pour qu'ils communiquent les données scientifiques validant ces régimes et, dans le cas contraire, qu'ils arrêtent de pousser à la consommation.

Comment gâter Minet en toute sécurité

LE CHOIX DES CHATS

Donner à votre compagnon félin une petite friandise de temps à autre ne peut pas lui faire de mal et peut même être très utile dans certaines situations. Voici, toutefois, deux ou trois choses qu'il faudra garder à l'esprit :

- **Soyez modéré.** Les petites gâteries, qu'il s'agisse de friandises, de pastilles spécialement conçues pour les goûters des chats ou des restes de votre assiette, ne peuvent en aucun cas remplacer un régime équilibré et complet. Veillez à ce que la plus grande partie de son alimentation soit complète, équilibrée et de qualité.
- **Évitez certains aliments.** Les oignons et toute nourriture épicée peuvent causer des troubles digestifs, conduisant à des diarrhées et des vomissements. L'oignon peut également causer de graves problèmes sanguins. N'ajoutez jamais ni oignon ni poudre d'oignon dans les plats que vous préparez pour votre chat.
- **Considérez l'état physiologique de votre chat.** Si vous donnez les restes de vos repas à votre chat, ne vous plaignez pas s'il devient « insistant » pendant les repas. Et, s'il est censé perdre du poids, ne lui donnez rien d'autre que ses croquettes habituelles (en dehors de son repas – à basses calories – quotidien).

TRUC

Nous autres humains avons tendance à confondre nourriture et sentiments. Certaines personnes se jettent sur la nourriture (les sucreries souvent) lorsqu'elles sont déprimées ou pour combler un manque affectif. Ce rapport privilégié que nous entretenons avec la nourriture influe souvent sur nos interactions avec nos petites bêtes de compagnie. Votre chat n'a pas *besoin* de ces petits extras alimentaires et de ces friandises qui *vous* font plaisir. Il a besoin de votre affection, de vos caresses, de votre présence et apprécie bien plus de jouer avec vous que de recevoir de pseudo-biscuits pour chats.

Résoudre les problèmes alimentaires

S'il n'est pas très difficile de maintenir l'équilibre nutritionnel des repas de Minet lorsque celui-ci ne présente aucune complication liée à la nourriture, le choix d'une bonne alimentation peut être beaucoup plus délicat s'il s'agit d'un gros matou ou d'un mistigri gringalet.

Un chat en bonne santé pèse généralement entre 4 et 5 kilos, mais certains chats de race peuvent être plus légers, comme le Singapura, ou plus gros, comme le Ragdoll. Les côtes de votre chat sont de bons indicateurs pour vérifier s'il est dans la bonne moyenne. Si elles sont proéminentes, votre chat est trop maigre. Si vous avez du mal à les trouver, il est trop gros. Dans l'idéal, sa cage thoracique devrait être recouverte d'une fine couche de graisse, sans pour autant vous empêcher de sentir les côtes en les touchant.

Le gros matou

L'obésité est le premier problème nutritionnel des chats. Sur dix chats en consultation, plus de quatre souffrent d'obésité. Ce problème peut conduire à une variété d'autres complications plus ou moins graves, dont le diabète, des problèmes d'articulations, de ligaments, de tendons, des troubles respiratoires et même des problèmes de peau (dans le cas où l'obésité serait telle qu'elle empêcherait le chat de se toiletter correctement).

L'obésité favorise également une maladie du foie pouvant conduire à la mort : la *stéatose hépatique*. Cette maladie est due à une accumulation anormale de graisse dans le foie empêchant son bon fonctionnement. En outre, il est absolument impératif de ne jamais essayer de faire maigrir un chat obèse en le privant de nourriture : cela pourrait le conduire directement à la mort. L'idéal consiste à lui donner une alimentation équilibrée et allégée en calories (votre vétérinaire vous aidera à élaborer un régime alimentaire adapté à son état) et à jouer avec lui le plus souvent possible pour le rendre plus actif.

Le maigrichon

Si certains chats ne dédaignent aucun plat de nourriture, d'autres sont si difficiles qu'ils picorent à peine leur assiette. Proposer divers produits alimentaires de différents fabricants peut avoir de bons résultats sur des chats aussi exigeants, de même tiédir la nourriture ou offrir des rations en boîte plutôt que des aliments secs (le mieux étant, évidemment, d'habituer un chat à toutes sortes d'aliments dès son plus jeune âge). Sachez aussi que votre chat peut ne pas être aussi délicat que vous le pensez. Si vous lui laissez des croquettes en permanence, il pourra en grignoter plus d'une douzaine de fois tout au long de la journée et donner ainsi l'impression de ne jamais beaucoup manger si vous ne l'observez que ponctuellement.

Une autre possibilité se produit pour les chats ayant accès à l'extérieur : ils se débrouillent souvent pour obtenir des repas d'une autre maison (ou de plusieurs autres !) ou utilisent leur instinct de chasseur pour se concocter eux-mêmes un bon petit repas !

Ce comportement de « petit mangeur » ne devrait vous inquiéter que si votre chat semble perdre du poids. Perdre ou prendre 200 ou 500 grammes n'est pas très grave, mais au-delà vous devez impérativement consulter votre vétérinaire. La perte de poids est l'un des premiers symptômes qui devraient vous inquiéter.

Un chat avec la bonne quantité de graisse est mince comme le premier. Un chat trop maigre est squelettique (à gauche) et un chat obèse a un estomac qui pend et des côtes que l'on a du mal à sentir (à droite).

Une étrange particularité des chats est que, contrairement aux chiens et aux enfants (humains) qui, nous insistons, ne se laissent jamais mourir de faim, eux peuvent volontairement se priver de nourriture jusqu'à la mort ! Certains chats n'apprécient pas certaines variétés d'aliments et pourront refuser ce que vous leur proposez si cela ne correspond pas à leurs attentes. D'autres refusent carrément de s'alimenter tant qu'ils n'obtiennent pas exactement ce qu'ils veulent. Attention, nombre d'entre eux sont de grands manipulateurs ! Mais jouer le jeu de « celui qui craque en premier » peut être très dangereux, tout particulièrement si votre chat souffre d'embonpoint. Un jeûne peut conduire à de graves problèmes de santé. C'est vrai pour le chat malade qui n'arrive plus à s'alimenter correctement et perd du poids et pour celui qui fait volontairement la grève de la faim. Nous ne parlons pas des chats qui occasionnellement sautent un ou deux repas – cette réaction peut être normale et parfaitement saine –, mais de ceux qui refusent radicalement la nourriture et perdent du poids. Ne prenez aucun risque : consultez votre vétérinaire rapidement.

Chapitre 9

Les soins préventifs

Dans ce chapitre :

- Reconnaître les signes de bonne et de mauvaise santé.
- Choisir un vétérinaire.
- La prévention des maladies.

Pour veiller à la bonne santé de votre chat et lui offrir toutes les chances de partager votre existence pendant de nombreuses années, *une personne* est réellement indispensable.

Votre vétérinaire, dites-vous ? Bien vu ! Quelques visites chez le vétérinaire sont en effet indispensables pour la prévention des maladies et les vaccinations. Vous devez choisir un « bon » vétérinaire, quelqu'un qui aime les animaux, qui est au courant des progrès de la médecine vétérinaire et qui n'hésite pas à dire « je ne sais pas, mais je vais me renseigner » ou à vous recommander auprès d'un spécialiste. Votre vétérinaire doit être une personne qui ne stresse pas votre chat et avec qui vous vous sentez suffisamment à l'aise pour lui poser toutes vos questions. Mais, à moins que vous ne viviez avec votre vétérinaire, la personne la plus importante pour veiller à la santé de votre chat, c'est *vous*.

Vous êtes la personne qui le voit tous les jours, qui le nourrit et nettoie sa caisse. *Vous* savez mieux que personne où il aime dormir et comment et à quelle fréquence il fait sa toilette. *Vous* connaissez les différentes intonations de sa voix, ses jouets préférés et toutes ses habitudes quotidiennes, telles que sa petite séance de salle de bains, lorsqu'il s'installe sur le rebord de la baignoire pour vous observer pendant que vous vous lavez.

Plus important encore, *vous* êtes la personne qui sait reconnaître des signes « anormaux » chez votre chat. C'est votre sens de l'observation qui vous permettra de le garder en bonne santé – et peut-être même de lui sauver la vie. Notre but, ici, consiste donc à vous aider à interpréter tout changement de morphologie, de comportement et de tous signes vitaux pour agir en conséquence.

Mais il ne suffit pas d'être un bon observateur. Vous devez également apporter à votre chat tous les soins domestiques essentiels, comme veiller à l'hygiène de ses dents. Pour cela, l'aide d'un vétérinaire est essentielle, car même si vous êtes l'élément le plus déterminant pour la sauvegarde de sa santé, vous avez besoin d'un partenaire professionnel. Choisir un bon vétérinaire – et apprendre à travailler efficacement avec lui et son personnel – est essentiel pour le bien-être de votre petit animal.

Veiller à ce que votre chat soit correctement alimenté et toiletté figure parmi vos autres devoirs. Le toilettage n'est pas une activité à but purement esthétique, c'est un élément à part entière de son régime de soins préventifs. Pour les bons outils et les techniques permettant de garder la fourrure de Minet saine et brillante, voyez le chapitre 7. Pour tout savoir sur son alimentation, passez au chapitre 8.

Un chat heureux et en bonne santé est le résultat de bons soins préventifs, et *vous* êtes l'élément le plus important de cette équation.

Photo : Tammy Castleman.

Reconnaître les signes de bonne et de mauvaise santé

Parce que les symptômes que présente un chat malade sont souvent difficiles à identifier, les propriétaires de chats doivent être particulièrement attentifs. Ce travail de détective doit commencer *avant* l'apparition évidente de la maladie et inclure quelques-uns des outils utilisés par votre vétérinaire.

L'observation de votre chat doit faire partie de vos activités routinières, en plus de quoi vous devrez l'examiner plus attentivement à peu près une fois par semaine en commençant par des caresses et en terminant par son jeu préféré.

Morphologie

Pour identifier une maladie ou un état anormal, vous devez être à même de reconnaître ce qui est *normal* pour un chat. Vous connaissez votre chat mieux que personne et devez savoir à quel moment une situation requiert l'aide d'un spécialiste. Parfois, les symptômes sont si évidents qu'ils ne laissent aucune place au doute, mais il arrive également, surtout chez les chats plus placides, que les changements soient si subtils qu'ils puissent vous échapper. Reconnaître et traiter ces petits signes d'appel le plus rapidement possible est absolument essentiel.

Pour vous aider à déceler tout changement inquiétant, nous vous conseillons de noter les résultats de vos observations en vous aidant des caractéristiques présentées ici. Si vous trouvez que vos remarques correspondent aux signes anormaux que nous soulignons, consultez votre vétérinaire. La liste suivante présente les différentes zones à surveiller et les signes à prendre en considération :

- **Morphologie générale.** Avant de vous lancer dans un examen détaillé de votre chat, prenez du recul et regardez votre animal quelques instants. Tout, dans son allure, sa démarche, son degré d'activité, sa fourrure et son aspect en général, devrait vous donner l'impression d'un chat en pleine forme. ***Signes d'appel :*** des dépilations, un poil terne et peu fourni, des côtes apparentes, une inactivité marquée, une claudication évidente ou juste un manque d'élasticité dans la démarche et tout autres signe que vous remarquerez comme « n'étant pas tout à fait normal ».

- **Poids.** Le plus dur dans ce domaine, c'est qu'il va falloir *vous* peser ! Montez sur la balance avec votre chat ; notez le poids indiqué, puis pesez-vous de nouveau seul. Ôtez votre poids du total et vous obtenez celui du chat. Un chat normalement constitué pèse entre 4 et 5 kilos, mais l'étendue peut être plus vaste en fonction du sexe et de la race. Votre chat est normal pour son type de morphologie si une couche raisonnable de graisse recouvre ses côtes, mais que vous pouvez les sentir en les palpant (voir le chapitre 8). Lorsque vous avez déterminé le poids idéal de votre chat, une prise ou une perte de 200 ou 300 grammes sur un mois peut être tout à fait normale. Un nombre plus élevé ou un laps de temps plus court devrait vous alarmer. ***Signes d'appel :*** une prise ou une perte de plus de 500 grammes – ou moins si le changement est brutal ; trop peu ou pas assez de graisse en général ; et, même si le poids reste constant, un ventre ballonné.

- **Nez.** Il doit être humide et propre. ***Signes d'appel :*** un nez sec, craquelé, croûteux ou irrité ; un nez qui coule ; des saignements.

- **Yeux.** Ils doivent être brillants, humides et clairs, bien centrés entre les paupières, avec des pupilles de taille identique. Le blanc de l'œil ne doit pas être coloré ; seuls quelques vaisseaux sanguins peuvent être visibles. Les pupilles doivent se contracter de la même façon sous l'effet de la lumière vive et se dilater dans l'obscurité et si le chat est excité ou effrayé. ***Signes d'appel :*** des yeux chassieux, ternes, secs, enfoncés, collés ou larmoyants ; un des deux yeux non centré (ou les deux) ou des pupilles de taille inégale ; des yeux rouges ou légèrement colorés ; des pupilles qui ne réagissent plus ou qui répondent différemment aux modifications d'intensité lumineuse.

- **Oreilles.** La peau doit être propre, sèche, douce et sans la moindre blessure. Le conduit doit être propre et pratiquement sans odeur. ***Signes d'appel :*** des blessures, des croûtes suintantes ou tout autre signe d'éruption cutanée ; de l'humidité, des écoulements, des dépôts brunâtres ou du cérumen malodorant ; des manifestations de douleur au simple toucher ou un port de tête ou d'oreilles inhabituel.

- **Bouche.** Les dents de votre chat devraient être propres et blanches et les gencives roses. Appuyez sur ses gencives avec votre index ou votre pouce et relâchez rapidement. La couleur est maintenant plus pâle à cet endroit et devrait reprendre la même couleur que le reste de la gencive après une ou deux secondes. Ce petit exercice permet de vérifier le temps de remplissage capillaire (TRC) et offre une indication grossière du fonctionnement du système cardiovasculaire. ***Signes d'appel :*** déchaussement ou perte de dents, tartre (décoloré, qui s'effrite, avec des dépôts à la base des dents) ; des gencives rouges ou bleues, pâles, enflammées ou douloureuses ; une langue enflée ; des creux et boursouflures dans la bouche ; des zones douloureuses, de grosses amygdales au fond de la gorge ; un TRC rapide ou lent.

- **Respiration.** La respiration de votre chat doit être à peine audible, et l'amplitude des ses mouvements thoraciques (peu nombreux) doit rester faible. L'abdomen (ou l'estomac) du chat ne devrait pratiquement pas bouger. ***Signes d'appel :*** une respiration bruyante (des sifflements ou des « crachotements »), laborieuse, rapide ou effectuée avec la bouche ouverte et un mouvement saccadé et ample de l'abdomen.

- **Abdomen.** Commencez juste derrière les côtes et appuyez délicatement sur l'abdomen pour repérer toute anomalie. Si votre chat vient de manger, une grosseur peut être palpable dans la partie inférieure gauche de l'abdomen juste sous les côtes. Évoluez progressivement vers la naissance des pattes postérieures, en passant vos mains sur son abdomen. Vous ne devriez rencontrer aucune excroissance ou bosse, et votre chat ne devrait pas être gêné par vos manipulations. Quelques petites grosseurs dans l'abdomen sont normales : il s'agit d'organes internes, tels que les reins. ***Signes d'appel :*** toute bosse ou grosseur que vous n'aviez pas l'habitude de sentir, mais qui semble maintenant présente en permanence ; votre chat grogne ou a des difficultés à respirer lorsque vous l'examinez ; un abdomen dur, tendu ou ballonné.

- **Hydratation.** Vérifiez que votre chat est suffisamment hydraté en pinçant sa peau juste derrière les omoplates et en tirant et relâchant rapidement. La peau de votre animal devrait aussitôt se remettre en place. Vous pouvez également le vérifier au niveau de ses gencives juste à la base des dents : elles devraient être humides au contact de vos doigts. ***Signes d'appel :*** la peau reprend lentement sa place ou demeure tendue ; les gencives sont sèches et collantes lorsque vous les touchez.

Signes vitaux

Bien qu'une palpation attentive constitue une étape essentielle dans un examen de santé complet destiné à identifier un problème très tôt, vous devez également vérifier trois autres points plus subtils : la température, le taux de pulsations cardiaques et la respiration. Ces informations seront utiles si vous contactez un vétérinaire et pourront aider ce dernier à déterminer si vous devez emmener d'urgence votre chat et les mesures à prendre.

Vous devez apprendre à mesurer ses battements cardiaques, sa respiration et à prendre sa température *avant* d'affronter un chat malade. Exercez-vous à la maison lorsque vous êtes tous deux détendus. Si vous n'y arrivez pas, demandez à votre vétérinaire de vous expliquer comment procéder lors de votre prochaine visite de routine.

Voici comment procéder :

- **Prendre la température de votre chat.** Il existe des thermomètres spéciaux vendus dans des magasins spécialisés, mais vous pouvez très bien utiliser un thermomètre médical classique. Lubrifiez-le avec de la vaseline ou tout autre lubrifiant à base d'eau, puis, tout en maintenant fermement votre chat, insérez la moitié du thermomètre très doucement dans l'anus (le seul bout de l'instrument ne suffit pas). (Si l'instrument ne glisse pas facilement ou si votre chat résiste, ne forcez pas !)

  Retirez le thermomètre après deux petites minutes, puis lisez et relevez par écrit la température indiquée. Elle se situe normalement entre 38 et 39°C (voire davantage s'il fait très chaud). Le thermomètre devrait être pratiquement propre lorsque vous le retirez. Consultez le vétérinaire si la température est inférieure à 38°C ou supérieure à 39°C (la fièvre est importante à 40°C) ou si vous voyez des traces de muqueuses, sang et diarrhées sur le thermomètre.

- **« Prendre le pouls » de votre chat.** Vous pouvez sentir les pulsations cardiaques de votre chat en plaçant votre main sur son flanc gauche juste derrière la patte antérieure. Comptez le nombre de pulsations par incréments de 15 secondes, puis multipliez par 4 pour obtenir le nombre de *battements par minute* ou *bpm*. Ce taux se situe normalement entre 140 et 220 bpm (celui d'un chat détendu se trouvant dans la partie inférieure de l'échelle). Consultez le vétérinaire si les battements sont trop rapides, trop lents ou irréguliers. Si vous avez des difficultés à situer et compter ses pulsations cardiaques, demandez à votre vétérinaire de vous expliquer comment procéder lors d'une prochaine visite de routine.

- **Vérifier la respiration de votre chat.** Reculez un peu et regardez votre chat respirer lorsqu'il est détendu et sur ses pattes. Observez bien les amplitudes de l'abdomen et de la cage thoracique. Comptez le nombre de mouvements effectués en une minute. Un chat en bonne santé devrait respirer 15 à 25 fois par minute (un chat détendu se plaçant dans la partie inférieure de l'échelle). N'essayez pas d'évaluer sa respiration si votre chat a chaud ou s'il est énervé. Consultez le vétérinaire si ses respirations sont trop rapides. Si vous n'arrivez pas à compter ses fréquences respiratoires, demandez à votre vétérinaire de vous expliquer comment procéder lors de votre prochaine visite de routine.

TRUC

Dans les premiers temps, il vous sera probablement plus facile de prendre la température de votre chat et de compter ses pulsations cardiaques si quelqu'un le maintient pour vous.

N'OUBLIEZ PAS

Inscrivez toutes les valeurs sur un carnet pour pouvoir les comparer entre elles. Si vous notez des changements soudains ou progressifs, consultez le vétérinaire.

Exercez-vous à prendre la température de votre chat avant qu'il ne tombe malade.

Comportements

Parce qu'un chat malade change de comportement, il est essentiel de bien connaître ses habitudes et son tempérament. Souvent, des modifications du comportement masquent des maladies qu'une analyse d'urine ou de sang, pratiquée par le vétérinaire, pourra révéler. Sachez noter les changements subtils du comportement de votre petit félin, notamment dans les domaines suivants :

- **Appétit.** Prenez conscience de la quantité de nourriture que votre chat ingurgite dans la journée et gardez-en mémoire. Plus d'une journée sans manger est une raison suffisante pour s'inquiéter. Dans un foyer où vivent plusieurs chats, il vous sera plus difficile de savoir qui mange quoi. Faites en sorte d'évaluer la quantité de repas ingurgitée dans la journée par chacun de vos chats, et si vous leur donnez des rations en boîte une fois par jour, servez-les séparément. N'oubliez pas, toutefois, que si votre chat a accès à l'extérieur, son appétit chez vous peut être influencé par les résultats de sa chasse ou la générosité des voisins.
- **Litière.** Un problème de comportement masque souvent un véritable problème de santé, et un chat qui boude sa litière ou qui l'utilise plus

que de coutume en est un exemple classique. Un chat souffrant d'infection urinaire ou de diabète, par exemple, peut tout à fait changer ses habitudes dans ce domaine.

- **Soif.** Les chats boivent plus l'été que l'hiver, et davantage s'ils mangent beaucoup de croquettes (qui ne contiennent pas autant d'eau que les conserves). Mais, en règle générale, ce sont de petits buveurs. Une consommation d'eau qui augmente ou diminue sensiblement de jour en jour peut indiquer un trouble du métabolisme.
- **Toilette.** Un chat en bonne santé fait naturellement et fréquemment sa toilette. Aussi, une robe négligée, mal soignée, reflète souvent un état de maladie et de souffrance. (À l'inverse, un chat qui se lèche plus que de coutume peut être infesté de puces ou d'autres parasites.)
- **Voix.** Vous devez connaître les habitudes vocales de votre chat, c'est-à-dire les différentes intonations de sa voix et si c'est un grand bavard. S'il se montre plus bavard ou plus discret que d'habitude ou si les sons qu'il émet paraissent différents, quelque chose ne va pas.

Pour plus d'informations sur la nutrition féline, voyez le chapitre 8. Consultez le chapitre 13 pour les troubles du comportement et le chapitre 7 pour tout savoir sur le toilettage. Quand faut-il emmener d'urgence votre chat chez le vétérinaire ? Voyez l'encadré « Urgences ! ».

Choisir un vétérinaire

Pour maintenir votre chat en bonne santé, vous avez besoin d'une aide vétérinaire. Et, même si certains pensent que ces professionnels sont virtuellement interchangeables, uniquement différents en termes de tarifs et de localisation, nous pensons qu'il est important pour la santé et le bien-être de votre chat que vous fassiez un petit effort pour choisir le bon vétérinaire et ne plus en changer.

Une relation de confiance doit s'établir entre le vétérinaire, le chat et vous-même. Les cabinets avec un personnel nombreux sont parfaits. Deux ou trois têtes sont souvent plus efficaces qu'une seule lorsque votre chat est malade et que son trouble n'est pas facile à déterminer. Mais nous pensons que, même dans un tel cadre, il est préférable de travailler avec un seul vétérinaire comme garant unique de la santé de votre chat.

Il devra être non seulement bon médecin (au courant des dernières avancées médicales et prêt à effectuer des recherches et à travailler avec des spécialistes), mais également bon pédagogue, c'est-à-dire capable de vous expliquer clairement de quoi il retourne et susceptible de répondre à toutes vos questions pour vous permettre, le cas échéant, de prendre une décision capitale pour le bien de votre chat. Plus important encore, vous devez lui faire entièrement confiance : il vous est impossible de savoir ce qui se produit dans le cabinet, une fois que vous avez déposé votre chat, et ce n'est pas lui qui vous fera des commentaires sur le traitement qu'il aura reçu.

TRUC

Avant d'opter pour tel ou tel vétérinaire, interrogez vos amis, collègues et voisins. Après un certain temps et quelques expériences, les amateurs de chats savent très bien reconnaître les vétérinaires consciencieux, compétents et dévoués. Ceux-ci sont toujours recommandés par des clients satisfaits.

D'autres facteurs peuvent également déterminer votre choix :

- **Le cabinet vétérinaire est-il bien situé et ouvert à des heures qui vous conviennent ?** S'il n'est ouvert qu'aux heures de bureau qui sont les vôtres, vous devrez chercher un cabinet ouvert le week-end ou au moins un soir par semaine.
- **Le cabinet est-il fréquenté par des spécialistes de médecine animale, des internes de l'école vétérinaire ou relié à un service vétérinaire sur l'Internet ?** La volonté de discuter des cas graves entre collègues offre des garanties de sérieux et de professionnalisme. Quant aux services en ligne, ils sont disponibles dans le monde entier pour assister les vétérinaires.
- **Le cabinet dispose-t-il d'un service d'urgences ?** Si le cabinet ne propose pas lui-même un service d'urgences 24 heures sur 24, travaille-t-il en étroite collaboration avec une clinique qui s'en charge ?
- **Vous sentez-vous suffisamment à l'aise avec le vétérinaire ?** Si vous ne vous sentez pas en confiance avec votre vétérinaire ou avez peur de lui poser des questions, sachez que c'est votre animal qui finira par en pâtir.

La prévention des maladies

Les soins préventifs sont une bonne chose pour vous, votre chat... et votre compte en banque. C'est pourquoi vous devriez tirer profit des mesures qui sont aujourd'hui à votre disposition, à commencer par un examen annuel complet, suivi des (rappels de) vaccins, des soins dentaires et du contrôle des parasites.

À LA TRACE

Castration et ovariectomie figurent aussi parmi les soins préventifs les plus importants. Pour en savoir plus à ce sujet, rendez-vous au chapitre 14.

La visite médicale de routine

Un examen médical effectué annuellement chez votre vétérinaire habituel est l'élément le plus important d'un régime de soins préventifs.

Cette importante visite est l'occasion pour votre vétérinaire d'examiner votre chat de la pointe des oreilles au bout de la queue, en observant soigneusement chaque centimètre de son anatomie à la recherche d'éventuelles anomalies. Les résultats de cet examen sont ajoutés à son dossier médical, et comparés aux observations passées. Température, pulsations cardiaques, respiration, organes internes et, bien entendu, yeux, oreilles, nez, bouche, tout est passé au crible avec soin et délicatesse. Votre vétérinaire vous posera aussi certainement deux ou trois questions sur les habitudes de votre animal. Votre chat ne pouvant parler pour lui-même, son corps et son propriétaire doivent le faire pour lui.

Préparez la visite annuelle de votre chat en relisant les observations que vous avez pu consigner sur son état de santé. Notez toutes les questions qui vous tracassent et n'hésitez pas à les poser une fois sur place.

Les vaccins

Quelle que soit votre position concernant les vaccins, ceux-ci ont le mérite de réduire considérablement la courbe des maladies infectieuses. Une série de vaccinations chez le chaton et des rappels tous les ans chez l'adulte sont d'excellents moyens de garantir la santé de votre animal.

Sachez que les rappels annuels sont en cours de réévaluation pour la plupart des vaccins actuels. Le bon régime pour chaque vaccin reste encore à définir. La loi impose la vaccination contre la rage dans certains départements. N'hésitez pas à demander à votre vétérinaire de vous faire part des différentes mesures liées aux vaccins et de vous expliquer les procédures en cours.

La vaccination consiste à injecter dans le corps une infime dose du virus causant la maladie ou tout autre micro-organisme, forçant ainsi le système immunitaire à réagir et à créer des anticorps pour combattre le virus en question. Si votre chat entre ensuite en contact avec la maladie, son corps identifiera aussitôt le virus en cause et saura exactement comment faire pour le combattre. Toutefois, il faut savoir qu'aucun vaccin n'est sûr et efficace à 100 %.

Est-il raisonnable de se passer des vaccins s'ils ne sont pas sûrs et efficaces à 100 % ? Nous ne le pensons pas. Certes, il arrive qu'un chat fasse une réaction allergique à un vaccin, mais ce genre de réaction apparaît généralement vite et peut être rapidement traité par le vétérinaire. Pour éviter de graves complications, gardez votre chat enfermé à la maison et observez-le pendant quelques heures après l'administration du vaccin. Si vous avez des doutes et des inquiétudes, n'hésitez pas à rappeler le vétérinaire.

Il arrive également qu'un chat développe une tumeur maligne à la suite d'une vaccination à l'endroit où l'injection a été effectuée, mais les risques concernent un chat sur 10 000 vaccinés (voir la section « Les facteurs de risque » pour savoir comment mieux protéger votre chat).

N'OUBLIEZ PAS

Deux choses à ne jamais oublier concernant les vaccins :

- Les risques de réactions allergiques et de cancer ne constituent *pas* de raisons suffisantes pour ne pas faire vacciner votre chat. Il risque bien plus de mourir d'une maladie infectieuse contre laquelle il n'a pas été vacciné que de développer une tumeur à la suite d'une vaccination.
- Les chatons étant particulièrement fragiles, n'envisagez surtout pas de sauter la série de vaccinations initiale et les premiers rappels.

PAROLE DE CHAT

Des vaccins sans douleur sont en préparation. Un fabricant américain a présenté une combinaison de vaccins contre la panleucopénie, la rhinotrachéite et la calicivirose qui pourrait être administrée sous la forme de gouttes pour les yeux ou le nez. Hélas ! aucun vaccin « sans seringue » n'a encore été inventé contre la rage ou la leucose féline.

Les facteurs de protection

Plusieurs vaccins sont disponibles pour protéger votre chat contre la maladie. Votre vétérinaire vous dira lesquels sont appropriés pour votre chat et à quels intervalles ils doivent être administrés. Les vaccins qu'il vous proposera pourront inclure les suivants :

- Les plus courants sont une série de vaccins pratiqués contre trois maladies : la *panleucopénie* (le typhus du chat), la *rhinotrachéite* et la *calicivirose*. Un quatrième, contre la *chlamydiose*, pourra s'y ajouter.
- La vaccination contre la rage est obligatoire dans certains départements, mais devrait faire partie du régime préventif de votre chat de toute façon – pour votre bien autant que pour le sien (voir l'encadré « La rage : un danger mortel »).
- Le vaccin contre la *leucose féline* ou *FeLV* ne doit être considéré qu'après un test de dépistage négatif, car il est sans effet sur un animal

déjà infecté. Certains experts pensent qu'il n'est pas utile de vacciner contre le virus de la leucose un chat vivant exclusivement en appartement. Parlez-en avec votre vétérinaire avant de prendre une décision. Pour les chats susceptibles de côtoyer d'autres chats, ce vaccin leur fournira une protection efficace contre cette maladie infectieuse mortelle.

- Le vaccin contre la *péritonite infectieuse féline* ou *PIF*, commercialisé aux États-Unis, mais qui n'est pas encore parvenu en France, est très controversé. Cette maladie peut atteindre différents organes : foie, reins, poumons, cerveau, etc.

Rendez-vous au chapitre 10 pour toutes les informations concernant les maladies félines les plus courantes telles que la péritonite infectieuse féline et la leucose.

Les vaccins du chaton

Pour les chats adultes, les vaccins sont une affaire annuelle qui fait partie de la visite de routine recommandée pour tous les chats. Les chatons, en revanche, ont besoin d'une série de vaccins pour être protégés au cours de leur croissance.

Le chaton est immunisé contre la maladie grâce au placenta et au lait de sa mère, appelé *colostrum*, qu'il boit pendant les deux premiers jours de sa vie. Ces substances lui transmettent tous les anticorps dont il a besoin. Ces anticorps, qui diminuent avec le temps, non seulement protègent le chaton, mais peuvent également rendre inutile tout vaccin.

S'il est possible de déterminer exactement quand le nombre d'anticorps maternels d'un chaton a baissé au point de rendre nécessaire la vaccination, cette opération n'est pas très pratique, aussi les vétérinaires préfèrent administrer une série de vaccins pour garantir la meilleure protection.

Certains vaccins s'administrent dès l'âge de 9 semaines, d'autres à 3 mois. La vaccination contre la leucose féline se fait à l'âge de 9 semaines, avec un premier rappel à 3 mois, un autre un an après, puis un chaque année suivante. Le vaccin contre la péritonite infectieuse féline est très controversé et n'est à envisager que dans le cas où plusieurs chats partagent le même environnement.

La vaccination antirabique, régie par la loi, se pratique généralement après le troisième mois en une ou deux injections. Le rappel se fait ensuite tous les ans.

De nombreux vétérinaires conseillent de répartir les multiples vaccinations du chaton en plusieurs inoculations pour diminuer le risque de réactions ou d'interactions.

Les facteurs de risque

Au cours de ces dernières années, les propriétaires de chats ont été horrifiés par des articles faisant état de cancers mortels causés par une chose censée protéger leurs chats : la vaccination. Malheureusement, ces cancers semblent avoir tué des centaines de chats. Les tumeurs apparaîtraient exactement à l'endroit où le chat a été vacciné. Mais, en réalité, jamais rien n'a pu être vérifié, et personne ne sait vraiment quelle en serait la véritable origine, sans compter que les risques sont faibles comparés aux dangers que court votre chat – et vous-même dans le cas de la rage – s'il n'est pas vacciné. Pour protéger votre chat, vous devriez prendre les précautions suivantes :

- Lors de la visite médicale annuelle, demandez à votre vétérinaire quels sont les vaccins dont votre animal a réellement besoin. La vaccination contre la rage est non seulement très importante, mais aussi régie par la loi.

- Demandez à votre vétérinaire de vous indiquer les endroits exacts où votre chat a été vacciné et assurez-vous que chaque injection concerne une seule maladie. Ces recommandations permettent de localiser plus facilement le vaccin responsable et multiplient les options de traitement en cas de problème.

- Veillez à ce que votre vétérinaire relève bien tous les endroits où les vaccins ont été administrés, ainsi que toutes les informations concernant ces vaccins, telles que le nom du fabricant et le numéro de série de la dose.

- Vérifiez régulièrement l'endroit où votre chat a été vacciné pour déceler toute grosseur qui pourrait y apparaître. L'apparition d'une petite boule immédiatement après l'injection est tout à fait normale, mais si cette bosse grossit ou persiste au-delà de trois semaines, contactez votre vétérinaire.

Pour connaître les récentes évolutions en matière de vaccination et de médecine féline en général, pourquoi ne pas consulter le Web (voir le chapitre 20) ?

La rage : un danger mortel

Si la plupart des gens associent la rage aux chiens, les cas de rage féline sont de plus en plus fréquents. Le vaccin antirabique est si important pour votre chat qu'il est obligatoire dans les départements contaminés, les campings et aux frontières.

La rage est causée par une infection virale du système nerveux. La menace la plus grande provient des animaux sauvages. Dans la mesure où les chats peuvent coexister paisiblement avec les animaux sauvages, ils sont plus susceptibles d'être mordus par un animal sauvage enragé. (Des chats ordinairement placides et timides peuvent devenir très agressifs s'ils sont contaminés.)

Le risque de contracter la rage par une morsure de votre chat – ou de tout autre chat – est infime, mais dans la mesure où la maladie est mortelle, si votre chat vient à la contracter, il sera automatiquement euthanasié et vous devrez subir une série d'injections pour votre propre protection.

Un chat enragé peut se cacher, devenir très agité ou nerveux et très agressif. Il cherche à mordre, salive et peut éprouver certaines difficultés à avaler. Qu'il soit vacciné ou non, si vous pensez que votre chat a été en contact avec un animal sauvage, consultez votre vétérinaire. Votre vie peut en dépendre ! Si votre chat est à jour dans ses vaccinations, il devra être mis en quarantaine. Dans le cas contraire, les services de santé publics exigeront probablement qu'il soit euthanasié – tout simplement parce que l'unique moyen de savoir vraiment si un animal a la rage consiste à examiner ses tissus cérébraux.

Sommes-nous assez clairs ? N'hésitez plus à vacciner votre chat contre cette maladie infectieuse mortelle !

Les soins dentaires

Garantir l'hygiène des dents et des gencives de votre chat est un domaine qui vous concerne autant que votre vétérinaire.

Les dents du chat doivent être examinées par le vétérinaire au moins une fois par an. Si le dépôt de tartre est important, un détartrage pratiqué sous anesthésie générale permettra de prévenir le déchaussement et la chute des dents. Le brossage, effectué très tôt pour habituer le chat, est une excellente prévention contre l'accumulation du tartre pouvant fragiliser les structures de soutien des dents et ouvrir de véritables « nids à bactéries » à la racine. Si aucun examen n'est pratiqué, ces infections peuvent ensuite provoquer la chute des dents et affaiblir le système immunitaire et les organes internes du chat. Des dents et des gencives abîmées peuvent rendre l'haleine putride. Certains propriétaires de chats traitent ces mauvaises haleines avec des produits commerciaux, mais s'ils peuvent effectivement faire disparaître temporairement l'haleine fétide, ils ne résolvent absolument pas le véritable problème.

Il est déconseillé de traiter le tartre soi-même ou de confier ce soin à un salon de toilettage, car cette pratique ne traite pas le mal à la racine. Un détartrage régulier doit impérativement être pratiqué par un vétérinaire sous anesthésie. Entre chaque visite, un brossage pourra être effectué avec un dentifrice spécifique et une petite brosse à dents d'enfant, pour ralentir la reconstitution de la plaque dentaire. Ce n'est pas une tâche très simple, mais si votre chat l'accepte, vous contribuerez énormément à son hygiène buccale.

La clé pour réussir à habituer votre chat à la séance de brossage de dents consiste à progresser par petits pas et à se montrer patient et encourageant.

Une bonne hygiène de la cavité buccale est particulièrement importante chez les chats âgés (voir le chapitre 11).

Le contrôle des parasites

Lorsque l'on parle de parasites, on pense automatiquement « puces » ou « poux », qui sont des parasites externes, mais il existe également des parasites internes, tels que les vers. Votre vétérinaire pourra vous demander d'apporter les selles de votre chat pour les examiner et, s'il y décèle des vers, prescrire un vermifuge.

N'achetez pas de produits vendus dans le commerce : ils peuvent ne pas traiter le type de parasite de votre chat. Il vaut mieux consulter le vétérinaire pour un diagnostic précis et traiter votre chat en conséquence que de lui administrer des médicaments inadaptés.

Le traitement des parasites externes (puces et tiques) est traité au chapitre 7.

Urgences !

Toute inquiétude peut justifier un appel ou une visite chez le vétérinaire, mais certains cas nécessitent des soins d'urgence, parmi lesquels :

- Attaque, faiblesse, évanouissement.
- Blessure à l'œil, même mineure.
- Vomissements ou diarrhées, si la fréquence dépasse les deux ou trois fois par heure.
- Réactions allergiques, œdèmes, urticaire (notamment sur l'abdomen).
- Empoisonnement par absorption d'antigel, de poison contre les rongeurs ou de médicaments pour humains. Les insecticides (tels que les produits antipuces pour chiens) sont également très toxiques pour les chats, de même que tout produit à base de pétrole.
- Morsure de serpent ou d'araignée vénéneuse.
- Poussées de fièvre (le chat grelotte ou suffoque). Même s'il semble avoir récupéré, les organes internes sont peut-être affectés.
- Blessure, entaille, morsure d'animal et plaie ouverte.
- Traumatisme, après avoir été renversé par une voiture par exemple, même si le chat semble bien portant.
- Troubles respiratoires de toutes sortes : toux chronique, halètement, asphyxie partielle.
- Difficultés à uriner ou à déféquer.

Si certains troubles ne mettent pas directement la vie du chat en danger, ils n'en sont pas moins la cause d'irritations et de douleurs et doivent être traités sans délai. Voici quelques signes d'alerte :

- Palpitation.
- Respiration difficile.
- Poussée de fièvre.
- Léthargie.
- Agitation.
- Grognements.
- Agression.
- Perte d'appétit.

Note. Certains chats malades vont aller vers vous pour se rassurer ; d'autres, au contraire, vont se cacher ou se replier sur eux-mêmes.

N'attendez pas en espérant que votre animal finira pas aller mieux : consultez votre vétérinaire !

Chapitre 10

Les problèmes de santé courants

Dans ce chapitre :

- Coopérer avec votre vétérinaire.
- Quand faut-il faire appel à un spécialiste ?
- Dix affections courantes.
- Administrer des médicaments.

S'il bénéficie de bons soins préventifs, s'il est protégé contre les grandes maladies infectieuses et contre les éventuels accidents de la route ou domestiques, un chat peut vivre très longtemps, heureux et en bonne santé.

Et si, malgré toutes vos précautions, il tombe malade, un médecin vétérinaire sera (aujourd'hui plus que jamais) tout à fait capable de l'aider. La popularité croissante des chats a fait naître une explosion d'intérêts dans le domaine des soins vétérinaires félins. Cela conduit les grandes écoles vétérinaires et les compagnies pharmaceutiques au service des animaux à des recherches de plus en plus poussées. La science médicale vétérinaire en général a également fait d'énormes progrès grâce au nombre croissant d'outils et de techniques issus de la médecine humaine, tels que les scanners, les transplantations de reins et la chimiothérapie. Les spécialistes vétérinaires, également plus nombreux qu'autrefois, proposent davantage de solutions et s'investissent de plus en plus pour soigner nos petits compagnons et nous permettre de mieux les connaître et les apprécier.

Les assurances vétérinaires constituent une autre entrée « humaine » dans le monde des chats. Bien qu'encore peu répandues, elles permettent de couvrir non seulement les dépenses des grandes opérations chirurgicales, mais également les soins courants que les propriétaires de chats ont payés pendant des années.

Quelles sont les implications de toutes ces évolutions pour vous et votre animal ? Si vous apportez à votre chat tous les soins préventifs dont il a besoin, avec un peu de chance, la révolution de la médecine vétérinaire ne vous concernera que de très loin. Mais, dans le cas contraire, elle est à votre disposition et ne cesse de progresser.

Malgré toutes les avancées considérables dans le domaine des diagnostics et traitements des maladies félines, un des outils médicaux les plus importants pour garder un chat en bonne santé est la simple main de son maître. Un examen domestique régulier est un atout majeur pour la santé de votre chat. Pour plus d'informations à ce sujet, faites un petit retour arrière au chapitre 9. Et n'oubliez pas l'importance d'une bonne alimentation ! Tout ce que vous devez savoir à ce sujet se trouve au chapitre 8.

Coopérer avec votre vétérinaire

Nous avons intitulé cette partie « Coopérer avec votre vétérinaire » parce qu'il nous est apparu, après de nombreuses années passées à écouter à la fois les propriétaires d'animaux de compagnie et les vétérinaires, que seule une étroite collaboration entre le client (vous) et le médecin offre au patient (votre chat) les meilleurs atouts pour rester en bonne santé.

Parfois, la tâche qui consiste à trouver ce qui ne va pas chez un animal équivaut à prendre un film en cours de route : pendant un moment, vous n'avez aucune idée de l'intrigue et guère de chances de prévoir le dénouement. Mais, après quelques scènes, vous commencez à comprendre de quoi il s'agit. Il en va souvent de même pour le vétérinaire qui devrait d'un simple coup d'œil diagnostiquer une maladie. Le client souhaite une réponse rapide, une piqûre ou une pilule qui puisse instantanément améliorer l'état de son chat. Il veut que le problème soit réglé sur-le-champ. Et, malgré sa relative impatience, le client est suffisamment résigné pour accepter toute une flopée d'analyses qui conduiront à la bonne solution – tant que la sécurité sociale et sa mutuelle paient la note.

Et c'est là, bien sûr, que le bât blesse.

Dans la grande majorité des cas, les dépenses vétérinaires incombent totalement au client. Et, bien que les coûts vétérinaires ne soient en rien comparables aux dépenses médicales humaines, ils ne sont pas toujours les bienvenus dans bon nombre de familles au budget serré.

Le vétérinaire aussi doit payer ses factures, et il veut vous contenter, c'est pourquoi nombre d'entre eux finissent par prendre l'habitude de donner au client exactement ce qu'il attend – une piqûre ou un comprimé qui traitera les symptômes sans vraiment régler le problème originel. Cette pratique est loin d'être recommandable, et vous devriez dire à votre vétérinaire que vous comprenez qu'il puisse être incapable de résoudre le problème dans l'immédiat. Faites-lui savoir que vous acceptez les analyses (si elles sont requises, bien sûr) et que vous n'attendez pas spécialement de médicaments (s'il envisageait de vous les prescrire juste pour vous donner l'impression que vous n'êtes pas venu pour rien). Enfin, faites-lui savoir que vous reconnaissez ses compétences en matière de diagnostic et comprenez son désir de vouloir analyser davantage le problème avant d'agir. Votre chat y gagnera toujours !

Si vous avez trouvé le bon vétérinaire, il sera tout à fait disposé à prendre en compte vos soucis financiers et vos questions concernant le traitement. Les trois mots clés, pour une meilleure entente au profit de la santé de votre chat, sont : communication, respect et confiance.

Le choix d'un bon vétérinaire ne se résume pas à trouver un cabinet près de chez vous, aux tarifs peu élevés. Le vétérinaire le moins cher n'est pas nécessairement, et loin s'en faut, le meilleur choix pour votre animal. Tous les facteurs à prendre en compte pour sélectionner le vétérinaire idéal sont présentés au chapitre 9.

Depuis quelques années se sont développées des assurances pour animaux, mais vous pouvez d'ores et déjà faire ajouter à votre contrat multirisque une clause couvrant votre animal domestique. Il existe aussi des assurances santé dont les tarifs varient selon l'étendue des garanties, les plafonds d'indemnisation et le montant des franchises. Vous pouvez vous renseigner auprès du CDIA pour toute information concernant ces assurances (voir l'adresse en annexe).

Quand faut-il faire appel à un spécialiste ?

S'ils ne sont pas aussi nombreux qu'en médecine humaine, la médecine animale compte pourtant ses propres spécialistes, et nul doute que le nombre augmentera à l'avenir. Si la santé de votre animal l'exige, votre vétérinaire devra pouvoir vous orienter vers un confrère spécialisé ou, au moins, en contacter un lui-même pour confirmer son diagnostic.

Parmi les spécialités les plus courantes, citons les suivantes :

- Anesthésiologie.
- Cardiologie.
- Chirurgie.

- Comportement.
- Dermatologie.
- Dentisterie.
- Gérontologie.
- Médecine d'urgence et soins intensifs.
- Médecine interne.
- Neurologie.
- Oncologie.
- Ophtalmologie.
- Pharmacologie clinique.
- Radiologie.

Qu'y a-t-il de spécial chez ces « spécialistes » ? Devenir vétérinaire spécialisé requiert tout simplement plusieurs années d'études supplémentaires et des examens particuliers pour chaque spécialité. Le résultat est un professionnel aux connaissances plus étendues dans un domaine bien spécifique de la médecine animale.

La relation entre votre vétérinaire habituel et un spécialiste doit être complémentaire et respectueuse des compétences de chacun. Votre vétérinaire sait que son confrère n'est pas là pour détourner ses clients, et le spécialiste comprend bien que s'il veut être recommandé par les vétérinaires, il doit être très clair quant aux limites de son rôle. Pour économiser du temps et de l'argent, votre vétérinaire partage le dossier médical de votre animal et discute de son cas avec le spécialiste. Le spécialiste entreprend généralement des analyses supplémentaires pour établir un diagnostic précis et prescrire une ordonnance appropriée et efficace.

Dix affections courantes

Si le chat a la réputation d'être un animal peu contraignant, rarement malade, la réalité est toutefois moins paradisiaque et leur réserve une bonne flopée de problèmes de santé. Malgré le souhait de Paul de tous vous les décrire avec tellement de détails que vous pourriez, après avoir lu ce livre, passer le diplôme de vétérinaire, nous avons décidé de nous limiter aux plus courants.

Vous disposerez ainsi de toutes les informations nécessaires pour prendre les décisions qui s'imposent.

Votre rôle est essentiellement *préventif*, et les vaccins recommandés par votre vétérinaire figurent en tête de liste des mesures préventives. Prenez l'habitude de noter tout changement dans l'attitude de votre chat, ainsi que dans son aspect général et son comportement. Voyez le chapitre 9 pour plus de détails sur la médecine préventive.

Certains problèmes de santé sont plus courants chez les chats âgés. Nous les avons donc abordés dans le chapitre concernant cette population (chapitre 11). Ces affections incluent le diabète et l'hyperthyroïdie, ainsi que tout souci dentaire issu de nombreuses années de négligence. Les soins préventifs de la cavité buccale sont traités au chapitre 9.

Abcès

Tous les chats « des villes » et « des champs », et même de nombreux chats vivant exclusivement en appartement, développent un jour ou l'autre une poche de pus, appelée *abcès*. Les abcès sont souvent le résultat d'une lutte entre chats pour conquérir un territoire ou une femelle en chaleur, ou même d'une morsure durant l'accouplement (une autre bonne raison pour castrer votre chat – voir le chapitre 14).

La bouche du chat est un véritable nid à microbes, et le corps de votre chat commence, aussitôt après une morsure, à se battre contre ces bactéries. Au début, vous ne vous apercevrez probablement de rien. Que la blessure provienne d'une pierre tranchante ou des dents d'un congénère, les premiers symptômes pourront être une légère claudication ou simplement un comportement inhabituel. Les indices d'un abcès en préparation vont de la fièvre à la découverte de l'abcès lui-même – peut-être encore fermé et donnant l'impression d'une petite poche remplie de liquide, ou ouvert, suintant et malodorant. Aux premiers signes d'une claudication persistante (durant plus d'une heure ou deux) ou d'un comportement étrange (le chat est moins actif, ne s'alimente pas, ne boit pas et évite ou recherche l'attention), prenez votre chat sous le bras (ou plutôt déposez-le délicatement dans sa caisse de transport) et rendez-vous chez le vétérinaire.

Les affreuses bactéries que renferme une bouche féline constituent l'une des raisons (la rage en étant une autre) qui doivent vous conduire à prendre toutes les précautions qui s'imposent pour nettoyer la blessure et à faire rapidement appel à un médecin si vous avez été mordu par un chat.

Si possible, le vétérinaire incise l'abcès pour en faire sortir le pus. Il peut également y introduire un drain pour éviter qu'il ne se referme trop tôt et faire une piqûre d'antibiotiques ou prescrire des antibiotiques en comprimés. (La fin de ce chapitre vous explique comment administrer toutes sortes de médicaments à un chat.)

Croyez-le ou non, découvrir qu'un abcès est la cause d'une claudication ou d'un état général inquiétant est une bonne chose. Les abcès sont facilement diagnostiqués, soignés et guéris. Toutefois, les abcès répétés peuvent indiquer une défaillance du système immunitaire – ce qui peut être le premier signe d'un problème de santé grave.

N'OUBLIEZ PAS

Le meilleur traitement des abcès est, une fois encore, préventif. Les chats « d'intérieur » et les chats neutres (castrés) courent beaucoup moins de risques que les mâles entiers.

Photo : Gay Currier.

Les chats « d'extérieur » sont davantage exposés aux problèmes de santé (abcès et autres maladies infectieuses) que les chats d'appartement.

Asthme du chat

Gina est asthmatique depuis des années et s'est retrouvée plus d'une fois à l'hôpital parce qu'elle n'arrivait plus à respirer. Bien qu'elle se soigne régulièrement pour prévenir les crises ou les combattre, la maladie l'emporte parfois. Et elle n'est pas la seule dans ce cas. L'asthme est une affection de plus en plus fréquente chez les humains, et les spécialistes n'en comprennent toujours pas les véritables origines. L'*asthme du chat* est également bien connu et fréquent et, là encore, les origines en sont inconnues.

Comme celui de l'homme, l'asthme du chat se traduit essentiellement par une difficulté à respirer. Les chats asthmatiques peuvent également « siffler » et être sujets à une toux brutale. Lorsqu'il n'arrive pas à respirer, un chat s'assoit, la tête penchée en avant, et inspire et expire rapidement avec la bouche ouverte.

L'asthme n'est pas la seule maladie pouvant causer des troubles respiratoires. Aussi, ni vous ni votre vétérinaire ne devriez conclure hâtivement que l'asthme en est la cause.

Les signes de l'asthme du chat peuvent apparaître soudainement et être très sérieux. À l'instar d'une personne asthmatique qui a la sensation de ne pouvoir respirer, votre chat peut paniquer. Vous devez tout faire pour minimiser son stress en cas de crise. La meilleure façon de procéder consiste à ne pas *créer* ou *accroître* ce stress : ce n'est pas le moment d'essayer d'attraper votre chat pour le forcer à entrer dans sa caisse de transport. Laissez-le se calmer d'abord, agissez ensuite.

Si c'est la première fois que votre chat a une affection respiratoire, emmenez-le immédiatement chez le vétérinaire ou au service d'urgences de la clinique (si le cabinet est fermé). Appelez avant de partir pour que la clinique ou le cabinet puisse préparer son arrivée.

Les chats souffrant de troubles respiratoires sont très fragiles et trop de manipulations peuvent aggraver la situation à tel point qu'ils risquent d'en mourir. Quel que soit votre désir ou celui du vétérinaire de savoir ce qui cause le problème, la meilleure façon de procéder consiste à vérifier rapidement tous les problèmes évidents, tels qu'une obstruction dans la gorge, de l'air ou du liquide autour des poumons, et à éviter toute manipulation trop stressante pour laisser au temps et aux médicaments une chance d'améliorer la situation.

Si votre vétérinaire diagnostique un asthme du chat, il vous prescrira probablement des médicaments pour atténuer les symptômes. Chaque fois que votre chat fait une crise d'asthme, vous devez lui donner ces médicaments. Si votre tentative le perturbe davantage, attendez qu'il se calme et profitez de cet instant pour appeler le vétérinaire. Expliquez-lui le problème et il vous dira si l'état de votre animal exige une intervention d'urgence. Le cas échéant, installez-le dans sa caisse de transport préférée et, à votre arrivée, dirigez-vous directement à l'accueil pour une prise en charge immédiate. Votre vétérinaire et son personnel pourront déterminer la gravité de la crise et, si nécessaire, administrer au chat les médicaments requis ou lui fournir de l'oxygène pour l'aider à respirer et à se détendre.

N'OUBLIEZ PAS

Bien que personne ne connaisse les origines exactes de cette affection, il est essentiel de minimiser toute exposition à la poussière (n'oubliez pas d'utiliser de la litière à faible taux de poussière et d'enlever le couvercle), à la fumée, aux vaporisations d'aérosols et autres produits irritants. Gardez les yeux et les oreilles ouverts, et restez bien en contact avec votre vétérinaire afin de bénéficier des dernières informations concernant la cause, la prévention et le traitement de l'asthme du chat.

Trois grandes maladies infectieuses

Les trois maladies infectieuses présentées ici, l'*immunodéficience féline virale*, la *leucose* et la *péritonite infectieuse féline*, sont toutes de très mauvaises nouvelles sur la fiche de santé de votre chat. Ces affections se transmettent entre chats.

FIV

L'*immunodéficience féline virale* ou *FIV* (*feline immunodeficience virus*) est le sida (syndrome d'immunodéficience acquise) des chats. Les chats infectés par le FIV (proche du HIV, mais qui n'a aucun effet sur les hommes) peuvent développer des infections secondaires ou opportunistes, pouvant aller des vers au cancer en passant par les infections virales et microbiennes.

Tester et isoler les chats infectés constitue le seul moyen de contrôler la maladie ; il n'existe aucun traitement ou vaccin. Le dépistage des chatons n'étant pas fiable, les experts recommandent de ne pas tester les chats avant l'âge de six mois. Seul un test FIV de votre chat vous dira s'il est séropositif et vous permettra de protéger les autres chats de votre foyer. Dans la mesure où les chatons sont souvent adoptés à l'âge de trois mois, voire moins, toute adoption présente une part de risque. Si les chats que vous possédez déjà sont négatifs, vous aurez, toutefois, considérablement réduit les risques. En dehors de cela, le mieux que vous puissiez faire consiste à tester votre chaton à l'âge de six mois et à espérer au mieux.

Un test qui se révèle positif prouve uniquement que le chat a été infecté par le virus et que l'infection a stimulé la production d'anticorps pour combattre ce virus. Il n'indique en rien que votre chat est *malade du virus* – même s'il semble affaibli au moment du test.

La bonne nouvelle concernant l'infection par le FIV est qu'elle permet généralement un meilleur pronostic que la leucose (une autre maladie infectieuse traitée plus loin). Un test positif ne devrait donc pas être une raison suffisante pour modifier la façon de traiter votre animal, si ce n'est qu'aucun autre chat ne devrait être introduit dans la maison et que le vôtre ne devra plus sortir pour se protéger des autres maladies et tenir les chats environnants à l'abri de cette infection.

Les chats séropositifs peuvent vivre en bonne santé pendant plusieurs mois, voire plusieurs années – de nombreux chats ont vécu de six à dix ans après leur diagnostic.

Pour aider votre chat à vivre plus longtemps avec le FIV, travaillez en étroite collaboration avec votre vétérinaire pour déceler les problèmes de santé très tôt et les traiter énergiquement. Le système immunitaire de votre chat étant considérablement affaibli, vous devez l'aider à surmonter tous les petits problèmes qu'il pourrait rencontrer.

FeLV

La *leucose* du chat est donnée par le *FeLV* (*feline leukemia virus*), un tueur-né. Le FeLV affaiblit le système immunitaire et contribue directement au développement de cancers chez les chats infectés. Ce virus est considéré comme la principale cause de maladie mortelle chez les chats.

Si des vaccins sont disponibles contre ce fléau (voir le chapitre 9), ils ne sont malheureusement pas efficaces à 100 %. La meilleure prévention consiste à connaître le statut médical des autres chats que votre petit compagnon fréquente et à le protéger des chats infectés – c'est-à-dire, dans l'idéal, à le garder à la maison, seul ou avec d'autres congénères négatifs.

Testez tous les nouveaux chatons ou chats adultes avant de les présenter au(x) chat(s) que vous avez déjà, et réciproquement. (Vous devez faire pratiquer ce test avant de vacciner votre chat contre la maladie.) Votre chat devrait également être testé une nouvelle fois s'il a été exposé à des porteurs potentiels du FeLV, et plus particulièrement s'il a été mordu. Parce que le FeLV est associé à de nombreux symptômes de maladies, votre chat devrait également être testé chaque fois qu'il est malade. Les chats autorisés à vagabonder et tout autre chat exposé à des porteurs du virus devraient subir un test tous les ans.

Certains vétérinaires proposent une combinaison de tests FeLV et FIV permettant de déterminer la présence des deux maladies virales à l'aide d'un échantillon unique de sang, et généralement moins cher que si vous faisiez pratiquer les deux tests séparément.

Le FeLV est un problème très grave. Ne cédez pas à la tentation de prendre un chat ou un chaton à la maison sans vous être préalablement assuré qu'il n'est pas infecté, et tout particulièrement si vous possédez déjà d'autres chats – vous mettriez leur vie en danger en agissant ainsi. Toutefois, si vous découvrez que vous avez exposé vos chats au virus, ne paniquez pas. Isolez-les du chat infecté et faites-leur passer un test si votre vétérinaire vous le recommande. L'infection par le FeLV peut nécessiter des contacts répétés, alors ne vous alarmez pas pour une seule exposition à un sujet infecté.

Comment devez-vous réagir face à un test FeLV positif ? D'abord, comprenez bien qu'être porteur du virus ne signifie pas être malade. Certains chats infectés peuvent vivre des mois, voire des années, sans présenter aucun symptômes de la maladie. Si le chat infecté est votre unique animal, vous n'avez aucune raison de modifier vos habitudes, si ce n'est lui interdire de sortir pour sa propre santé et celle des autres chats. Prenez bien soin d'éviter toutes sortes d'expositions aux maladies et travaillez en collaboration avec votre vétérinaire pour diagnostiquer et soigner énergiquement toute maladie relative au FeLV qu'il pourrait développer.

La bonne nouvelle (oui, nous pensons que vous en méritez bien une) : contrairement au FIV, de nombreux chats sont capables de détruire eux-mêmes le virus du FeLV. C'est pourquoi nous vous conseillons de faire pratiquer un test à un chat testé (et confirmé) positif dans un délai de deux ou trois mois après le premier test.

PIF

La *péritonite infectieuse féline* (*PIF*) est une infection qui concerne surtout les foyers où vivent plusieurs chats, et ne représente qu'un danger mineur si un seul chat vit à la maison. Cela dit, il faut savoir que cette maladie est mortelle chaque fois qu'elle frappe.

La PIF est une infection causée par un virus classé dans la catégorie des *coronavirus*. Certains de ces virus causent des maladies, d'autres pas. La plupart des coronavirus causant des maladies provoquent seulement des diarrhées de court terme chez les chatons. Malheureusement, il n'existe aucun moyen fiable permettant de déterminer quel type de coronavirus a infecté un chat : le type bénin ou le type mortel. Votre vétérinaire peut vous dire que votre chat a été infecté par un coronavirus, mais ne peut vous dire – sinon trop tard – si la maladie de votre chat est une péritonite mortelle.

Et, comme si la situation n'était pas assez grave, de nombreux indices laissent penser que des coronavirus secondaires peuvent rapidement se transformer en virus PIF mortels. En conséquence, vous n'avez aucun moyen fiable de protéger votre chat contre la PIF. Le virus est coriace et peut infecter un chat après avoir traîné dans l'air ou sur le sol pendant des semaines ou des mois. Il peut toutefois être détruit par la plupart des désinfectants et détergents les plus courants. Une bonne hygiène est donc de mise.

La péritonite infectieuse féline peut se présenter sous plusieurs formes : *encéphalite* (affection du cerveau), *ictère hépatite* (affection du foie), *uvéite* (affection de l'œil) ou même cancer. Les indices les plus courants de la présence d'une PIF se décèlent grâce à un examen sanguin, une analyse du liquide dans la cavité pleurale (thoracique) ou abdominale, ou encore une biopsie.

Malheureusement, il n'existe aucun traitement efficace contre la PIF. Les traitements disponibles consistent à renforcer le système immunitaire du chat et à prescrire des antibiotiques pour combattre les infections associées à la maladie.

Un vaccin est actuellement commercialisé aux États-Unis, mais de nombreux spécialistes pensent que les chats domestiques vivant exclusivement à l'intérieur sont très peu susceptibles de contracter ce virus. Les communautés félines, telles que les pensions pour chats ou les élevages de chats de race, sont les plus sujettes à risque. Toutefois, même pour ces chats, le vaccin peut ne pas être conseillé. En outre, des études ont mis en cause les avantages et peut-être même la sécurité d'un tel vaccin.

Affections respiratoires

De nombreux chats « prennent froid » au cours de leur vie et la plupart de ces affections sont causées par des virus. Les chats souffrant d'une affection respiratoire sont léthargiques, fiévreux, ont le nez et les yeux qui coulent, éternuent et refusent souvent de s'alimenter et de boire. Ces affections sont très contagieuses. Les chatons sains et les chats et chatons dont le système immunitaire est affaibli par des maladies telles que le FIV et le FeLV sont les plus susceptibles d'être atteints.

Si votre chat développe une affection respiratoire, appelez votre vétérinaire avant de l'emmener – il voudra peut-être prendre toutes les précautions qui s'imposent pour éviter d'exposer les autres chats de la salle d'attente !

Tant que la fièvre n'est pas trop élevée et que votre chat continue à manger et à boire, vous devez pouvoir éviter un séjour à la clinique. Nettoyer régulièrement les yeux et les narines du chat à l'aide d'un coton humide l'aidera à garder l'appétit. Si un chat refuse de manger ou de boire, il risque de se déshydrater rapidement et une hospitalisation s'impose d'urgence.

Des soins appropriés permettent à la plupart des chats de guérir complètement en moins d'une semaine ; certains cas peuvent persister pendant plus de deux semaines. Si votre chat semble souffrir d'affections respiratoires répétées ou si celles-ci sont particulièrement sévères ou persistantes, votre vétérinaire pourra suspecter la présence de maladies affaiblissant son système immunitaire et voudra probablement lui faire passer des examens supplémentaires.

Problèmes urinaires

Les reins sont les filtres du sang. Ils permettent d'éliminer l'excès de liquide si un chat boit plus que nécessaire, d'en retenir s'il ne boit pas assez et d'éliminer les déchets produits par l'organisme ou ingérés avec la nourriture, la boisson ou les médicaments. La vessie stocke l'urine jusqu'à ce que le chat soit prêt à l'évacuer, de préférence dans un bac à litière. Le système n'est pas complètement infaillible cependant, et quelques chats, notamment les plus âgés, peuvent rencontrer des problèmes.

A LA TRACE

Dans la mesure où les chats affectés d'un problème urinaire boudent souvent leur litière, leurs propriétaires se sentent très vite concernés par ce problème. Lorsque vous essayez de résoudre un problème de comportement, vous devez commencer par vous assurer qu'il ne s'agit pas d'un problème de santé. Dès que vous obtenez un certificat de santé valide, vous pouvez commencer à rééduquer votre animal pour qu'il retrouve le chemin de sa litière. Voyez le chapitre 13 pour tout ce qui concerne les troubles du comportement félin.

Les affections du rein

Les *insuffisances rénales* sont très fréquentes chez les chats âgés, mais peuvent également affecter les plus jeunes. Au début, vous remarquerez peut-être que votre chat boit et urine de plus en plus souvent, puis vous noterez une perte de poids et des signes plus évidents de la présence de toxines dans son organisme.

Une des causes des affections rénales que l'on peut facilement prévenir est un empoisonnement dû à l'ingestion d'un produit toxique tel que l'antigel. Voyez le chapitre 21 pour davantage d'informations sur les dangers domestiques.

Un chat qui urine et boit de manière excessive peut souffrir de plusieurs troubles. Les propriétaires attentifs pourront aussi remarquer un appétit qui diminue, des vomissements plus fréquents, une toilette moins méticuleuse et une perte de poids. Ces symptômes sont généralement le résultat d'une insuffisance rénale à un stade avancé.

Certains prétendent que l'insuffisance rénale chronique (IRC) serait causée par des bactéries entrant dans le sang du chat dont la dentition est en très mauvais état. Bien que ces hypothèses soient encore à l'étude, elles mettent en évidence l'importance d'une bonne hygiène buccale (traitée au chapitre 9).

Le traitement des insuffisances rénales inclut un changement de régime alimentaire. Les tendances actuelles vont vers un régime diététique à faible apport protéique, sans sel en cas de pression sanguine élevée. Mais ne soyez pas surpris si ces recommandations changent comme elles l'ont déjà fait dans le passé (voir le chapitre 8 pour plus de détails sur la nutrition féline).

Il est impératif de travailler en étroite collaboration avec le vétérinaire pour bien identifier les problèmes (ce qui inclut des analyses de sang) et leur évolution afin de mieux soigner votre chat. Votre vétérinaire voudra peut-être hospitaliser votre animal afin de lui faire subir une perfusion ou vous demandera de pratiquer vous-même des injections. En notant soigneusement les variations du comportement, d'appétit et de poids de votre chat, vous pourrez signaler des symptômes importants avant qu'ils ne deviennent graves.

Si le traitement des insuffisances rénales requiert un effort soutenu de votre part, des progrès ont été récemment réalisés dans ce domaine. Demandez à votre vétérinaire de vous faire part des nouveaux traitements disponibles, des mesures diététiques aux médicaments stimulant la production de globules rouges, en passant par le contrôle de la pression sanguine et la transplantation du rein.

SUF

Le *syndrome urologique félin* (*SUF*) couvre de nombreux problèmes de santé.

Dans sa forme la moins grave, ce groupe de maladies cause des irritations de la vessie, l'unique symptôme étant un besoin accru d'uriner. Comme toute personne ayant eu des cystites pourrait l'attester, une irritation de la vessie se traduit par une envie quasi constante et impérieuse d'« aller se soulager ». Si votre chat semble fréquenter son bac plus que de coutume, prenez rendez-vous chez le vétérinaire. L'analyse des symptômes sera plus efficace si vous êtes capable de lui dire si votre animal urine plus fréquemment avec un volume égal ou si la fréquence *et* le volume ont augmenté.

Vous pouvez évaluer le volume d'urine par l'humidité de la litière et par le nombre de fois que vous devez changer celle-ci.

Dans sa forme la plus sérieuse, le SUF cause une obstruction de l'*urètre* (conduit situé entre la vessie et le méat urinaire qui permet d'évacuer l'urine hors du corps) due à la formation de débris et de mucus. Cette complication, plus fréquente chez le mâle, exige une intervention vétérinaire d'urgence, car une obstruction de l'urètre peut causer une insuffisance rénale aiguë et rapidement conduire à la mort.

La plupart des pathologies sans complication se traduisent par des *mictions* (émissions d'urine) fréquentes et impérieuses, claires ou pouvant être légèrement colorées par la présence de sang, non seulement dans la litière, mais également dans des endroits inhabituels, tels que la baignoire, le lavabo ou la douche. En revanche, un chat souffrant d'anurie complète souffre terriblement sans parvenir à uriner et miaule souvent ou montre d'autres signes de détresse.

Jusqu'à la fin des années 1980, on décelait des sels minéraux, et surtout de la *struvite*, sous forme de boue, dans la vessie de la majorité des chats souffrant du SUF. À l'époque, la théorie prétendait que cette condition résultait d'une mauvaise alimentation à base de croquettes bas de gamme à faible taux d'humidité et à teneur élevée en sels minéraux, notamment en magnésium. Les fabricants ont alors proposé des aliments à faible taux de magnésium. Plus tard, des chercheurs ont commencé à s'intéresser aux effets que différents régimes diététiques avaient sur le taux d'*acidité* dans l'urine. Une augmentation de ce taux permettait en effet de réduire les cristaux et calculs, mais pouvait également causer d'autres problèmes de santé.

Aujourd'hui, les problèmes de sels minéraux et de struvite sont beaucoup moins fréquents, et les il faut désormais davantage d'analyses individuelles pour identifier les véritables causes de SUF.

Une incapacité à uriner est un symptôme extrêmement grave qui nécessite une intervention d'urgence. Votre vétérinaire prendra alors toutes les mesures pour lever l'obstacle et vous proposera des tests pour déceler l'origine du problème.

Affections cardiovasculaires

Les problèmes *cardio-vasculaires* sont relativement fréquents chez les chats. Le vétérinaire identifie généralement les premiers symptômes de la manière suivante :

- Localisation d'un son anormal (un murmure, un battement saccadé ou irrégulier) en examinant le chat au cours d'une visite de routine à l'aide d'un stéthoscope.
- Examen de votre chat après que vous avez remarqué vous-même une respiration rapide ou difficile.

Dans le cas d'une affection respiratoire, un problème cardiaque peut apparaître très soudainement. Votre chat peut vous sembler en très bonne forme et ne plus parvenir à respirer quelques heures plus tard.

Toutefois, ce que les propriétaires de chats peuvent considérer comme « soudain » s'est souvent développé lentement pour devenir « soudain » évident. C'est pourquoi il est très utile de vérifier régulièrement les pulsations cardiaques de votre chat, ainsi que la régularité de sa respiration.

D'autres symptômes de troubles cardiovasculaires peuvent inclure les suivants :

- **Prise ou perte de poids.** Plus de 300 ou 400 grammes de perte ou de prise en moins de deux semaines.
- **Toux.** Il est parfois difficile de faire la différence entre un chat qui tousse et un chat qui essaie de vomir. Quel que soit le cas, si les symptômes sont fréquents, consultez le vétérinaire.
- **Faiblesse ou paralysie d'une ou de plusieurs pattes (de l'arrière-train le plus souvent).** Certains chats souffrant d'anomalies cardiaques peuvent développer un caillot dans le cœur qui risque ensuite de bloquer les artères « alimentant » le corps. Ce caillot migre souvent dans l'aorte postérieure, entraînant une paralysie de l'arrière-train, mais peut également migrer dans d'autres régions du corps, dont les reins, le cerveau, etc.
- **Mauvais état général.** Ce dernier symptôme entre dans la catégorie de ce que Paul appelle le chat *QVM* (*qui va mal*).

NOTE TECHNIQUE

Les problèmes cardiovasculaires d'origine congénitale sont plus rares chez les chats que chez les chiens. Un murmure provenant du cœur du chaton est un signe d'appel qui doit être examiné par un spécialiste. De nombreux chats souffrant de troubles cardiaques d'origine familiale peuvent sembler tout à fait bien portants jusqu'à un certain âge.

Si vous suspectez ou décelez de sérieux problèmes cardiaques chez votre chat, la première action qu'entreprendra votre vétérinaire consistera à stabiliser toute situation critique en suggérant, par exemple, une ponction du liquide formé autour ou à l'intérieur des poumons.

Si la situation n'est pas aussi nette mais que vous suspectiez un problème cardiaque, ou si votre chat a eu du mal à respirer et qu'il se sente mieux, votre vétérinaire voudra néanmoins pratiquer quelques analyses, telles qu'une radiographie, un échocardiogramme ou des électrocardiogrammes.

TRUC

Si votre budget est serré, le meilleur choix dans ce genre de situation consiste à faire pratiquer un échocardiogramme par un vétérinaire expérimenté ou un spécialiste capable d'en tirer le plus d'informations.

Une fois le diagnostic établi, votre vétérinaire ou le spécialiste déterminera avec vous le meilleur traitement médical associant médicaments, régime diététique et examens pour donner à votre chat toutes les chances de s'en sortir. Mais rien n'est garanti : un chat souffrant de problèmes cardiaques est toujours un candidat à la mort soudaine. Aussi difficile que cela puisse vous sembler, vous devez vous préparer à cette situation extrême.

À LA TRACE

Le chapitre 11 fournit quelques informations qui vous aideront à affronter une telle situation.

Tumeurs

Les tumeurs sont malheureusement très courantes chez les chats. Certaines trouvent leur origine dans le virus de la leucose féline ; d'autres sont d'origine inconnue ou mal connue. Certaines tumeurs sont bénignes ; d'autres sont fatales.

Il est impératif que vous examiniez avec soin votre chat régulièrement pour vérifier qu'il ne présente aucune grosseur. Il apprécie probablement vos caresses ; alors profitez de ces instants pour l'examiner, sans que cela ait l'air d'une auscultation médicale. Vous devez également être attentif aux fluctuations de son poids. Toute modification anormale doit être signalée. Votre vétérinaire voudra alors examiner votre chat et, éventuellement, lui faire passer des tests et/ou l'inciser. Si le vétérinaire suspecte un cancer, l'animal devra probablement subir une biopsie.

Les traitements pourront inclure une intervention chirurgicale, des médicaments et des radiations. Quelle que soit la solution envisagée, votre vétérinaire vous expliquera toujours à quoi vous attendre en fonction des résultats observés sur d'autres animaux.

Certains vaccins qui ont sauvé la vie de nombreux chats ont également provoqué la formation de tumeurs malignes aux endroits où avait été pratiquée l'injection. Le risque est très faible, toutefois, et vous faites courir davantage de risques à votre chat en refusant de le faire vacciner. Pour en savoir plus sur les avantages et inconvénients des vaccins, voyez le chapitre 9.

Administrer des médicaments

Que cela vous plaise ou non, un jour ou l'autre vous allez rentrer du cabinet vétérinaire avec des médicaments à donner à votre chat. Ce dernier ne va probablement pas apprécier, mais il va bien falloir, d'une manière ou d'une autre, lui administrer ces médicaments. Consulter le vétérinaire sans suivre le traitement prescrit est plus qu'un simple gaspillage d'argent : cela peut mettre la vie de votre chat en péril.

Votre vétérinaire ne peut savoir sans vous si les médicaments font effet. N'hésitez pas à l'appeler si vous pensez que les symptômes persistent et que les médicaments n'agissent pas. Ne prenez jamais l'initiative d'arrêter ou de modifier un traitement parce que *vous* pensez qu'il n'est pas efficace. Faites toujours appel à votre vétérinaire d'abord. En prenant de telles initiatives, vous risquez de faire courir de sérieux dangers à la santé et à la vie de votre chat.

Comprimés

Gina a demandé un jour à ses lecteurs de lui envoyer leurs meilleurs trucs pour faire avaler des médicaments à leurs animaux, et les lettres ont afflué pendant des jours. La plupart des gens utilisent des subterfuges en cachant une pilule dans un aliment très apprécié de leur animal, dans l'espoir qu'il ne verra pas la pilule qui s'y trouve. Vous pouvez essayer cette méthode, mais honnêtement, elle fonctionne beaucoup moins bien avec les chats qu'avec les chiens, lesquels se « jettent » littéralement sur la nourriture, alors que les chats mangent délicatement en considérant chaque bouchée. Essayer de « faire passer la pilule » à votre chat de cette façon est très difficile !

Tentez plutôt une approche directe : d'une main, saisissez doucement la tête de votre chat par-derrière, renversez-la sur la colonne vertébrale et ouvrez sa mâchoire avec l'index de l'autre main, puis relâchez le comprimé tenu entre le pouce et le majeur suffisamment au fond de sa gorge pour déclencher une déglutition. Lorsqu'il se lèche le nez – signe qu'il a avalé le comprimé –, vous pouvez relâcher sa tête.

À LA TRACE

Si certains amateurs de chats expérimentés et, bien sûr, les vétérinaires et autres « techniciens de la santé » des chats donnent l'impression que cette tâche peut être facilement exécutée par une seule personne, vous vous débrouillerez probablement mieux au début si quelqu'un d'autre se charge de tenir votre petit monstre malade pendant que vous lui administrez le médicament.

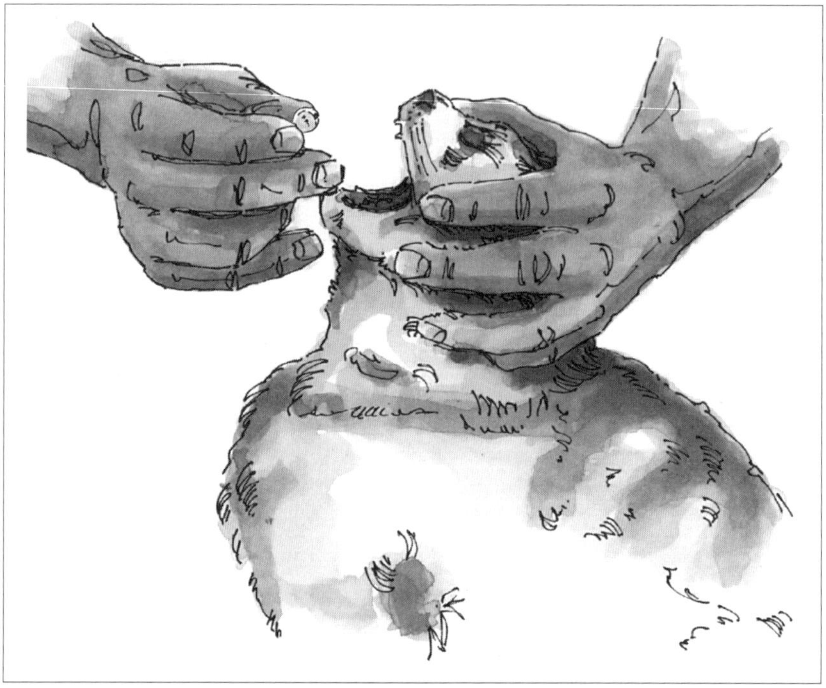

La tête renversée en arrière oblige le chat à ouvrir la bouche et à déglutir.

Liquides

Demandez à votre vétérinaire de vous fournir de grosses seringues sans aiguille. Elles sont graduées sur le côté et facilitent l'absorption du liquide. Un compte-gouttes peut aussi faire l'affaire. Levez le museau de votre chat, écartez-lui les mâchoires délicatement, insérez la seringue entre ses dents vers le fond de sa bouche, puis faites couler le liquide dans sa gorge en appuyant lentement sur le piston de la seringue. Le chat avalera naturellement. Faites des pauses s'il a besoin de temps pour déglutir.

Faites couler le liquide lentement au fond de la gorge du chat.

Gouttes pour les oreilles

Dépliez une grande serviette-éponge sur vos genoux et installez-y votre chat tout en lui parlant doucement et en le caressant pour le détendre. Lorsqu'il est détendu, administrez les gouttes auriculaires, puis massez à la base de l'oreille pour faire pénétrer le produit.

Gouttes et pommade pour les yeux

D'une main, maintenez la tête de votre chat en arrière (comme pour lui administrer un comprimé), baissez sa paupière inférieure à l'aide du majeur de l'autre main (le flacon étant tenu entre le pouce et l'index). Ensuite, en prenant appui sur le front, faites tomber les gouttes dans le coin de l'œil ou sur la cornée en évitant de toucher la surface de l'œil. (Vous pouvez vous aider de l'annulaire pour tirer sur la paupière supérieure.) Procédez de la même façon pour appliquer une pommade. Maintenez les paupières fermées deux ou trois secondes pour que le remède se répartisse uniformément.

Comme pour toutes les choses que votre chat trouve déplaisantes, soyez patient, doux et ferme, et n'oubliez pas de conclure la séance en le caressant et en le flattant. Si vous avez des difficultés à lui administrer ses médicaments, demandez à votre vétérinaire de vous montrer la procédure ou recherchez avec lui d'éventuelles solutions de rechange.

Chapitre 11
S'occuper d'un chat âgé

Dans ce chapitre :

- À quel âge un chat est-il « âgé » ?
- Les signes de vieillesse.
- Les soins dentaires.
- Quelques problèmes courants.
- Lorsque le « moment » est venu.
- Et si *vous* disparaissiez avant lui ?

Il y a encore peu de temps, les chats entraient et (surtout) sortaient de nos vies avec une triste régularité. Vous nourrissiez les chats, admiriez leur beauté et appréciiez leur compagnie, mais ils ne vous « appartenaient » pas. Vous les laissiez entrer et sortir de la maison avec bonne humeur et les pleuriez à leur mort, après 1 à 5 ans (rarement plus) de complicité.

La situation peut être très différente aujourd'hui.

La forte popularité des chats dans nos sociétés a conduit à une explosion des soins médicaux disponibles à toutes les étapes de leur vie, et les soins gériatriques n'y font pas exception. S'ils échappent aux accidents, les chats peuvent vivre aujourd'hui plus heureux, en meilleure santé et beaucoup plus longtemps qu'auparavant – de 10 à 14 ans. Protégés du monde extérieur, ils peuvent vivre jusqu'à 16 ou 20 ans, voire davantage pour certains.

Le secret d'un chat vivant une vie meilleure et plus longue dépend à la fois des soins que lui prodigue son maître et des gènes hérités de ses parents.

A LA TRACE

Nous nous sommes concentrés, ici, sur les soins préventifs adaptés aux chats âgés et sur les maladies fréquentes chez les félins matures et vieillissants (quelques informations sur les différentes catégories d'âges plus loin dans ce chapitre). Mais vous devriez également lire les instructions du chapitre 9 pour un tour d'horizon de tous les autres soins.

Vivre avec un chat âgé, c'est partager des sentiments s'exprimant dans un simple regard, une caresse ou un ronronnement. Le lien qui s'établit entre vous au fil des ans devient une merveille d'harmonie, de respect et d'authenticité. Vous vous connaissez l'un l'autre. Vous vous sentez en confiance et détendus l'un avec l'autre. Ces années sont spéciales et vous devriez les apprécier.

Bien sûr, c'est également au cours de ces années que vous réalisez que votre compagnon ne sera pas à vos côtés pour toujours. Mais ne soyez pas triste pour vous ou votre petit félin. Votre chat vit dans le présent et n'a aucune conscience de ce processus naturel qu'est le vieillissement. Il ne sait pas où le mènent ses années. Il vit au jour le jour, passant le plus clair de son temps à faire sa toilette, ronronner, dormir sur le canapé, miauler à l'heure de sa pâtée ou encore courir après un jouet sur le plancher. S'il se sent bien et s'il est avec vous, il est heureux. Et vous devriez l'être aussi.

Vous êtes celui qui a la plus grande influence sur la vie de votre chat. Protection, prévention et détection rapide sont les mots à ne jamais oublier lorsque votre chat prend de l'âge. Soyons clairs et directs : les deux conditions les plus importantes qui permettent d'assurer à votre chat une longue vie consistent à le garder à l'intérieur et à le stériliser. Un chat vivant exclusivement en appartement est protégé des dangers du monde extérieur, et tout particulièrement des voitures et des maladies infectieuses. Une femelle opérée sera protégée des infections et cancers relatifs à la reproduction et un mâle castré n'aura plus à vagabonder à la recherche d'une femelle en chaleur ou à se battre pour la défense d'un territoire.

Pour quelques informations supplémentaires sur le débat « chats d'intérieur » ou « chat d'extérieur », reportez-vous au chapitre 1. Lisez le chapitre 14 pour tout savoir sur la castration et l'ovariectomie.

À quel âge un chat est-il « âgé » ?

Une méthode courante pour déterminer l'âge d'un chat consiste à faire correspondre une année d'un chat à quatre années d'un homme. En vérité, la situation n'est pas aussi simple, et si vous y réfléchissez un petit instant, vous comprendrez aisément pourquoi. Selon la règle « un pour quatre », un chat d'un an serait l'équivalent, en termes de maturité physique et mentale, d'un humain de quatre ans, et c'est absolument faux.

Une meilleure équation consiste à faire correspondre la première année d'un chat à toute la période humaine conduisant aux dernières étapes de la vie d'un adolescent (vers l'âge de 15 ans à peu près). À l'instar d'un adolescent humain, un chat d'un an a plus ou moins la taille d'un adulte, les capacités physiques de devenir un parent, sans en avoir encore la maturité mentale.

C'est au cours de sa deuxième année qu'un chat va acquérir cette maturité et atteindre ce qui correspond aux premières étapes de la vie d'un adulte humain – un chat de 2 ans peut être comparé à une personne de 25 ans.

À partir de cet âge, la règle « un pour quatre » peut fonctionner. Un chat de trois ans est encore jeune, comparable à une personne de 29 ans. Un chat de 6 ans, correspondant à une personne de 41 ans, est en pleine force de l'âge. Et un chat de 20 ans, comparable à une personne de 65 ans, a le droit de prendre un peu de repos. Un chat qui vit plus de 20 ans est l'équivalent félin d'un centenaire !

N'OUBLIEZ PAS

Comme pour les humains, l'âge est très relatif. Un chat mal soigné et mal aimé ne profitera plus vraiment de la vie dès l'âge de 6 ans, alors qu'un chat deux fois plus vieux, bien soigné et bien nourri tout au long de sa vie, peut être presque aussi joueur qu'un chaton.

Ce matou avait 19 ans lorsqu'il a posé pour cette photo : un bon exemple du résultat d'une vie de bons soins.

Photo : Hope Harris.

Les signes de vieillesse

La vieillesse fait son entrée dans la vie d'un chat d'une manière prévisible, mais si subtile que vous n'en remarquerez probablement pas les premiers signes. Puis, un jour, en regardant votre chat, vous vous dites : « Depuis combien de temps perd-il du poids ? » ou « Depuis quand ne saute-t-il plus sur son perchoir favori ? » La pensée qui suit cette constatation est encore plus troublante : « Est-ce grave ? Dois-je m'en inquiéter ? »

Bien que tout ce qui vous inquiète puisse justifier une visite chez le vétérinaire, ne serait-ce que pour votre tranquillité d'esprit, savoir ce qui est normal pour votre chat vous facilitera la vie à tous les deux. (En tant qu'excellent observateur et interprète du langage du corps et des émotions, votre chat peut tout à fait déceler et ressentir votre inquiétude.)

Les signes de vieillesse sont progressifs. Des troubles soudains peuvent indiquer de graves problèmes de santé. Si le comportement ou l'aspect de votre chat change subitement, conduisez-le aussitôt chez le vétérinaire.

La dégradation des sens

À partir de l'âge de 10 ans peuvent apparaître les premiers signes de vieillesse ; la vue du chat, son odorat ou son ouïe peuvent baisser. Certains de ces changements seront à peine remarquables. D'autres seront plus évidents, telle qu'une haleine fétide suite à un problème de dents ou une maladie des gencives requérant, avec l'âge, davantage de temps et de soins pour se résorber.

D'autres changements peuvent être difficilement perceptibles. Nous connaissons des gens qui ne s'étaient même pas aperçus que leur animal était devenu sourd. Mais ce n'est finalement pas si difficile à imaginer. Après tout, même dans les meilleures circonstances, votre chat ne répond-il pas que lorsqu'il en a envie ?

Vous pouvez suspecter un début de surdité si votre chat ne répond plus aux sons qui le faisaient autrefois réagir d'un bond, comme le bruit d'une boîte de conserve que l'on ouvre. Pour tester votre animal, vous pouvez aussi faire claquer vos doigts juste derrière sa tête.

Un chat malentendant peut parfaitement bien se débrouiller à l'intérieur d'une maison. En revanche, sa surdité peut lui faire courir de graves dangers à l'extérieur. Même un chat qui a survécu de longues années dans la rue ne peut éviter une voiture s'il ne l'entend pas.

Un sens du goût affaibli peut également avoir un effet sur son appétit, et engendrer de graves conséquences sur un chat âgé. L'odorat est également très important. Un chat évalue souvent un aliment en fonction de son odeur. Par conséquent, si son odorat est défaillant, il aura tendance à ne plus s'alimenter.

La chaleur peut rehausser l'odeur d'un mets. Si votre chat ne mange plus, commencez par consulter le vétérinaire. Si tout va bien, encouragez votre chat à s'alimenter en servant sa nourriture à température ambiante ou légèrement tiède.

Les changements physiques

Les modifications qui s'opèrent à l'intérieur de votre chat peuvent être visibles à l'extérieur. Les chats vieillissants perdent de leur souplesse et de leur masse musculaire. Votre animal pourra vous sembler plus sec qu'autrefois. D'autres, en revanche, deviennent obèses, tout en absorbant la même quantité de calories, tout simplement parce qu'ils ne sont plus aussi actifs. (Pour plus d'informations sur l'obésité, reportez-vous au chapitre 8.)

La fourrure de votre animal peut également subir de grands changements, le pelage étant plus sec ou plus épars et la peau moins élastique. Votre chat peut ne plus entretenir sa robe avec autant de soin et d'efficacité parce qu'il en est physiquement incapable ou qu'il ne s'y intéresse plus vraiment.

Vous pouvez améliorer l'état physique et mental de votre chat en l'aidant dans toutes les tâches qu'il n'arrive plus à assumer seul, et plus particulièrement en le toilettant régulièrement (voir le chapitre 7).

Les changements de comportement

Le tempérament d'un chat âgé en bonne santé se perçoit avec beaucoup de plaisir. Avec le temps, il y a de fortes chances pour qu'il s'adoucisse, préférant la sécurité de vos genoux ou le confort du canapé aux escalades de rideaux et sauts périlleux qui ne sont plus de son âge. Ce sont peut-être les premiers changements que vous remarquerez, mais d'autres viendront que vous devez connaître.

Le temps de sommeil d'un chat âgé augmente aussi progressivement, mais, là encore, il faut être vigilant. Une indifférence totale au monde qui l'entoure peut être un signe de maladie, tout comme peut l'être un surcroît d'énergie. Il faut également être attentif aux changements pouvant affecter son appétit et sa soif. Bien qu'un chat âgé ait besoin de moins de calories et de plus de liquides, des changements radicaux doivent motiver une visite chez le vétérinaire.

Parce que les changements de comportement d'un chat âgé sont souvent le résultat d'un problème de santé, vous devez être conscient de ces changements et de la vitesse à laquelle ils ont pu intervenir. Un chat autrefois affectueux de nature devenu colérique ou défensif peut réagir à des douleurs chroniques. Et un autre qui boude soudainement sa litière peut souffrir d'une affection rénale ou même d'un diabète. Dans la mesure où votre chat ne peut pas vous dire ce qui ne va pas, il est impératif que vous soyez attentif et à l'écoute de son corps.

Les soins dentaires

À l'instar des êtres humains, certains chats peuvent passer toute leur vie sans soins dentaires rigoureux et sans trop de dégâts (si ce n'est dégoûter tous ceux qui sentent leur haleine). Toutefois, il s'agit là d'une exception et non d'une règle. Un minimum de soins dentaires peut rendre la vie d'un chat (et de son entourage !) beaucoup plus agréable et lui épargner de nombreuses complications. Si vous avez pris soin de ses dents tout au long de sa vie, vous lui avez rendu un immense service. Dans le cas contraire, vous avez du retard à rattraper si vous voulez éviter que des problèmes dentaires viennent assombrir la vie de votre chat. Une dentition non soignée peut rendre la mastication douloureuse, et certains pensent que les maladies parodontales peuvent avoir de graves conséquences dans la mesure où les bactéries (causant les maladies de la cavité buccale) peuvent se propager dans le sang et infecter les reins et d'autres organes. Ne négligez pas ces problèmes !

Alors que votre chat est confortablement installé et détendu, soulevez délicatement une de ses lèvres pour examiner sa dentition. Vous verrez certainement une plaque jaunâtre recouvrant des dents usées, un signe de vieillesse qui ne doit pas vous alarmer. Ce que vous devez rechercher, en revanche, sont les signes d'une maladie parodontale, qui est un processus chronique accablant conduisant inévitablement à une gêne buccale, la chute des dents et un très mauvais état général de santé. Ces signes peuvent inclure : une accumulation de tartre sur la plaque dentaire, produite par la dégradation des aliments ; une inflammation des gencives (gingivite) pouvant conduire à l'anorexie, au ptyalisme (accumulation de salive sans déglutition) et, parfois, à l'agressivité ; des abcès pouvant apparaître à la racine des dents (consulter immédiatement un vétérinaire).

Un nouveau chaton ?

Parce que les chats âgés s'en sortent encore moins bien lorsqu'ils sont stressés, il est nécessaire de bien réfléchir avant d'introduire un nouveau chaton à la maison.

L'hyperactivité d'un chaton n'est tout simplement pas appréciée d'un vieux chat et peut conduire à des troubles du comportement, tels qu'un refus d'utiliser la litière ou une perte d'appétit (un problème d'autant plus grave que le chat est affaibli par la vieillesse).

Gardez votre vieux chat en bonne forme en jouant avec lui à l'aide de jouets et de ficelles. Il appréciera considérablement le temps que vous passerez avec lui, tout particulièrement si vous savez respecter ses règles et le laissez tranquille dès qu'il en a assez.

Vous aurez bien le temps d'adopter un autre chaton plus tard. Nous pensons que si vous vivez avec un chat âgé, il est préférable de ne pas lui imposer un jeunot et de le laisser vivre et apprécier ses dernières années en toute sérénité.

De nombreux chats âgés ont tendance à dormir davantage. Un repos bien mérité ! Mais méfiez-vous d'un excès d'indifférence.

Photo : Michael Brewton.

Pour entretenir l'hygiène des dents de votre chat, vous devez brosser ces dernières au moins deux fois par semaine (voir le chapitre 7). Mais avant d'entreprendre ces soins préventifs, votre vétérinaire devra s'occuper des problèmes déjà observables. Cet examen comprendra probablement un nettoyage et un détartrage, ainsi que le dépistage et le soin des dents cariées, cavités, abcès et autres maladies parodontales.

Si votre chat n'a rien d'autre qu'un peu de tartre et une légère inflammation, il rentrera à la maison avec des dents propres et quelques instructions d'hygiène. Après quoi, la tâche qui consiste à garder ces dents en bonne santé à l'aide d'un brossage régulier et d'un examen de temps à autre vous incombe totalement.

La visite médicale du chat âgé

Des visites médicales régulières sont d'autant plus importantes que votre chat prend de l'âge. Votre vétérinaire pourra vous proposer des analyses de sang et d'urine, par exemple, pour déterminer ce qui est normal pour votre animal et faire apparaître plus clairement tout éventuel changement de valeurs lors de ses futurs tests.

Ce rendez-vous du chat bien portant est une bonne occasion pour poser toutes les questions qui vous préoccupent concernant l'âge désormais avancé de votre compagnon. Discutez soigneusement de sa condition et examinez les différentes possibilités de soins.

S'il est toujours important de pouvoir se sentir à l'aise avec son vétérinaire et d'avoir pleinement confiance en ses compétences, de telles conditions sont encore plus importantes lorsque le chat aborde ses dernières années. (Toute information concernant le choix d'un vétérinaire se trouve au chapitre 9.)

Quelques problèmes courants

La plupart des maladies qui frappent les chats âgés peuvent également toucher les plus jeunes, avec l'exception notable de l'hyperthyroïdie, que nous allons aborder dans cette section. Certaines maladies semblent toutefois apparaître avec plus de fréquence passé un certain âge, et nous voulons nous assurer que vous les connaissez avant qu'elles ne surviennent.

Dans la mesure où de nombreux problèmes de santé peuvent apparaître à tout âge, il est impératif que vous lisiez les chapitres 9 et 10, qui abordent notamment les mesures préventives permettant de diminuer considérablement les risques de maladie.

Le diabète

Le *diabète* est une augmentation du taux de glucose (sucre) dans le sang, habituellement contrôlé par l'insuline que produit le pancréas.

Il existe, en fait, deux types de diabètes : celui dont nous venons de parler (où le pancréas ne produit plus suffisamment d'insuline) et qui nécessite des piqûres d'insuline pour réguler le taux de sucre dans le sang (on l'appelle plus exactement *diabète sucré*), et une autre forme de diabète où le corps ne répond plus correctement à l'insuline produite par le pancréas.

Le diabète se déclare surtout chez les chats gras, ce qui fournit une raison supplémentaire de surveiller l'alimentation de votre animal.

Les chats diabétiques peuvent également perdre du poids alors qu'ils mangent beaucoup. Ils boivent et urinent aussi beaucoup plus fréquemment et dans de plus grandes proportions. Vous remarquerez peut-être que l'urine de votre chat est « collante », comme de l'eau sucrée, en raison d'un taux de sucre élevé.

En phase terminale, le diabète peut provoquer une anorexie, des vomissements et un coma. Tout chat montrant des signes dépressifs doit être considéré comme potentiellement très malade et conduit immédiatement chez le vétérinaire.

Si le vétérinaire diagnostique un diabète à la suite d'analyses de sang et d'urine, votre chat pourra repartir avec un nouveau régime diététique hyperprotéique et hypoglucidique, mais cela ne suffit pas toujours. Dans ce cas, une ou deux injections d'insuline devront être pratiquées tous les jours. Votre vétérinaire vous expliquera comment procéder et comment améliorer l'état de santé de votre chat. Veillez à noter quotidiennement toute observation concernant ses réactions aux médicaments. Ce petit journal permettra à votre vétérinaire de mieux contrôler son diabète.

Certains cas de diabète peuvent être guéris par le diagnostic et le traitement d'autres maladies qui rendent l'organisme du chat plus résistant à l'insuline. Certains chats en guériront définitivement, d'autres temporairement.

L'hyperthyroïdie

Mais qu'est-ce qui lui prend ? Voilà une question que bon nombre de propriétaires de chats se posent en constatant que leur compagnon devient plus énergique à mesure qu'il vieillit ou perd du poids (tout en mangeant plus).

Aussi enthousiasmante que puisse être l'idée de vivre avec un chat âgé débordant d'énergie, vous devez savoir que ce vieux matou soudain hyperactif peut souffrir d'une maladie conduisant à la mort si elle n'est pas soignée à temps. L'*hyperthyroïdie*, surproduction d'hormones thyroïdiennes, fait partie des maladies les plus courantes chez les chats âgés. Elle peut se manifester de différentes façons : hyperactivité et minceur extrême d'un chat qui mange tout le temps ou cas du chat « qui n'a pas l'air très bien » et qui laisse perplexes tous les vétérinaires qui l'examinent.

Lorsqu'un chat produit trop d'hormones thyroïdiennes, son métabolisme peut être contrarié au point de brûler un tiers de son poids. S'il n'est pas soigné, le chat malade risque de développer d'autres affections (touchant les reins, le cœur ou le foie) pouvant conduire à la mort. Sachez toutefois que ces symptômes peuvent ne pas toujours être présents, et que même un chat obèse ou simplement gras peut être atteint d'hyperthyroïdie.

La médecine vétérinaire propose trois méthodes de traitement. Celle que vous choisirez dépendra de votre lieu d'habitation et de l'état de santé et des prédispositions de votre animal :

- **Thérapie radioactive.** Cette option est la solution de traitement préférée, et vous comprendrez aisément pourquoi : la guérison est garantie à 90 %, voire 95 % sans aucun soin supplémentaire. Le chat reçoit une dose de substance radioactive (à base d'iode) qui détruit la tumeur de la glande à l'origine de la surproduction d'hormones, sans affecter aucune fonction corporelle. C'est l'affaire d'une journée, mais ce qui suit place beaucoup de propriétaires de chats devant un dilemme : le traitement crée un chat « radioactif » qui doit rester en clinique ou à l'école vétérinaire (où il a subi l'intervention) pendant une période de 7 à 14 jours, après quoi l'animal est apte à rentrer chez lui. Autre problème : ce traitement n'est pas disponible partout, ce qui peut ajouter le coût d'un billet de train ou d'avion à l'addition (renseignez-vous auprès de votre vétérinaire habituel).

- **Chirurgie.** La *thyroïdectomie*, ou ablation de la glande thyroïde atteinte, est la deuxième solution. Cette ablation peut être réalisée par votre vétérinaire. Le problème : l'intervention chirurgicale est délicate et d'autres problèmes peuvent apparaître. La chirurgie est un bon choix si vous ne pouvez disposer du traitement radioactif ou si votre chat ne peut supporter de rester enfermé en clinique.

- **Médicaments.** Des médicaments antithyroïdiens sont également disponibles, mais certains chats ne les tolèrent pas et certains propriétaires ne sont pas disposés à administrer des comprimés toute leur vie à leur animal. Cette forme de traitement est souvent utilisée pour soigner le chat dans l'immédiat, avant d'opter pour une solution plus radicale.

De récentes études ont démontré qu'un faible pourcentage de chats soignés contre l'hyperthyroïdie développent des complications rénales après leur traitement. Mais cela ne devrait pas vous dissuader de soigner votre chat. Nous vous recommandons d'en discuter sérieusement avec votre vétérinaire avant de prendre une décision définitive.

L'obstruction

L'*obstruction* est une incapacité totale des intestins à évacuer les selles pouvant causer des douleurs et un état suffisamment grave pour motiver une consultation vétérinaire d'urgence.

Soyez très attentif aux « habitudes de litière » de votre chat. S'il semble avoir des difficultés à déféquer ou si vous notez une absence de selles, votre chat a un problème. (Bien sûr, ces observations ne s'appliquent qu'aux chats vivant exclusivement à l'intérieur.) Étrangement, ce blocage intestinal peut débuter par une diarrhée. Le corps de l'animal, si irrité par des selles contenues, peut compenser en générant une forte quantité de liquide ou de mucus, qui une fois évacué peut donner l'apparence de selles molles.

Tout changement des habitudes de votre animal concernant sa litière est un signe potentiel de maladie qui doit être diagnostiqué par un vétérinaire pour identifier les problèmes pendant qu'ils peuvent encore être traités.

Le vétérinaire radiographiera probablement votre chat pour déterminer l'origine exacte du problème. Des médicaments ou une intervention chirurgicale seront peut-être nécessaires. À long terme, une alimentation laxative (lait, foie) et, éventuellement, de l'huile de paraffine et des purgatifs pourront être conseillés pour ramollir les selles, tout comme des brossages dentaires réguliers pour diminuer la quantité de poils morts ingurgités par votre chat. Une ablation du côlon est une solution extrême qui peut conduire à des problèmes de diarrhée. Toutefois, pour certains chats, cette solution chirurgicale est tout à fait bénéfique.

L'anesthésie et le chat âgé

Aussi courante que puisse être l'anesthésie dans la médecine vétérinaire, il existe encore beaucoup d'idées fausses sur cette pratique, surtout lorsqu'il s'agit de chats âgés. L'opinion selon laquelle le risque de l'anesthésie l'emporte sur la prévention, notamment en matière de soins dentaires, n'est désormais plus cautionnée par les études vétérinaires.

Certes, les anesthésies ne sont pas toujours sans risque, mais ces dangers sont aujourd'hui grandement minimisés grâce à quelques tests classiques, parmi lesquels des analyses d'urine et de sang, une radiographie des poumons et, éventuellement, un électrocardiogramme. S'ils augmentent considérablement le montant de la facture, ces examens permettent au vétérinaire d'offrir tous les avantages des soins préventifs qui améliorent et prolongent la vie des animaux qui en ont le plus besoin.

Votre vétérinaire recommandera peut-être des intraveineuses ou des injections sous-cutanées pendant l'anesthésie et, dans le cas de soins dentaires, la prise d'antibiotiques avant et après l'opération.

Aucun débat sur les dangers de l'anesthésie ne serait complet sans quelques mots sur vos responsabilités :

- **Suivez les instructions du vétérinaire concernant la préparation de l'animal avant l'opération**. S'il vous précise qu'il doit venir à jeun, veillez à lui apporter un chat l'estomac vide. Suivre cette recommandation est l'une des conditions les plus élémentaires et les plus simples pour réduire les risques de complications. Pendant l'anesthésie, le contenu d'un estomac plein peut être régurgité et inhalé par les poumons. D'une manière générale, vous devriez retirer toute nourriture la nuit qui précède l'opération et laisser uniquement un bol d'eau jusqu'au matin.

- **Soyez prêt pour la convalescence de l'animal après l'opération**. Certains vétérinaires libèrent l'animal alors qu'il est encore sous l'effet des calmants. Le cas échéant, vous devez lui épargner les environnements surchauffés ou trop froids, car ses réflexes sont alors réduits. Si vous ne vous sentez pas capable de prendre soin d'un animal sous sédatif, arrangez-vous avec le vétérinaire pour qu'il garde votre chat un peu plus longtemps. Si votre vétérinaire ne peut garder un animal 24 heures, notez le numéro de téléphone d'une clinique vétérinaire locale en cas de complications à la suite de l'anesthésie.

- **N'hésitez pas à poser des questions.** Assurez-vous de bien comprendre le déroulement des opérations et leurs conséquences. Les animaux se mettent souvent à tousser après une anesthésie, par exemple, à cause de l'irritation causée par le tube servant à insuffler le gaz anesthésiant. Cette réaction est tout à fait normale, mais si la toux persiste au-delà de deux jours, appelez le vétérinaire.

Quel que soit l'âge de l'animal, il y a de fortes chances pour que l'anesthésie ne présente aucun danger si le vétérinaire et vous-même prenez toutes les précautions pour minimiser les risques.

Lorsque le « moment » est venu

L'euthanasie constitue sans doute la plus grave décision à prendre, quel que soit le nombre de fois que vous ayez dû l'affronter au fil du temps. Votre vétérinaire peut certes vous conseiller et vos amis vous soutenir ; mais personne ne prendra cette décision à votre place. Lorsque vous vivez avec un animal très âgé ou en phase terminale de sa maladie, chaque matin vous le regardez dans les yeux en vous demandant : « Est-ce le moment ? »

Il est impossible de répondre à cette question. Si cela peut vous aider, sachez qu'en 14 ans d'exercice, Paul n'a eu à dire qu'à quatre maîtres qu'il était grandement temps de « faire piquer » leur animal. En effet, il est convaincu que les maîtres *savent* quand ce moment arrive et respecte leur décision sans jamais poser de questions. Demander conseil à vos amis, à votre famille et au vétérinaire est tout à fait approprié, mais vous seul pouvez prendre la décision finale.

Certains maîtres n'attendent pas que l'inconfort de leur animal se transforme en douleur et optent pour l'euthanasie assez rapidement. D'autres se fondent sur l'appétit de l'animal – si un animal âgé ou malade ne souhaite plus s'alimenter, ils se disent qu'il n'a plus goût à la vie. D'autres encore attendent jusqu'à ce qu'ils soient certains que la fin est toute proche.

Chacune de ces lignes de conduite est valable pour un chat et un maître à un moment donné. Faites pour le mieux, puis laissez le temps adoucir votre peine.

Paradoxalement, les incroyables progrès de la médecine vétérinaire de ces dernières décennies n'ont fait que rendre encore plus difficile la décision finale de nombreux maîtres. Il n'y a pas si longtemps encore, tout ce que l'on pouvait faire pour un animal gravement malade consistait à assurer son confort jusqu'à ce que la vie lui devienne impossible. Aujourd'hui, pratiquement toutes les techniques de la médecine humaine – de la chimiothérapie aux pacemakers – sont disponibles pour nos animaux.

Si vos moyens vous le permettent et si vous avez de fortes raisons de croire que ces progrès peuvent améliorer – et non pas seulement prolonger – la vie de votre animal, alors n'hésitez pas. Mais ne laissez pas votre culpabilité influencer votre décision et efforcez-vous de rester réaliste.

L'euthanasie constitue un acte de bienveillance envers un être qui nous est cher, une décision qui nous coûte énormément. C'est un ultime acte d'amour. Ni plus ni moins.

Opter pour l'euthanasie

Devez-vous rester auprès de votre animal à la fin ? Que faire de sa dépouille ? Ces questions difficiles n'ont aucune réponse absolue.

Pratiquée par un vétérinaire, l'euthanasie est un procédé rapide et indolore. L'animal est inconscient en quelques secondes et meurt en moins d'une minute. Les maîtres qui restent jusqu'au dernier souffle s'en vont rassurés, car leur chat n'a connu ni la peur ni la douleur.

Certains affirment que rester avec l'animal jusqu'à sa mort est un ultime geste d'amour. Quelle que soit votre décision concernant ces dernières minutes, elle ne changera jamais l'affection que vous avez partagée avec votre chat pendant toutes les années qui ont précédé ce dur moment. Si vous souhaitez être présent, restez. Mais partir ne dénote pas davantage un manque d'amour ni d'humanité.

Prenez rendez-vous à l'avance et indiquez clairement à la secrétaire le but de votre visite. De cette façon, le cabinet s'arrangera pour vous recevoir aussitôt sans passer par la salle d'attente. Le vétérinaire fera de son mieux pour répondre à toutes vos questions et vous mettre à l'aise avant de procéder. Il pourra commencer par administrer un sédatif à votre chat, et, éventuellement, tondre une de ses pattes antérieures afin de faciliter l'accès à la veine pour injecter le produit.

Sachez que fondre en larmes est tout à fait naturel. Votre vétérinaire comprendra et, nous en sommes persuadés, votre animal aussi.

Après la piqûre, vous souhaiterez peut-être passer quelques instants avec votre chat et votre vétérinaire comprendra cela également. Il vous accordera tout le temps nécessaire pour faire face à la perte que vous subissez. Si votre animal meurt en cours de traitement chez le vétérinaire, vous voudrez peut-être aussi voir son corps pour vous rapprocher de votre animal une dernière fois et pouvoir laisser aller votre peine. N'hésitez pas à en parler au vétérinaire.

Il vous sera peut-être moins difficile de faire piquer votre animal à la maison. Le cas échéant, parlez-en à votre vétérinaire. Bon nombre de professionnels proposent ce service à leurs clients de longue date.

Que faire de la dépouille ? Vous pouvez en disposer de plusieurs façons, mais votre décision sera plus facile à prendre si vous y avez déjà réfléchi. Vous pouvez enterrer votre animal vous-même. En France, vous avez le droit d'enterrer votre chat dans une propriété privée, à condition que ce soit au moins à 35 mètres d'une habitation ou d'un puits. Le trou doit être assez profond et le corps recouvert de chaux vive. Vous pouvez aussi faire enlever le corps par la fourrière municipale, le faire incinérer ou enterrer dans un cimetière pour animaux (voir adresses en annexe). Là encore, aucun choix n'est « mauvais ». Vous devez faire exactement ce qui vous semble approprié et répond au mieux à votre souhait.

Vous pouvez aussi rendre hommage à votre chat en faisant don de son corps à la SPA ou à une école vétérinaire ou encore à toute autre association de défense des animaux.

Le chagrin

Nombre de gens sont surpris de l'émotion intense qu'ils ressentent au décès d'un animal de compagnie, au point d'être parfois gênés de leur chagrin. Penser que nos compagnons ont un sens dans notre vie au-delà de l'affection que nous leur portons peut nous aider à éprouver et à surmonter notre peine. Souvent, nous ne réalisons pas que nous pleurons non seulement l'animal que nous aimions, mais également tous ces moments privilégiés qu'il représentait et certains liens avec d'autres personnes de notre vie. La mort d'un chat offert tout bébé par un ami aujourd'hui disparu, par exemple, peut ranimer des souvenirs douloureux de cet être cher que nous avons perdu.

TRUC

Dans ces moments difficiles, il est important de ne pas vous laisser abattre. Certaines personnes ne comprendront pas votre chagrin et hausseront les épaules en disant : « Franchement, ce n'était qu'un chat. » Partagez vos sentiments avec d'autres amoureux des chats qui sauront vous aider.

Des moments très difficiles, certes, mais sachez qu'au fil du temps, les souvenirs deviendront source de joie et non de douleur. Cela ne se fera pas du jour au lendemain, mais cela viendra, nous vous l'assurons.

Et si vous disparaissiez avant lui ?

À l'heure actuelle, vous ne pouvez léguer vos biens à un animal, car au regard de la loi, votre animal est lui-même un bien. En revanche, vous pouvez rédiger un testament en faveur d'une personne ou d'une association, en stipulant que celle-ci devra prendre soin de l'animal désigné jusqu'à sa mort.

Bien sûr, il est important de consulter votre notaire, mais il est plus important encore d'en parler avec votre famille et vos amis pour trouver *la* personne en qui vous avez entièrement confiance et qui veillera volontiers au bien-être de votre animal après votre mort. Vous devez léguer votre

« propriété » féline à cette personne, ainsi que suffisamment d'argent pour l'aider à s'en occuper comme vous l'auriez fait. Vous n'avez aucun moyen de savoir si cette personne respectera son contrat. C'est pourquoi vous devez choisir quelqu'un en qui vous avez une entière confiance et espérer, pour le bien de votre chat, que tout ira pour le mieux.

Quatrième partie

Vivre heureux avec un chat

"Les chats, je les adore, même si j'en ai parfois par-dessus la tête."

Dans cette partie...

Cette partie vous explique comment mieux comprendre votre petit félin et vous aide à relever tous les défis que peut vous réserver la vie avec un chat. Nous y avons inclus un chapitre sur le subtil langage du corps félin, ainsi que les meilleurs moyens de résoudre des problèmes de comportement, tels que l'agressivité ou les attitudes malpropres et destructrices. Votre chatte est pleine ? Nous vous donnons toutes les informations utiles pour l'aider, et pour élever et placer ses chatons. Nous vous expliquons également comment voyager avec votre chat et vous proposons, pour terminer, un petit tour dans le monde des expositions félines.

Chapitre 12

Comprendre votre chat

Dans ce chapitre :

- Les sens.
- Le langage des chats.

La communication est le fondement de toute relation importante, que ce soit entre un chat et un humain ou entre deux personnes. Mieux comprendre la façon dont votre chat communique ne peut que renforcer le lien qui vous unit, rendant ainsi la vie de votre animal et la vôtre plus agréables.

D'une certaine façon, comprendre les chats est aussi formidable que rencontrer un être d'une autre planète, parce que les mondes auxquels nous appartenons sont tout aussi éloignés : le nôtre est fait de mots, d'objets fabriqués par l'homme, de sentiments complexes ; celui de nos chats est un monde d'instincts, de gestes, de plaisirs élémentaires. S'efforcer de comprendre les chats, c'est faire un pas dans leur monde, si simple et apaisant.

LE CHOIX DES CHATS

Mais apprendre à parler le langage des chats ne sert pas uniquement nos intérêts. Mieux les connaître et mieux les comprendre, c'est leur apporter les meilleurs soins, entendre ce qu'ils veulent, éviter les conflits inutiles et capter les premiers signes de maladie.

À LA TRACE

Savoir lire le langage corporel de votre chat est une bonne méthode pour identifier une maladie, mais une petite auscultation personnelle est tout aussi capitale. Le chapitre 9 contient tout ce que vous devez savoir sur les soins préventifs.

Les sens

À l'instar de nombreux prédateurs, les chats sont pourvus d'organes sensoriels très développés. Ils n'auraient pu sans cela survivre suffisamment longtemps pour être domestiqués. Aujourd'hui encore, alors que de nombreux chats trouvent « naturellement » leur nourriture dans leur bol, d'autres en aussi grand nombre n'ont pas cette chance. Les remarquables talents naturels de ces animaux les mettent à l'abri de la faim. La simple existence et la survie de chats harets et sauvages sont un hommage aux sens parfaitement adaptés de l'espèce féline à laquelle ils appartiennent.

Apprendre à parler « chat » vous aidera à mieux vous comprendre mutuellement.

Photo : Jennifer Ehrlich.

L'odorat

Le monde des chats est peuplé d'odeurs, à tel point que l'on parle de « paysage olfactif ». Leur odorat est nettement plus puissant que celui des hommes (mais moins que celui des chiens). Vous comprenez mieux maintenant pourquoi une litière jugée « acceptable » par un maître peut être subie comme une véritable agression par un chat !

Certes, le bac à litière est un problème moderne, et le nez du chat a bien d'autres talents que celui de décider ce qui n'est pas assez propre. L'odeur joue un rôle primordial dans le marquage du territoire (voir l'encadré correspondant) : la quête de proies et le choix de la nourriture est une des activités favorites de nos petits félins (avec la sieste). Les chiens sont des gloutons insatiables que presque rien ne rebute. Les chats, eux, sont prédateurs et gourmets à la fois : il leur faut de la nourriture fraîche et tuée depuis peu de préférence. Vous êtes-vous déjà demandé pourquoi votre chat boudait une boîte ouverte depuis plus d'une journée ? La réponse est simple : elle n'est tout simplement plus fraîche selon les critères olfactifs de votre gastronome à pattes de velours.

Si votre chat est si tatillon sur la qualité de sa nourriture qu'aucune délicatesse ne semble le satisfaire – ou s'il semble avoir perdu l'appétit à cause d'une maladie en cours de traitement –, faites un peu réchauffer son plat afin de le servir à peine tiède. Une nourriture légèrement au-dessus de la température ambiante (à température corporelle, en fait) sera plus appétissante. (Pour tout savoir sur l'alimentation de nos petits amis félins, reportez-vous au chapitre 8.)

En plus du nez, l'appareil olfactif du chat est complété par un petit organe relié à la face supérieure du palais, appelé *organe de Jacobson*. Ce petit sac tapissé de cellules olfactives lui permet d'apprécier encore plus pleinement les odeurs, tout particulièrement celles à connotations sexuelles, telles que celle de la femelle en chaleur. Lorsqu'un chat a recours à cet organe, il aspire une petite quantité d'air contenant les substances odorantes qu'il cherche à « goûter » plus précisément et presse cet effluve contre son palais. On appelle ce comportement *réaction de Flehmen*.

L'ouïe

Contrairement aux nôtres qui sont immobiles, les chats utilisent leurs oreilles externes comme de véritables radars qu'ils peuvent orienter indépendamment et à 180°,, pour localiser l'origine d'un bruit. Leur capacité auditive est également plus performante que la nôtre dans le domaine des hautes fréquences : ils peuvent entendre des sons beaucoup plus aigus, deux octaves plus haut – une gamme également plus élevée que celle du chien.

La vision

Si les chats ne sont pas daltoniens, comme certains veulent bien le croire, ils ne voient toutefois pas aussi bien les couleurs que nous. Moins sensibles aux couleurs franches, leur monde est tout simplement plus pastel que le nôtre.

Le marquage olfactif

Le bon « paysage olfactif » est si capital pour votre chat qu'une de ses tâches capitales consiste à s'assurer en permanence que tout, dans son monde, revêt sa propre odeur – même vous ! Voici les éléments qui lui permettent de faire ainsi « acte de propriété » :

- **Les glandes sébacées.** Situées à la base de ses follicules pileux, le chat possède des *glandes sébacées* qui produisent une substance, le *sébum*, ayant deux utilités : protéger la fourrure et déposer des odeurs particulières sur les objets de son environnement. Ces glandes sont particulièrement nombreuses sur le pourtour des lèvres, son menton, au-dessus des yeux, à la base de la queue et près de ses organes génitaux. Si un chat frotte sa face sur un objet, par exemple, il y dépose une odeur particulière, sa signature faisant acte de propriété. Nos pauvres nez sont incapables de détecter de telles odeurs – et ce n'est probablement pas plus mal !
- **L'urine.** Si le « marquage de territoire par sébum » effectué par nos chats lorsqu'ils se frottent à nos jambes fait généralement apparaître sur nos visages un sourire béat rempli de satisfaction, nous n'approuvons absolument pas cet autre comportement de marquage territorial qu'est le jet d'urine. Tous les chats peuvent marquer leur territoire en y déposant çà et là quelques gouttes d'urine. Toutefois, ce comportement est beaucoup plus fréquent chez les mâles entiers qui ont un besoin plus prononcé d'uriner aux frontières de leur territoire (c'est-à-dire non seulement dans le jardin, mais aussi sur les rideaux, le canapé, voire sur vous !). Rendez-vous au chapitre 13 pour en savoir plus sur les problèmes liés au marquage de territoire par l'urine.
- **Les griffes.** Lorsque votre animal plante ses griffes dans son griffoir (ou votre canapé !), il n'essaie pas de le détruire. Ce comportement lui permet de faire tomber la corne superficielle usée de ses griffes pour les maintenir bien acérées et lui offre l'opportunité de s'étirer et de se détendre. Et ce n'est pas tout. Lorsqu'il « fait ses griffes », les coussinets de ses pattes entrent en contact avec l'objet dans lequel il plante ses griffes, ce qui laisse une odeur particulière provenant de ses glandes sudoripares. C'est d'ailleurs pour cela que même les chats qui ont subi une ablation chirurgicale des griffes continuent à pratiquer efficacement leur rituel de marquage olfactif à l'aide des sécrétions produites au niveau de leurs coussinets plantaires. L'onychectomie (ablation des griffes) est une pratique de dernier recours pour soigner des troubles du comportement destructif (voir le chapitre 13).
- **La langue comme outil de toilettage.** Le soin méticuleux que votre chat apporte quotidiennement à sa fourrure pour que chaque poil soit propre et correctement ordonné a également son importance dans le domaine du marquage olfactif. En effet, sa langue dépose sur chaque centimètre de son corps un peu de salive qui contient son parfum préféré : *Eau de Moi.*

Deux dernières petites remarques pour bien comprendre l'importance du « droit de senteur » chez les chats : ils font souvent leur toilette juste après avoir été caressés – pour couvrir votre odeur par la leur ! Et ils se frottent parfois à vous lorsque vous sortez, tout propre et sans odeur, de la douche pour veiller à ce que personne n'oublie que vous leur appartenez.

Leur vue est en fait parfaitement adaptée à leurs activités de chasse, principalement nocturnes. Les cellules photosensibles de leurs rétines leur permettent de voir dans la nuit presque totale. Leurs yeux de prédateurs leur permettent aussi d'estimer parfaitement les distances et de déceler le moindre mouvement, des qualités inestimables pour un prédateur qui a non seulement besoin de trouver sa pitance, mais également de sauter sur sa proie avec la plus grande précision.

La vision nocturne des chats est rendue possible par les *bâtonnets*, cellules photosensibles en lumière faible, beaucoup plus nombreux chez les chats que chez l'homme. Cette capacité à discerner des objets dans l'obscurité est, en outre, intensifiée grâce à une membrane, le *tapis*, aussi appelé *tapetum lucidum*, situé sur la rétine et qui réfléchit la lumière. Alors que le fond des yeux humains réfléchit du rouge (les vaisseaux sanguins) s'il subit un fort éclairage la nuit (d'où les fameux yeux rouges sur les photos prises avec un flash), les yeux des chats réfléchiront une sorte d'éclair de couleur verte ou or à cause de ce tapis.

Le goût

Dans la mesure où les chats préfèrent consommer de la chair fraîche animale pour leurs besoins nutritifs, vous ne serez pas trop surpris d'apprendre qu'ils n'apprécient pas particulièrement les douceurs dont certains humains raffolent. Et, s'ils savent bien faire la différence entre l'amer, le salé, le sucré et l'acide, leur interprétation de l'attrait de ces saveurs est, sans conteste, très différente de la nôtre. Leurs papilles gustatives étant moins nombreuses que les nôtres, c'est davantage l'odeur d'un aliment qui le rend appétissant.

La langue râpeuse des chats est un outil extraordinaire, parfaitement adapté pour la toilette (et la destruction des puces) et le nettoyage total de la chair autour des os de leurs proies.

Le toucher

Les poils de la fourrure d'un chat et ses vibrisses (poils plus rigides que les autres situés sur la face, mais aussi à la pointe des coudes et à l'arrière des pattes) sont extrêmement sensibles et viennent compléter la vision nocturne qu'un chat apprécie tant lorsqu'il vagabonde à la tombée de la nuit. Animal sensuel, il adore tout autant se « caresser à nous » que se laisser caresser (avec, pour cette dernière remarque, les limites propres à chaque tempérament félin), en partie parce que ce contact est une façon de répandre son odeur.

Les chats adorent toucher et être touchés, même s'ils sont parfois trop orgueilleux pour l'exprimer.

Photo : Linda Stark.

LE CHOIX DES CHATS

Un « tricot » d'amour

Bien que personne ne semble d'accord sur le verbe le mieux adapté pour décrire cette expression du corps, tous les amoureux des chats connaissent bien ce mouvement spécial qu'ils font avec leurs pattes antérieures lorsqu'ils les tendent et les referment l'une après l'autre dans des moments de calme et de satisfaction. Qu'ils « tricotent » ou qu'ils « pétrissent » sur les genoux de leur maître, le message est toujours le même : affection et confiance.

Ce comportement est un reste de l'enfance, lorsqu'ils pressaient leurs pattes sur le ventre de leur mère alors qu'elle les toilettait ou les nourrissait. Chaque fois que votre chat agit ainsi avec vous, il vous dit qu'il vous considère comme sa mère, « tricotant » et ronronnant dans un acte d'amour félin.

PAROLE DE CHAT

Les chats ont-ils plus de cinq sens ?

Deux phénomènes, rapportés par de nombreux amoureux des chats, laissent à penser qu'ils auraient des aptitudes sensorielles supplémentaires que nous ne pouvons expliquer.

L'une d'elles est leur capacité à pressentir les événements sismiques, tels que les tremblements de terre. Les chats (et d'autres animaux) seraient sensibles aux signes de tension croissante sous leurs pattes, une théorie présentée par ceux qui prétendent qu'avant un tremblement de terre, le nombre de chats et chiens égarés augmente considérablement – dans un souci de fuir le danger, probablement.

Un autre de leurs talents est leur incroyable sens de l'orientation qui leur permettrait – toujours selon de nombreuses anecdotes – de retrouver ce qu'ils croient reconnaître comme leur foyer après un périple (un déménagement où ils se seraient perdus, par exemple) pouvant atteindre des centaines de kilomètres. Bien que, pour la plupart de ces cas, il s'agisse d'une méprise de part et d'autre, il ne fait aucun doute que certains chats – dont l'identité a pu être vérifiée grâce à un tatouage, par exemple – retrouvent réellement leur foyer. Certaines études tendraient à démontrer que les chats auraient une sensibilité accrue aux champs magnétiques terrestres, comme une boussole interne qui rendrait inutile toute carte routière.

La subtilité de ces sens nous dépasse, et nous ne les comprendrons peut-être jamais – une situation qui doit parfaitement convenir à nos petits félins qui adorent qu'on les admire pour leurs secrets !

Le langage des chats

Aucun chaton n'a jamais eu besoin d'ouvrir un livre pour comprendre le langage du corps félin ou même du corps humain. Certes, les chats ne sont pas aussi adeptes du langage corporel que les chiens – dont les ancêtres loups ont développé un langage du corps très performant pour maintenir la paix dans la structure familiale, la *horde* –, mais ils sont tout à fait capables de communiquer entre eux et avec d'autres espèces. (Si vous avez des doutes au sujet de la communication entre les espèces, pensez à la vitesse avec laquelle les chiens comprennent le signal « Arrière ! » qu'un chat leur présente lorsqu'il fait le gros dos.)

Les chiens comprennent les chats et les chats comprennent les chiens, et tous deux sont de bien meilleurs interprètes d'indices non verbaux que la vaste majorité d'entre nous, pauvres humains qui devons leur sembler si stupides. Ajoutez à ces expressions corporelles le langage verbal des chats – miaulements, feulements, grognements, ronronnement, etc. – et il vous faudra reconsidérer votre opinion que les chats « ne parlent pas ».

Bien au contraire, votre chat pourrait tout à fait vous rétorquer que c'est *vous* qui n'écoutez pas.

Les yeux

Les yeux de votre chat réagissent automatiquement à l'intensité lumineuse. À la lumière du jour, les pupilles se rétractent en deux petits traits verticaux (pour laisser passer un minimum de lumière). La nuit, en revanche, la moindre petite lueur dilate les pupilles à l'extrême. Au-delà de ce mécanisme de réflexe, les yeux du chat sont de véritables indicateurs de son état émotionnel. Des yeux grands ouverts, aux pupilles normalement dilatées, suggèrent l'intérêt bienveillant d'un chat détendu. Des yeux qui apparaissent encore plus grands avec une pupille très dilatée indiquent un état de peur. Un chat à l'affût (qu'il chasse une souris ou un jouet) a le regard « dur », fixe et intense.

PAROLE DE CHAT

Si les chats n'apprécient pas qu'on les fixe du regard – vos parents ne vous ont-ils pas appris qu'il était impoli de regarder quelqu'un avec insistance ? –, ils aiment, en revanche, partager un clignement des yeux. Envoyez un baiser à leur manière : croisez le regard de votre chat, puis clignez des yeux. Il clignera peut-être à son tour.

Les oreilles

Un chat qui chasse a les oreilles bien droites, pour mieux capter le moindre couinement d'une souris cachée. S'il est calme et détendu, il les tient également dressées et généralement orientées sur les côtés, tournant l'une ou l'autre vers toute source de bruit qui pourrait signifier la fin temporaire d'un moment de tranquillité. Le chat apeuré aplatit ses oreilles sur les côtés de la tête. Attention, si elles sont complètement couchées en arrière, le chat est prêt à attaquer.

La queue

La queue dressée à la verticale et légèrement recourbée au bout est un signe évident de bon accueil rempli d'affection et de confiance. Un chat inquiet et sur la défensive hérisse sa queue et la tient basse – peut-être même serrée entre les cuisses – en la remuant de part et d'autre. S'il est à l'affût, sa queue est basse et immobile – seule l'extrémité qui s'agite témoigne d'une nervosité qu'il a du mal à contenir.

La queue d'un chat, extrêmement éloquente, est l'un des meilleurs signes indiquant une attaque imminente (voir l'encadré « Attention, je vais me fâcher !). Contrairement aux chiens, qui agitent la queue lorsqu'ils sont contents, les chats la remuent pour exprimer un état de nervosité.

La voix

Bien que s'exprimant dans une gamme propre à leur espèce, les voix félines sont toutes différentes les unes des autres. Les sons que les chats utilisent pour exprimer une émotion sont très variés :

- **Miaulements.** Du son court émis par un chaton pour appeler sa mère aux vocalises plus longues de votre animal qui réclame son dîner, les chats disposent d'une gamme très étendue d'expressions vocales à partir de quelques sons élémentaires. Ils émettent toujours ces « voyelles » en ouvrant puis en fermant la bouche à une vitesse plus ou moins variable. Les chats disposent même d'un miaulement que nous ne pouvons pas entendre, car il se situe dans une gamme inaccessible à l'oreille humaine. Après quelque temps passé avec votre chat, vous apprendrez à identifier et interpréter ses différents miaous, qui signifient le plus souvent : « Hé ! Toi, là. Je veux quelque chose ! »
- **Sérénades félines.** Même les personnes qui n'ont jamais eu de chat connaissent ce son, un chant à multiples octaves généralement interprété lors d'un duo entre deux chats prêts à se battre. Le message est simple : « Tire-toi d'ici ou tu vas le regretter ! » Ces concerts ont généralement lieu entre deux chats qui se contestent un territoire et sont plus fréquents en période d'amours félines (surtout pendant les nuits tièdes du printemps).
- **Miaulement « claqué ».** Lorsqu'un chat est excité par la possibilité d'attraper une proie ou (pour un mâle) par l'attente d'une saillie, il peut émettre un rapide claquement de dents.

- **Grognement.** Moins intense et varié que les « sérénades félines », le grognement témoigne d'une situation de peur ou de colère. Dans ces moments, le chat siffle et crache souvent.
- **Ronronnement.** L'équivalent félin du sourire. Et, à l'instar du sourire, le ronronnement a parfois lieu dans des situations qui ne sont pas nécessairement agréables, comme pour dire : « Je suis bien, alors ne viens pas m'ennuyer. » Le chat heureux ronronne, mais celui qui est blessé ou qui a peur ronronne aussi, tout comme la chatte qui met bas ou qui nourrit ses chatons.
- **Cri.** Une plainte d'une intense douleur. Nous espérons que vous n'aurez jamais à l'entendre, surtout de votre chat.

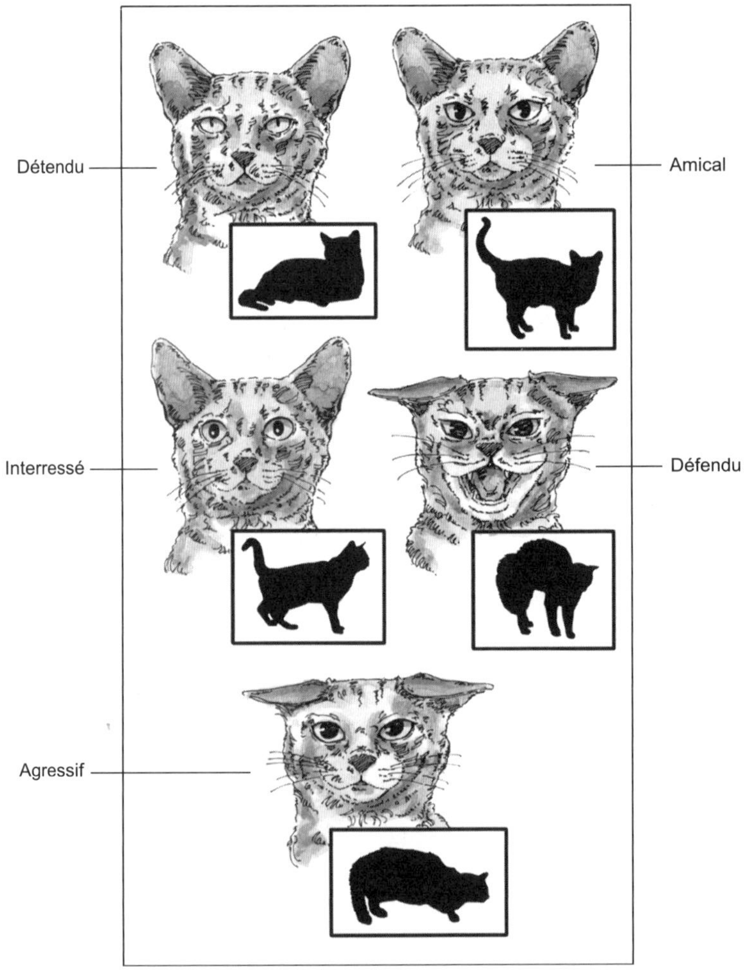

Quelques mimiques et attitudes parlantes.

Les poils et les moustaches

Les chats expriment la peur ou la colère par une attitude typique : ils hérissent leurs poils pour paraître plus volumineux et font « le gros dos ». (Dans un premier temps, ils peuvent se limiter à gonfler leur queue.) Les moustaches ont, quant à elles, un champ d'expressions beaucoup plus étendu. S'il est en colère ou curieux, le chat porte ses moustaches vers l'avant. (Il les porte également ainsi pour se diriger dans l'obscurité.) Des moustaches baissées (en arc de cercle) indiquent la peur ou une attaque imminente.

Les moustaches des chats sont généralement composées de 24 poils (ou vibrisses), implantés plus profondément que les autres et répartis de chaque côté du nez en quatre rangées horizontales. Les rangées supérieures et inférieures peuvent s'orienter indépendamment les unes des autres. Ces poils sont généralement plus raides et rigides, à l'exception, toutefois, des moustaches des Cornish Rex et Devon Rex qui, elles, sont frisées !

Outils ultrasensibles, les moustaches de votre animal lui sont capitales : il serait complètement désorienté si on les lui coupait !

L'attitude

Pour pouvoir interpréter correctement l'état émotionnel de votre chat, la façon dont il se tient doit être considérée dans son contexte et il faut l'analyser en tenant compte de la queue, des oreilles, des yeux, de la voix et de la fourrure (sans oublier les vibrisses). Un chat qui apprécie les caresses de la tête à la queue, par exemple, fait le dos rond et relève la queue pour accroître au maximum le contact avec la main qui le flatte. Attention, un chat prêt à l'attaque fait également le dos rond ! La seule différence : le contexte.

Voici quelques attitudes typiques :

- **Inquisiteur.** Le chat amical, curieux ou inquisiteur est détendu, avançant avec confiance la queue dressée à la verticale et les oreilles pointées, orientées sur les côtés.

- **Défensif.** Un chat sur la défensive, furieux ou effrayé fait le gros dos et hérisse ses poils, après quoi il s'enfuit s'il en a la possibilité. Un chat *vraiment* furieux attaque. S'il est acculé, il pourra se mettre sur le dos et cracher toutes griffes (et dents) dehors.

- **Agressif.** Un chat prêt à l'attaque s'aplatit sur le sol, son arrière-train légèrement plus élevé que l'avant, prêt à utiliser la puissance et la souplesse de ses pattes postérieures pour effectuer un bond en avant. Les poils au-dessus de ses épaules sont hérissés, tout comme ceux de sa queue.

ATTENTION

Un chat dans une position agressive ou défensive est à éviter, même si c'est le vôtre ! Laissez-lui le temps de se calmer avant d'entreprendre une approche.

À en juger par cette photo, Minet en avait plus qu'assez du photographe.

Photo : Richard D. Schmidt.

Attention, je vais me fâcher !

L'ignorance ou l'incompréhension du langage corporel félin vaut à plus d'un amateur de chats un mauvais coup de griffes (ou de dents) de temps à autre – résultat de leur mauvaise interprétation des signes négatifs qu'un chat manifeste toujours *avant* d'attaquer.

Le chat qui attrape « soudainement » la main qui le caresse entre ses dents et ses griffes en est un exemple classique. Le maître qui la retire avec étonnement et frustration est, quant à lui, l'exemple type de l'humain stupide (d'un point de vue félin) qui n'a pas su lire à temps les premiers signes d'impatience de son chat.

En fait, ces attaques « surprises » sont *toujours* prévisibles. Avant de mordre ou de griffer, un chat présente des signes subtils (pour nous, les humains) d'une tolérance décroissante. Le plus important d'entre tous : le mouvement de plus en plus rythmé de la queue.

Le plus souvent, tout commence par une simple caresse sur le ventre de votre petit félin, une région du corps très vulnérable pour tout animal. Votre chat peut même vous offrir son ventre dans un geste d'affection, mais dès que vous commencez à le caresser, cette attention semble progressivement l'indisposer.

Soyez à l'écoute des expressions corporelles de votre animal : s'il se raidit ou commence à remuer la queue, arrêtez de le caresser *immédiatement.* Chaque fois que vous réagirez positivement à ses premiers signes d'impatience, vous éviterez non seulement un coup de dents ou de griffes, mais vous augmenterez la confiance qu'il a en vous, ainsi que sa tolérance à vos attentions physiques. (Pour en savoir plus sur l'agressivité féline, rendez-vous au chapitre 13.)

Chapitre 13

Résoudre les problèmes de comportement

Dans ce chapitre :

- Une autre approche du « mauvais » comportement.
- S'attaquer à l'origine des problèmes.
- Quelques stratégies efficaces.
- Les souillures d'élimination.
- Les autres problèmes.

Les chats font partie des animaux domestiques les plus accommodants et les plus autonomes, deux raisons (plus prosaïques que d'autres) qui contribuent à leur donner leur place privilégiée au sein d'un nombre sans cesse croissant de foyers. Ces félins apprivoisés sont naturellement calmes, propres, affectueux, indépendants et capables de s'adapter à toutes sortes de foyers et de types de familles.

Mais lorsque les choses tournent mal... elles tournent *vraiment* mal d'un point de vue humain ! Un chat au comportement agressif, par exemple, peut poser un réel problème de cohabitation et être la source de peines et de frustration dans la famille (le chat étant, quant à lui, le véritable perdant). D'autres chats peuvent littéralement tout détruire sur leur passage – lacérant, déchiquetant et recouvrant de leur urine tous vos meubles et vêtements. Vos plantes non plus ne sont pas en sécurité, de même que vos mains, quand votre chat, qui ronronnait il y a un instant, se met soudain à vous griffer sans raison apparente.

Pour certains amoureux des chats, ces comportements peuvent sembler imprévisibles ou incontrôlables, alors que, s'ils connaissaient mieux leur langage et leur nature propre, ils comprendraient qu'il n'en est rien. Ce que certains maîtres considèrent comme de « mauvais » comportements sont souvent des attitudes tout à fait normales pour un chat, qui réagit le plus naturellement possible à des situations d'ennui, de stress, de maladie ou à des changements et conditions particulières de sa domestication. Ce que ces maîtres considèrent souvent comme des problèmes sont, en fait, des comportements inscrits dans leur bagage génétique au même titre que leurs fantastiques facultés auditives ou que leurs coussinets et poils ultrasensibles.

Pour *résoudre* un problème de comportement, vous devez donc commencer par *comprendre* ce comportement.

Malheureusement, trop d'amateurs de chats n'essaient même pas de comprendre et leur réaction d'animal humain est souvent celle de la colère conduisant, dans un premier temps, à une punition physique (qui n'a aucun effet sur l'éducation des chats) pour finir, parfois, avec un aller simple à la SPA.

Pour le bien de votre chat, et le vôtre, nous vous présentons des solutions qui devraient vous épargner la confusion, la colère et le ressentiment causés par un problème de comportement, et restaurer confiance et sérénité dans la maison.

Dans ce chapitre, nous allons donc vous aider à mieux cerner les origines de ces comportements non désirés et vous expliquer comment renverser la situation et la rendre vivable pour tous les deux. Votre chat n'est pas parfait, tout comme vous : voilà deux constats à ne jamais oublier chaque fois que vous devez faire face à un comportement dérangeant. Les problèmes apparaissent souvent très progressivement, et c'est tout aussi progressivement que vous pourrez les régler.

N'OUBLIEZ PAS

Avant d'essayer de résoudre un quelconque problème de comportement, vérifiez toujours qu'il ne s'agit pas d'un problème médical. Nous ne le soulignerons jamais assez. Les symptômes de maladie peuvent être très subtils chez les chats (voir le chapitre 9) et se traduisent souvent par des troubles du comportement. Consultez un vétérinaire avant d'essayer de modifier le comportement de votre petit félin, car vos efforts seraient sans effet (voire dangereux pour la vie de votre animal) si votre chat est malade. Ce conseil s'applique doublement si le changement de comportement est brutal – votre animal est probablement malade, tout particulièrement si son environnement n'a subi aucun changement, tel que l'arrivée d'une nouvelle personne ou d'un nouvel animal.

TRUC

Votre vétérinaire pourra également vous guider si vous voulez modifier le comportement d'un chat errant que vous venez d'adopter. Les progrès réalisés dans la compréhension du comportement félin permettent aujourd'hui de traiter ces troubles le plus efficacement possible et d'améliorer la condition de vie de nos petits compagnons (surtout lorsque l'on réalise qu'ils peuvent causer plus de mal que les maladies elles-mêmes). L'utilisation de calmants et d'anxiolytiques accompagne souvent les traitements de fond proposés, afin de permettre aux maîtres de démarrer sur de bonnes bases.

Une autre approche du « mauvais » comportement

Voici une bonne façon de passer un après-midi agréable tout en apprenant beaucoup de choses sur votre chat : allez dans votre magasin de location de vidéos et louez un documentaire sur les tigres.

Vous serez certainement étonné de voir combien le chat qui ronronne sur vos genoux ressemble à ce fascinant animal sauvage. Observez sa démarche qui évoque grâce, élégance et puissance, la façon dont il chasse, concentré et parfaitement immobile, si ce n'est ce battement nerveux tout au bout de sa queue.

Maintenant, concentrez-vous sur la partie concernant le « territoire » : comment les tigres ont besoin d'un territoire qui leur est propre et comment ils en marquent les limites.

Ils se frottent aux éléments, ils répandent des gouttes d'urine et laissent des marques de griffes.

Il faut bien le reconnaître : il est beaucoup plus impressionnant de voir un tigre agir ainsi qu'un chat de 4 kilos ! Un marquage par l'odeur à l'aide d'un petit coup de tête de ce félin sauvage peut renverser un homme. Et ne parlons pas des deux autres comportements... Lorsqu'un tigre veut laisser un message (ou le rafraîchir), il se dresse sur ses pattes postérieures et plante ses griffes dans un arbre, pour déposer des marques visuelles *et* olfactives sur ce pauvre végétal. Ensuite, au cas où il ne se serait pas très bien fait comprendre, il se détourne de l'arbre, lève la queue et envoie un jet d'urine. Il se retourne de nouveau et aspire un peu d'air contenant des effluves de son urine (dans un acte appelé *réaction de Flehmen*) pour apprécier plus pleinement cette odeur à travers un organe sensoriel relié à son palais.

Dans la mesure où personne ne crie après lui pour avoir fait toutes ces choses sur le dossier du fauteuil ou sur une pile de linge sale, il repart tranquillement, rassuré par un monde rempli de son odeur, vaquer à ses occupations félines.

Voyez-vous où nous voulons en venir ? Ces actions que le tigre accomplit pour marquer son territoire sont des comportements tout aussi naturels pour votre chat. Et vous voulez néanmoins qu'il s'en débarrasse à jamais ? Sachez que ce n'est tout simplement pas possible et que ce ne serait pas juste de le demander.

TRUC

Régler un problème de comportement félin revient à dompter un tigre : vous devez travailler lentement pour restructurer les comportements naturels de votre animal selon des critères qui correspondent mieux aux exigences de votre cohabitation.

S'attaquer à l'origine des problèmes

Vous demandez beaucoup à un chat lorsque vous l'accueillez dans votre domicile, et le fait que, dans la plupart des cas, la situation évolue si bien en dit long sur la force des sentiments qui peuvent lier les chats et les humains. Vous demandez à votre animal de faire ses besoins là où vous le souhaitez et non à chaque endroit stratégique de son territoire. Vous lui demandez de faire ses griffes sur un seul objet (de préférence un griffoir) et non sur toutes les surfaces qu'il apprécie. Vous lui demandez de ne plus exercer ses talents d'acrobate sur les tables et les plans de travail de la cuisine et de régler son emploi du temps naturellement nocturne sur votre calendrier diurne.

La plupart des chats accepteront de faire tous les compromis que vous leur demandez. Pour les autres, vous devrez essayer de comprendre pourquoi ils refusent de s'y soumettre avant de pouvoir envisager une autre approche. Voici quelques aspects à prendre en compte :

- **Problèmes médicaux.** Les problèmes de comportement masquent parfois des troubles de santé physique. Un chat souffrant de diabète, par exemple, va boire et uriner fréquemment, peut-être plus fréquemment que vous ne changez sa litière, et pourra commencer à sélectionner d'autres endroits pour se soulager. Un chat qui se met soudainement à mordre peut éprouver des douleurs et agir ainsi comme pour se protéger. Un chat souffrant d'insuffisance rénale peut ressentir des douleurs au moment d'uriner, associer ces douleurs à son bac à litière et refuser de l'utiliser. Toutes les techniques comportementales du monde ne pourront jamais résoudre un problème médical. Vous aurez besoin de l'aide d'un vétérinaire pour cela.

- **Stress.** Les chats sont réfractaires aux changements et ils modifient parfois leur comportement pour essayer de s'en accommoder. Un chat pourra marquer son territoire dans une maison qui vient juste d'être « envahie » par un autre animal ou une nouvelle personne. Dans son esprit, ce comportement tranquillisant est tout à fait rationnel : en y laissant ses marques (olfactives ou visuelles), il se rassure tout en rappelant aux autres « colocataires » que cet environnement qu'on lui impose de partager est le sien. Pour calmer son stress d'une façon plus acceptable, vous pourrez limiter son territoire temporairement ou lui donner des médicaments adaptés (dans le cas d'un stress extrême).

- **Demandes déraisonnables.** Dans tout problème de comportement, il est nécessaire de considérer également votre propre rôle. Exigez-vous quelque chose que votre chat ne peut fournir ? Par exemple, il boude peut-être la litière parce qu'elle n'est pas assez propre, et lui interdire le canapé sans rien lui proposer d'autre pour faire ses griffes n'est pas non plus une attitude juste envers un animal qui éprouve ce besoin.

A LA TRACE

- **Ennui.** Vous avez exigé de votre chat qu'il renonce au monde et à toutes ses aventures, et tout ce que vous lui offrez en retour se résume à quelques heures de votre présence quotidienne et une souris en caoutchouc. Vous vous moquez de lui ! Les chats d'intérieur ont besoin de bien plus pour ne pas s'ennuyer : de nombreux jouets et beaucoup d'attention de votre part. Inutile de dépenser beaucoup d'argent pour ces jouets (voir le chapitre 6). En revanche, vous devrez faire un effort pour l'aider à s'amuser avec ces jouets. Si vous êtes souvent absent de la maison, un autre chat (ou un chien) pourra procurer à votre animal exercice, compagnie et distraction.

- **Manque d'éducation convenable.** Si l'éducation de votre chat se limite à des cris et des brutalités, vous ne lui apprenez probablement pas grand-chose, si ce n'est que vous êtes quelqu'un qu'il vaut mieux éviter. Les corrections physiques ne peuvent aider à améliorer le comportement d'un chat – les chats sont incapables de les comprendre. Et utiliser des punitions physiques pour parvenir à vos fins ne fera que le stresser davantage tout en créant de nouveaux problèmes.

Examinez ce qui a pu changer dans votre vie. Comment votre chat a réagi à ce changement, et comment *vous* avez réagi. Notez toute information relative au problème pour vous aider à mieux cerner le problème et dédramatiser la situation. Réaliser que votre chat n'est ni volontairement méchant, ni capricieux est essentiel dans cette entreprise.

Quelques stratégies efficaces

Contrairement aux chiens, les chats n'ont pas de prédispositions pour vivre de manière innée dans un contexte familial ou social. Les chiens s'adaptent tout à fait naturellement à la famille, car leurs ancêtres vivaient et chassaient par groupes, appelés *hordes*, avec des structures sociales très développées. En revanche, et à l'exception des lions, les félins petits et grands sont des chasseurs solitaires, habitués à se débrouiller seuls. Il est impossible de forcer un chat à faire ce qu'il ne veut pas faire. Pour changer un comportement indésirable, vous devrez donc lui offrir une solution acceptable des deux côtés, tout en rendant le « mauvais » comportement moins séduisant.

Votre chat vous aime et apprécie votre compagnie, mais si vous voulez le convaincre de faire ce que vous attendez de lui, vous devez répondre à la suprême question féline : qu'ai-je à y gagner ?

La bonne nouvelle, c'est que les chats adorent les habitudes. Dès que le vôtre aura appris où il peut griffer, mordre et uriner, vous pourrez débarrasser la maison de tous les accessoires que vous aurez utilisés pour le convaincre.

Oui, minou !

Récompensez votre chat chaque fois qu'il se comporte comme vous le souhaitez, en le caressant, en le flattant ou en jouant avec lui. S'il utilise le griffoir que vous lui avez procuré en remplacement du canapé, veillez à ce qu'il comprenne bien que vous approuvez totalement son choix. Faites-lui bien comprendre que vous appréciez qu'il utilise le bac à litière, qu'il mange *ses* plantes et non les vôtres et qu'il attaque ses jouets plutôt que vos chaussons. Votre chat ne connaît pas d'emblée toutes les règles de la vie en communauté parmi les humains, et si vous les lui présentez d'une façon plaisante, vous obtiendrez de bien meilleurs résultats.

Non, minou !

Ne frappez jamais votre chat, et ne le laissez jamais entendre qu'une quelconque autorité peut émaner de vous. La discipline physique est la pire de toutes les méthodes, et elle peut aggraver une situation en stressant le chat et en le rendant méfiant à votre égard.

En revanche, faire croire aux chats que tout ce qu'ils font de mal déclenche automatiquement une réponse désagréable – et qui n'a rien à voir avec vous d'après ce qu'ils peuvent en juger – fonctionne à merveille. Le canapé sur lequel ils adoraient faire leurs griffes est maintenant recouvert de quelque chose qu'ils n'aiment pas toucher. Chaque fois qu'ils sautent sur le meuble de la cuisine, ils reçoivent une légère décharge d'électricité statique qui leur chatouille les pattes ou quelques gouttes d'eau leur rafraîchissent les fesses.

Les vaporisateurs constituent un excellent outil de dissuasion dans la mesure où le chat ne voit pas qui l'actionne.

Voici une liste de quelques stratégies d'attaque qui vous aideront à dissuader votre chat dans son entreprise et qui vous permettront à tous deux de vivre en harmonie :

- **Utilisez de l'eau et des sons désagréables.** Pulvériser de l'eau à l'aide d'un atomiseur ou agiter des pièces dans une canette sont deux méthodes efficaces pour freiner un chat pris en flagrant délit de mauvaise action. Il est toutefois essentiel d'agir à distance : un procédé connu sous le nom de « télépunition », qui fera comprendre au chat qu'il vaut mieux ne pas recommencer.

- **Couvrez l'objet.** Vous pouvez recouvrir tout ce que vous ne voulez pas que votre chat touche par du ruban adhésif double face. Les tapis et les bandes de vinyle provoquent une légère décharge d'électricité statique, et éloignent efficacement les chats des meubles et plans de travail.

- **Installez des souricières (à l'envers).** Des souricières installées à l'envers et sous un tissu ou un journal émettent un claquement qui surprend le chat. Ces objets ne blesseront pas le chat si vous les installez correctement. Ils sont censés l'effrayer et le convaincre de ne plus s'approcher de la « zone piégée ».

- **Rendez l'objet désagréable au palais.** Nappez tout objet auquel votre chat n'a pas le droit de toucher d'une substance qu'il déteste : une sauce piquante comme le Tabasco, par exemple. (On trouve aussi des produits répulsifs dans les magasins animaliers.)

Calmer le chat

Il peut être utile, pour calmer le stress de votre chat, de reprendre la même méthode qu'au chapitre 5 lorsqu'il faisait son entrée à la maison : la thérapie du confinement. Enfermer temporairement votre chat dans une pièce de la maison ne sera pas ressenti comme une punition. Bien au contraire, une telle pièce lui procurera un lieu de calme où il pourra se reposer de ce qui le trouble et l'opportunité de retrouver de bons comportements (l'utilisation d'un griffoir ou d'un bac à litière). Cette méthode est une excellente thérapie contre les comportements de marquage gênants, car votre chat n'est plus stressé par l'étendue du territoire à défendre.

S'il est capital de jouer avec votre animal, de le caresser et de lui parler, cette attitude d'encouragement ne peut intervenir que si le chat a retrouvé son calme dans un premier temps. Un confinement de courte durée (une ou deux semaines) suivi d'une réintégration graduelle dans la maison (pièce par pièce) pourra à la fois apaiser les esprits et permettre à votre chat de repartir sur de bonnes bases.

TRUC

Les anxiolytiques proposés par la médecine vétérinaire constituent une solution à court terme à laquelle doit toujours s'ajouter une stratégie plus efficace de rééducation. Parlez-en avec votre vétérinaire.

Être raisonnable et cohérent

Vous devez vous assurer que ce que vous demandez à votre chat est à la fois raisonnable et cohérent.

Il n'est *pas raisonnable*, par exemple, de demander à votre chat de faire ses besoins dans un bac à litière si celui-ci n'est jamais nettoyé ou d'utiliser un griffoir qui ne se situe pas dans un endroit stratégique. Vous devez également vous efforcer de satisfaire les besoins de votre animal les plus légitimes – a-t-il l'occasion de dépenser son énergie, de jouer ?

TRUC

Si votre chat a constamment besoin de faire quelque chose et que vous ne soyez pas souvent là pour jouer avec lui, envisagez d'adopter un autre chat pour lui tenir compagnie. Attention, toutefois, certains chats n'apprécient pas leurs congénères, préférant rester seuls, auquel cas l'ajout d'un autre animal cause plus de problèmes qu'il n'en résout. Malheureusement, il n'est pas toujours facile de savoir à l'avance comment réagira votre chat.

Mais vous devez également être *cohérent*. Il n'est pas juste d'interdire à votre chat de grimper sur la table lorsque vous avez des invités si vous le lui accordez chaque fois que vous êtes seul.

L'ajout d'un nouveau compagnon peut parfois régler bien des problèmes, dont le stress et l'ennui.

Photo : Michelle Vukas.

Les souillures d'élimination

Les défécations et mictions anormales, appelées *souillures d'élimination* (si elles ne sont pas causées par des maladies), sont la première cause des consultations relatives au comportement. Personne n'aime nettoyer l'urine et les selles d'un animal, tout particulièrement lorsqu'elles sont répandues un peu partout dans la maison. Les chats qui ne peuvent être convaincus de reprendre le chemin de leur litière finissent souvent dans un refuge – et pour eux, l'avenir est alors très limité.

Fort heureusement, la plupart des comportements malpropres pourront disparaître si vous prenez la peine de les considérer d'un point de vue félin avec quelques ajustements et une bonne dose de patience.

TRUC

Certains médicaments pourront également vous aider dans cette tâche. Parlez-en avec votre vétérinaire.

Les problèmes de litière

Avant d'envisager de régler un problème de litière, vous devez commencer par vous demander *pourquoi* votre chat s'est soudainement mis à bouder sa litière. Écartez tout problème médical, tel que les infections urinaires qui provoquent des besoins impérieux d'uriner accompagnés, dans les cas les plus sévères, de fortes douleurs. Votre chat pourra associer l'utilisation de son bac à ces sensations désagréables et finir par ne plus vouloir s'en approcher. Le cas échéant, vous devez rééduquer votre chat, en changeant le bac et le type de litière par exemple, ou en limitant ses possibilités par la thérapie du confinement (plus d'informations à ce sujet dans un instant).

Après vous être assuré que votre chat ne souffre d'aucun problème médical, vous pourrez vous préoccuper des autres causes possibles de son comportement :

- **Propreté.** Les chats sont des animaux très méticuleux ; si la litière est sale, ils vont tout simplement ailleurs. Rappelez-vous l'impression que vous avez eue la dernière fois que vous êtes entré dans des toilettes publiques sales (et vous pouvez multiplier cette impression par dix !). Occupez-vous de la litière fréquemment, deux fois par semaine de préférence, avec un renouvellement complet et un lavage toutes les semaines.

- **Type de bac et de litière.** Si les achats que nous effectuons pour nos chats satisfont souvent nos propres goûts, seule l'opinion de votre animal compte lorsqu'il est question de bac et de litière. Souvent, le choix de la litière ou du bac se porte sur des modèles réduisant les odeurs incommodant les humains, mais votre chat, lui, peut toujours les sentir. Un bac avec couvercle peut vous sembler très convenable, mais si vous ne le nettoyez pas très souvent et si vous n'utilisez pas de litière avec un pouvoir absorbant supérieur, votre chat devra se boucher le nez pour pouvoir y mettre une patte. De la même façon, l'odeur des litières désodorisantes peut tout à fait vous satisfaire, mais déplaire à votre chat. Non seulement, pense-t-il, le bac est sale, mais il y a en plus cette odeur de « propre » extrêmement désagréable. Il suffit parfois de rester simple, en utilisant un bac et une litière ordinaires. De nombreux chats préfèrent les litières agglomérantes (à base de diatomées ou de mélanges de sable fin et de chaux), lesquelles sont, en outre, très économiques et faciles à nettoyer. Évitez les désodorisants.

- **Emplacement.** Le bac à litière de votre chat doit être éloigné de son coin repas (vous ne mangez pas à côté des toilettes, n'est-ce pas ?) et situé dans un endroit discret où il se sente en sécurité. Considérez ces emplacements d'un point de vue félin : choisissez un coin tranquille d'où il peut voir ce qui arrive. Les chats ont horreur d'être surpris dans leur litière. Vous pouvez également envisager plusieurs bacs, tout particulièrement si plusieurs chats vivent sous le même toit. Urines et défécations sont des armes puissantes lors des guerres de territoire : certains chats partagent leur bac, d'autres pas.

TRUC

Assurez-vous que l'endroit où a eu lieu l'« accident » est bien nettoyé (avec des produits neutralisants achetés dans un magasin animalier) et recouvrez éventuellement la zone avec du plastique ou du papier aluminium ou cristal pour empêcher l'animal de recommencer ses petites affaires au même endroit. Dans la mesure où ces produits n'agissent pas instantanément, vous pouvez aussi envisager de lui interdire l'accès de la zone pendant quelques jours.

Si cette procédure ne résout pas le problème, il faudra peut-être rééduquer votre chat en l'enfermant dans une pièce pour limiter ses possibilités pendant deux ou trois jours. Assurez-vous que cette pièce ne présente aucune autre solution que son bac : pas de moquette, pas de pile de linge sale. Laissez également un peu d'eau au fond de la baignoire pour le dissuader de l'utiliser comme un bac géant. Dès que votre chat recommence à utiliser la litière régulièrement, vous pouvez de nouveau le laisser étendre son territoire. Tant que vous respectez les termes de votre contrat (faire en sorte que le bac soit toujours propre et accueillant), votre chat respectera les siens.

Le marquage par l'urine

Tous les chats, castrés ou pas, utilisent l'urine pour marquer leur territoire. Toutefois, ils n'agissent pas comme lors d'une miction normale destinée à éliminer les impuretés de leur corps. (Le chat qui marque son territoire par l'urine ne la dépose pas par terre et n'essaie pas de la recouvrir, il la projette à quelques centimètres au-dessus du sol sur l'objet qu'il veut marquer, la queue dressée et légèrement tremblante.) Par conséquent, vos stratégies d'attaque devront être différentes de celles que vous utilisez pour rééduquer un chat qui boude sa litière.

Si tous les chats pratiquent le marquage par l'urine, les chats entiers sont les plus assidus dans ce domaine, suivis des chattes non stérilisées en période de chaleur. La stérilisation constitue donc la solution idéale pour éviter que votre chat ne dépose des gouttes d'urine un peu partout. Cette opération permet de résoudre le problème dans plus de 90 % des cas, lorsqu'elle est pratiquée avant la maturité sexuelle (vers l'âge de six mois).

Le stress causé par l'arrivée d'une nouvelle personne dans la maison ou d'un nouveau chat dans le voisinage peut également déclencher des marquages par l'urine. Les anxiolytiques pourront aider votre chat à passer le cap, tout comme un nettoyage systématique des zones marquées, que vous recouvrirez éventuellement d'un plastique ou d'un papier « bruyant » (aluminium ou cristal, dont le son dérange le chat) pour dissuader toute nouvelle tentative. Ne corrigez pas physiquement votre chat, même si vous le surprenez sur le fait : un tel acte le rendrait encore plus méfiant et susceptible de marquer son territoire.

Quelques jours d'isolation dans une pièce calme peut aider à rompre ses habitudes de marquage (voir les sections « Calmer le chat » dans ce chapitre et « Un abri pour Minet » au chapitre 5).

Votre chat essaie peut-être de vous dire quelque chose en urinant ainsi. Une vétérinaire américaine spécialisée dans l'étude du comportement rapporte dans un de ses ouvrages[1] l'histoire d'un homme dont le chat urinait tous les soirs sur les vêtements de travail de sa nouvelle femme. Il découvrit à la fin que sa femme avait une aventure avec un collègue de travail et que le chat réagissait à l'odeur de cet autre homme !

Les autres problèmes

Nous venons de vous donner les moyens de résoudre la plupart des problèmes que vous pourriez avoir à affronter : veiller à ce que votre chat ne souffre d'aucun problème médical, puis veiller à lui demander de faire quelque chose de plus attirant que ce que vous ne voulez plus qu'il fasse. Ces mêmes règles s'appliquent pour tout autre problème de comportement, mais nous vous avons réservé, dans les sections suivantes, d'autres astuces qui vous aideront à résoudre des problèmes plus spécifiques.

1. *Hiss and Tell, True Stories From the Files of a Cat Shrink*, Pam Johnson.

Il est agressif

Vous devez faire un petit travail de détective pour comprendre pourquoi votre chat mord et griffe. L'agressivité féline peut prendre plusieurs formes, et la solution est toujours fonction de la cause, dont voici quelques exemples :

- **Crainte ou douleur.** Il s'agit d'une agressivité réactionnelle qui apparaît lorsque votre chat est effrayé ou souffrant. Le cas échéant, il vaut mieux le laisser seul et essayer de trouver la véritable cause. Un chat souffrant ou craintif a les oreilles aplaties sur la tête et prend une position de défense toutes griffes dehors, comme pour dire : « N'approchez pas ! » Vous devez donc le laisser se calmer – cachez-vous si besoin est – avant de pouvoir l'emmener chez le vétérinaire. Il arrive souvent, dans ces conditions, que la caisse de transport qu'il n'affectionne pas en temps ordinaire lui apparaisse comme un abri idéal. Placez-la dans la pièce où il se trouve, porte ouverte ; il y a de fortes chances pour qu'il s'y réfugie spontanément (ce qui évitera d'aggraver son stress en essayant de l'attraper et de l'installer de force).
  N'oubliez pas : ne vous battez jamais avec votre chat : *vous perdriez !*

- **Surexcitation.** Alors que vous caressez votre chat, il attrape soudain votre main toutes griffes et dents dehors. Ce n'est pas une attaque très violente, mais sa mâchoire n'en est pas moins ferme. Que faire ? Dans l'immédiat, ne bougez plus. Ne luttez pas contre lui ou vous risquerez une morsure *vraiment* douloureuse. Parfois, faire claquer votre autre main sur une surface dure – un dessus de table, par exemple – peut surprendre votre chat et le faire lâcher prise. Quoi qu'il en soit, si vous vous immobilisez, votre chat finira par se calmer et vous lâcher.

  Avant d'en arriver là, il est préférable de vous familiariser avec le langage corporel de votre chat pour savoir quand il vaut mieux arrêter de le caresser et le laisser tranquille. Les amateurs de chats croient souvent que ces attaques sont imprévisibles, alors qu'en fait, ils n'ont simplement pas été sensibles aux premiers signes d'alerte. La queue est comme un métronome d'émotions : si elle semble battre le rythme avec vigueur, il est grandement temps d'arrêter vos caresses. C'est en étant parfaitement conscient et réceptif au langage corporel de votre chat – plus d'informations sur ce sujet au chapitre 12 – que vous pourrez progressivement prolonger ces moments de détente et d'affection entre vous. Trois caresses, puis quatre, puis cinq, mais jamais plus que le seuil de tolérance de votre petit compagnon.

  Ces attaques interviennent souvent lorsque vous caressez le ventre du chat. Cette région de leur corps est très sensible, et même si votre chat se met sur le dos comme s'il vous invitait à lui caresser le ventre, il vaut mieux aller voir ailleurs. L'une des explications à cela est de nature sexuelle : un massage du ventre excite généralement les chats mâles qui réagissent en mordant, conformément au rituel de l'acte sexuel. (Lisez le chapitre 14 pour en savoir plus sur la sexualité féline.)

- **Jeux de prédation.** Certes, cela peut faire mal aussi, mais un chat qui saute sur vous, puis se frotte contre le mur n'essaie pas de vous blesser : il veut simplement s'amuser. Vous devez jouer avec votre chat à l'aide d'un jouet approprié (une petite balle accrochée à une ficelle, par exemple) pour qu'il puisse se défouler et brûler un trop-plein d'énergie sur cet objet et non sur une partie de votre corps avant que vous essayiez de le caresser. Faites-lui bien comprendre (à l'aide d'un son désagréable ou d'un jet d'eau) que les attaques contre vous ne sont pas permises. Un peu de substance désagréable sur vos mains (Tabasco, par exemple) pourra également vous aider pendant les séances de jeu.

- **Agressivité de substitution.** Votre chat aperçoit un autre chat, un intrus, derrière la fenêtre du salon. Il s'énerve. Vous passez devant et il vous griffe. Qu'est-ce qu'il lui prend ? Vous avez tout bonnement été la victime d'une attaque de substitution. Cette forme d'agressivité est difficile à traiter. Essayez d'empêcher les autres chats de traverser votre jardin, par exemple en faisant de grands mouvements ou de grands bruits dès qu'ils en franchissent le seuil.

Même si votre chat vous offre son ventre, évitez de le caresser à cet endroit sensible, ou il pourrait vous mordre les doigts !

Photo : Angie Hunckler.

Il grimpe partout

Utilisez votre canette à pièces, atomiseur ou tout autre accessoire dissuasif pour discipliner votre chat chaque fois que vous le surprenez sur un plan de travail ou une table de la maison. Dans la mesure du possible, restez hors de sa vue pour qu'il puisse associer ce désagrément au meuble en question. Certains magasins animaliers proposent des tapis et bandes de vinyle « électrisants » qui chatouillent les pattes des minous un peu trop curieux. Ces accessoires sont très utiles lorsque vous n'êtes pas dans les parages.

Il détruit tout

La plupart des « décorations d'intérieur » réalisées par les chats sont le résultat d'un comportement parfaitement naturel : les chats ont besoin de planter leurs griffes, de mâchouiller et même de creuser. Vous devez tout faire pour convaincre votre chat de laisser vos affaires tranquilles tout en lui proposant d'autres lieux et accessoires pour exprimer ses penchants naturels.

Le griffeur fou

Pour commencer, vous devez impérativement fournir à votre chat un griffoir ou un arbre à chat (voir le chapitre 6). Quel que soit votre choix, ce support doit être suffisamment stable pour que votre chat puisse y planter ses griffes, puis le lacérer, et être placé dans un endroit apprécié de l'animal.

Après avoir acheté l'accessoire approprié, encouragez votre chat à l'utiliser en l'attirant avec un jouet et en l'incitant à y planter ses griffes. S'il apprécie l'herbe à chat, vous pouvez en frotter la surface du griffoir ou de l'arbre pour qu'il y passe plus de temps, et caressez-le ou parlez-lui affectueusement chaque fois qu'il utilise ces accessoires. Veillez à ce qu'il comprenne clairement que vous appréciez qu'il fasse ses griffes sur ces objets et non sur votre canapé. Mais ne placez pas ses pattes sur le griffoir : les chats ont horreur qu'on les force.

TRUC

Assurez-vous que l'objet que vous achetez n'est pas recouvert du même matériau que la moquette de la maison. Le cas échéant, votre chat aura du mal à comprendre pourquoi il peut faire ses griffes sur la moquette du griffoir et non sur celle du salon !

Tout au long de la phase de rééducation, rendez les zones que votre chat ne doit pas toucher moins attirantes en les recouvrant de plastique, de papier aluminium ou cristal ou encore de bandes adhésives double face. (Les chats ont horreur des surfaces collantes.)

Dans la mesure où les coups de griffes font partie d'un comportement de marquage visuel et olfactif absolument normal et naturel pour un chat, il est important de placer les accessoires (griffoir, arbre à chat ou tout autre tapis ou bout de moquette sacrifié) dans les lieux appropriés : près de l'angle du canapé (maintenant protégé) où votre chat adorait faire ses griffes, par exemple. Vous pourrez, par la suite, les déplacer progressivement dans un endroit plus discret.

Si vous attrapez votre chat sur le fait, envoyez-lui un peu d'eau à l'aide d'un vaporisateur ou utilisez tout autre ustensile de dissuasion en vous cachant. ***N'oubliez pas :*** l'idée consiste à lui faire croire que le désagrément provient du meuble lui-même.

Certes, votre maison ne va pas ressembler à grand-chose pendant un certain temps, avec toutes sortes de protections sur les meubles et un arbre à chat au milieu de la pièce ! Mais il faudra vous en accommoder jusqu'à ce que votre chat comprenne bien ce que vous attendez de lui. Si vous êtes patient et persévérant, ses « mauvaises » habitudes finiront par disparaître.

A LA TRACE

Couper la pointe des griffes de votre chat régulièrement peut également vous aider à contrôler ses penchants destructifs. Pour toutes les instructions, reportez-vous au chapitre 7.

L'onychectomie

L'onychectomie est l'ablation chirurgicale des griffes et de la dernière phalange. Il s'agit là d'une pratique de *dernier recours*, même si les Américains semblent y avoir recours bien trop souvent, avant l'abandon ou l'euthanasie d'un chat terriblement destructeur (qu'aucune thérapie de comportement n'a pu calmer) et vivant exclusivement en appartement.

Un chat privé de ses griffes ne peut plus se défendre contre les chiens et tout autre danger pouvant provenir de l'extérieur. Il ne peut plus grimper aux arbres ou griffer. C'est pourquoi il est impératif de le garder définitivement à l'intérieur après l'opération.

Le « Terminator » des plantes

Les chats adorent les plantes. Mais si elles pouvaient parler, elles nous diraient probablement que ce n'est pas réciproque. Les feuilles sont les plus appréciées, ainsi que la terre des pots qui leur procure une litière de remplacement toujours parfaitement propre.

Malheureusement pour les chats, humains et plantes ne voient pas les choses de cette façon.

Le secret d'une coexistence paisible entre chats et plantes consiste à fournir à votre animal un jardin privé et à rendre les autres plantes de la maison aussi indésirables que possibles. Vous trouverez dans les magasins animaliers et les grandes surfaces des plantes destinées à vos petites bêtes (ces plantes aident également votre chat à se purger). En ce qui concerne vos autres plantes, voici quelques trucs qui vous aideront à les préserver :

- **Utilisez des « décorations répulsives ».** Disposez du plastique, des feuilles d'aluminium, de papier cristal ou des bandes adhésives autour des pots pour décourager votre chat de s'en approcher, et placez des cailloux sur la surface de la terre pour l'empêcher de creuser.
- **Rendez le goût des plantes désagréable.** Un liquide acide ou un peu de Tabasco vaporisé sur les feuilles poussera votre chat à y réfléchir à deux fois avant de grignoter une feuille.
- **Faites pendre les plantes du plafond.** Lorsque rien d'autre ne marche, cette stratégie est de loin la plus efficace pour empêcher tout mâcheur de feuilles déterminé de se laisser aller à ses petits plaisirs.

Du papier bruyant tout autour d'un pot et des cailloux à l'intérieur permettront à vos plantes de pousser en paix.

N'essayez aucune stratégie pour éloigner votre chat des plantes toxiques – n'en achetez jamais, et si vous en avez, vous devez impérativement vous en débarrasser. Est-ce clair ? Vous trouverez au chapitre 21 une liste des plantes toxiques pour les chats.

Le mâcheur fou

Certains chats aiment mâcher et sucer les vêtements, tout particulièrement les pulls en laine. On a d'abord cru que cette habitude apparaissait chez les chats qui étaient sevrés trop tôt, mais les spécialistes pensent aujourd'hui qu'il s'agit plutôt d'une tendance génétique plus courante chez certaines races – telles que les Siamois ou les Orientaux.

Augmenter le taux de fibres dans la nourriture peut aider, tout comme certains accessoires conçus spécifiquement pour le « mâchouillage ». Des séances de jeu régulières aideront également votre chat à brûler un excès d'énergie.

L'aventurier de la poubelle

Vous pouvez empêcher que votre chat ne fourre son nez dans la poubelle en ayant recours à une unique et irremplaçable innovation : une poubelle avec couvercle. Pourquoi vous battre contre votre chat si une simple poubelle à pédale peut résoudre le problème ? Une autre solution : placez la poubelle à l'intérieur d'un placard.

Il miaule tout le temps

Certains chats sont plus bavards que d'autres (les Siamois et les Orientaux, par exemple, sont très appréciés pour leur sens très développé de la communication verbale). Si vous avez un Siamois bavard, vous devrez, dans une certaine limite, vivre avec le problème – en d'autres termes, vous ne pouvez faire disparaître les rayures du tigre !

Certaines habitudes verbales sont innées : les chatons appellent leur mère lorsqu'ils réclament quelque chose. D'autres proviennent de l'*éducation* des humains. Si vous accourez chaque fois que Minet exprime verbalement un souhait – sortir ou manger, par exemple –, vous lui faites comprendre qu'en miaulant, il peut obtenir tout ce qu'il veut, quelle que soit l'heure du jour ou de la nuit.

Pour rééduquer votre chat, commencez par apprendre à ne plus répondre à ses moindres demandes. Si vous ignorez ses miaulements au début et cédez lorsqu'il insiste, vous lui faites comprendre qu'il doit simplement faire un peu plus de bruit pour obtenir ce qu'il veut. Corrigez-le, à l'aide d'un petit jet d'eau issu d'un vaporisateur, par exemple, puis reprenez vos activités. Il comprendra très vite que ses demandes bruyantes n'aboutissent à rien. À court terme, votre chat pourra être encore plus insistant. Mais, si vous cédez, vous êtes perdant.

Chapitre 14
L'élevage à domicile

Dans ce chapitre :

- Reproduction ou stérilisation ?
- La stérilisation, mode d'emploi.
- L'accouplement.
- La gestation.
- Bienvenue au monde !
- Élever les chatons.
- Trouver un foyer adéquat.

Si vous accueillez un chat ou un chaton dans votre vie, vous êtes responsable de la santé et du bien-être de votre nouveau compagnon. Vous veillez à sa santé en l'emmenant chez le vétérinaire, en le nourrissant correctement et en le toilettant. Vous assurez son bien-être en jouant avec lui et en lui procurant toute l'affection et les caresses qu'il apprécie tant.

Le lien qui s'établit entre une personne responsable et son chat peut être très fort, un véritable pacte d'amitié qui peut durer de nombreuses années. Mais le maître devra assumer certaines responsabilités tout au long de sa vie, dont la plus importante peut se présenter très tôt.

Votre chaton vient à peine de faire son entrée dans votre famille qu'il faut prendre une des décisions les plus importantes de votre vie de propriétaire de chat : dois-je lui permettre de se reproduire ?

Pour la plupart des gens, la réponse est définitivement « non ». C'est d'ailleurs grâce à eux que les chat vivent plus heureux, en meilleure santé et ne contribuent pas au tragique problème de surpopulation de chats et chatons dans le monde qui meurent sans avoir jamais connu ce que votre animal vit tous les jours : le bonheur d'être un chat domestique heureux et choyé.

Mais vous pouvez très bien penser autrement et vouloir élever des chatons. Parfois même, la décision est déjà prise pour vous : votre jeune chatte a « fauté » avant que vous ayez eu le temps de la faire opérer, ou une chatte pleine a fait son apparition sur le pas de votre porte. Une fois l'acte accompli, vous devez faire face à de nouvelles responsabilités : aider votre chatte pendant la gestation et la mise bas, l'aider à élever ses chatons et leur trouver des foyers « responsables ».

Reproduction ou stérilisation ?

La stérilisation offre de nombreux avantages qui dépassent largement le seul cadre de la contraception :

- Un mâle castré est moins tenté de vagabonder à la recherche de partenaires, de se battre (donc moins susceptible de fréquenter régulièrement le vétérinaire) et de répandre des gouttes d'urine un peu partout sur son territoire (maison comprise). Il a également plus de chances de vivre vieux, car un chat qui recherche une femelle en chaleur rencontre souvent des ennuis. Si une voiture ne l'a pas tué, une maladie infectieuse (transmise durant les luttes ou l'accouplement) ou un cancer s'en chargeront.
- Une femelle stérilisée est plus attentive et affectueuse, car toute son énergie n'est plus constamment tournée vers la recherche d'un partenaire. (Les chattes sont presque tout le temps en chaleur jusqu'à ce qu'elles soient fécondées.) En stérilisant votre chatte, vous la protégez des cancers, des infections et des maladies sexuellement transmissibles.
- Quel que soit le sexe, un chat non opéré peut être très difficile à vivre. La reproduction est sa seule véritable raison de vivre, et si vous ne lui permettez pas de sortir pour suivre ses instincts, il vous rend fou par ses miaulements incessants et plaintifs. Si vous voulez vivre avec de tels désagréments, c'est votre affaire. Mais si vous aimez véritablement les chats, vous devez considérer une autre raison pour laquelle la stérilisation est si importante : des millions de chats et chatons non désirés sont euthanasiés chaque année parce qu'il n'y a pas suffisamment de foyers pour les accueillir.
- Les refuges surchargés ne peuvent pas s'occuper de chatons trop nombreux. Pour que ces derniers aient plus de chances d'être adoptés, les refuges doivent sélectionner les plus sains et les plus mignons et euthanasier les autres. Des millions de chatons finissent ainsi.

Si vous avez des enfants, ne laissez pas votre chatte se reproduire juste pour qu'ils puissent découvrir le « miracle de la naissance ». Plutôt que de contribuer à la surpopulation de chatons dans le monde – alors qu'une cassette vidéo sur le sujet aurait très bien fait l'affaire – laissez vos enfants apprendre à être responsables d'un être vivant et à s'en occuper. Une leçon combien plus importante !

Photo : Richard D Schmidt.

Le syndrome des « chatons trop nombreux » envoie des millions d'adorables animaux dans les refuges chaque année. Celui-ci a trouvé un foyer, mais tous n'ont pas cette chance.

La stérilisation, mode d'emploi

Les termes cliniques qui désignent cette opération chirurgicale sont l'*ovariectomie* pour la femelle et la *castration* pour le mâle (bien que le terme *castration* puisse aussi bien s'appliquer à un mâle qu'à une femelle).

Ces opérations doivent uniquement être pratiquées par un vétérinaire sous anesthésie générale.

L'*ovariectomie* implique l'ablation de la totalité de l'appareil reproductif de la femelle. L'utérus, les trompes de Fallope et les ovaires sont retirés par incision dans l'abdomen. Votre vétérinaire vous demandera de revenir dans les dix jours pour retirer les fils de suture, à moins qu'il n'utilise des fils qui se dissolvent dans l'organisme. La chatte récupère en quelques jours, durant lesquels vous limiterez ses activités – pas de sauts ni de jeux trop turbulents. Vous remarquerez peut-être peu de changements dans la personnalité de votre chatte, à moins d'avoir traversé avec elle ses innombrables chaleurs et supporté ses efforts bruyants de séduction, sans oublier les luttes, miaulements et jets d'urine de ses infatigables prétendants. Soufflez un peu, ces jours sont maintenant derrière vous !

La *castration* implique l'ablation des testicules du mâle par incision dans le scrotum (la poche qui les retient). Dans cette opération assez courante, le vétérinaire ne suture généralement pas l'incision. Les soins postopératoires se limitent souvent à une simple surveillance de la plaie pour la garder propre et sèche. De nombreux vétérinaires recommandent de garder le chat à l'intérieur (s'il avait l'habitude de sortir) et d'utiliser des morceaux de papier journal à la place de la litière ordinaire jusqu'à ce que la plaie se referme d'elle-même (ce qui devrait prendre de trois à cinq jours).

Les changements de comportement sont flagrants chez certains mâles. Bagarres, jets d'urine et vagabondage peuvent être complètement supprimés chez les chats opérés avant leur maturité sexuelle (qui survient vers l'âge de six mois). Si ces comportements sont aussi considérablement diminués chez la plupart des chats adultes, une petite rééducation sera néanmoins probablement nécessaire pour régler le problème de marquage par l'urine (voir le chapitre 13).

ATTENTION

Ovariectomie et castration sont aujourd'hui des opérations très courantes et ne présentent quasiment aucun risque pour votre animal. Toutefois, il faut savoir que certaines opérations peuvent conduire à la mort. En effet, si elles sont courantes, ces opérations n'en sont pas moins délicates.

Si vous avez le choix, n'hésitez pas à payer davantage pour obtenir des soins qui semblent plus complets. Discutez avec votre vétérinaire des points suivants :

- **Anesthésie.** Quelle sorte d'anesthésie est utilisée (injection ou inhalation) ?
- **Stérilisation.** Les instruments sont-ils tous soigneusement stérilisés avant chaque opération ?
- **Soins opératoires et postopératoires.** Y a-t-il quelqu'un en dehors du chirurgien pour surveiller l'anesthésie ? Et après l'opération ? Si l'animal ne peut passer la nuit à la clinique ou au cabinet, qui peut recevoir votre appel si vous suspectez un problème ? Votre vétérinaire peut-il vous expliquer clairement les symptômes nécessitant une intervention d'urgence ?
- **Soins d'urgence.** La salle d'opération est-elle équipée du matériel nécessaire en cas de complication ?
- **Matériel de suture.** Quel type est utilisé et pourquoi ?

Toutes ces précautions sont-elles vraiment nécessaires ? Voici une petite histoire vraie qui devrait vous donner la réponse. En 1987, un des chats de Paul (une femelle) a failli mourir à la suite d'une ovariectomie pratiquée dans un des plus grands hôpitaux vétérinaires des États-Unis. Elle a survécu grâce à la perspicacité de Paul dans son analyse des symptômes postopératoires et grâce à la compétence du personnel de l'hôpital et à la sophistication de ses installations. Sans cette combinaison de soins, de compétences et d'équipements, elle serait probablement morte.

N'économisez jamais ni votre argent ni vos efforts dans ce domaine !

L'accouplement

Plus vous en saurez sur la reproduction féline, plus vous vous étonnerez de voir autant de chats dans le monde. Pensez-y encore un peu, et vous serez encore plus émerveillé par la force de leur instinct de survie.

Pourquoi tant d'étonnement ? Tout simplement parce que l'accouplement des chats ne semble pas être un acte très plaisant. C'est même plutôt *douloureux*. Le mâle commence par plaquer sa partenaire au sol en lui mordant la peau du cou, puis il la chevauche (un bref instant). Elle pousse un cri aigu, se retourne contre lui et le griffe dès que la saillie est terminée. Ils se mettent, tous deux, à pousser des cris à réveiller les morts. Ensuite, elle se roule sur le dos et l'ignore alors qu'il reste près d'elle pour empêcher d'autres mâles de s'en approcher, même si cela doit lui valoir quelques coups de griffes supplémentaires et implique inévitablement des luttes violentes avec ses congénères. Très vite, elle lui fait comprendre qu'elle souhaite désespérément une autre saillie. Et tout recommence : morsures, cris, griffades, etc. Une étude a compté jusqu'à 36 saillies en 36 heures !

La femelle peut aussi se faire saillir par d'autres mâles si elle en a l'occasion ; peu lui importe par qui. Dès que les matous en ont fini avec elle, ils partent en quête de l'odeur d'une autre femelle en chaleur ; peu leur importe qui également.

Deux mois plus tard, à quelques jours près, les chatons arrivent. Le ou les pères sont totalement absents.

Les histoires de sexe qui font scandale dans les médias ne paraissent-elles pas un peu fades en comparaison ?

Choisir un partenaire

Si vous avez l'intention de faire reproduire une chatte de race pure, vous devez attendre qu'elle ait au moins un an. Elle doit aussi être en parfaite santé, ne pas avoir de maladie contagieuse, telle que la leucose, et être à jour dans ses vaccins. N'attendez pas qu'elle soit pleine pour la vacciner, car cela risquerait d'affecter les fœtus. Programmez une visite chez le vétérinaire et discutez avec lui de vos projets. Il pourra vous conseiller sur les mesures préventives nécessaires.

Vous devrez également sélectionner l'étalon avec soin, avec l'aide d'un éleveur de préférence. Ne vous contentez pas de chercher un chat de la même race avec un certificat de pedigree ou vous pourriez déclencher une catastrophe génétique. Les bons éleveurs autorisent les mariages entre un « pur » Scottish Fold (avec les oreilles repliées vers l'avant) et un Scottish Fold aux oreilles dressées, par exemple, ou entre un Manx sans queue et un autre avec queue, tout simplement parce que certains mariages consanguins produisent des tares congénitales – des chatons qui souffrent et meurent ou doivent être euthanasiés. Quelques notions de génétique concernant la race de votre animal sont absolument capitales pour la réussite de votre entreprise. Et la personne la plus à même de vous les apporter est un éleveur compétent et expérimenté.

À l'époque des amours, la femelle miaule pendant des heures, se roule sur le dos, se frotte et émet des jets d'urine pour attirer les mâles qui accourent en masse sous vos fenêtres.

Si vous projetez de faire reproduire une chatte de race mixte, nous vous encourageons vivement à reconsidérer votre décision. Nous ne sommes pas élitistes : les chats de race doivent être soigneusement élevés ou leurs races pourraient disparaître. Les chats de race mixte (ou chats de maison) sont en si grand nombre que des millions d'entre eux sont éliminés chaque année dans le seul but d'enrayer la surpopulation féline dans les villes. L'offre et la demande sont les règles du jeu, et personne ne revendique davantage de chatons de race mixte.

Si vous souhaitez néanmoins choisir un partenaire pour votre chatte de maison, recherchez un étalon qui lui ressemble et exigez un certificat attestant qu'il est en bonne santé et n'est atteint d'aucune maladie contagieuse.

Le mariage secret

La plupart des gens ne s'aperçoivent même pas que leur chatte qui vagabonde librement a été fécondée. Nombre d'entre eux voulaient la faire opérer et n'ont tout simplement pas eu le temps de s'en occuper plus tôt. Puis, un jour, ils ont remarqué qu'elle était pleine.

Certaines personnes sont si peu conscientes que leur chatte est en chaleur – elle se roule au sol, miaule sans arrêt, devient plus caressante etc. – qu'elles l'emmènent chez le vétérinaire persuadées qu'elle est souffrante.

Si vous pensez que votre chatte est pleine – elle a pris du poids, par exemple – et ne souhaitez pas élever ses chatons, adressez-vous, au plus tôt, à votre vétérinaire. Il vous expliquera les différentes options qui se présentent à vous. Dans le cas contraire, félicitations ! Vous allez être « grand-parent ».

La gestation

Deux semaines après la fécondation, les tétines de la chatte deviennent souvent plus grosses et plus roses. Mais, le plus souvent, les maîtres dont les chattes passent le plus clair de leur temps dehors ne s'aperçoivent de la gestation de leur chatte que lorsque les signes sont vraiment évidents : jusqu'à ce qu'elle soit sur le point de mettre bas, en d'autres termes.

Afin de garantir une gestation parfaite et une mise bas sans complication, votre vétérinaire vous suggérera probablement une prise de sang pour lui permettre d'effectuer une première analyse et de localiser d'éventuels problèmes.

Une échographie pourra permettre de diagnostiquer très tôt une gestation, puis plus tard, de définir l'âge des fœtus, leur viabilité et leur développement. Dès le 36e jour, une radiographie fera apparaître le nombre exact de futurs chatons et leur taille, ce qui vous permettra de savoir à quoi vous attendre le moment venu pour mieux aider votre animal.

Suivez bien les conseils de votre vétérinaire pendant cette période prénatale. Et ne donnez pas à votre animal de vitamines, de médicaments ou tout autre complément nutritif sans en avoir parlé au préalable au vétérinaire.

Deux semaines avant la naissance, la chatte devient nerveuse et recherche un coin tranquille pour mettre au monde ses chatons. Si elle a l'habitude de sortir, il sera préférable de la garder à la maison et de lui fournir une boîte en carton pour lui procurer un nid confortable où elle pourra mettre bas. Mieux encore, gardez-la dans une seule pièce – votre chambre de préférence – où vous installerez tout son appareillage (gamelles, litière, etc.).

TRUC

Gardez votre chatte enfermée dans cette pièce, sinon elle pourra mettre au monde ses chatons dans le bac à linge sale ou dans un tiroir ouvert de la commode. Si vous la laissez sortir de la maison, elle pourra mettre bas sous votre porche.

Durant la saison des amours, printemps et été surtout, il vient au monde plus de chatons qu'il n'y a de maisons pour les accueillir. Combien de ces chatons seront adoptés, et combien euthanasiés ?

Photo : Richard D. Schmidt.

Bienvenue au monde !

La gestation peut durer de 56 à 71 jours (la moyenne étant de 63 à 65 jours en comptant comme jour zéro celui de la saillie). Mais, dans la mesure où l'ovulation a souvent lieu après la saillie – et que vous ne savez probablement pas quand elle a eu lieu –, vous aurez certainement du mal à déterminer la date exacte de la naissance. Le comportement de votre chatte et ses préparatifs pour la mise bas vous serviront de guide et vous aideront à savoir à quel moment vous pouvez la confiner.

La température normale de 38°C à 38,5°C descend souvent douze heures avant la mise bas des chatons, mais il est préférable pour la plupart des maîtres de ne pas essayer de prendre la température de leur chatte à ce moment précis. Il vaut mieux se contenter d'examiner ses mamelles qui doivent être plus grosses et sécréter déjà un peu de lait. Elle pourra accepter un peu de nourriture ou se contenter de rester couchée dans son « nid » à ronronner.

Une chatte qui met bas s'en sort généralement très bien toute seule, mais il peut être utile de préparer quelques accessoires « au cas où » : quelques serviettes propres, de la Bétadine, des ciseaux, une bobine de fil et une seringue pour bébé. Si votre femelle est un chat à poil long, pensez à couper ses poils sous la queue, derrière ses pattes et autour des tétines. Enfin, vérifiez que vous n'avez pas égaré le numéro du vétérinaire au cas où une intervention urgente serait nécessaire et assurez-vous qu'il pourra être disponible. Dans le cas contraire, demandez-lui de vous indiquer le numéro d'un cabinet ou d'une clinique qui pourra accueillir votre chatte en cas de complication.

La mise bas (parturition)

La meilleure chose à faire concernant la mise au monde de chatons consiste à ne pas en faire un spectacle d'attraction. Respectez l'intimité de votre chatte : si vos enfants veulent y assister, pas de problème, mais gardez-les à distance et silencieux.

Le véritable travail (après des contractions utérines souvent imperceptibles) commence par de violentes contractions suivies de l'expulsion d'un liquide clair, puis foncé. Le premier chaton apparaît généralement au bout d'une heure, enveloppé dans une membrane transparente, appelée *poche amniotique*, que la mère rompt pour libérer le nouveau-né dont elle commence à lécher le visage pour l'aider à respirer.

Bien qu'il soit toujours préférable de laisser la mère tranquille pendant ces moments, si elle ne s'occupe pas de son chaton aussitôt après sa mise au monde (une ou deux minutes maximum), ôtez vous-même la membrane qui l'enveloppe et frottez-le avec une serviette pour déclencher sa respiration. Nouez son cordon ombilical avec du fil à un peu plus d'un centimètre et coupez tout ce qui dépasse du nœud. Anesthésiez ensuite avec de la Bétadine et replacez le chaton près de sa mère. S'il ne semble pas respirer, ôtez, à l'aide d'une seringue pour bébé, tout liquide qui aurait pu rester coincé dans sa gorge, puis secouez-le deux ou trois fois vers le bas fermement tout en maintenant sa tête bien droite. Si le petit ne respire toujours pas, essayez d'aspirer de nouveau toute impureté et recommencez l'opération. Vous ne serez peut-être pas capable de le sauver, mais au moins, vous aurez essayé.

Les chatons suivants naissent généralement à intervalles de 30 minutes à une heure, avec le *placenta*, la membrane qui relie les chatons au ventre de leur mère, expulsé entre 15 et 30 minutes après chaque naissance. Si la mise bas est rapide, la totalité des placentas peut être expulsée en une seule fois.

Si votre chatte est toujours pleine au bout de 70 jours, il est nécessaire de consulter le vétérinaire. Vous devez également l'appeler *immédiatement* dans les cas suivants :

- Votre chatte a de très fortes contractions persistantes depuis plus de 30 minutes ou est en travail depuis plus d'une heure sans aucun résultat.
- Votre chatte se repose (sans aucune tentative d'expulsion) depuis plus de 4 heures après la naissance du premier chaton.
- Les contractions de votre animal sont faibles ou irrégulières, au-delà de 2 ou 3 heures.
- Votre chatte commence à vomir, à se sentir faible, a respirer rapidement, à miauler ou à exprimer tout autre signe de douleur anormale.
- Le liquide expulsé par votre chatte semble anormalement jaune, blanc ou taché de sang.
- Votre chatte n'expulse pas de placenta pour chaque chaton mis au monde.

Après la naissance

Après chaque naissance, une chatte en bonne santé mange les placentas et rompt elle-même le cordon ombilical de chaque petit. Si on la laissait faire, la chatte mangerait probablement tout bébé mort-né. Aussi effroyable que cela puisse nous paraître, cet acte est un comportement parfaitement normal et naturel. Si votre chatte met au monde un bébé mort-né, enveloppez-le dans du papier journal et ne vous en débarrassez pas n'importe où : faites appel à votre vétérinaire pour savoir où l'apporter.

Les chatons naissent aveugles et sourds, mais déjà dotés du sens de l'odorat, ce qui leur permet de se diriger naturellement vers les tétines de leur mère pour se nourrir. Le premier lait qu'ils ingurgitent est extrêmement important. Appelé *colostrum*, il contient des anticorps et d'autres substances qui leur permettent de se protéger contre les maladies pendant toute la période où leur propre système immunitaire n'est pas encore développé.

Si la portée vous semble en bonne santé, vérifiez de temps à autre que tout va bien, mais laissez les chatons tranquilles pendant les deux premières semaines. Consultez le vétérinaire si la mère ou les chatons semblent agités ou amorphes.

ATTENTION

Si les chatons ne s'alimentent pas ou si la mère devient malade, vous devrez les alimenter vous-même à l'aide d'un tube ou d'une seringue, puis, plus tard, d'un biberon. Cette tâche est très contraignante, car elle implique des soins très réguliers que vous devrez programmer avec l'aide du vétérinaire. Avec un peu de chance, votre vétérinaire pourra vous indiquer une mère chatte susceptible d'alimenter vos chatons. Dans le cas contraire, la survie de vos chatons repose entièrement entre vos mains !

Si la mère et ses petits semblent calmes et en bonne santé, laissez-les le plus souvent tranquilles pendant les deux premières semaines.

Photo : Linda Stark.

Votre rôle en tant que « grand-parent »

Les chattes sont généralement des mères admirables, s'occupant de leur progéniture avec soin, attention et amour, les déplaçant délicatement par la peau du cou dès le moindre signe de danger. Elles leur apprennent à utiliser la litière et à jouer leur rôle de futur chasseur solitaire carnivore.

Avec une mère aussi attentive et responsable, est-il vraiment besoin d'intervenir dans l'éducation des chatons ?

Oui, si vous voulez qu'ils grandissent en appréciant la compagnie des humains.

Une chatte peut apprendre à ses chatons à se comporter comme des chats, mais elle ne peut leur inculquer tout ce qu'ils doivent savoir sur la vie en communauté avec des humains. Pour que les chatons se sentent à l'aise auprès de ces derniers, ils doivent être exposés très tôt aux réalités de notre vie.

Prenez-les dans vos bras et jouez avec eux après deux ou trois semaines. Plus ils seront manipulés (par hommes et femmes, enfants et adultes) délicatement, plus leur confiance pourra se développer. Veillez simplement à ce que toute relation soit positive et sans accroc. Les chatons qui n'ont eu aucun contact avec les humains au cours des douze premières semaines de leur existence se méfient d'eux et peuvent devenir très nerveux et agressifs en leur compagnie.

Il est également souhaitable de les présenter à d'autres animaux domestiques, tels que les chiens, et de veiller à ce que leurs relations se passent au mieux. Les chatons pourront ainsi être placés plus facilement dans des foyers abritant d'autres animaux.

Votre rôle de « grand-parent » n'implique pas que des devoirs et des responsabilités : vous allez passer des moments inoubliables ! Jouez avec les chatons autant que possible : c'est une véritable source d'émerveillement.

Élever les chatons

Depuis des milliers d'années, les chats élèvent des chatons sans aucune assistance humaine, et tout va généralement pour le mieux. Être témoin d'une naissance et de l'évolution de chatons est néanmoins une opportunité suffisamment rare pour ne pas en profiter pleinement.

De la naissance à deux semaines

À la naissance, le chaton dépend totalement des soins de la mère. Il naît sourd, aveugle, incapable de se déplacer. La mère, très attentive, assure sa croissance (le poids du petit double en une semaine) en lui fournissant tout le lait dont il a besoin. Elle le toilette constamment pendant les trois premières semaines pour le rassurer et stimuler ses fonctions d'élimination et son développement psychomoteur. Jusqu'à ce qu'il soit capable de se déplacer et d'assurer lui-même sa propreté, elle mange ses excréments ou les expulse hors du nid. Son cordon ombilical tombe au bout de 2 ou 3 jours, et ses yeux commencent à s'ouvrir entre 8 et 10 jours.

Pendant ces premiers jours capitaux, et dans la mesure du possible, ne dérangez pas la portée. Assurez-vous simplement que tous se portent bien et se nourrissent correctement.

Si vous avez projeté de laisser votre chatte vivre une fois cette merveilleuse aventure de la maternité avant de la faire stériliser, n'attendez pas trop longtemps avant d'agir. Les chatons seront à peine sevrés que votre chatte pourra être de nouveau pleine. Après une première portée, emmenez toute la famille chat chez le vétérinaire pour une visite médicale et prenez rendez-vous pour une stérilisation.

De deux à huit semaines

L'ouïe et la vue du chaton sont parfaitement développés entre 2 et 5 semaines. Il commence à marcher, courir et même sauter très rapidement. Son agilité se développe à une vitesse très surprenante. La mère est d'une patience sans limite, réagissant aux moindres cris de détresse et rapportant les petits en les attrapant par la peau du cou entre ses dents s'ils s'éloignent un peu trop. Les premières dents apparaissent à peu près en même temps que leurs yeux s'ouvrent.

Après 3 semaines environ, la mère cesse de s'occuper des chatons avec autant d'attention : c'est le moment pour vous de les manipuler doucement, de jouer avec eux, et éventuellement de les sevrer. Toutefois, l'enseignement privilégié qu'elle leur donne (notamment dans le domaine de la chasse) jusqu'à l'âge de 8 semaines environ est suffisamment capital pour que vous ne les retiriez pas du nid avant cette période.

Commencez à leur procurer une nourriture plus solide à partir de 3 semaines, en ramollissant les aliments secs avec un peu d'eau tiède et en déposant un peu de cette « bouillie » sur le bout de leur nez pour faciliter la transition. Les chatons devraient commencer à être totalement sevrés à partir de 7 à 8 semaines. Procurez-leur une litière dès la 3e semaine ; leur mère leur apprendra à l'utiliser.

ATTENTION

Ne laissez pas les chatons penser que les doigts et pieds humains sont des jouets qu'ils peuvent chasser ou vous risquerez d'être confronté – vous-même ou les futurs propriétaires – à des problèmes de comportement. Cessez immédiatement toute séance de jeu si les chatons attaquent sans rétracter leurs griffes. Mieux encore : utilisez des jouets interactifs, tels qu'une balle accrochée à une ficelle.

TRUC

Il n'est pas toujours facile de déterminer le sexe des bébés chats. Soulevez leur queue et comparez. Votre vétérinaire pourra vous aider si vous ne parvenez pas à faire la différence.

Le chaton de gauche est un mâle. Celui de droite est une femelle.

De huit à quatorze semaines

À l'âge de 2 mois, les chats ont des dents, sont pourvus de tous leurs sens et sont agiles et joueurs. C'est à cette période que nous autres humains les trouvons vraiment adorables et résistons rarement au plaisir de jouer avec eux et de les caresser.

Toutefois, si certaines personnes n'hésitent pas à arracher les chatons à leur mère dès qu'ils sont sevrés, il est préférable de les laisser en compagnie de leurs frères et sœurs de portée pendant 12 à 14 semaines. Des chatons retirés trop tôt de leur nichée pourront avoir des difficultés à s'adapter aux autres chats.

Néanmoins, c'est à ce stade que vous devez commencer à leur chercher un nouveau foyer (voir la section « Trouver un foyer adéquat »). C'est également le moment de leur faire passer une visite médicale et de discuter avec le vétérinaire de tous les soins préventifs (vaccins, vermifuges, etc.).

Le chaton adolescent

Si vous décidez de conserver un ou plusieurs chatons, vous pourrez continuer à profiter pleinement de leur évolution. L'enfance du chaton se termine à la maturation de leurs organes génitaux. Les sécrétions des hormones sexuelles (vers l'âge de 6 ou 7 mois) déclenchent chez eux les comportements de la puberté – même s'ils continuent à agir comme de véritables petits chatons joueurs pendant toute leur première année.

Les chatons grandissent très vite et peuvent à leur tour féconder ou être fécondés bien plus tôt que vous ne l'auriez cru. Prenez très vite rendez-vous avec un vétérinaire pour discuter de l'ovariectomie ou de la castration, ou vous pourriez vous retrouver avec une nouvelle portée sur les bras.

Trouver un foyer adéquat

Si vous avez bien fait votre travail, vous pouvez proposer à l'adoption de parfaits petits êtres vivants : des chatons biens nourris, affectueux, bien socialisés, dont tout porte à croire qu'ils deviendront des compagnons sains et équilibrés pendant de très longues années. Évidemment, vous devrez vous assurer que les futurs maîtres sont suffisamment responsables et dignes d'aussi parfaites créatures.

Les chatons sont des petites bêtes si adorables qu'il est facile de « s'en débarrasser » en les proposant sur un marché ou devant un centre commercial, mais nous espérons que vous ne vous laisserez pas tenter par de telles pratiques et que vous veillerez à leur trouver une famille responsable qui saura en prendre soin comme ils le méritent. Le problème avec ces achats impulsifs est que cette « impulsion » peut s'évanouir aussi vite qu'elle est apparue.

Prenez le temps de sélectionner les candidats et, si vos chatons sont de race, travaillez en collaboration avec l'éleveur qui vous a procuré la mère. Il a peut-être une liste d'attente !

Qu'ils soient dotés d'un pedigree ou simplement adorables, les chatons méritent des foyers chaleureux et responsables. Voici donc quelques questions essentielles à poser aux éventuels acquéreurs :

- **Avez-vous déjà eu des chats ? Que sont-ils devenus ?** Parmi les mauvaises réponses, citons : « des tas », « ils se sont enfuis », « ils ont été renversés par une voiture » ou « nous avons déménagé ». Les accidents arrivent, même aux maîtres les plus avertis et consciencieux, mais des mésaventures en cascade en disent long sur la façon dont l'acquéreur éventuel traite ses animaux. À éviter !

- **Dans quel type de logement vivez-vous ?** Les chats s'adaptent à tous les types de foyers : familles nombreuses, célibataires, appartements de ville, maisons de campagne, personnes âgées sédentaires, femmes et hommes d'affaires, etc. Le meilleur candidat est celui qui a longuement réfléchi avant de se décider, qui est conscient de ses futures responsabilités et qui est prêt à satisfaire tous les besoins du chaton.

- **Avez-vous des enfants ? De quel âge ?** Si vous avez l'impression de traiter avec une personne qui ne se soucie pas du comportement de ses enfants à l'égard de leur futur compagnon, vous risquez de placer un petit animal fragile dans un environnement dangereux. Recherchez une personne tout à fait consciente qu'un animal de compagnie est un membre à part entière de la famille, et non un jouet pour les enfants.

- **Avez-vous l'intention de faire reproduire votre chat ?** Si vous proposez des chatons avec pedigree qui ne présentent pas les qualités nécessaires à la reproduction, vendez-les avec des papiers interdisant la reproduction ou conservez les papiers d'identité du chat jusqu'à ce que l'acquéreur vous présente la preuve que le chaton a bien été stérilisé. Certains éleveurs offrent également des réductions à l'acquisition sous réserve d'une stérilisation. Mieux encore : stérilisez vos chatons avant de les faire adopter (voir l'encadré « Stériliser un chaton »).

Quoi qu'il en soit, comportez-vous en bon pédagogue et soyez aimable mais ferme dans vos exigences. Renseignez-vous sur l'acquéreur, demandez à voir une pièce d'identité et appelez éventuellement son vétérinaire. Une personne qui a déjà possédé plusieurs animaux domestiques mais n'a aucun vétérinaire attitré est à rayer de votre liste. N'hésitez pas à refuser toute candidature douteuse. Même si ce n'est pas toujours très agréable, il en va de la vie et du bien-être de vos chatons ! Vous leur avez consacré beaucoup de votre temps et de votre énergie. Il semble donc tout à fait naturel de vouloir ce qu'il y a de mieux pour eux : des personnes qui continueront à s'en occuper avec soin et amour.

Vous voulez que vos chatons soient placés dans de bons foyers ? Alors, faites de votre mieux, *la seule personne* capable de s'en assurer, c'est vous !

LE CHOIX DES CHATS

Stériliser un chaton

Un bon moyen de ne pas contribuer au problème de la surpopulation féline consiste à stériliser vos chatons avant de les placer dans leurs nouveaux foyers.

Demandez à votre vétérinaire si une ovariectomie ou une castration est appropriée. Ces opérations ne se pratiquent généralement pas avant l'âge de 5 mois, mais les stérilisations précoces sur des chatons de moins de 8 semaines sont aujourd'hui approuvées par de nombreux vétérinaires, refuges et associations de protection animale. Afin d'éviter le flot incessant d'allers et venues de chatons dans les refuges, les castrations sont généralement automatiques pour tous leurs animaux proposés à l'adoption. Un nombre croissant d'éleveurs professionnels stérilisent également les chatons qui n'ont pas une vocation de champion, mais qu'ils souhaitent néanmoins vendre.

Certes, ces opérations de stérilisation supposent des frais supplémentaires, mais la plupart des acheteurs apprécieront de traiter avec des personnes responsables et soucieuses de trouver les meilleures solutions pour leurs animaux. Évaluez votre prix en fonction des tarifs de l'opération ou, si l'acheteur souhaite s'en charger lui-même plus tard, donnez-lui l'adresse de votre vétérinaire et informez-le du tarif pratiqué.

De bons foyers pour les chats adultes

Les chatons ne sont pas les seuls à avoir besoin d'un foyer responsable et affectueux. Les minous vieillissants y ont droit également. Si un chat errant fait soudain son apparition devant votre porte, si un parent malade vous confie son chat âgé ou si vous vous retrouvez pour une raison ou une autre avec un animal supplémentaire que vous ne pouvez garder, vous devrez lui trouver le meilleur foyer possible. Voici quelques conseils pour vous y aider :

- **Offrez-lui tous les atouts pour faciliter son adoption.** Votre animal aura plus de chances d'être adopté s'il est à jour dans ses vaccins, s'il utilise sa litière et s'il est stérilisé. (Si vous essayez de placer votre propre chat à cause d'un problème de comportement, lisez plutôt les conseils du chapitre 13 qui pourraient vous aider à résoudre ses problèmes et à le garder.)
- **Demandez-en un certain prix.** Les gens semblent montrer davantage de respect lorsqu'ils doivent débourser de l'argent, sans compter qu'une vente permet d'éliminer les éventuels profiteurs, tels que ceux qui prétendent « placer les chats gratuitement dans de bons foyers » alors qu'ils les revendent à des laboratoires de recherche. Une bonne règle de conduite : incluez dans le prix les frais de stérilisation et de vaccination.
- **Ne dissimulez pas les problèmes du chat ou les raisons de son placement.** Même s'il est difficile de trouver un nouveau foyer pour un animal présentant des troubles du comportement, ce n'est pas impossible. En revanche, si l'acheteur n'est pas prévenu, il y a de grandes chances pour qu'il vous rapporte l'animal, l'abandonne dans un refuge... ou pire encore.
- **Informez votre entourage.** Faites passer une annonce dans un journal local et accrochez votre offre un peu partout : votre lieu de travail, le cabinet vétérinaire, le magasin animalier du coin, la boulangerie, etc. Faites-en de nombreuses photocopies que vous pourrez distribuer à vos proches et qu'ils pourront à leur tour afficher sur leur lieu de travail. Parlez-en autour de vous le plus possible. Même les personnes qui n'aiment pas les chats (ou qui n'en veulent pas) connaissent quelqu'un qui a entendu parler d'une personne qui en recherche un. Sur 100 personnes qui sont au courant de votre annonce, probablement 99 ne seront pas intéressées, mais une seule suffit pour fournir un foyer idéal à votre chat, et c'est celle-là que vous devez trouver.
- **Posez de nombreuses questions et vérifiez la véracité des réponses.** N'oubliez pas de demander aux candidats à l'adoption s'ils ont déjà eu des animaux et ce qu'ils sont devenus. Tâchez de traiter avec des personnes qui ont pleinement réalisé que posséder un animal est un engagement à long terme.
- **En dernier recours, emmenez l'animal dans un refuge.** Aussi triste que cela puisse vous sembler, il vaut mieux une petite chance d'être adopté et une mort sans douleur qu'une courte vie de souffrance et de crainte. Ne vous contentez pas de relâcher un chat dans la campagne en espérant qu'il s'en sortira tout seul. Les paysans et chasseurs ne sont pas toujours les amis des animaux errants. Les plus attentionnés les emmèneront dans un refuge, les autres leur tireront dessus, les empoisonneront ou les noieront. Même dans la campagne « profonde », le destin des chats harets est une vie de souffrance souvent écourtée par les accidents et les maladies. Ne laissez pas un chat subir cette vie de misère : emmenez-le dans un refuge si vous n'arrivez pas à lui trouver de foyer.

Chapitre 15

Voyager avec votre chat

Dans ce chapitre :

- Votre chat peut-il voyager ?
- Si votre chat ne peut vous accompagner.
- Préparer un départ en voyage.
- Déménager.

Si votre chat pouvait donner son avis, il y a de fortes chances pour que ni vous ni lui n'alliez jamais nulle part. Ni au travail. Ni en week-end avec l'amour (bipède) de votre vie. Et certainement pas chez le vétérinaire ! Les chats adorent la routine, leur territoire, et apprécient particulièrement la routine *dans* leur territoire. S'ils pouvaient choisir, ils vous garderaient à la maison toute la journée pour satisfaire leurs moindres désirs et vous seriez tenu de les admirer pendant qu'ils s'installent confortablement dans le fauteuil du salon pour entamer leur première, quatrième ou dixième sacro-sainte sieste de la journée.

Une maison bien gérée, des repas à l'heure, des coins chauds pour dormir et toute l'affection d'un être humain attentif et attentionné : voilà l'idée qu'un chat se fait du paradis.

Nous autres humains trouverions cette vie plutôt ennuyeuse. Étant une espèce beaucoup plus « nomade » que nos chats, nous savons apprécier autant le confort d'un bon foyer que les petits changements de scénario de temps à autre. D'ailleurs, ces changements d'emploi du temps ne sont pas toujours de notre fait : des engagements professionnels, familiaux, amicaux peuvent nous amener à nous déplacer pour un séminaire annuel, le mariage d'un ami ou l'enterrement d'un vieil oncle.

Quels que soient l'endroit où vous allez et la raison de votre déplacement, vous ne devez pas oublier votre chat. S'il peut vous accompagner, vous voudrez vous assurer que cette expédition lui sera aussi agréable et confortable que possible. Dans le cas contraire et pour partir la conscience tranquille, vous devrez vous organiser pour le faire garder à domicile ou dans un refuge.

Que votre animal vous accompagne ou non, nous ne voulons surtout pas que vous vous inquiétiez. C'est pourquoi nous avons inclus dans ce chapitre tout ce que vous devez savoir pour prendre les bonnes décisions concernant votre animal. Que vous partiez pour le week-end ou que vous changiez de domicile, vous voulez que votre chat soit heureux, et nous aussi.

Photo : Richard D. Schmidt.

La plupart des chats préfèrent se prélasser à la maison que voyager, et le minou ci-contre fait définitivement partie de cette espèce.

Votre chat peut-il voyager ?

Peu de chats apprécient autant les voyages que les chiens. Mais si vous voulez que votre félin ait une petite chance d'apprécier votre vie de « routard », vous devez l'habituer alors qu'il est encore tout petit. Un chat adulte aura beaucoup plus de difficultés à s'habituer à de nouvelles situations ou personnes et pourra même ne jamais s'acclimater.

Certains déplacements ne peuvent être évités, tels que les déménagements (voir la section « Déménager » plus loin dans ce chapitre). Quelle que soit l'excursion prévue, tout dépend des dispositions de votre animal. Deux questions essentielles s'imposent ici : votre chat est-il en forme pour voyager ? A-t-il un tempérament « voyageur » ?

L'expédition la moins appréciée des chats est probablement celle qui les conduit chez le vétérinaire (voir le chapitre 9 pour quelques conseils utiles à ce sujet).

La santé

Avant de partir en villégiature avec votre animal, vous devez l'emmener chez le vétérinaire pour vous assurer qu'il est en bonne santé et à jour dans ses vaccins (si vous partez à l'étranger). Un chat dont la santé est fragile n'est pas un bon compagnon de voyage.

Si vous prenez l'avion, vous aurez besoin d'un certificat de santé. (Vous trouverez davantage d'informations à ce sujet dans la section « Préparer un départ en voyage » plus loin dans ce chapitre.) Si vous voyagez en voiture ou en avion, n'oubliez pas d'emporter avec vous le carnet de vaccination de votre animal (certifiant qu'il est bien vacciné contre la rage). Au cas où il mordrait quelqu'un ou se ferait mordre par un animal sauvage, vous devrez prouver qu'il a bien été vacciné.

En fonction du type de voyage entrepris, de la santé et du caractère de votre chat, votre vétérinaire vous conseillera peut-être l'utilisation d'un sédatif. Discutez avec lui des différentes options possibles.

Si votre chat est un Persan ou un Exotic Shorthair – ou tout autre mélange doté de la caractéristique de cette race (nez retroussé et aplati) – un voyage peut être très dangereux pour sa santé en raison des difficultés respiratoires propres à ces espèces. Les voyages dans les soutes d'avion sont probablement à éviter. Pour assurer la sécurité de votre animal, discutez avec votre vétérinaire des solutions envisageables chaque fois que vous devez l'emmener en voyage.

Le tempérament

Vous connaissez le caractère de votre chat mieux que quiconque. Est-il froussard et nerveux ou détendu et sociable ? Comment réagit-il aux nouvelles situations ? Au bruit ? S'il faut deux jours pour que votre animal se remette d'un petit trajet en voiture, vous devrez y réfléchir à deux fois avant de l'emmener en week-end.

Toutefois, si vous jugez qu'il s'adapte assez facilement, lancez-vous ! Vous apprécierez peut-être tous les deux ces petits extras passés ensemble, où que vous soyez.

Si votre chat ne peut vous accompagner

Vous devez savoir quoi faire si vous ne pouvez emmener Minet avec vous – ce qui est probablement le cas chaque fois que vous devez partir. Votre chat peut ne pas aimer relever ce genre de défis, et même s'il s'adapte bien à toutes les situations, il n'est pas toujours possible de l'emmener avec vous. Il peut vous arriver d'effectuer des déplacements professionnels ou un voyage d'urgence à l'autre bout du pays pour vous occuper des biens d'un parent. Un autre endroit où vous devrez peut-être aller un jour et où votre chat ne pourra vous accompagner est l'hôpital.

Demandez à vos amis, voisins et collègues de travail ce qu'ils font de leurs chats lorsqu'ils s'absentent. Demandez également à votre vétérinaire des adresses de pensions et services de gardiennage (voir l'annexe). Et n'hésitez pas à vérifier les installations de l'organisme ou les références de la personne que l'on vous propose.

TRUC

Les pensions et services de gardiennage sont souvent réservés des semaines à l'avance, surtout en période de vacances. Ne vous y prenez pas à la dernière minute !

Prévoir le pire

Avant de laisser son animal à un ami, un « cat-sitter » ou une pension, on néglige souvent le pire dans ses recommandations. Autrement dit, comment agir en cas d'accident ou de maladie. Discutez-en d'abord avec votre vétérinaire, puis fournissez toutes les informations nécessaires à la personne qui s'occupera de votre chat en votre absence.

Si vous entretenez de bons rapports avec votre vétérinaire, vous pourrez lui faire confiance en cas d'urgence, que vous soyez ou non présent. Le vétérinaire de Gina, par exemple, connaît exactement le type de soins qu'elle attend et, dans la mesure où elle a une entière confiance en son jugement, il sait qu'il peut prendre toute initiative nécessaire s'il ne peut la joindre. Sur le dossier de chacun de ses animaux domestiques figure une mention indiquant que pour quiconque apporte un des animaux de Gina, le cabinet doit fournir tous les soins nécessaires et se payer en utilisant le numéro de la carte de crédit également inscrit.

N'OUBLIEZ PAS

Nous vous recommandons vivement d'établir une telle relation de sorte que vous n'ayez jamais à vous soucier de la santé de votre animal lorsque vous vous absentez. Parlez-en avec votre vétérinaire lors de la visite médicale annuelle de votre chat ou juste avant de partir en voyage, pour éviter tout malentendu.

Pour préparer l'ultime voyage, celui où aucun chat ne peut accompagner son maître, et prévoir quelques dispositions testamentaires en faveur de votre compagnon félin, voyez la fin du chapitre 11.

Le gardiennage

Cette rubrique englobe aussi bien l'accord entre deux amis qui gardent mutuellement leur animal respectif, le gamin du voisin que vous payez pour nourrir votre chat ou encore les services professionnels de gardiennage à domicile.

Les avantages des services de gardiennage à domicile sont évidents : votre animal reste dans l'environnement auquel il est habitué – ce qui est une considération très importante pour la gent féline. En outre, un « cat-sitter » peut aussi prendre votre courrier, arroser vos plantes et allumer et éteindre les lumières régulièrement (pour dissuader d'éventuels cambrioleurs).

Discutez des services et des tarifs proposés au préalable et, s'il s'agit d'un organisme, vérifiez son statut juridique et son assurance.

L'inconvénient majeur des « cat-sitters » est que votre animal reste seul la plupart du temps. Ces personnes s'occupent souvent de plusieurs animaux à la fois et ne peuvent accorder à chacun toute l'attention qu'ils pourraient réclamer. (Un arrangement avec une jeune personne ou un « cat-sitter » qui reste chez vous pendant toute votre absence pourra offrir à votre chat davantage d'opportunités pour jouer et se faire caresser aussi souvent qu'il le souhaite.) Si votre animal tombe malade ou parvient à s'échapper, un « cat-sitter » ne s'en apercevra pas nécessairement tout de suite. Enfin, certaines personnes n'aiment tout simplement pas laisser leur maison à d'autres.

Les arrangements « à l'amiable » – qu'il s'agisse de garder la maison et son contenu ou simplement de passer une ou deux fois par jour pour s'occuper du chat – vous réservent parfois des surprises. Une amie de Gina avait ainsi confié sa maison et ses animaux à une jeune étudiante (fille d'une de ses amies) pour s'apercevoir à son retour que cette jeune fille n'avait pas vraiment mené une vie de sage locataire. Elle avait organisé des soirées, invité de nombreuses personnes, et la maison était pour le moins sens dessus dessous – mais les animaux se portaient bien ! Autrement dit, si vous voulez engager une jeune personne – comme le font nombre de propriétaires d'animaux de compagnie sans jamais le regretter – arrangez-vous pour qu'une supervision parentale fasse aussi partie du contrat.

Nous pensons que la meilleure solution consiste à pratiquer ce que nous appelons l'*échange de bons procédés*. Si certains de vos amis possèdent, eux aussi, un chat, organisez-vous pour qu'ils gardent votre animal lorsque vous n'êtes pas là et pour garder le leur lorsqu'ils s'absentent. Cet échange de services est à la fois rassurant – dans la mesure où vos amis aiment les animaux autant que vous – et bon marché. Il ne vous en coûtera, en fait, qu'un peu de votre temps.

Les pensions

Autre solution idéale pour les chats affectueux et faciles à vivre : la pension. Toutefois, malgré toutes les recommandations du monde, ne confiez pas votre compagnon à un établissement que vous n'avez pas préalablement inspecté vous-même. Les installations doivent être propres, confortables et bien entretenues. Sinon, allez voir ailleurs.

Demandez à visiter les lieux et à voir l'endroit exact où sera installé votre chat. Assurez-vous que sa loge est bien individuelle et éloignée de celles des chiens. Si plusieurs chats peuvent cohabiter sous le même toit, des chats qui ne se connaissent pas ne doivent *jamais* être d'emblée installés dans une pièce commune.

Les responsables de l'établissement doivent pouvoir (et vouloir sincèrement) s'adapter aux besoins de votre chat afin de rendre son séjour plus confortable. Ils doivent accepter de le nourrir comme vous le faites, surtout s'il suit un régime alimentaire spécifique, et vous autoriser à laisser des jouets ou un vêtement ayant votre odeur pour le rassurer.

Les pensions présentent quelques avantages par rapport au gardiennage à domicile. Ce sont généralement des endroits sûrs, les meilleurs établissements disposant même d'une personne sur site chargée de vérifier que tout se passe bien pour votre compagnon. Certaines pensions isolées vont même jusqu'à offrir un service de ramassage.

Quelques cliniques vétérinaires proposent des services d'hébergement temporaire. Si la vôtre propose de tels services, c'est la solution idéale pour votre chat : son personnel connaît votre animal et son passé médical – un avantage considérable, surtout s'il est âgé ou souffre d'une affection chronique.

ATTENTION

Boycottez toute pension qui ne vous demanderait pas de prouver que votre chat est à jour dans ses vaccins. Si les responsables des lieux n'exigent pas que *votre* animal soit en bonne santé et protégé contre les maladies virales, ils ne l'exigeront pas non plus des autres pensionnaires, et cela mettra votre chat en danger.

Quelle que soit la situation, nous ne conseillons à aucun maître de laisser en pension un chaton qui n'a pas encore reçu tous ses vaccins. Les risques d'affection sont tels qu'il ne vaut mieux pas courir de risque.

Préparer un départ en voyage

Que ce soit en avion, en train ou en voiture, voyager avec un chat sera toujours plus facile si vous vous y prenez à l'avance et prévoyez tout ce que vous devez emporter. Voyagez léger si vous prenez l'avion, et n'hésitez pas à remplir le coffre si vous prenez la voiture !

La liste suivante présente le nécessaire de voyage de votre petit compagnon. Jetez également un œil au chapitre 6 pour quelques autres informations utiles sur les accessoires pour chats.

- **Caisse de transport.** Si vous prenez l'avion et que votre animal voyage avec vous en « bagage accompagné », vous devez le garder sur vos genoux ou à vos pieds dans un sac de transport aéré et de dimensions réglementaires. Renseignez-vous auprès de la compagnie à l'avance, d'autant plus que le nombre d'animaux admis sur un vol est limité. Si le chat voyage en soute, vous devez acheter une caisse de transport spéciale en vente dans les magasins spécialisés et les aéroports.

  Si vous devez traverser tout le pays avec votre chat dans la voiture, n'hésitez pas à faire l'acquisition d'une caisse de grande taille, suffisamment grande pour que vous puissiez y placer un bac à litière. Si vous prenez le train, votre chat pourra voyager dans un panier ou sur vos genoux (si cela n'incommode pas votre voisin). N'oubliez pas d'acheter son billet (à tarif réduit évidemment !).

- **Harnais, plaque d'identité et laisse.** Un chat effrayé peut facilement vous échapper. Le cas échéant, assurez-vous qu'il n'ira pas plus loin que le bout de sa laisse, elle-même accrochée à un collier sur lequel vous aurez fixé une médaille où figurent les coordonnées du lieu où vous allez séjourner. Tenez votre chat en laisse chaque fois qu'il est hors de sa caisse ou de son sac de transport.

- **Bac et litière.** Si nous vous recommandons généralement de ne rien changer aux habitudes de votre chat, il est préférable d'opter pour une litière agglomérante beaucoup plus pratique en voyage. N'oubliez pas d'emporter également des sacs en plastique hermétiques pour y placer les mottes et éviter les odeurs jusqu'à ce que vous puissiez trouver une poubelle. Vous pouvez également choisir les bacs à litière jetables en carton (si vous n'utilisez pas de litière compacte), que vous pourrez renouveler quotidiennement.

- **Nourriture, eau et bols.** Emportez quelques boîtes et croquettes. (N'oubliez pas l'ouvre-boîtes pour les conserves ou optez pour des boîtes dont les couvercles se décapsulent.) Pensez également à prendre une bouteille pour offrir régulièrement à votre chat de l'eau toujours fraîche. Prévoyez aussi quelques friandises.
- **Trousse de toilette et de secours.** Votre trousse de secours doit comprendre des bandes, des compresses stériles, des sparadraps, du coton, des ciseaux, un abaisse-langue, de l'eau oxygénée, une lotion antiseptique, du sérum physiologique, des pansements intestinaux et tous autres médicaments que vous administrez habituellement à votre chat. (Reportez-vous au chapitre 10 pour en savoir plus sur les soins d'urgence.) Vous pouvez également vous procurer un kit de premiers secours dans un magasin spécialisé. N'oubliez pas de glisser aussi dans votre trousse une brosse et un peigne.
- **Serviettes et atomiseur.** Emportez des serviettes en papier et en tissu, ainsi qu'un vaporisateur pour nettoyer certaines choses auxquelles vous n'auriez peut-être pas pensé. Un petit désodorisant peut aussi être utile, ainsi qu'un détachant.
- **Quelques jouets.** Il faut bien occuper votre petit compagnon dans sa chambre d'hôtel !
- **Guides de voyage.** S'il est beaucoup plus facile de faire accepter un chat qu'un chien dans un hôtel (et également plus simple de passer inaperçu dans les endroits interdits aux chats, mais nous ne vous avons rien dit !), vous aurez néanmoins besoin d'un guide de référence mentionnant les sites qui accueillent les animaux domestiques. Renseignez-vous auprès de votre libraire.

Évidemment, vous devrez emporter avec vous uniquement ce qui est nécessaire pour le type de voyage que vous entreprenez. Vous n'allez pas tout empaqueter pour un petit trajet, mais si vous avez l'intention de traverser le pays en voiture avec votre petit compagnon, n'hésitez pas à remplir le coffre.

Voyager en avion

Même si les journaux relatent parfois toutes sortes d'horribles histoires, on peut affirmer que la plupart des chats (et des humains) peuvent voyager sans risque en avion, et ce sera le cas du vôtre si vous respectez les règles, prenez toutes les précautions nécessaires et vous comportez en passager exigeant dans l'intérêt de votre petit félin.

Les animaux voyagent généralement en avion de deux manières : dans la soute ou en « bagage accompagné ». Votre chat se portera mieux si vous voyagez avec lui : il subira moins de stress et vous pourrez veiller directement sur lui.

Certaines compagnies acceptent les animaux en cabine si leur caisse peut se glisser sous le siège du passager, ce qui est le cas pour la plupart des chats. C'est de loin la meilleure manière de voyager pour votre chat, car vous pourrez veiller sur lui pendant tout le trajet. Toutefois, certaines compagnies n'acceptent pas d'animaux en cabine et d'autres en limitent le nombre. C'est pourquoi il est nécessaire de vous renseigner bien à l'avance auprès de la compagnie.

Si votre chat n'est pas accepté en cabine, il voyagera en soute. C'est une situation qui n'est pas vraiment idéale, mais que la plupart des chats arrivent à supporter.

Quoi qu'il en soit, prenez toujours les précautions suivantes :

- **Renseignez-vous auprès de la compagnie.** Certaines n'acceptent pas du tout les animaux. D'autres en limitent le nombre, que ce soit en cabine ou en soute. Vous devez également savoir où et quand vous devez présenter votre animal et quels papiers (certificat de santé, etc.) vous devez fournir.

- **Assurez-vous que votre chat est en bonne santé et n'appartient pas à une race dont le nez est retroussé.** Ces chats (tels que les Persans) ont des difficultés respiratoires, même dans les meilleures conditions, alors ne parlons pas du stress qu'un voyage en avion pourrait causer ! Vous devez impérativement consulter votre vétérinaire avant tout voyage qui pourrait mettre en danger la vie de votre animal.

- **Assurez-vous que votre chat voyage dans une caisse portant les numéros de téléphone où l'on peut vous joindre au départ et à l'arrivée.** (Le numéro de votre domicile ne sert à rien si vous n'y êtes pas.) Qu'il voyage en cabine avec vous ou en soute, veillez à ce que la caisse de votre animal contienne une plaque d'identité (en plus de celle fixée sur son collier). Il est impératif que cette caisse soit suffisamment grande pour que le chat puisse se tenir sur ses pattes et se tourner sur lui-même. Assurez-vous également qu'elle est bien fermée avant de faire enregistrer votre chat.

- **N'embarquez pas votre animal par mauvais temps ou aux périodes de pointe.** Si possible, évitez les grandes vacances et les congés de fin d'année, et choisissez un vol à une date où la température au sol n'est ni trop élevée ni trop basse, non seulement au départ, mais également dans l'aéroport d'arrivée et les éventuelles escales. Si ces températures n'affectent pas vraiment votre animal en cabine, la situation est très différente en soute, où il n'y a ni chauffage ni air climatisé. En été, un vol de nuit semble mieux indiqué et l'inverse est valable à la période hivernale. Il existe des réglementations concernant cette échelle de températures où un animal peut être embarqué. Si la température au sol au départ, à l'arrivée ou en escale est supérieure ou inférieure aux limites imposées, vous risquez de devoir retarder ou annuler votre voyage. Prévoyez à l'avance.

- **Choisissez, dans la mesure du possible, un vol direct ou avec de courtes escales.** La plupart des problèmes surviennent au sol, quand les animaux sont laissés dans leur caisse sur une piste brûlante ou dans une soute étouffante. Les vols directs évitent les escales, et les escales courtes réduisent le temps au sol.

Il est préférable de faire voyager votre chat en cabine plutôt qu'en soute, et la plupart des compagnies n'y verront aucun inconvénient si sa caisse peut se glisser sous le siège passager.

- **Rappelez-vous que la vie de votre chat dépend de l'attention du personnel navigant s'il ne voyage pas avec vous en cabine.** La plupart des employés sont irréprochables, mais des erreurs peuvent toujours arriver. Soyez prêt à « talonner » les stewards et les hôtesses pour qu'ils vérifient que votre chat a bien embarqué et qu'il a suivi vos éventuelles correspondances. Ne vous contentez pas d'une réponse du type : « Je suis sûr qu'il va très bien, prenez donc quelques cacahuètes. » Demandez au personnel de bord de *vérifier* et de vous faire un rapport.

Contrairement à la croyance populaire, il est préférable de *ne pas* administrer de sédatif à un chat avant un voyage en avion. S'il n'est pas endormi, un chat s'accommodera mieux de l'oxygène limité en haute altitude. Mais le vôtre est peut-être l'exception qui confirme la règle ; demandez conseil au vétérinaire.

Voyager en voiture

Nous savons que vous adorez la compagnie de votre chat. Nous savons également que vous aimez qu'il se blottisse contre vous en ronronnant. Mais, pour sa sécurité et la vôtre, il est préférable de l'installer dans son panier si vous voulez l'emmener en voiture. Un chat en liberté dans une voiture peut constituer un danger : même s'il ne se glisse pas sous les pédales, il peut se cacher si loin sous le siège que vous aurez bien du mal à l'en faire sortir.

Pendant le trajet, votre chat sera probablement plus à son aise – et certainement plus calme – si vous couvrez la caisse dans laquelle vous l'avez installé pour voyager. S'il n'arrête pas de miauler, emportez avec vous un vaporisateur et envoyez-lui un petit jet d'eau chaque fois qu'il se plaint. Vous pouvez également emporter une boîte de calmants pour chats...

Sur le trajet, pensez à vous arrêter à intervalles réguliers – au moins autant de fois que vous-même en avez besoin – pour que votre chat puisse se dégourdir les pattes et boire un peu d'eau fraîche (évitez de lui donner à manger en cours de voyage). Pour sa propre sécurité, mettez-lui une laisse avant de le faire sortir de voiture.

Évitez de laisser votre chat sans surveillance dans la voiture. Celle-ci fonctionne comme une serre, et la chaleur peut atteindre des degrés mortels en quelques minutes. Autre risque : le vol. Si vous devez absolument laisser votre chat (pour une pause toilettes, par exemple), garez-vous à l'ombre, baissez légèrement les vitres et soyez *très* rapide. Mieux encore, prenez votre chat et sa caisse avec vous dans les toilettes : il vous a probablement déjà vu ainsi et ne sera pas choqué !

Si vous voulez vous arrêter pour une petite visite touristique ou faire du shopping tout en vous assurant que votre chat est en parfaite sécurité, une clinique vétérinaire locale pourra garder votre animal temporairement – à un prix généralement très abordable. Vous pouvez également laisser Minet dans votre chambre d'hôtel, dans sa caisse de préférence.

Déménager

Pour la plupart des chats, déménager est un événement terriblement stressant. Ajoutez à la découverte d'un environnement complètement nouveau – qui peut encore contenir les odeurs des anciens occupants à quatre pattes – l'angoisse du trajet, et vous comprendrez aisément pourquoi de nombreux chats passent les premiers jours qui suivent un déménagement sous un lit.

Votre chat se trouve très bien dans son foyer actuel et, dans la mesure où vous ne lui demandez pas son avis avant de changer d'adresse, vous devez, pour éviter tout problème éventuel, veiller à sa sécurité et à son confort avant, pendant et après votre déménagement.

Pour mettre toutes les chances de votre côté, commencez par lui acheter une plaque d'identité avec votre nouvelle adresse et votre nouveau numéro de téléphone. Vous mettrez ainsi ces nouvelles informations bien à l'abri sur le collier de votre animal avant même de commencer à empaqueter. Si vous effectuez un long trajet à plusieurs étapes, optez pour des étiquettes autocollantes où vous indiquerez les différentes informations quotidiennement, telles que votre nom, votre numéro de téléphone et votre numéro de chambre d'hôtel, que vous collerez sur le collier de votre animal. (Voyez le chapitre 6 pour plus d'informations sur les médailles et les colliers pour chats.)

Un abri pour Minet

Le meilleur moyen de préparer votre chat à un changement de domicile consiste à le garder bien à l'abri dans une pièce fermée avant et après le déménagement. Enfermez-le dans une pièce (une salle de bain inutilisée, par exemple) où il ne sera pas dérangé et où vous aurez préalablement installé sa nourriture, son bol d'eau, son bac à litière, son griffoir et quelques jouets. Ne culpabilisez pas, il sera certainement plus tranquille dans cette pièce que parmi tous ces étrangers qui emballent ses biens (un terme qui s'applique à tout ce qui se trouve dans votre – enfin, *sa* – maison) et disparaissent avec ces derniers derrière la porte.

Isoler votre chat dans une pièce avant et après un déménagement permet également d'éviter qu'il ne s'échappe et se perde. Votre animal pourrait paniquer, partir et se perdre, même dans son environnement habituel, s'il est désorienté. Il peut également disparaître pendant quelques jours et revenir dans son ancienne maison, alors que vous n'y êtes plus.

Une isolation dans une pièce particulière est aussi une bonne méthode pour introduire un nouveau chat dans votre foyer et pour rééduquer tout félin domestiqué qui aurait tendance à lacérer les meubles ou à bouder son bac à litière. Pour en savoir plus sur cette « thérapie de confinement », voyez le chapitre 5, et le chapitre 13 pour tout problème de comportement.

Enfermez votre animal dans une pièce une journée avant de commencer à tout emballer, emmenez-le dans son nouveau domicile dans une caisse et enfermez-le de nouveau dans une pièce jusqu'à ce que vous ayez terminé d'emménager.

Isoler votre chat dans une pièce avant et après un déménagement facilite la transition.

Lorsque tous les meubles ont trouvé leur place et que la poussière a commencé à retomber, laissez votre chat sortir et explorer à son rythme son nouvel environnement. Même s'il a l'habitude de vagabonder à l'extérieur, ne le laissez pas encore sortir du domicile. Gardez-le une à deux semaines dans la maison pour lui permettre de bien s'y habituer et de s'approprier les lieux avant de s'aventurer à l'extérieur.

ATTENTION

Forcer un chat effrayé ou stressé à faire quelque chose contre son gré est dangereux pour votre sécurité. Lorsque vous arrivez dans votre nouveau foyer, n'essayez pas de sortir votre animal de sa caisse. Placez cette dernière dans la pièce où vous voulez l'enfermer pendant quelque temps et soulevez le couvercle pour le laisser sortir quand il le souhaite. Dès que vous le sentez plus calme, vous pouvez lui proposer de la nourriture fraîche ou essayer de le caresser, mais ne le pressez pas : vous pourriez le regretter !

Laissez la caisse, porte ouverte, dans la pièce où vous avez installé votre chat. C'est, dans son esprit, le lieu le plus familier dans ce nouvel environnement et il ira peut-être s'y réfugier.

Un déménagement peut vous fournir une occasion idéale pour convertir un chat d'extérieur en chat d'intérieur. Dans votre ancienne maison, il se lamentait sans fin si vous lui refusiez l'accès à son territoire extérieur (enfin, jusqu'à ce qu'il comprenne que c'est vous qui aviez le dernier mot), mais dans cette nouvelle demeure, il n'a pas encore de territoire, et celui-ci se limitera de toutes façons à ce que vous voudrez bien lui accorder.

Anticiper les problèmes

Autre bonne raison pour isoler votre chat dans une pièce après un déménagement : lui rappeler certaines règles domestiques, concernant plus particulièrement les griffades, les jets d'urine et d'autres problèmes de comportement qui peuvent apparaître lorsqu'un chat est stressé et désorienté.

Limiter les options de votre animal à un bac à litière et un griffoir dans une seule pièce lui permettra de développer très rapidement les bonnes habitudes qu'il avait dans son ancienne maison. Installez un ou deux autres bacs dans la maison pour faciliter la transition lorsque vous le laisserez sortir de sa pièce pour découvrir le reste de son territoire. Vous pourrez ensuite n'en garder qu'un (de préférence situé dans un endroit discret, autant pour vous que pour lui).

Bien qu'il y ait de fortes chances pour que votre chat retrouve très vite ses anciennes bonnes habitudes, si un trouble du comportement semblait persister, parlez-en avec votre vétérinaire. Votre animal peut être malade ou avoir besoin d'un anxiolytique qui l'aidera à s'adapter dans de meilleures conditions. (N'oubliez pas de jeter un œil au chapitre 13 pour tout ce qui concerne les troubles du comportement.)

Un temps d'adaptation

Il faudra peut-être une quinzaine de jours pour que votre chat s'installe dans sa nouvelle routine – pour qu'il sorte de sa pièce, s'adapte à son nouvel environnement et s'habitue de nouveau à ses accessoires (griffoir, bac à litière, etc.). Votre chat reprendra progressivement confiance, mais ne le pressez pas et ne le laissez pas sortir de la maison tant qu'il ne s'est pas complètement familiarisé avec sa nouvelle demeure.

Soyez très observateur. Le langage corporel des chats peut être très subtil. Apprenez à le décoder (notamment en lisant le chapitre 12) pour savoir à tout moment quand votre chat est détendu, joueur ou malheureux.

Si vous accordez à votre chat le droit d'étendre son territoire à l'extérieur de la maison, commencez par lui mettre une laisse et accompagnez-le partout où il va pour l'habituer progressivement à ce nouvel espace. Laissez-le rentrer de lui-même (évitez de le porter) et jouez avec lui pour lui permettre de s'acclimater dans les meilleures conditions et de créer un lien positif avec son nouveau foyer.

À quel moment pouvez-vous le laisser sortir seul ? Pour être honnête, c'est toujours un risque. Faites de votre mieux pour accorder à votre compagnon tout le temps qui lui est nécessaire pour s'installer et laissez-le explorer son territoire extérieur après une ou deux semaines, tout en le surveillant de près. Si vous n'avez négligé aucune étape, votre chat ne devrait pas se perdre. Mais vous devez être conscient des risques que vous prenez chaque fois que vous le laissez s'aventurer à l'extérieur.

Avant de laisser votre chat vagabonder, assurez-vous qu'il s'est bien familiarisé avec sa nouvelle maison.

Photo : Kathy Schutte.

ATTENTION

Perdu... et retrouvé

Vous devez être particulièrement vigilant si vous ne voulez pas perdre votre chat au cours d'un déménagement, d'autant plus qu'il est simple d'*éviter de perdre* un chat que de *retrouver* un chat perdu.

Même les chats qui ne sortent jamais peuvent s'échapper, dans la panique d'un déménagement, et se perdre. C'est pourquoi tous les animaux domestiques devraient toujours porter un collier avec une médaille d'identité (voir le chapitre 6). Autre mesure utile : ayez toujours avec vous des photos de votre chat au cas où vous devriez placarder des avis de recherche dans tout le quartier.

Si votre chat ne réapparaît pas à l'heure du dîner, ne vous contentez pas de croire qu'il reviendra dans un jour ou deux : agissez ! Faites paraître une annonce dans un journal local, préparez des tracts avec un descriptif et une photo de votre chat, et en proposant éventuellement (nous vous le conseillons) une récompense.

Distribuez ces tracts dans votre quartier et affichez-en également dans les cabinets vétérinaires et les refuges locaux. Consultez les petites annonces d'animaux trouvés et commencez à inspecter les refuges.

N'abandonnez pas trop tôt : certains animaux reviennent plusieurs semaines après leur disparition. Alors, continuez votre investigation et... gardez espoir !

Chapitre 16
Les expositions félines

Dans ce chapitre :

- Avantages des expositions félines.
- Qui organise les shows ?
- Déroulement des expositions.
- Présenter son chat.

Les expositions félines sont des manifestations où se retrouvent tous les amoureux des chats, amateurs et professionnels. De celles comptabilisant une centaine d'entrées aux manifestations internationales réunissant plus d'un millier de champions félins de tous les continents, ces shows organisés par les différents clubs et associations du monde félin présentent au public les plus belles races de chats, des Siamois les plus raffinés aux Main Coon les plus rustiques, en passant par les Sphinx, caractérisés par leur absence de fourrure, et les majestueux Birmans à la robe si soyeuse. Les expositions félines vous permettent non seulement de découvrir toutes sortes de chats, des races les plus anciennes aux créations les plus étranges et innovantes, mais également de rencontrer d'autres amoureux des chats, éleveurs, juges, amateurs, etc., d'acquérir des chatons, du matériel spécialisé et de faire concourir votre propre champion à quatre pattes.

En effet, certains amateurs sont très vite piqués par le virus des expositions félines. Fiers de leur compagnon félin, ils commencent par le présenter timidement à une exposition régionale et gagnent éventuellement une petite récompense. À partir de là, le saut vers une plus grande implication est tout naturel : ils passent leurs semaines à préparer leurs plus beaux fleurons, leurs week-ends à voyager d'expositions en expositions et finissent inévitablement par créer une chatterie. Certains deviennent même juges d'exposition !

Ces personnes, qui peuvent provenir des quatre coins du monde et de toutes les couches sociales, partagent une seule et même conviction : les chats sont les êtres les plus merveilleux sur Terre. Certains amoureux des chats deviennent très vite passionnés, voire obsédés, et ne jurent plus que par telle ou telle race, tel ou tel club, tel ou tel prix…

Jetez un œil au chapitre 2 pour un aperçu du monde des chats de race.

Le sport félin accueille de plus en plus de catégories de chats. La plupart des expositions vous permettent aujourd'hui de présenter des chats *neutres* (stérilisés) et de simples *chats de maison* (chats non répertoriés, dont les ancêtres ne sont pas connus ou de races mélangées). Toutes ces nouvelles classes permettent de célébrer enfin pleinement ces mystérieux petits fauves qui nous fascinent depuis les plus anciennes civilisations.

Avantages des expositions félines

Les gens adorent partager leurs hobbies, qu'il s'agisse de voitures de collection, de jardinage ou d'animaux de compagnie. Dans tout championnat félin, la fierté, l'esprit de compétition et de camaraderie font toujours partie du jeu, mais il y a plus encore.

Une chose est sûre : il est rare de s'enrichir en élevant des chats, même des champions. L'élevage de chats de race et la participation aux concours sont des activités très coûteuses que la vente occasionnelle de chatons accompagnée de quelques cocardes et trophées ne peuvent contrebalancer. Le véritable intérêt est ailleurs : partager avec d'autres la même passion pour les chats et gagner, si possible, un « best », l'ultime récompense pour tant d'efforts et… d'amour.

Préserver et développer des races

À l'instar des championnats canins, les expositions félines sont apparues dans l'Angleterre du XIXe siècle, où l'un des passe-temps préférés des classes aisées consistait à élever des animaux de race, tels que les chats, dans le but, notamment, de préserver d'anciennes races et d'en développer d'autres. Depuis les foires de campagne jusqu'à la première grande exposition londonienne tenue au Crystal Palace en 1871 sous l'approbation enthousiaste de toute la haute société, le « sport félin » s'est vite développé dans toute l'Europe, puis dans le monde entier.

Avec la période de paix relative qui a suivi la Seconde Guerre mondiale est né un engouement pour les animaux de pure race, considérés comme un symbole de réussite sociale parmi la classe moyenne. Certains se lancèrent donc dans la préservation d'anciennes races, dont beaucoup furent décimées par la guerre. D'autres se firent connaître en développant de nouvelles races. Nombre d'éleveurs et de généticiens se consacrent encore aujourd'hui à la création de nouvelles robes, tendances ou races, telles que la création du très controversé chat basset, le *Munchkin Cat*.

Juger et récompenser les meilleurs

Le « sport félin » ne se résume pas à de simples expositions de chats. Certes, les champions présentés sont jugés lors de ces expositions, mais ce que les juges ont vraiment sous les yeux lors de ces concours sont des représentations vivantes de tout le travail requis pour aboutir à de tels résultats.

Chaque cocarde récompense en fait de nombreuses heures de travail à étudier la « félinotechnie », la génétique et les pedigrees dans l'espoir de produire des chats se rapprochant le plus possible des standards de perfection. (Reportez-vous à la section intitulée « Le jugement » plus loin dans ce chapitre, pour connaître les critères de sélection des juges.) S'occuper des soins, de la toilette et du bien-être des chats de concours sont des activités très contraignantes, tout comme peut l'être la vie avec des chats entiers au caractère « difficile ».

Ajoutez à toutes ces tâches celles qui consistent à élever des chatons, à les maintenir en bonne santé et à les socialiser pour en faire d'adorables animaux de compagnie ou de magnifiques champions. Les éleveurs peuvent être très exigeants quant aux critères de sélection des futurs candidats et les délais de placement peuvent également être très longs. Et pour ce qui est des chatons qu'ils gardent, ceux-ci devront pouvoir supporter les nombreux voyages et manipulations imposés par leur vie de « star ».

Le podium est l'endroit où tout se joue en quelques minutes, qui peuvent sembler terriblement longues au moment du jugement ou bien trop courtes une fois ce dernier rendu. Les juges de ces concours de beauté féline ne sont pas des arbitres aux goûts capricieux, mais plutôt des révélateurs d'éleveurs expérimentés et consciencieux appréciant les animaux qui leur sont présentés selon des critères spécifiques à chaque race (standards) et permettant aux éleveurs récompensés de poursuivre leur travail pour le bien de leurs chats et de la race choisie.

Informer le public et récolter des fonds

Le sport félin ne se limite pas à la simple représentation de stars à quatre pattes. Nombre de ces manifestations organisent également des séminaires destinés à informer le public, à expliquer comment sont jugés les chats ou comment s'en occuper le mieux possible. En outre, des documents, généralement gratuits, concernant une race particulière ou ces événements en général, sont souvent disponibles à l'accueil et sur les différents stands.

De nombreuses expositions sont également organisées au profit d'œuvres de charité diverses, des petits refuges locaux aux organismes multinationaux travaillant pour la préservation des cousins sauvages de nos chats domestiques, tels que les tigres en voie de disparition dans certains pays. D'autres manifestations font don de leurs bénéfices, provenant des entrées et de la location des stands, à des centres de recherches médicales pour les animaux, refuges et associations de protection animale.

Deux œuvres de charité américaines sont affiliées à l'association CFA (*Cat Fancier's Association*) : les fondations WFF (*Winn Feline Foundation*) et CFF (*Cat Fancier's Foundation*). La WFF, pour laquelle Paul travaille comme consultant vétérinaire, a pour vocation de récolter des fonds au profit d'études permettant d'améliorer les soins apportés aux chats. Depuis sa création en 1968, la WFF a récolté l'équivalent de plus de 1,5 million d'euros pour les recherches médicales félines. Quant à la CFF, elle a été fondée en 1990 en vue de promouvoir tous travaux d'art et de littérature liés aux chats. La première acquisition historique fut le collier d'argent et la médaille offerts en 1895 à Cosey, champion de race Main Coon de la première grande exposition féline d'Amérique du Nord.

Cosey a peut-être été le premier chat à remporter un concours de beauté d'un grand show aux États-Unis, mais cette exposition, qui eut lieu au Madison Square Garden, n'a pas été la première mondiale du genre. L'honneur en revient au Crystal Palace de Londres où se déroula en 1871 la première grande exposition féline, qui remporta un immense succès.

Consultez les journaux spécialisés (voir la liste en annexe) pour vous tenir au courant du calendrier des expositions ou, si vous en avez la possibilité, consultez le site Web (en anglais) The Fanciers, à l'adresse www.fanciers.com, pour une liste des expositions dans le monde entier.

Les expositions félines ne sont pas seulement des manifestations distrayantes et conviviales. Les jugements qui y sont prononcés peuvent permettre d'orienter les programmes des éleveurs dans la bonne direction.

Photo : Michael Brim, Cat Fanciers' Association.

Qui organise les shows ?

Contrairement au monde des chiens, qui est dominé par un seul et puissant organisme national, tel que la Société centrale canine pour la France, le Kennel Club pour l'Angleterre ou encore l'American Kennel Club pour les États-Unis, les expositions félines sont régies et organisées par différentes associations régionales, nationales et internationales. La CFA, par exemple, est une association américaine qui compte plus de 650 clubs membres dans le monde entier (Amérique du Nord, Asie, Europe, Russie et Amérique du Sud), tout comme la célèbre TICA, autre organisme international installé au Texas.

La plus grande exposition féline internationale, organisée par la CFA, attire plus de 1 000 chats du monde entier chaque année. Pour être qualifiés, les animaux commencent par concourir dans leur région non seulement aux États-Unis, mais aussi en Europe et en Asie. Cette manifestation a lieu tous les ans au mois de novembre dans une ville différente des États-Unis. La plus grande exposition nationale est le National Cat Show, organisé chaque année à Londres, qui totalise généralement plus de 2 000 entrées.

Les associations et clubs félins

Le sport félin met en scène de nombreux groupes de personnes avec des points de vue très différents sur l'élevage de chats de race et le sport félin en général. En France, plus de 50 associations régissent leurs propres expositions félines et de nombreux clubs de race ne cessent de naître avec leurs propres règles, titres, ainsi que de nouvelles races et couleurs de chats.

Fondée en 1906, la CFA est considérée comme le « club des clubs », l'association internationale la plus connue. Ses clubs affiliés organisent plus de 400 expositions félines chaque année, avec plus de 86 000 entrées. La CFA reconnaît 33 races de chats. Le Persan, avec un éventail de 54 couleurs, est le plus populaire.

D'autres associations diffèrent de la CFA par les règlements, les classes, les titres et les mesures prises pour reconnaître de nouvelles couleurs et races.

La CFA est l'association qui organise les plus grandes expositions félines internationales.

Photo : Michael Brim Cat Fanciers' Association.

TRUC

Votre première exposition féline

Inutile de connaître la différence entre un « Best of best » et un « Suprême » ou entre un Main Coon et un Norvégien pour apprécier une exposition féline. Votre curiosité naturelle, votre amour pour les chats (et votre carte de crédit) suffisent pour passer une journée inoubliable. Voici quelques conseils utiles pour apprécier le mieux possible ces manifestations :

- **Portez des vêtements confortables**. Les halls d'exposition sont souvent trop chauds ou trop froids, quelle que soit la température extérieure. Portez des vêtements souples et légers et n'oubliez pas votre petite laine. Des chaussures confortables sont également indispensables ; vous risquez en effet de piétiner toute la journée. Un petit sac à dos avec un carnet et un stylo pourront également vous être utiles. Vous ramasserez certainement de nombreux prospectus, achèterez un ou deux gadgets pour chats et rencontrerez un éleveur avec qui vous aimerez parler après le show. Un carnet pour noter des informations et un sac pour y fourguer tous les documents et cartes de visite récoltées vous seront donc nécessaires.
- **Soyez conscient du stress que peuvent subir les exposants**. La plupart des éleveurs adorent parler de leurs chats aux autres professionnels, amateurs ou néophytes, mais pas lors de ces moments de stress qui précèdent le passage de leurs champions sur le podium. Avant d'engager toute conversation avec un exposant, demandez-lui si le moment lui convient. Il vous le fera savoir, et dans le cas contraire, il vous dira à quel moment vous pouvez repasser. N'ennuyez jamais un éleveur qui a un chat dans les bras : il se dirige probablement vers le podium ou en revient.
- **Respectez le règlement concernant la santé et l'hygiène des chats**. Ne demandez pas de caresser un chat, car cette requête vous sera très probablement refusée. Les éleveurs ont souvent peur des maladies contagieuses – et à juste titre –, de sorte que les seules personnes autorisées à toucher leurs chats, lors des expositions, sont les personnes qui les ont apportés et les juges qui les examinent (lesquels prennent toujours soin de désinfecter leurs mains entre deux manipulations). Certains éleveurs vous autoriseront peut-être à caresser leurs animaux sous réserve de vous laver les mains avant et après.
- **Assistez au moins à un concours de beauté.** Si vous avez la chance d'assister à un jugement à l'américaine, où les juges commentent leurs décisions à voix haute, vous bénéficierez d'un spectacle à la fois agréable et instructif. Contrairement aux jugements traditionnels et aux concours canins où tout se déroule dans le mystère le plus total, ces règlements ne négligent pas la pédagogie.
- **N'oubliez pas les vendeurs.** Dans toutes les expositions félines se trouve toujours au moins un stand d'accessoires et produits divers pour chats : nourriture industrielle, jouets artisanaux, accessoires de toilettage, griffoirs et arbres à chat provenant directement du fabricant. Certains de ces produits sont plus souvent destinés à combler le propriétaire que le chat lui-même : livres, objets d'art, bijoux, etc. N'hésitez pas à faire votre petit marché !

Si les expositions félines n'existaient pas, où pourriez-vous admirer en une seule journée autant de si beaux chats, des races les plus connues aux plus rares ?

Déroulement des expositions

Avec ses innombrables titres, cocardes, trophées et classes, sans parler des règlements qui peuvent différer d'une exposition à une autre, le sport félin est un monde à part souvent déroutant. Ce qu'il ne faut, toutefois, jamais oublier, c'est que ces merveilleux champions ne concourent jamais (uniquement) les uns contre les autres. Ils sont jugés en fonction d'un « standard », c'est-à-dire d'un idéal écrit, d'un ensemble de critères de beauté propres à sa race, son sexe (mâle, femelle, entier, neutre), sa couleur ou ses motifs (plus d'informations sur ces standards dans la section « Le jugement », un peu plus loin dans ce chapitre). Le chat qui se rapproche le plus – selon l'opinion des juges – de ce standard remporte le titre en jeu.

Les titres

Les chats sont présentés par classe (qui ne sont pas les mêmes selon les associations, mais où l'on distingue toujours trois grandes catégories : poils courts, poils mi-longs et poils longs) et obtiennent des titres dans chacune de ces classes. Voici les titres les plus reconnus (TICA et clubs affiliés) :

- **Excellent :** mention décernée aux chatons de 4 à 8 mois, notés de 1 à 5.
- **CAC :** certificat d'aptitude au championnat qui récompense les adultes (il en faut 3 pour obtenir le titre de champion).
- **CACIB :** certificat d'aptitude au championnat international de beauté (il en faut 3 dont 1 obtenu à l'étranger).
- **CAGCI :** certificat d'aptitude au grand championnat international (il en faut 3 dont 2 obtenus à l'étranger et décernés par 2 juges différents).
- **CACE** : certificat d'aptitude au championnat d'Europe (il en faut 3 décernées par 3 juges différents dans 3 pays différents).
- **Classe d'honneur :** classe dans laquelle peuvent concourir les chats qui ont déjà remporté tous ces titres.
- « **Best** » **variété :** titre décerné au meilleur chat dans la couleur ou la race.
- « **Best in show** » **:** titre décerné au meilleur chat de sa catégorie, de son âge ou de son sexe.
- « **Best of best** » **:** titre décerné au meilleur des chats parmi les « Best in show ».

- **Suprême :** titre décerné au meilleur des meilleurs parmi les « Best of best ».

Certains chats ne correspondant pas aux critères de beauté de leur race peuvent néanmoins remporter les titres « très bon », « bon » ou « moyen ». Seuls ceux qui présentent des défauts majeurs (maladie, grossesse, dégriffage, etc.) sont disqualifiés.

Il n'est pas indispensable que votre chat soit inscrit au RI Ex (registre expérimental) ou au LOF (livre des origines félines) pour participer à une exposition. Il peut généralement concourir en classe « novices », mais il devra alors obtenir le qualitatif excellent pour concourir une seconde fois.

Le jugement

Les chats de race sont jugés par rapport à certains critères de beauté, réunis dans le *standard de leur race*. Si le principe de standard a été inventé par un éleveur britannique à la fin du XIXe siècle, aujourd'hui plus de 90 % des standards sont édictés aux États-Unis. Chaque standard de race repose sur un système numérique. Le chat idéal obtient 100 points, à raison d'un nombre défini de points pour chaque partie (la robe, les oreilles, etc.). Seule la répartition de ces points diffère d'une race à une autre, et parfois d'une association à une autre. Pour le Bleu russe, par exemple, la TICA (*The International Club Association*) et le GAJ (Guilde autonome des juges francophones) reconnaissent la répartition suivante : 15 points pour la tête, 5 pour les oreilles, 10 pour les yeux, 3 pour le cou, 5 pour la queue, 15 pour le corps, 5 pour les pattes, 2 pour les pieds, 20 pour la couleur et 20 pour la robe.

Les standards de race peuvent être modifiés, en particulier quand de nouvelles couleurs de robes sont créées. Les dernières versions en date sont généralement à votre disposition dans les expositions félines et peuvent vous être envoyées si vous en faites la demande au club ou à l'association concernée.

Depuis 1989 existent deux types de jugement en France, le jugement traditionnel ou « à l'européenne » et le jugement « à l'américaine » que les Français ont pu découvrir grâce à une exposition organisée par le Club des amis des chats, organisme affilié à la CFA.

À l'européenne (traditionnel)

Lors d'un jugement à l'européenne, chaque chat est d'abord jugé individuellement, par rapport aux critères de sa race (son standard). Si plusieurs chats sont présentés dans la même classe, ils sont comparés et classés, le premier remportant, s'il le mérite (s'il est assez proche de son standard), le titre en jeu. Ils sont ensuite comparés par couleur, toutes classes confondues, puis par sexe et par âge. Chaque juge sélectionne alors un chat dans chaque catégorie (mâle adulte, femelle, neutre, etc.) et le meilleur remporte le titre « Best in show ». Chaque vainqueur est ensuite comparé aux autres gagnants pour le titre de « Best of best ». Trois titres de « Best of best » sont décernés, un pour chaque catégorie de poils. Les trois gagnants peuvent une dernière fois être comparés pour l'élection du « Suprême », ultime récompense de l'exposition, toutes classes et toutes catégories de poils confondues.

Les règlements à l'européenne imposent la plus stricte intimité. Tout se déroule dans le secret, les juges ne faisant aucun commentaire à voix haute. Seul un rapport écrit sera remis à chaque propriétaire à la fin de l'exposition.

À l'américaine

Contrairement aux jugements traditionnels, le système américain est beaucoup plus spectaculaire pour le public et les exposants, car la description des concurrents se fait oralement : l'éleveur présente lui-même son chat devant les juges qui commentent leurs décisions à voix haute.

Chaque chat est jugé individuellement en fonction des critères propres à sa race (standard).

Chaque chat est jugé individuellement et classé de I à X dans sa catégorie. Les dix meilleurs adultes, neutres et chatons sont ensuite sélectionnés, présentés au public, puis récompensés. Les titres sont attribués en fonction d'un cumul de points obtenus au fur et à mesure des expositions, de sorte qu'un beau chat peut être récompensé au cours d'une exposition malgré la présence de concurrents plus performants.

Les chats de maison

Les chats issus de mariages irréguliers (de races mixtes), les chats de race présentant un défaut éliminatoire mineur (strabisme, etc.) et nos adorables greffiers peuvent aujourd'hui concourir dans une classe à part, celle des *chats de maison*. Contrairement aux chats de pure race, tout leur est permis : longueurs de poils, couleurs de robe, formes de queue, morphologies, etc.

Pour concourir, ces chats doivent toutefois avoir plus de 4 mois et, s'ils sont âgés de plus de 8 mois, être « neutrés ». Ils sont généralement jugés sur leur condition physique (ils doivent être en bonne santé, sans parasites, à jour dans leurs vaccins, peignés et brossés et avoir les yeux, les oreilles et les dents propres), sur leur personnalité (ils doivent être détendus et confiants) et leur beauté (laquelle peut avoir autant d'interprétations que de juges). Les standards TICA et GAJ, par exemple, répartissent les points comme suit : 10 pour la beauté, 15 pour la personnalité, 25 pour la condition, 20 pour la robe et 30 pour la balance/proportion.

Votre chat « ordinaire » peut devenir un champion en concourant dans la classe des chats de maison.

Photo : Kathie Schutte.

Présenter son chat

Si votre chat est en bonne santé et suffisamment confiant pour accepter d'être manipulé par des étrangers, vous pouvez le présenter à une exposition féline de votre région. Avant de vous lancer, toutefois, lisez les magazines spécialisés pour connaître les noms des associations ou clubs organisant ces manifestations (FFF, CFA, etc.) et demandez à l'organisme concerné de vous faire parvenir les règlements en cours pour savoir si votre chat est habilité à concourir et dans quelle classe (ces règles pouvant varier d'un club à l'autre).

Après avoir pris connaissance de ces règlements, rendez-vous à une exposition en tant que simple visiteur (comme le décrit l'encadré « Votre première exposition féline »), récoltez le plus d'informations possibles (prospectus avec les dates des prochaines expositions, les procédures à suivre, etc.) et n'hésitez pas à accoster tout éleveur qui vous semble sympathique pour obtenir davantage d'informations.

PAROLE DE CHAT

Il n'est pas indispensable que votre chat soit doté d'un pedigree ou inscrit dans un club pour participer à une exposition. Nombre d'amateurs sont heureux de présenter leur animal dans la classe « Chat de maison ». Pour d'autres, cette opportunité n'est qu'un début, un tremplin qui les propulse vers une nouvelle passion. Ils choisissent alors très vite une race spécifique (ou plusieurs) pour obtenir d'autres récompenses et développer un programme d'élevage.

TRUC

Pour savoir si votre chat est susceptible de participer à un concours de beauté, vous pouvez commencer par l'observer lors de ses visites chez le vétérinaire. S'il est relativement confiant et accepte facilement le contact, il est probablement capable de passer devant les juges. S'il crache et griffe de terreur, vous devrez malheureusement vous résigner à votre rôle de spectateur, au moins tant que vous n'aurez pas adopté un nouveau chat plus docile !

Comment postuler ?

Après avoir assisté à une ou deux expositions et vous être assuré que votre chat était en bonne forme, capable de rester tranquille dans une cage et d'accepter que des étrangers le manipulent, vous pouvez vous renseigner sur les prochaines expositions et envoyer une demande d'admission (plusieurs semaines avant la manifestation) à l'association organisant l'exposition. Toute demande d'engagement à une exposition française doit être adressée à votre club, qui mettra son visa et la transmettra à l'association concernée. (Si votre chat n'est inscrit à aucun club, écrivez directement au club organisateur.) Le formulaire d'admission que vous recevrez par la poste doit être retourné avec votre règlement.

Que faut-il apporter ?

La confirmation d'engagement comprend généralement de nombreuses informations utiles sur le déroulement de l'exposition : à quelle heure vous devez vous rendre au « show » et présenter votre chat aux vétérinaires, quel type de papier vous devez apporter, etc. Apportez tous les papiers demandés, sans oublier la confirmation d'engagement que vous avez reçue et qui valide votre inscription.

Le jour de l'exposition, apportez votre petit félin propre et soigneusement toiletté. Pour son confort et sa propre sécurité, prévoyez une caisse spéciale (voir le chapitre 6) dans laquelle vous le transporterez jusqu'au hall d'exposition. Vous aurez également besoin d'accessoires pour détendre et distraire votre chat, quelque chose de familier qui lui permette de se sentir à l'aise dans sa cage et ses jouets préférés pour l'occuper.

Même si les organisateurs fournissent couramment nourriture et litière aux concurrents, vous préférerez peut-être apporter la nourriture et la litière habituelles de votre chat, tout particulièrement s'il est exigeant à ce sujet. Certains exposants vont même jusqu'à apporter leurs propres cages et, bien que cela ne soit pas obligatoire, vous devrez prévoir des rideaux pour tapisser la cage et isoler votre animal de ses voisins, ainsi qu'un petit tapis de sol pour son confort. Les rideaux peuvent être de simples tissus dont la texture et la couleur mettront votre chat en valeur et que vous fixerez à l'aide d'épingles à nourrice. Pour le tapis de sol, un bout de moquette pourra très bien faire l'affaire. Nombre de passionnés mettent un point d'honneur à rendre la cage aussi belle que leurs chats. Certaines expositions accordent d'ailleurs des prix aux cages les mieux décorées.

N'oubliez pas le peigne et la brosse pour donner une touche finale à la robe de votre chat avant le passage devant les juges (une peau de chamois sera encore plus efficace pour lustrer un poil court), ainsi qu'un désinfectant pour chat et quelques serviettes en cas d'urgence.

Portez des vêtements confortables, une montre et n'oubliez pas votre stylo pour prendre des notes sur le catalogue de l'exposition. (Un carnet peut également servir.) Quelques sandwiches, des boissons fraîches et de la lecture (pour vous occuper pendant l'attente du jugement) pourront également vous rendre service.

TRUC

Vous pouvez certes très bien vous en sortir avec peu d'accessoires, mais les exposants expérimentés ne négligent jamais ces petits détails qui peuvent faire toute la différence. Examinez les accessoires que ces personnes ont emmenés, demandez-leur pourquoi et enfin essayez de savoir où ils les ont achetés (et combien ils coûtent).

Que faire pendant l'exposition ?

Présentez-vous à l'exposition à l'heure (en partant à l'avance pour parer à tout contretemps). Le courrier confirmant votre inscription donne probablement toutes les indications nécessaires pour vous rendre au site de l'exposition, ainsi que l'heure à laquelle vous devez présenter votre animal avec ses papiers aux vétérinaires qui vérifieront la validité de ses vaccins, son tatouage et sont état de santé et d'hygiène.

Une fois ce test d'entrée passé, un numéro est attribué à votre animal, ainsi qu'un emplacement spécifique. Votre première tâche consistera alors à l'installer le plus confortablement possible (sans omettre les rideaux, sa litière, etc.).

Retenez bien le numéro de votre chat : c'est celui qui sera appelé par les juges. Avant l'heure fatidique, vous voudrez probablement brosser et peigner une dernière fois votre animal et vérifier qu'il est impeccable. Assurez-vous également que vous savez bien où se trouve le podium où vous devez vous rendre avec votre champion.

Ne laissez jamais votre chat sans surveillance. Même si la plupart des gens veulent uniquement le caresser (tentative qui pourrait le conduire à s'échapper), vous courez néanmoins le risque qu'on le blesse ou le vole. Il est recommandé d'emmener avec vous un ami ou un membre de votre famille qui pourra le surveiller pendant vos absences. Si personne ne peut vous tenir compagnie, présentez-vous à vos « voisins » et arrangez-vous avec eux pour échanger vos services de surveillance.

La compétition vous passionne ?

Présenter un chat en exposition, qu'il s'agisse d'un chat de maison ou d'un chat de race, est un moyen idéal de découvrir si le sport félin vous intéresse vraiment. Toutefois, si vous commencez à remporter des prix, vous voudrez probablement faire l'acquisition d'un chat plus compétitif : un véritable chat d'exposition, correspondant le mieux possible à son standard.

Dans la mesure où les éleveurs font généralement concourir leurs plus beaux chats, ils vendent rarement des animaux d'exposition aux personnes qui ne se passionnent pas pour ces concours. Lorsque vous commencerez à en savoir plus sur ce sport et après avoir fait concourir votre animal une première fois, vous serez probablement attiré par une race en particulier que vous souhaiterez développer afin de satisfaire une nouvelle passion et remporter de plus nombreux trophées. Faites-vous connaître auprès des éleveurs, informez-les de vos intentions et bientôt vous pourrez acheter ce chaton qui vous permettra peut-être de commencer une lignée et de remporter tous les titres dont vous rêvez.

S'il est nécessaire de sympathiser avec des éleveurs pour acheter le chat dont vous avez besoin pour être plus compétitif, vous avez également besoin de leur aide pour apprendre tous les secrets de la « félinotechnie ». Il nous est impossible de résumer en quelques pages ce qui, pour de nombreuses personnes, représente toute une vie d'étude et de labeur. Pour réussir dans ce sport, vous devez développer une relation de maître à disciple avec un éleveur expérimenté. Fort heureusement, les passionnés du sport félin sont, comme tous les adeptes de la compétition, toujours heureux d'aider un néophyte – jusqu'à ce que celui-ci commence à gagner !

Lorsque *vous* commencerez à remporter des prix, ce sera à votre tour d'aider la nouvelle génération... pour le sport !

Cinquième partie

Les petits plus félins

"Eh bien, elle tape assez vite, elle sait se servir de l'imprimante, mais elle 'musarde' un peu avec la souris."

Dans cette partie...

Cette partie contient de nombreuses informations utiles, pratiques et parfois ludiques que nous n'avons pu glisser dans d'autres chapitres. Vous y trouverez toute la vérité sur certains mythes félins, tout ce que vous devez savoir pour protéger votre chat contre une catastrophe naturelle ou tout danger domestique, ainsi qu'une série indispensable de questions à poser avant d'acheter un chaton. Enfin, les deux derniers chapitres vous présentent respectivement quelques sites Web félins incontournables et une dizaine des plus belles citations écrites à la gloire de ces adorables petits fauves.

Chapitre 17

Dix idées fausses balayées !

Dans ce chapitre :

- Les chats ont neuf vies.
- Les chats ont besoin de boire du lait.
- Les chats ronronnent lorsqu'ils sont contents.
- Les chats mangent de l'herbe lorsqu'ils sont malades.
- Les chats sont dangereux pour les bébés.
- Il est possible de « dégriffer » un chat.
- Un chat bien nourri ne chasse pas.
- Les poils de chat provoquent des allergies.
- Les chats noirs portent malheur.
- Tous les calicos sont des femelles.

Le chat, élevé en tant qu'animal sacré dans l'ancienne Égypte et associé au démon pendant toute l'époque médiévale (et même ensuite), est aujourd'hui l'animal de compagnie privilégié d'un nombre croissant de foyers. Cette évolution reflète, bien entendu, davantage un changement des mentalités de notre espèce qu'une modification de la nature même de ce petit félin qui n'a guère changé depuis des siècles, voire des millénaires.

Cette popularité relativement récente des chats dans nos sociétés a permis de faire progresser la médecine vétérinaire, et partant, d'étendre nos connaissances sur la gent féline. Toutefois, de nombreuses idées fausses sur les chats hantent encore nos cultures.

Les traditions populaires et le folklore félin en particulier nous offrent un terrain idéal pour découvrir comment nos petits compagnons ont été perçus à travers les âges. Illustrations pittoresques de l'ignorance et des préjugés humains, certains de ces mythes et légendes populaires persistent encore de nos jours. Lisez ces histoires pour vous distraire. Elles occuperont agréablement vos soirées d'hiver, votre chat ronronnant sur vos genoux, mais n'oubliez jamais de bien faire la différence entre fiction et réalité.

Voici donc toute la vérité sur les préjugés les plus traditionnels concernant les chats.

Les chats ont neuf vies

La ténacité des chats ne fait aucun doute. Plus que tout autre animal domestiqué, le chat a su préserver ses instincts d'animal sauvage, de prédateur, traversant indifféremment les barrières qui séparent les chats domestiques des chats harets ou sauvages. Qu'ils soient dans les rues des villes ou dans les greniers des campagnes, les chats vivent comme ils l'ont toujours fait depuis des millénaires. Ils chassent efficacement les rongeurs, se reproduisent prodigieusement et acceptent la domestication sans jamais perdre une once de leur indépendance.

L'homme a très peu changé la morphologie et le comportement du chat, si ce n'est pour quelques lignées extrêmes de pures races, telles que le Sphinx (un chat caractérisé par une absence presque totale de poils) ou le Tiffany (issu de croisements entre Burmeses et Persans), lesquels ne sont guère adaptés à la rigueur de la vie extérieure. Le *chat de maison* (ou *chat domestique commun*), plus connu sous le nom de *chat de gouttière*, est en revanche beaucoup mieux armé pour relever tous les défis que lui réserve la vie extérieure. Sensible au moindre bruit, ses vibrisses et son ouïe sélective lui permettent de localiser très précisément toute proie ou tout danger. Il peut courir très vite, grimper encore plus vite et, s'il se sent réellement menacé, se défendre avec une farouche énergie grâce à ses deux armes redoutables : ses griffes et ses dents. Son corps svelte, gracieux et harmonieux, célébré par nombre d'artistes – auteurs, poètes, peintres, etc. – à travers les siècles, peut se glisser dans le plus petit trou et garder son équilibre sur la planche la plus étroite. Et si, dans une situation vraiment périlleuse, sa faculté à ajuster ses mouvements ne suffit pas pour qu'il retrouve son équilibre, le chat retombe miraculeusement sur ses pattes, atterrissant souvent indemne après une chute d'une hauteur parfois surprenante.

Avec tous ces dons que lui a offerts la nature, est-ce vraiment étonnant que l'homme ait pu croire alors que le chat n'avait pas *une* chance de survivre au pire, mais *neuf* ?

En vérité, le chat est beaucoup plus fragile qu'on le croit. Son espèce a certes fait preuve d'une incroyable résistance à travers les siècles, mais en tant qu'individus, les chats sont, en tous points, aussi mortels que nous et terriblement vulnérables dans notre monde. Si un chat d'intérieur bien soigné peut vivre une vingtaine d'années, un chat exposé à la vie extérieure est rarement aussi chanceux. Les nombreux dangers de la vie moderne (voiture, prédateurs, voisins malintentionnés, maladies transmissibles, etc.) mettent en péril la vie des greffiers les plus coriaces et rusés.

Les chats n'ont qu'une vie, et ils ont besoin de nos bons soins et de notre amour pour qu'elle soit la plus longue, la plus saine et la plus heureuse possible.

Pour en savoir plus sur la controverse « chat d'intérieur contre chat d'extérieur », reportez-vous au chapitre 1. Le chapitre 6 donne quelques conseils pour aménager correctement votre maison et trouver les meilleurs accessoires félins. Enfin, les dangers domestiques à éviter sont présentés au chapitre 21.

Les chats ont besoin de boire du lait

La mère de Gina a toujours une petite place dans son cœur pour les chats errants, offrant à tous ceux qui viennent miauler devant sa porte, un petit coin tranquille et sûr pour manger, boire et admirer les oiseaux et écureuils qu'elle nourrit également. Son jardin est un paradis pour chats égarés, et sur le menu qu'elle leur réserve figure toujours du lait.

« Si les chats adorent le lait, dit-elle, c'est qu'ils doivent en avoir besoin. »

En effet, comme ont pu le remarquer tous ceux qui se sont retrouvés un jour dans une étable traditionnelle au moment de la traite des vaches (ou, soyons plus réaliste, qui en ont vu cela à la télévision), les chats adorent le lait. Qu'ils soient jeunes ou vieux, ils ne voudraient pour rien au monde rater ces quelques gouttes de délice : une giclée de lait chaud, goûteux et si frais !

Mais, le lait de vache est-il vraiment recommandé pour les chats ? Non. C'est d'ailleurs un aliment qu'il vaut mieux proscrire si vous voulez préserver la bonne santé de votre animal. En effet, la plupart des chats souffrent de troubles gastriques et de diarrhée s'ils boivent du lait. Cet inconvénient ne dérangera peut-être pas la mère de Gina et sa horde de chats à moitié sauvages, car elle n'aura rien à nettoyer et ne s'apercevra même pas de leurs petits tracas. En revanche, il pourrait vous déranger considérablement si votre petit félin est un chat d'intérieur.

Le lait maternel – provenant de leur mère chat – est l'aliment idéal des chatons, qui leur procure pendant les premières semaines de leur vie tout ce dont ils ont besoin, notamment d'importants anticorps. Toutefois, après une dizaine de semaines environ, la plupart des chats ne sont plus capables de digérer le lactose contenu dans le lait. Pour ces chats, cet aliment complet doit alors être remplacé par les laitages qui, en raison de la fermentation et des bacilles lactiques qu'ils contiennent, sont beaucoup plus adaptés. Pour les autres, il est indiscutablement une source de protéines, de minéraux et de vitamines tout à fait conseillée (mais qu'une alimentation industrielle équilibrée pourra également leur procurer).

Dans la nature, les chatons ne boivent plus de lait après leur sevrage, et le vôtre ne devrait donc avoir aucune raison de continuer. Toutefois, si votre chat aime et digère le lait sans problème, vous pouvez lui en donner de temps à autre. Mais n'oubliez pas qu'il ne doit jamais se substituer à l'eau fraîche, à laquelle votre animal doit avoir accès à tout moment.

À LA TRACE

L'alimentation liquide est très importante pour les chatons orphelins. En fait, si une mère de remplacement ne peut être trouvée, peut-être avec l'aide d'un éleveur, une alimentation artificielle au biberon est-elle leur unique chance de survie ! Pour en savoir plus sur la façon de nourrir un chaton dans le besoin, reportez-vous au chapitre 14.

Les chats ronronnent lorsqu'ils sont contents

Le ronronnement est une des originalités du chat très appréciées par l'homme. Il est aujourd'hui prouvé que caresser un chat qui ronronne détend et fait baisser la pression sanguine. Un chat ou chaton qui ronronne fait toujours apparaître un sourire sur le visage de tout être humain, jeune ou vieux, et il est clair que les chats apportent beaucoup, par exemple, dans la vie des pensionnaires de maison de repos ou de retraite, par leur seule présence.

Mais l'observateur attentif aura certainement remarqué que le ronronnement du chat n'est pas toujours un signe de détente et de plaisir. Les chats ronronnent aussi lorsqu'ils sont blessés, lors de la mise bas, et même à l'article de la mort.

Les chatons commencent à ronronner avant même d'ouvrir les yeux, deux jours après leur naissance. Ils tètent en ronronnant, un comportement rassurant pour la mère qui leur répond sur le même registre, probablement pour les rassurer en retour. Le ronronnement prend alors une valeur de communication sociale.

Nos chats ont cette qualité originale qui nous séduit et dont les autres félins sont dépourvus : ils peuvent ronronner, contrairement aux lions et autres grands fauves. Certes, les tigres arrivent à émettre un son de contentement qui s'en rapproche, mais seulement dans le sens de l'expiration. Aucun gros chat sauvage ne peut déclencher son moteur comme le font nos chats domestiques, capables de ronronner aussi aisément qu'ils respirent, avec la même constance dans l'expiration et dans l'inspiration. Mais les grands félins ont néanmoins quelque chose pour compenser : le rugissement. Une répartition des qualités qui vaut à notre petit chat le titre de parfait compagnon, à notre plus grande satisfaction !

Si les spécialistes sont très clairs quant aux différentes raisons qui peuvent inciter un chat à ronronner, ils n'en connaissent pas exactement l'origine sonore. Deux théories prévalent. La plus couramment répandue affirme que ce doux murmure est causé par une vibration des cordes vocales ou plutôt de deux fausses membranes situées dans le larynx juste derrière les cordes vocales. Le passage de l'air à travers ces membranes provoquerait ce ronronnement que tout amoureux des chats adore. Mais cette théorie ne prend pas en compte que le ronronnement semble provenir de tout le corps. C'est pour cela que d'autres spécialistes auraient tendance à l'attribuer à des vibrations, à travers le thorax et le diaphragme, du débit sanguin dans la veine cave, que le chat comprimerait légèrement en courbant le dos et le thorax.

Les chats mangent de l'herbe lorsqu'ils sont malades

Les chats aiment tellement mâchouiller la verdure que de nombreux propriétaires en ont conclu que les plantes étaient un composant important de l'alimentation féline. Un point de vue tout à fait sensé d'ailleurs si l'on considère les petits « cadeaux », souvent constitués de végétaux non digérés que nos gentils compagnons nous laissent parfois sur la moquette (pourquoi jamais sur le carrelage ?). De là à penser que les chats mangent de l'herbe pour les aider à régurgiter ce qui tracasse leur estomac, il n'y a qu'un pas.

Bien que les experts ne soient pas encore tous d'accord sur l'importance des végétaux dans l'alimentation du chat, une chose paraît évidente à tous ceux qui essaient de vivre à la fois avec un chat d'intérieur et des plantes : les minous adorent grignoter les plantes. Pourquoi ? Eh bien, la réponse semble encore plus évidente : parce qu'ils aiment ça, c'est tout !

Pour en savoir plus sur la nutrition féline, voyez le chapitre 8. La fin du chapitre 6 fournit quelques informations supplémentaires sur les « friandises chlorophyllisées félines », telles que l'herbe à chat. Mais les plantes peuvent également être terriblement toxiques. Pour éviter toute catastrophe domestique, consultez la liste des plantes toxiques au chapitre 21.

Les chats sont dangereux pour les bébés

Ce vieux préjugé est ressorti de sa boîte à folklore félin il y a quelques années à cause du film *Neuf Mois*. Hugh Grant y interprète un futur papa qui, sous les conseils d'un médecin loufoque (joué par Robin Williams), doit se débarrasser de son vieux chat. Une scène qui a probablement amusé son lot de spectateurs, mais qui a révolté un nombre tout aussi important d'associations félines qui firent de leur mieux pour contrecarrer les effets de cette mauvaise information.

Il est absolument inutile de rechercher un nouveau foyer pour votre chat si vous attendez un bébé, quels que soient les propos que peuvent vous tenir vos amis et parents bien intentionnés. Les chats ne viennent pas malicieusement se coucher sur la tête des nourrissons pour les étouffer ! Il s'agit là de pures inventions qui trouvent leurs sources dans les craintes et phobies parentales. Néanmoins, pour la sécurité de votre enfant, il est nécessaire d'être conscient de certains faits et de prendre les précautions qui s'imposent.

Les chats n'ont jamais étouffé les bébés, mais cette crainte a probablement trouvé son origine dans leur curiosité naturelle qui les pousse à examiner en détail tout nouveau venu dans une maison, associée à la tragédie du syndrome de mort subite du nourrisson. Nous comprenons aujourd'hui plus facilement comment autrefois, après avoir vu un chat dans un berceau – probablement intrigué par l'odeur de lait du bébé –, puis trouvé leur bébé mort, certaines personnes ont pu essayer de chercher une explication à cette perte en faisant le lien entre les deux événements.

Le bon sens voudrait qu'on ne laisse jamais un animal sans surveillance avec un petit enfant. Ce conseil s'applique autant pour la protection de votre enfant que celle de votre chat !

Même avec un enfant un peu plus grand, il est nécessaire de rester sur ses gardes. Les petits comprennent rarement le sens du mot « délicatesse » et manipulent souvent très maladroitement les chats, qui comprennent bien vite que certains bipèdes sont à éviter. Il y a d'ailleurs toujours un risque pour que votre animal, s'il se sent acculé, réagisse en mordant ou en griffant votre enfant ou soit blessé lui-même.

Les chats sont de merveilleux animaux domestiques, et ne laissez jamais personne vous dire le contraire. Un chat est un compagnon idéal pour nombre de familles. Peu encombrant, facile à élever et plus autonome que le chien, il n'en reste pas moins affectueux et capable de grandes attentions. Rappelez-vous simplement que les jeunes enfants et les chats peuvent réciproquement se faire du mal. Alors, restez vigilant !

Il est possible de « dégriffer » un chat

Oh non, n'essayez pas ! L'onychectomie (ablation chirurgicale des griffes et de la dernière phalange) ne doit être pratiquée qu'en ultime recours. Autrement dit, uniquement si votre chat présente un grave problème d'agressivité qu'aucun spécialiste ne peut résoudre (voir le chapitre 13).

Comme tous les félins, les chats ont besoin de marquer leur territoire (votre foyer, vos meubles et vous-même en font partie) à l'aide de leurs griffes. Ce marquage visuel est un comportement tout à fait naturel qui persiste même lorsqu'ils vivent exclusivement en appartement. Le mieux que vous puissiez faire pour éviter les dégâts consiste à rééduquer votre chat en le dirigeant vers d'autres objets (tels qu'un vieux tapis ou un griffoir). En outre, lorsqu'ils mettent leurs griffes en contact avec des objets, les chats ne se contentent pas de laisser des traces visuelles, mais également olfactives (grâce aux sécrétions produites au niveau des coussinets plantaires), appelées *phéromones*. Ce geste leur permet également d'entretenir leurs griffes et de s'étirer pour mieux se détendre.

Un chat bien nourri ne chasse pas

L'habileté à chasser est profondément ancrée chez tous les chats, mais cet instinct varie grandement en fonction de l'héritage génétique et des expériences passées de chaque individu. Ce comportement ne dépend absolument pas de l'état de leur estomac. Très joueurs de nature, les chatons passent en fait une grande partie de leur enfance à apprendre à chasser.

Selon le zoologiste Desmond Morris, si le désir de chasser est indéniable chez tous les chats, celui de *tuer* est directement lié à la faim. Ils auraient tendance à jouer avec leurs proies sans les tuer parce qu'ils n'ont pas assez faim pour les manger, mais que leur instinct les pousse néanmoins à chasser. En ce qui concerne les mères, leur désir de garder leurs proies à moitié vivantes est directement lié à leurs devoirs maternels : elles utilisent ces petites créatures pour inculquer à leurs progénitures quelques rudiments de chasse.

Sachez également que lorsque votre animal vous apporte une proie, il vous considère en quelque sorte comme un chaton qui ne sait pas encore chasser. Il voit en vous un mauvais chasseur qu'il faut former. Inutile de crier ou de punir votre chat pour de tels agissements, car il s'agit là d'un véritable acte d'amour. Faites de votre mieux pour accepter ces « cadeaux » aussi civilement et gracieusement que possible, et jetez la pauvre créature en prenant toutes les précautions qui s'imposent – utilisez un papier journal pour la ramasser, puis lavez-vous soigneusement les mains.

En Angleterre, dans une usine de Lancaster, un chat mâle tigré a été reconnu comme l'un des plus grands chasseurs de souris au monde, avec un palmarès de plus de 22 000 souris tuées en 23 ans ! Un autre chat tigré anglais, une femelle cette fois, aurait quant à elle tué plus de 12 000 rats en 6 ans, soit 5 ou 6 par jour...

Ces exploits sont, certes, tous deux très impressionnants, mais nous aimerions savoir une chose : qui a bien pu dénombrer toutes ces victimes ?

Les poils de chat provoquent des allergies

Si certaines personnes sont allergiques aux animaux, leur corps réagit non pas aux poils de ces animaux, mais aux protéines contenues dans leur salive et sécrétées par leur peau. Le chat applique généralement ces particules sur sa fourrure lorsqu'il fait sa toilette et sur tous les objets auxquels il se frotte. Tout acte de toilettage, grattage ou frottage répand des particules allergènes dans l'air, où elles peuvent être facilement inhalées dans les tissus sensibles des poumons ou des sinus.

Il existe bien plus de personnes allergiques aux chats qu'aux chiens, et ces allergies sont souvent plus graves.

Des mythes persistent quant à certaines espèces de chats « hypoallergéniques », telles que le Sphinx ou le Cornish Rex (deux races dont la fourrure est quasiment inexistante ou très fine). De nombreux éleveurs prétendent que ces races sont parfaites pour les personnes souffrant d'allergies, mais les allergologues affirment le contraire. Tout animal à sang chaud sécrète de la salive et des particules de peau, et est, par conséquent, un problème potentiel pour les personnes sujettes aux allergies.

Leurs allergologues n'approuveraient probablement pas, mais de nombreuses personnes souffrant d'allergies n'abandonneraient pour rien au monde leur compagnon félin. Pour quelques conseils permettant de vivre à la fois avec des allergies et un chat, voyez le chapitre 1.

La grossesse et les chats

Le parasite *Toxoplasma gondii*, qui cause la maladie appelée *toxoplasmose*, est une des autres raisons qui poussent certains médecins à conseiller aux femmes enceintes de trouver un autre foyer pour leur chat.

Ce parasite ne présente guère de danger pour les adultes bien portants. En revanche, si l'embryon d'une femme enceinte récemment infectée est contaminé par l'intermédiaire du placenta, il risque de présenter de graves lésions après la naissance ou même de mourir avant terme.

Les chats jouent un rôle important dans le développement de ce parasite qui se reproduit selon un cycle asexué chez tous les mammifères (par la consommation de viande – crue ou mal cuite – infestée) et selon un cycle sexué chez le chat uniquement. Dans ce cycle, la contamination se fait également par la consommation de viande (en particulier celle des petits rongeurs). Mais dans ce cas, les parasites infectants se reproduisent dans l'intestin du chat et se propagent par les selles. Quel que soit le cas, la transmission est toujours orale : vous êtes infecté en mangeant ces entités microscopiques par accident.

Une femme infectée *avant* sa grossesse – une analyse médicale pourra révéler la présence de ces parasites dans l'organisme – ne risque pas de contaminer l'enfant qu'elle porte. Le danger n'est présent que si le parasite infecte la femme *alors* qu'elle est enceinte.

Ce risque est suffisamment important pour que les femmes enceintes *prennent toutes les précautions qui s'imposent* pour protéger l'enfant qu'elles portent. Un autre membre de la famille devra s'occuper du bac, qui sera renouvelé quotidiennement, pendant toute la durée de la grossesse, et même avant, pour les couples cherchant à concevoir un enfant.

Si personne d'autre que vous ne peut se charger du nettoyage du bac, vous devrez porter des gants et un masque, jeter la litière dans un sac en plastique fermé et ne jamais oublier de vous laver les mains avec soin. Les spécialistes recommandent également de porter des gants pour jardiner (pour éviter tout contact avec les éventuelles selles de chats enterrées) et de bien recouvrir les bacs à sable des enfants de sorte que les chats ne soient pas tentés d'y faire leurs besoins. De même, manipulez précautionneusement toute viande crue : nettoyez soigneusement le plan de travail, lavez-vous les mains et faites bien cuire la viande avant de la consommer.

Toutes ces précautions s'appliquent également à toute personne dont le système immunitaire est déficient, telles que les séropositifs, ainsi qu'à toute personne recevant des traitements contre le cancer.

Les chats noirs portent malheur

Certes, le noir est une couleur qui porte malheur, mais uniquement aux chats eux-mêmes ! Les chats noirs ont longtemps été associés aux forces maléfiques et aux cultes des sorcières, ce qui leur valut d'être persécutés (sacrifiés ou brûlés) pendant des siècles. Aux États-Unis, les chats noirs sont souvent les victimes de personnes qui pratiquent encore des rites sataniques, incluant la torture et le sacrifice d'animaux. De telles atrocités ont souvent lieu autour des fêtes d'Halloween, et ces personnes sont rarement exigeantes : si aucun chat noir n'est disponible, n'importe quel autre chat peut faire l'affaire. On comprend mieux pourquoi nombre d'Américains préfèrent garder leur chat chez eux pendant ces fêtes particulières !

Le noir est également une couleur malchanceuse pour une autre raison : le manque de visibilité. Des milliers de chats sont tués tous les ans par des voitures, et la différence entre un chat qui évite un accident de justesse et un chat écrasé réside souvent dans la capacité du chauffeur à voir à temps le chat qui traverse la route. La nuit, une fourrure de couleur vive est un avantage considérable pour un chat.

Qui pourrait se sentir malchanceux d'avoir un si bel animal ?

Photo : Johanna Bader.

PAROLE DE CHAT

Si un chat noir croise votre chemin, allez-vous considérer cet événement comme un signe de chance ou de malchance ? Tout dépend du lieu où vous habitez. Aux États-Unis et en France, un chat noir annonce généralement un malheur, alors qu'il porte chance en Angleterre. Si nous avons tendance à croire avec les Américains que les chats noirs portent malheur, les Anglais pensent que voir « le diable » en personne leur épargnera toute mauvaise fortune.

Quelles que soient les croyances, signe de bonne ou de mauvaise fortune, tout cela n'est rien de plus que de la pure et « dure » superstition.

Tous les calicos sont des femelles

Presque tous les chats calicos (et « torties ») sont des femelles, mais pas tous. (Rappelons que le calico est la couleur écaille et blanc et que le tortie – ou écaille de tortue – est généralement un mélange de roux et de noir.) Selon une récente étude vétérinaire, un chat sur 3 000 dans cette catégorie est un mâle° enfin, en quelque sorte.

Le gène qui gouverne la couleur rouge-orange chez les chats apparaît sur le chromosome X ou femelle. Tout chat, mâle ou femelle, peut être orange, mais chez les mâles, cette couleur se présente généralement d'une seule façon : le motif « tabby » (ou agouti, présentant une robe rayée ou tachetée).

Les femelles, quant à elles, peuvent être orange tabbies, torties ou calicos. (Les deux derniers sont génétiquement similaires, si ce n'est que le calico présente des tâches blanches.)

Dans la mesure où les femelles orange sont réparties en calicos, torties et tabbies, les gens ont tendance à croire que la plupart des tigrés orange sont des mâles, et statistiquement, les mâles constituent la majorité des tigrés orange. Toutefois, il existe beaucoup plus de femelles orange tabbies que de mâles calicos ou torties.

NOTE TECHNIQUE

Pour qu'un chat soit de couleur calico ou écaille de tortue, il doit posséder deux chromosomes X. En d'autres termes, dans la majorité des cas, l'animal est une femelle. Pour que la fourrure d'un mâle soit calico ou écaille de tortue, celui-ci doit avoir un chromosome supplémentaire – deux X et un Y –, une rareté génétique qui apparaît occasionnellement chez les chats (et les humains également). Ces exceptions sont souvent – mais pas toujours – stériles.

Chapitre 18

Dix choses à savoir pour préparer votre chat à une catastrophe

Dans ce chapitre :

- Organisez-vous.
- Récupérez votre animal.
- Tenez à jour les coordonnées inscrites sur sa médaille.
- Tenez à jour ses vaccins et son carnet de santé.
- Prévoyez du matériel pour le maîtriser.
- Prévoyez un stock permanent de nourriture, médicaments et autres fournitures nécessaires.
- Gardez une trousse de secours sous la main° avec les instructions.
- Gardez une liste des autres cabinets vétérinaires et des refuges pour animaux.
- Préparez des affiches en cas de disparition.
- Soyez prêt à aider les autres.

Toutes les communautés, dans tous les pays, peuvent un jour être confrontées à une catastrophe naturelle, telle qu'une tempête, un ouragan, une inondation ou même un tremblement de terre. Et, si l'on sait généralement quelles dispositions prendre pour protéger sa famille, on s'est récemment rendu compte que des mesures essentielles pour les animaux, tant au niveau de la communauté que de chaque foyer, devaient aussi être prises.

Aujourd'hui, si les animaux sont encore rarement admis dans les abris pour sinistrés, un nombre croissant de refuges et de cliniques vétérinaires sont mieux préparés que jamais pour les accueillir en cas d'urgence.

En fait, un programme pilote, dans lequel un vétérinaire est chargé d'aider les services concernés de chaque comté à coordonner leurs efforts en matière de protection animalière, a été instauré par l'Association médicale vétérinaire de Californie (California Veterinary Medical Association). Ce programme a été suivi par de nombreux autres organismes, et un nombre de plus en plus important de vétérinaires, de responsables de refuges et d'équipes spécialement entraînées jouent aujourd'hui, auprès des animaux en péril, le rôle de la Croix Rouge auprès des humains.

En amont de ces évolutions s'est développée une prise de conscience que les animaux *aussi* avaient besoin d'aide et que certaines personnes préféraient mettre leur vie en danger plutôt que d'abandonner leurs compagnons à quatre pattes. Si vous vous y prenez à l'avance, il ne vous sera pas nécessaire d'en arriver à de telles extrémités.

Voici donc quelques conseils utiles pour mieux protéger la vie de vos animaux.

Organisez-vous

Préparez-vous au pire, même à la possibilité de ne pas vous trouver chez vous au moment du sinistre. Veillez à ce que chaque membre de la famille – les enfants aussi ! – soit prêt à faire face à la situation d'urgence. Établissez un plan de secours et passez-le en revue jusqu'à ce que chacun sache parfaitement ce qu'il doit faire.

En cas de crise, les gens doivent être solidaires les uns avec les autres, tout comme nos animaux domestiques doivent pouvoir compter sur nous. Discutez-en avec vos voisins et mettez en place un programme d'entraide. Demandez aux cabinets vétérinaires et aux refuges de votre région ce qu'ils ont prévu en cas d'urgence et comment vous pouvez vous y adapter.

Demandez également à votre vétérinaire s'il a prévu un plan de secours et comment il envisage de collaborer avec ses collègues en cas de catastrophe naturelle. S'il n'a jamais réfléchi à ce type de situation, n'hésitez pas à l'entretenir à ce sujet pour l'inviter à se pencher sur le problème. Il n'est jamais trop tard pour bien faire !

Récupérez votre animal

De toute évidence, vous ne serez pas prévenu à l'avance d'une catastrophe telle qu'un tremblement de terre. Mais si vous savez qu'une tempête s'approche de votre région ou que le fleuve près de chez vous commence à sortir de son lit, retrouvez votre chat au plus vite !

ATTENTION

Même si votre chat a l'habitude de gambader dans la nature, il est préférable de le garder à la maison en cas d'intempéries. Si vous le laissez sortir alors qu'une catastrophe se prépare, il risque de s'enfuir et de chercher à se cacher. Une fois la catastrophe passée, il peut ne plus être capable de retrouver son chemin – ou vous pouvez ne pas être là au moment où il retrouvera sa maison.

Assurez-vous de récupérer votre chat avant qu'il ne soit trop tard et tenez-vous prêt à l'installer dans sa caisse au cas où vous devriez partir précipitamment.

Tenez à jour les coordonnées inscrites sur sa médaille

La plupart des animaux survivent à une catastrophe naturelle. Mais nombre d'entre eux ne reverront jamais leur famille si aucun moyen ne permet de les identifier. C'est pourquoi tous les animaux domestiques devraient porter un collier avec une médaille d'identité. Mieux encore, un tatouage permettra à votre chat d'être enregistré sur un fichier national, grâce auquel il finira toujours par retrouver son propriétaire.

Conservez également les coordonnées temporaires que vous attacherez au collier de votre animal en cas d'évacuation forcée (vos coordonnées permanentes ne seront d'aucune utilité si vous n'êtes pas là pour répondre au téléphone). Le plus pratique est probablement le porte-étiquettes en plastique, dans lequel vous glissez un bout de carton avec votre numéro de téléphone.

De nombreuses personnes refusent de mettre un collier à leurs chats, craignant qu'ils ne s'étranglent en l'accrochant à une branche pendant qu'ils sautent. D'autres trouvent qu'ils les perdent bien trop souvent et finissent par se fatiguer de les remplacer.

N'OUBLIEZ PAS

Un collier peut sauver la vie de votre animal. Méditez sur ces mots d'une personne chargée du contrôle de la population féline : « Tous les jours nous éliminons des chats perdus qui nous semblent, de toute évidence, appartenir à quelqu'un. Il s'agit d'animaux qui deviennent errants parce que nous ne pouvons retrouver leur famille. Un simple collier nous permettrait de localiser leurs propriétaires. J'ai euthanasié plus de chats égarés que je ne peux en compter, mais je n'ai jamais, je dis bien *jamais*, été appelé pour récupérer le corps d'un chat pendu à une branche à cause de son collier. »

À LA TRACE

Reportez-vous au chapitre 6 pour en savoir plus sur les médailles, tatouages et autres moyens d'identification.

Vous aurez une bien meilleure chance de retrouver votre chat s'il porte un collier avec une médaille d'identité.

Photo : Heather Dismore.

Tenez à jour ses vaccins et son carnet de santé

Dans un environnement à haut niveau de stress, tel qu'un abri pour animaux sinistrés, les maladies infectieuses se propagent facilement. Aussi est-il nécessaire que votre chat soit à jour dans ses vaccins et rappels, comme vous le recommande votre vétérinaire.

Préparez une fiche contenant toutes les informations médicales le concernant et les maladies contre lesquelles il a été vacciné, son numéro d'identification (tatouage), les coordonnées de votre vétérinaire, les instructions concernant son alimentation et les éventuels médicaments à lui administrer, ainsi que des photos récentes de votre animal. Il peut être également utile de fournir une copie de tous ces renseignements à un ami, au cas où il vous arriverait quoi que ce soit.

Prévoyez du matériel pour le maîtriser

Même les chats les plus dociles peuvent se comporter bizarrement s'ils sont stressés. En conséquence, vous devez être prêt à contrôler votre animal – pour sa propre sécurité et celle des autres.

Gardez une caisse de transport et une laisse prêtes en cas d'urgence. *Prêtes* signifie *sous la main* – afin que vous n'ayez pas à retourner tout le grenier pour dénicher le matériel permettant de transporter votre animal.

Les caisses de transport figurent parmi les accessoires que les propriétaires de chats doivent impérativement acheter. C'est indispensable. Elles gardent les animaux à l'abri et offrent aux sauveteurs davantage de possibilités d'hébergement. Elles *vous* offrent également plus de solutions : confier votre chat à des amis, des parents ou un refuge situé hors de votre secteur. En cas de sinistre et selon les conditions atmosphériques, vous pouvez éventuellement laisser votre animal en toute sécurité dans sa caisse, à l'intérieur de votre véhicule.

A LA TRACE

Voyez le chapitre 6 pour en savoir plus sur les caisses de transport.

LE CHOIX DES CHATS

Un chat apeuré est un danger pour quiconque essaie de le maîtriser. Un méchant coup de griffe ou une morsure de chat est vite arrivé. Prévoyez donc une muselière dans votre matériel d'urgence. Les muselières pour chats sont conçues pour gêner le moins possible les chats et recouvrent tout le visage, y compris les yeux.

Si vous n'en possédez pas, prévoyez une grande serviette de toilette. En cas de panique, vous pourrez mieux contrôler votre animal, sans risque de le (ou de vous) blesser, en l'entourant dans une serviette.

La prise idéale pour immobiliser un chat dans une situation d'urgence consiste à lui pincer fermement la peau du cou, ce qui l'inhibe totalement : il retrouve les réflexes passifs du chaton transporté par sa mère.

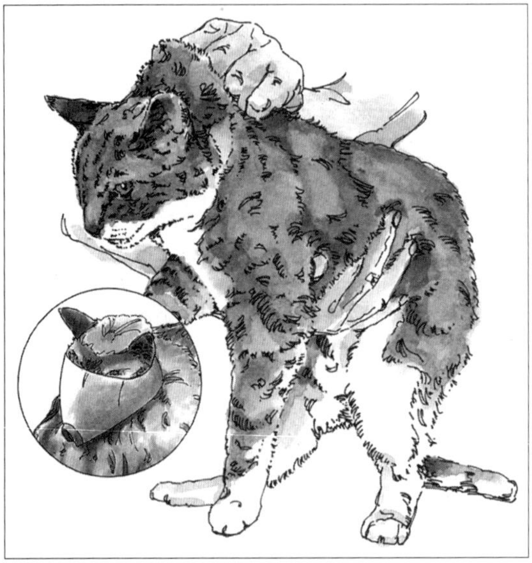

Vous pouvez contrôler un animal paniqué en lui pinçant la peau du cou. Une muselière est un autre accessoire utile de votre kit d'urgence.

Prévoyez un stock permanent de nourriture, médicaments et autres fournitures nécessaires

Faites des réserves d'aliments et d'eau pour plusieurs jours, ainsi que de tout médicament dont votre chat a besoin, et emballez le tout pour que ce soit prêt à servir en cas d'urgence. Renouvelez le stock régulièrement pour éviter les avaries. Si votre animal mange de la nourriture en boîtes, n'oubliez pas d'emporter aussi un ouvre-boîtes et une cuiller (ou achetez des conserves à ouverture facile).

Votre kit de secours devrait également inclure des bacs à litière jetables et un stock de litière pour au moins une semaine, ainsi qu'une pelle et des sacs en plastique hermétiques pour les ordures.

Gardez une trousse de secours sous la main… avec les instructions

Les animaleries proposent des trousses de premiers secours toutes prêtes, mais vous pouvez constituer la vôtre facilement. Le plus important concernant ces kits de premiers soins est qu'ils doivent toujours être préparés à l'avance et sous la main.

Vous trouverez la liste des ingrédients d'un kit de secours félin au chapitre 9.

Gardez une liste des autres cabinets vétérinaires et des refuges pour animaux

Votre cabinet vétérinaire peut avoir été sinistré au cours de la catastrophe. C'est pourquoi vous devez prévoir d'autres plans de repli pour l'hébergement et les soins de votre animal. Procurez-vous les adresses des autres cliniques vétérinaires de votre région, ainsi que des éventuels dispensaires et refuges. Photocopiez les pages concernées de votre annuaire et conservez-les avec tout votre matériel d'urgence.

Si vous égarez votre animal, ces services seront les premiers endroits vers lesquels vous vous tournerez dans l'espoir de le retrouver.

Préparez des affiches en cas de disparition

En cas de sinistre, vous n'aurez sans doute pas le temps de créer et d'imprimer des avis de recherche, alors préparez-en plusieurs à l'avance que vous stockerez avec les autres produits d'urgence. Centrez en haut et au centre de la page les mots « CHAT PERDU » en grand format, accompagnés d'une photo de votre animal. Sous la photo, donnez une description de votre chat en précisant ses marques caractéristiques (dont le numéro de tatouage, le cas échéant). Prévoyez un espace pour y inscrire le numéro de téléphone où l'on pourra vous joindre, accompagné éventuellement de ceux de vos amis, de vos parents, de vos voisins ou de votre vétérinaire. Imprimez une centaine de copies et stockez-les avec toutes vos fournitures d'urgence dans un endroit sec et accessible.

Prévoyez également une agrafeuse chargée, ainsi que des punaises et du ruban adhésif extrafort.

Si votre chat disparaît, distribuez et placardez des tracts dans votre quartier et au-delà, ainsi que dans les cabinets, cliniques vétérinaires et refuges de votre région. Si l'on peut toujours compter sur la gentillesse de personnes inconnues, offrir une récompense est un encouragement supplémentaire.

Soyez prêt à aider les autres

Si vous avez eu la chance de sortir indemne d'une catastrophe, d'autres personnes de votre quartier ne pourront peut-être pas en dire autant. Prenez contact avec une association humanitaire et la SPA de votre localité dès maintenant et faites un stage de bénévolat afin de pouvoir vous rendre utile en cas d'urgence. Les sauveteurs des associations de protection animale rendent de nombreux services, tels que distribuer de la nourriture aux animaux errants, réunir ces derniers et leurs familles et trouver de nouveaux foyers à ceux qui en ont besoin.

Se porter bénévole en cas d'urgence n'est pas seulement une bonne chose à faire : cela vous aide à vous sentir mieux et c'est surtout l'attitude que toute personne aimant les animaux et les humains devrait adopter.

Chapitre 19

Dix questions à poser lorsque vous achetez un chaton

Dans ce chapitre :

- Depuis quand faites-vous l'élevage de cette race et de quelles autres vous occupez-vous ? Participez-vous aux expositions et pourquoi ?
- Quelles sont les tares congénitales de cette race et que faites-vous pour éviter ces anomalies ?
- Quelle est la taille de votre structure et où les chats passent-ils le plus clair de leur temps ?
- Vos chats ont-ils subi un dépistage ? Puis-je faire examiner le chaton par mon vétérinaire avant de l'adopter ?
- Comment avez-vous socialisé les chatons ?
- Quelles garanties me fournissez-vous ?
- Quelles conditions m'imposez-vous ?
- Puis-je voir la portée, la mère, les autres chats, la chatterie ?
- Comment avez-vous déterminé la qualité de ce chaton ?
- Que faites-vous pour aider à réduire la surpopulation féline ?

Avec dix fois plus de naissances chez les chats que chez les humains, vous ne serez pas étonné d'avoir autant de choix lorsque vous décidez d'adopter un chaton. Vous pouvez choisir parmi des quantités de tigrés, de calicos ou même de Persans. Une telle abondance, qui joue uniquement en votre faveur (nombre de chats ne trouvant jamais le foyer chaleureux qu'ils méritent), vous permettra de trouver le chat de vos rêves sans trop de peine.

Toutefois, nous pensons qu'une bonne adoption exige un minimum de réflexion et d'investigation de votre part, non seulement pour votre plus grand bien et celui de l'animal que vous adoptez, mais également parce que les décisions que vous prendrez peuvent avoir des conséquences au-delà de votre foyer, là où votre nouveau compagnon félin va vivre la plus grande partie des deux décennies qui suivent (si la fortune lui sourit).

Si vous recherchez un chaton de race, vous devez trouver un éleveur expérimenté et sérieux. Si vous contactez un refuge ou un organisme de protection animale, votre choix devra aller vers celui qui travaille réellement pour les meilleurs intérêts de ses animaux. Si vous traitez avec un particulier, vous devez vous assurer que vous ne causez pas plus de problèmes que vous n'en réglez en offrant un foyer au chaton ou au chat qui a su vous séduire. En effet, il ne faut pas encourager les gens qui contribuent au problème de surpopulation des chats errants dans les villes ou qui élèvent des chatons malades.

Avant de vous lancer dans la recherche d'un chaton, vous devez commencer par vous poser un certain nombre de questions et avoir les réponses bien en tête lorsque vous vous adresserez à un éleveur, un propriétaire de refuge, un directeur d'association féline ou un particulier. Vous devez savoir exactement ce que vous recherchez chez un chat – tempérament, âge, type de robe, sexe, pedigree ou pas, etc. – pour savoir vers qui vous tourner. Les chapitres 1 et 2 contiennent toutes les informations utiles qui vous aideront à choisir le chat qui vous convient le mieux, et le chapitre 3 vous présente les différents types de sources possibles.

Toutes les questions de ce chapitre ne s'appliquent pas à toutes les situations. Certaines concernent uniquement les chats et chatons avec pedigree. Mais, bien qu'une question concernant le programme d'élevage ne s'applique pas vraiment à un collègue de travail avec une portée de chatons sur les bras, posez-la quand même. Si vos collègues de travail ou voisins laissent leurs chats se reproduire à volonté, vous devrez faire un choix d'un ordre un peu plus éthique concernant les chatons qu'ils offrent. Alors, faites de votre mieux pour poser toutes ces questions – et veillez à ce que les réponses soient les bonnes, même si les chatons vous semblent vraiment adorables. N'oubliez pas non plus que parfois vous n'obtiendrez aucune réponse : un éleveur de chats de race qui n'a jamais entendu parler de tares congénitales ou un voisin qui propose régulièrement des portées sans savoir comment socialiser un chaton sont des personnes avec qui il ne vaut mieux pas traiter.

Si, au lieu d'adopter, vous cherchez à placer un chat ou un chaton dans un nouveau foyer, vous devrez poser davantage de questions afin d'éliminer toute maison indésirable. Voyez, dans ce cas, le chapitre 14.

Si vous avez déjà parcouru notre liste de questions, vous aurez probablement remarqué une omission évidente : la question « Combien ? » n'y figure pas. Cet oubli est tout à fait intentionnel. Bien que le coût d'un chat ou d'un chaton puisse vous sembler un sujet d'intérêt immédiat – tout particulièrement si vous comptez acquérir un chat d'une race rare –, ce prix perd de son importance à long terme. Voyez les choses ainsi : sur une espérance de vie de 15 ans, un chaton de race acheté 450 € chez un éleveur réputé vous aura en fait coûté 30 € par an – moins que vous ne dépenserez tous les ans en soins vétérinaires, nourriture, litière ou peut-être même jouets pour chat ! Alors soit, demandez le prix, mais restez lucide : vous recherchez un chaton sain, heureux et affectueux, et aucun prix – qu'il soit excessivement élevé ou bas – ne pourra jamais garantir ces qualités.

N'OUBLIEZ PAS

La population féline est suffisamment vaste pour vous fournir tous les adorables chats ou chatons dont vous rêvez. Ne succombez pas aux charmes de l'un d'entre eux *avant* d'avoir pris une décision intelligente et raisonnée concernant celui avec qui vous allez partager votre vie. Prenez votre temps !

Lorsque vous adoptez un chaton d'un refuge, assurez-vous toujours que ce refuge traite ses chats au mieux.

Photo : Richard D. Schmidt

Depuis quand faites-vous l'élevage de cette race et de quelles autres vous occupez-vous ? Participez-vous aux expositions et pourquoi ?

Si ces questions semblent s'appliquer uniquement aux personnes proposant des chats et chatons avec pedigree, elles peuvent également s'étendre à d'autres. Après tout, la définition du terme « éleveur » ne mentionne aucunement les pedigrees des animaux élevés ; un éleveur est simplement le propriétaire de la mère des chatons – rien de plus.

Vous cherchez une personne expérimentée et compétente, pas quelqu'un qui élève des animaux dans le seul but de gagner de l'argent facile – et qui pourrait, par conséquent, négliger certains aspects importants de leur croissance tels que la santé ou la socialisation – ou qui les élève tout simplement parce qu'il n'a pas pris la peine de les faire stériliser.

Un bon éleveur ne doit pas s'occuper de plusieurs races à la fois, mais d'une seule ou, à la rigueur, de deux races similaires telles que le British Shorthair et le Scottish Fold. Réfléchissez à deux fois avant de traiter avec quelqu'un qui élève de nombreuses races ou qui passe régulièrement d'une race (en vogue) à une autre : il n'a probablement pas l'expérience et les compétences que vous attendez d'un éleveur digne de ce nom.

L'une des plus importantes motivations de tout éleveur doit être la préservation de la race elle-même, et cette tâche ne peut être accomplie que par une personne qui s'efforce de produire des animaux correspondant le mieux possible aux critères (le standard) de leur race, tant au niveau de la morphologie que de la santé ou du tempérament. L'un des principaux objectifs des expositions félines consiste justement à faire évaluer tous ces représentants – et donc les programmes d'élevage – par des individus compétents (les juges d'exposition). Demandez-vous pourquoi une personne élève ses chats si elle n'essaie pas de préserver et d'améliorer la race dont elle s'occupe en les faisant concourir.

Quelles sont les tares congénitales de cette race et que faites-vous pour éviter ces anomalies ?

Ces questions concernent également les éleveurs qui vendent des chatons avec pedigree. En effet, une personne qui se retrouve avec une portée « accidentelle » connaît rarement les ascendants de la mère et encore moins l'*identité* du père !

Si la plupart des chats de race sont tout aussi sains que leurs cousins aux origines variées, quelques races présentent des problèmes de santé directement liés aux caractéristiques qui font toute leur spécificité – tels que les problèmes articulaires (ostéodystrophie) du Scottish Fold, qui pourraient résulter du gène responsable de la forme de ses oreilles, et les problèmes de moelle épinière que l'on retrouve chez les chats anoures (sans queue), comme le Manx ou le Cymric (Manx à poil long). D'autres anomalies sont la conséquence de caractéristiques extrêmes, telles que les problèmes digestifs (généralement dus à l'ingestion de boules de poils) et ceux liés à l'oto-rhino-laryngologie (nez qui coule, yeux qui pleurent) de certaines variétés de Persans au nez très aplati.

L'éleveur que vous choisissez doit être capable de discuter avec franchise et honnêteté des problèmes potentiels inhérents à la race et d'expliquer, le cas échéant, ce qu'il fait pour éviter ces anomalies. Il doit avoir des notions de génétique, ainsi qu'une bonne dose de patience pour appliquer ses connaissances. Une personne qui marie dans l'ignorance un Scottish Fold avec les oreilles conformes au standard (repliées sur le devant du crâne) avec un autre joue avec la santé et la vie des animaux qu'elle élève. Vous devez traiter avec un éleveur qui sait qu'il ne faut jamais marier des Fold entre eux, mais les unir avec un British, un American Shorthair, un Chartreux, etc., ou avec un Fold dont les oreilles sont droites.

Quelle est la taille de votre structure et où les chats passent-ils le plus clair de leur temps ?

Comment une personne élevant trois douzaines de chats peut-elle donner à votre chaton toute l'attention qu'il mérite durant les premières semaines cruciales de son existence ? C'est l'une des raisons (parmi d'autres) qui devraient vous pousser à traiter avec quelqu'un qui gère une petite structure. Il faut beaucoup d'argent pour s'occuper d'une chatterie de grande envergure, et la tendance à économiser sur certains postes peut être très forte chez certains.

Une autre raison qui devrait vous faire préférer les petites chatteries concerne l'interaction entre l'éleveur et ses chats. Rares sont les personnes qui peuvent s'occuper de douzaines de chats en liberté dans la maison, et la plupart des éleveurs qui possèdent plus de chats que ne le permet leur installation finissent toujours par enfermer leurs animaux dans des cages pour préserver leur santé mentale.

Les chatons élevés dans des cages deviennent rarement de bons compagnons. Et même si les chats ont parfois besoin d'être enfermés pour des raisons liées à la santé ou à la reproduction, l'éleveur consciencieux qui aime les chats les préférera auprès de lui.

Si vous traitez avec quelqu'un qui possède plus de chats qu'il ne peut raisonnablement en élever ou en si grand nombre qu'il ne peut tolérer de vivre avec tous, vous n'êtes peut-être pas en face de la bonne personne.

Vos chats ont-ils subi un dépistage ? Puis-je faire examiner le chaton par mon vétérinaire avant de l'adopter ?

Les maladies infectieuses tuent de nombreux chats tous les ans. Vous devez donc traiter avec un éleveur qui fait de son mieux pour garder ses chats en excellente santé. Les trois maladies contagieuses les plus à craindre sont la *leucose*, donnée par le virus FeLV (*feline leukemia virus*), la *péritonite infectieuse féline* (PIF) et l'*immunodéficience féline virale* provoquée par le virus FIV (*feline immunodeficience virus*), proche du sida humain, que l'on appelle parfois pour cette raison « sida du chat ».

Un éleveur sérieux veille à ce que ses chatteries soient exemptes de FeLV et FIV en s'assurant, d'une part, que ses chats ne sont pas porteurs du virus et, d'autre part, qu'aucun chat qui n'aurait préalablement été testé négatif n'entre en contact avec les siens. La péritonite infectieuse féline, quant à elle, ne se traite pas aussi « facilement » (voir plus loin).

Les maladies contagieuses sont l'une des raisons qui font que les expositions félines sont aussi sévèrement contrôlées. Ne vous sentez pas offensé si l'on vous refuse poliment l'autorisation de caresser un chat : personne d'autre qu'un propriétaire ou un juge n'a le droit de toucher un chat. Les juges nettoient toujours leurs mains et les tables utilisées entre deux passages de chats, et les cages sont toujours soigneusement lavées entre différentes classes. Pour en savoir plus sur ces compétitions, voyez le chapitre 16.

La PIF est plus difficile à maîtriser, car le test qui permet de la dépister n'est pas concluant. Le *coronavirus félin* qui provoque cette maladie peut être présent chez des chats parfaitement sains, et le test qui indique sa présence signifie simplement que l'animal a été exposé au virus – peut-être uniquement sous sa forme commune non létale. (Diagnostiquer une PIF peut être une tâche très délicate pour les vétérinaires et doit se fonder non seulement sur le test lui-même, mais également sur les symptômes cliniques de la maladie.)

Un éleveur consciencieux devra donc non seulement *vous autoriser*, mais également *vous inviter* à faire examiner le chaton par votre propre vétérinaire pour lui faire subir toutes les analyses appropriées. Cette précaution est tout aussi importante – et peut-être même plus – si vous adoptez un animal d'un refuge, d'un organisme privé ou d'un voisin. *Traitez avec quelqu'un qui s'intéresse autant que vous à la santé des animaux.*

À LA TRACE

Reportez-vous au chapitre 10 pour en savoir plus sur les maladies infectieuses mentionnées ici, et au chapitre 9 pour des informations utiles sur les vaccins.

Comment avez-vous socialisé les chatons ?

Les chatons doivent avoir été manipulés par des adultes et enfants des deux sexes et exposés aux bruits, odeurs, etc., de la vie courante des bipèdes. Considérez le type de foyer que vous possédez – enfants, chiens ou autres – et demandez à l'éleveur si votre animal potentiel a été habitué à ce type d'environnement.

Les chatons les mieux socialisés sont généralement ceux qui ont été élevés en famille.

Photo : Heather Dismore.

Nous touchons là un domaine (peut-être le seul) où un éleveur, autrement compétent, pourrait ne pas concurrencer une personne qui a élevé une portée « accidentelle » dans la cuisine au milieu d'une famille nombreuse et d'autres animaux domestiques. Un bon éleveur fera tout pour compenser ce désavantage : donnez-lui simplement une chance de vous expliquer comment il a procédé.

Quelles garanties me fournissez-vous ?

Même les éleveurs les plus réputés ne peuvent vous garantir à 100 % que votre chaton va *rester* en bonne santé. Votre animal peut tomber malade dans les jours qui suivent son adoption ou développer une maladie congénitale au bout de quelques mois ou années. Un bon éleveur doit jouer « franc-jeu » avec vous et être prêt à vous dédommager – financièrement pour le moins – si votre chaton devait tomber malade ou mourir.

Si le chaton que vous adoptez vous est offert gratuitement par un voisin ou un collègue de travail, vous n'aurez malheureusement aucune garantie. En revanche, si vous l'achetez, un certificat de vente doit vous être remis. Ces certificats varient en fonction des éleveurs, organismes, refuges ou animaleries, mais ils incluent généralement le prix de l'animal, son signalement (race, sexe, etc.), son numéro de tatouage, le nom du vendeur et de l'acheteur, ainsi que les noms et adresses des vétérinaires choisis par les deux parties en cas de litige. Le vendeur est tenu à une garantie sanitaire de quinze jours contre les maladies virales du chat et peut également être poursuivi pour vices cachés (comme lors de toute transaction commerciale) si, au cours de la croissance de l'animal, une anomalie congénitale devait apparaître.

Quelles conditions m'imposez-vous ?

Certaines personnes sont étonnées d'apprendre qu'elles doivent se conformer à quelques règles pour adopter un chat ou chaton de race auprès d'un refuge – telles que répondre à un questionnaire ou encore devoir justifier d'un domicile. De telles restrictions sont en fait destinées à donner à l'animal le maximum de chances d'être heureux chez ses nouveaux maîtres.

Les chats proposés à l'adoption par les refuges sont en général déjà tatoués, vaccinés et même stérilisés. Le coût d'une adoption, dans ce cas, est généralement de 70 €, une somme qui permet également de dissuader les trafiquants d'animaux qui pourraient les revendre en fraude à un laboratoire.

Puis-je voir la portée, la mère, les autres chats, la chatterie ?

Même si vos désirs quant à la race, la couleur, le sexe de l'animal, etc., sont si spécifiques que l'éleveur n'a qu'un seul chaton répondant à vos exigences, demandez à le voir parmi ses frères et sœurs de portée. Vous devez vous assurer que tous les chats qu'il élève, sans exception, sont bien soignés et que vous appréciez leur tempérament.

Demander à visiter les « coulisses » est une requête légitime, mais nombre d'éleveurs ou de responsables de refuge ne vous le permettront que sous certaines conditions. Attendez-vous très probablement à ce que l'on vous demande de vous laver les mains et de ne pas vous approcher des chats isolés (tels que les nouveaux arrivants isolés pour des raisons de santé).

Si l'éleveur ne vous autorise pas à visiter les lieux, méfiez-vous. Vous serez en droit de vous demander ce qu'il peut bien cacher : des chats en cage, des installations insalubres ou toute autre condition légitimant votre refus d'acheter à cette personne.

Comment avez-vous déterminé la qualité de ce chaton ?

Nombre de personnes qui recherchent un petit félin doté d'un pedigree finissent avec un chat dit « de compagnie » en raison du prix élevé des chats dits « d'exposition », et parce que les éleveurs préfèrent généralement placer leurs « champions » chez des passionnés de concours. Un éleveur compétent et réputé pourra honnêtement évaluer le potentiel sportif d'un chaton et expliquer quel « défaut » classe cet animal dans la catégorie des chats « de compagnie » plutôt que « d'exposition ».

Très peu de chats naissent avec les atouts nécessaires pour faire de la compétition. Leur robe peut ne pas avoir le dessin approprié ou ne pas être suffisamment longue et soyeuse. Leurs oreilles peuvent ne pas se plier vers l'avant ou s'incurver vers l'intérieur comme l'exige leurs standards, ou leur « expression » ne pas correspondre à l'idéal de leur race. L'absence de ces traits ne signifie pas que ces chatons ne sont pas adorables ou affectueux. Tant que leurs défauts ne sont pas liés à un problème de santé ou de comportement, ces chats restent de merveilleux candidats à l'adoption.

Laissez-vous guider par un éleveur compétent qui vous exposera patiemment les qualités et les défauts de ses chatons – et de ses autres chats.

Que faites-vous pour aider à réduire la surpopulation féline ?

Voilà une question un peu délicate, mais que nous jugeons nécessaire pour plusieurs raisons. Premièrement, nous pensons que pour élever des chats correctement, il est nécessaire de leur vouer un véritable amour et de toujours agir au mieux de leurs intérêts. Les meilleurs éleveurs aiment sincèrement les chats, et cet amour pour toute la gent féline se reflète toujours dans leur façon de s'occuper de leurs animaux – dont l'un d'entre eux pourrait bien se retrouver un jour sur votre canapé.

Deuxièmement, cette question vous donne l'opportunité d'exprimer *votre* amour pour tous les chats alors même que vous prenez une décision importante concernant l'un d'entre eux. Si vous achetez votre animal chez un « éleveur du dimanche » ou si vous traitez avec une personne ou un établissement douteux, vous cautionnez cette source, qu'il s'agisse de votre voisin qui n'a jamais pris le soin de faire stériliser son chat, d'un éleveur qui ne se soucie pas des tares congénitales ou d'une animalerie qui achète ses chats dans des élevages commerciaux insalubres, où les animaux sont considérés comme des produits de masse qui passent leur courte vie dans de minuscules cages.

Certains activistes des droits des animaux pensent que personne ne devrait volontairement élever d'animaux domestiques, qu'ils soient de race ou non, dans la mesure où, selon eux, tout chaton élevé intentionnellement est un foyer en moins pour tous ceux qui en ont réellement besoin. Nous ne sommes pas d'accord. Certaines personnes préféreront toujours les chats de race, et nous pensons que l'incroyable variété qu'apportent les chats de pure race à la famille féline vaut d'être préservée – tant que ces chats sont élevés avec amour et respect. Les éleveurs sérieux et compétents produisent un nombre insignifiant d'animaux susceptibles de finir euthanasiés dans un refuge. Premièrement, parce que les chats de race représentent moins de 5 % de la population des chats en général, et deuxièmement parce que les éleveurs réputés se sentent responsables de leurs animaux, même après leur adoption. Si un chat obtenu auprès d'un éleveur sérieux se retrouve soudain sans foyer, l'éleveur récupère toujours l'animal.

Nombre de bons éleveurs aident également la communauté féline en offrant de l'argent, de leur temps ou des biens dans le but d'améliorer la santé et le bien-être des chats qu'ils n'ont pas élevés.

N'OUBLIEZ PAS

Nous aimons croire que le monde félin se porterait mieux si l'on n'adoptait jamais de chaton d'une portée « accidentelle » sans s'assurer au préalable que le propriétaire de la mère s'est engagé à la faire stériliser pour éviter toute récurrence ; si l'on n'achetait jamais de chat d'une animalerie dont le stock provient de sources douteuses ; et si l'on ne s'adressait jamais à un éleveur dont les connaissances et les motivations ne lui permettent pas d'élever des chatons stables, équilibrés et en bonne santé.

Nous pensons que vous aimez les chats et les connaissez suffisamment pour au moins évoquer le problème.

Chapitre 20

Dix attractions félines sur le Web

Dans ce chapitre :

- Cat Fanciers.
- SPA.
- Les Chats du monde.
- Vetonet.
- Ethovet.
- Vet-City.
- Aniwa.fr.
- Zubial.
- Club du chien et du chat.
- Entre Chats.

Avant de commencer, nous devons vous révéler un petit secret : nous sommes de véritables accros du Net ! Paul a passé les sept dernières années à élaborer, puis à gérer le site Web Veterinary Information Network, le plus grand service en ligne au monde pour vétérinaires. Quant à Gina, elle utilise le Net régulièrement pour ses recherches et pour rester en contact avec des amis amoureux des bêtes et écrivains du monde entier, et tient de nombreuses chroniques sur différents magazines en ligne.

Ce réseau mondial d'ordinateurs, appelé Internet, constitue une fantastique ressource d'informations pour tous les amoureux des chats. À l'aide d'un simple ordinateur et d'un modem relié à votre ligne téléphonique, vous pouvez faire votre marché en ligne pour votre chat, vous documenter sur toutes les races félines existantes, la médecine vétérinaire, la législation, les clubs, les associations, etc., et même apprécier un peu d'humour félin ou admirer le nombre croissant de sites personnels dédiés aux chats de particuliers. À ce propos et en réponse à la célèbre phrase d'un humoriste branché : « Sur le Net, personne ne sait que vous êtes un chien », l'auteur Judy Heim a judicieusement observé : « Il y a un dicton populaire sur l'Internet : personne ne sait que vous êtes un chien, mais tout le monde sait à quoi ressemble votre chat. »

Si les amoureux des chats disposent de nombreuses voies d'accès sur le Net – que nous abordons au chapitre 2 –, l'une des approches les plus simples consiste à utiliser l'interface graphique du Net, appelée le Web.

Comparée à tout ce qui est disponible sur le Web, une liste d'une dizaine de sites félins ne vous donnera qu'un petit avant-goût de tout ce qui vous attend. Certaines pages proposent des *liens* qui vous conduiront vers d'autres sites félins à l'aide d'un simple clic de souris. D'ailleurs, certains sites (appelés parfois portails ou annuaires) ne sont rien d'autre qu'une liste de liens.

N'oubliez pas de vous assurer que votre chat est confortablement installé sur vos genoux avant de commencer votre navigation.

Cat Fanciers

Le site Cat Fanciers (à l'adresse `www.fanciers.com`) est le meilleur point de départ pour tous les amoureux des chats anglicistes. Ce site comprend des pages et des pages de liens permettant d'accéder à des descriptions de races, informations générales, clubs, associations, expositions, ressources vétérinaires, éleveurs, refuges et à tout autre site félin (en anglais) que les créateurs de cette page ont pu trouver sur le Web.

Créé et géré par des personnes qui aiment et respectent les chats et qui souhaitent fournir à tous les amateurs de chats les meilleures informations les concernant, ce site est un véritable trésor. Il vous faudra probablement des semaines pour en explorer tous les liens – et les liens des liens !

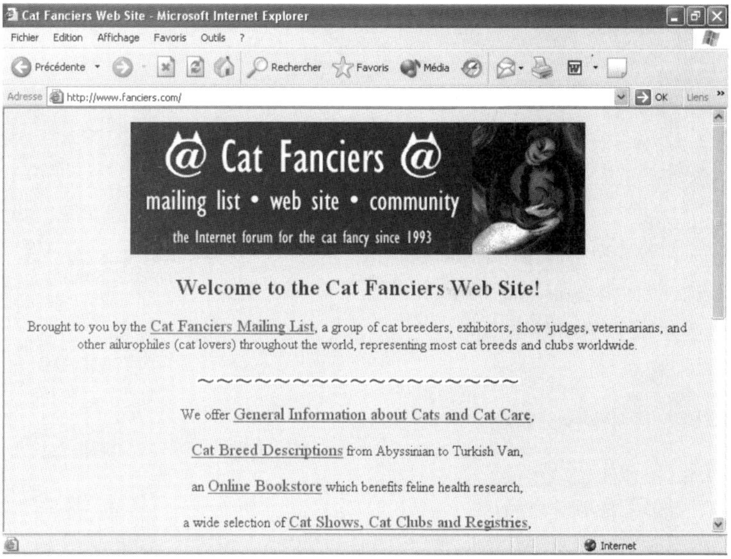

SPA

La SPA (Société protectrice des animaux), véritable institution française située au 39, boulevard Berthier, 75017 Paris, existe depuis 1845. Son action consiste à sensibiliser le public au problème des abandons, à intenter des procès aux personnes maltraitant les animaux, à lutter contre les trafics d'animaux, et à recueillir, stériliser et placer les animaux abandonnés dans des refuges en vue de les faire adopter.

Elle édite également une revue mensuelle, *Animaux magazine*.

Vous pouvez participer aux actions de la SPA de nombreuses façons (dons, legs, etc.). La plus engageante consiste probablement à assumer la charge de « délégué enquêteur », lequel est chargé de dépister les cas de mauvais traitements et de cruautés envers les animaux, en effectuant le plus souvent des visites de routine pour contrôler la bonne santé des animaux adoptés et, quelquefois, de petites enquêtes fondées sur des indications données par des témoins. Les qualités requises sont la diplomatie et la courtoisie, mais également la capacité à faire le tri entre dénonciations calomnieuses et véritables cas de sévices. Vous trouverez toutes ces informations et bien d'autres choses encore sur le site Web de la SPA, à l'adresse `www.spa.asso.fr`.

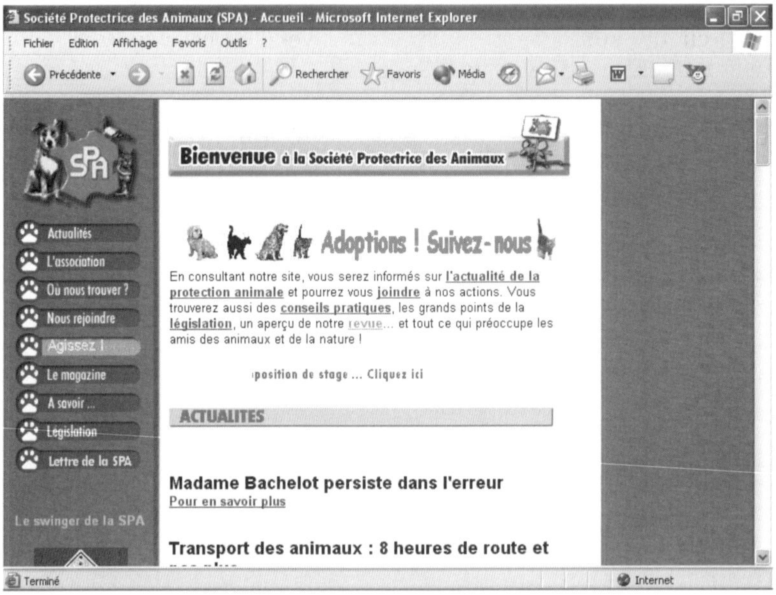

Le site de la SPA présente l'association, toutes les adresses des organismes affiliés (200 délégations, refuges et dispensaires), les combats en cours, le sommaire de nombreux numéros du magazine édité, des communiqués, et tout ce que vous devez savoir sur la législation et les actualités du monde des animaux.

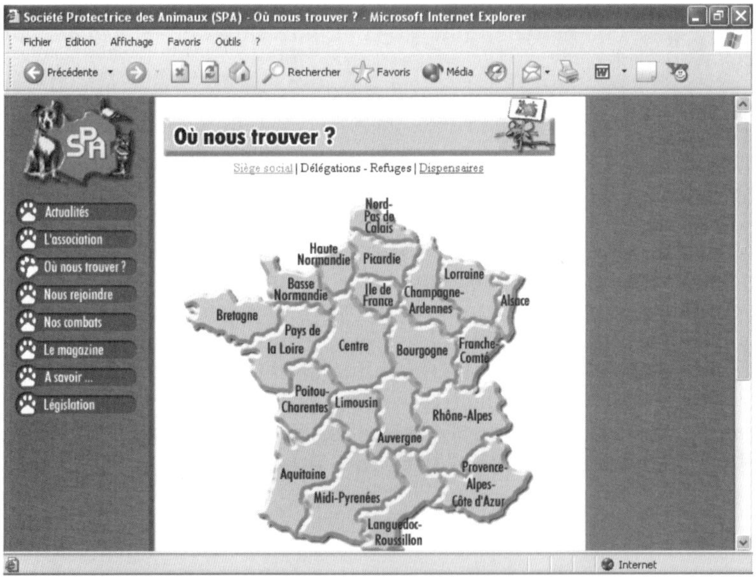

Si vous recherchez l'adresse d'une délégation près de chez vous, par exemple, cliquez sur le menu « Où nous trouver ? », puis sur « Délégations, refuges » pour afficher une carte de France :

Il suffit alors de cliquer sur la région concernée pour obtenir toutes les adresses des associations appropriées.

Les Chats du Monde

Ce site propose une multitude d'informations, dont une description de toutes les races de chats (classées par ordre alphabétique), des conseils pratiques sur les différentes étapes de leur vie (un dossier spécial chaton, chat adulte et chat âgé) et une superbe galerie de photos. Une page personnelle très complète.

```
perso.wanadoo.fr/anastasio/Les_Chats_du_Monde.htm
```

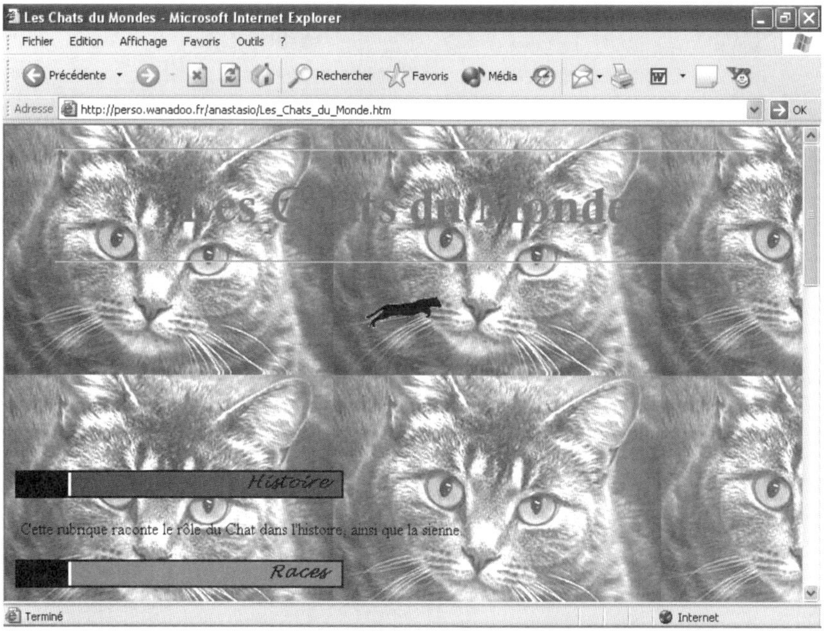

Vetonet

Vetonet, accessible à l'adresse `www.vetonet.org`, est un site Web francophone contenant des informations utiles pour les vétérinaires et toutes personnes qui s'intéressent à la santé des animaux : écoles, associations vétérinaires, listes de diffusion, forums, textes traitant des comportements félins, liens, etc.

NOTE TECHNIQUE

Le service en ligne anglophone VIN (*Veterinary Information Network*, à l'adresse `www.vin.com`), élaboré et géré par notre honorable Paul, offre à ses membres vétérinaires un accès à de nombreuses informations scientifiques et la possibilité de communiquer et d'échanger des points de vue sur toutes sortes de sujets avec des collègues dans le monde entier.

Ethovet

Dans le même registre que les deux sites précédents, Ethovet, proposé par Joël Dehasse, un vétérinaire spécialisé en éthologie clinique, à l'adresse `www.joeldehasse.com/ethovet.html`, offre une mine d'informations sur le comportement du chien et du chat. Outre des liens vers d'autres sites, des livres, des images et même de l'humour, Ethovet propose également de nombreux articles (certains destinés aux scientifiques, d'autres au grand public) sur les émotions et la communication des animaux domestiques, les problèmes de vieillesse et de dépression chez les chats, les comportements normaux et pathologiques, les marquages territoriaux, etc.

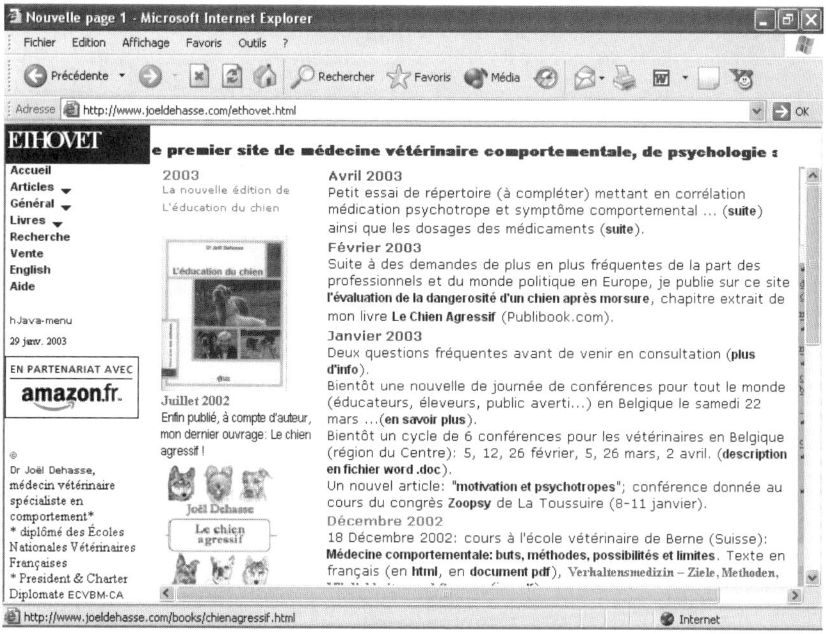

Vet-City

Vet-City, à l'adresse www.vet-city.com, est un site portail conçu par des vétérinaires, à l'attention du grand public. Annuaire de sites, glossaire, forum, informations diverses, petites annonces vont aideront à trouver, élever et soigner votre chat.

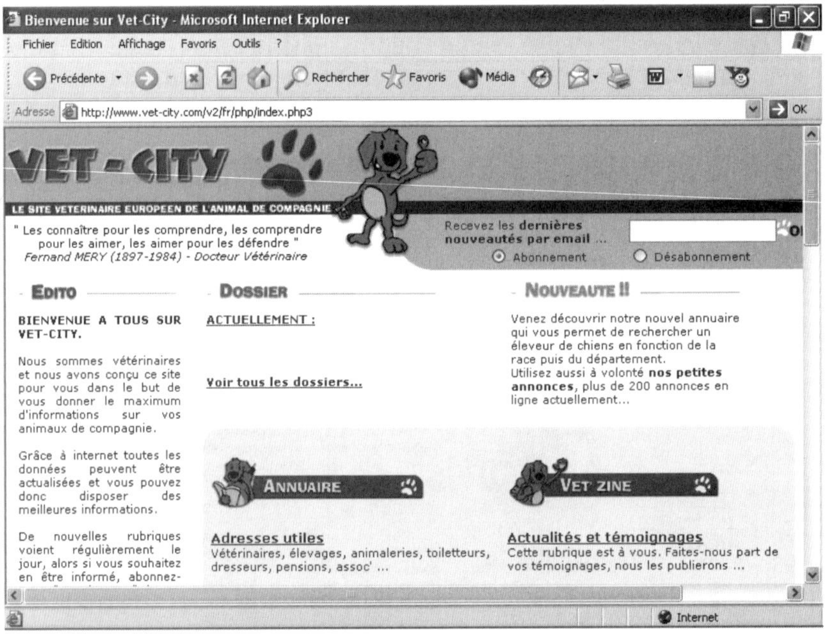

Aniwa.fr

Ce site est un portail sur les animaux de compagnie. Vous trouverez dans l'« Espace Chat » consacré à nos félins favoris toutes les informations sur ces derniers, les réponses à vos questions, l'actualité, l'agenda des manifestations, des conseils pour adopter et élever un chat, etc. L'aspect interactif n'est pas en reste avec une véritable communauté en ligne d'amoureux des minous (forums, chat, annonces, etc.). Enfin, ne manquez pas de consulter (et évaluer) les pages personnelles recensées par le site pour découvrir quelques photos que des propriétaires ont prises de leur compagnon. Vous pouvez également participer en proposant vos propres contributions !

Zubial

Cette boutique en ligne accessible à l'adresse `www.zubial.fr`, vend des aliments, des accessoires et des produits vétérinaires. Elle propose également des conseils de tous ordres pour bien élever et soigner un chat.

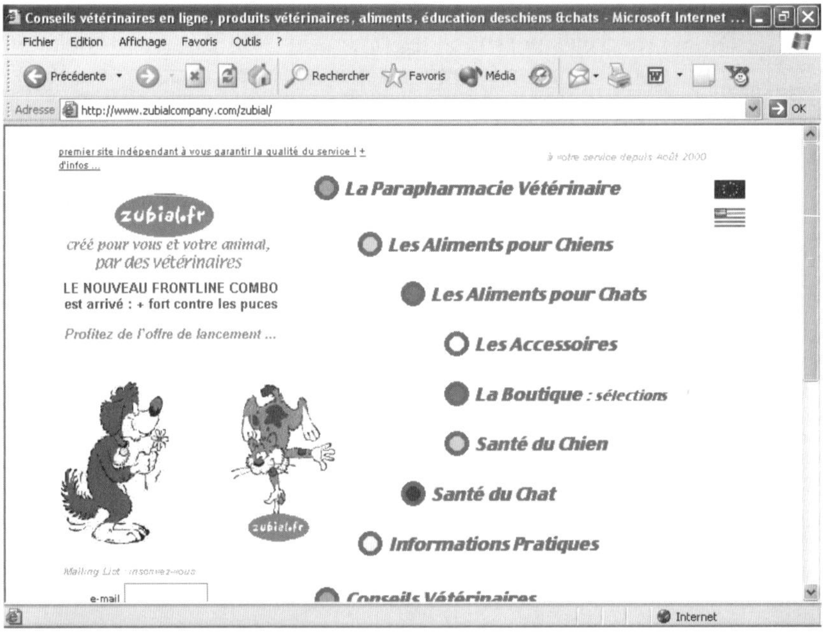

Club du chien et du chat

Le Club du chien et du chat, organisme de protection animale, offre toutes sortes d'informations utiles : assurances pour animaux de compagnie, adresses de clubs d'élevage, assistance juridique, gardes gratuites, listes des pensions en France, etc.

```
clubchien.com
```

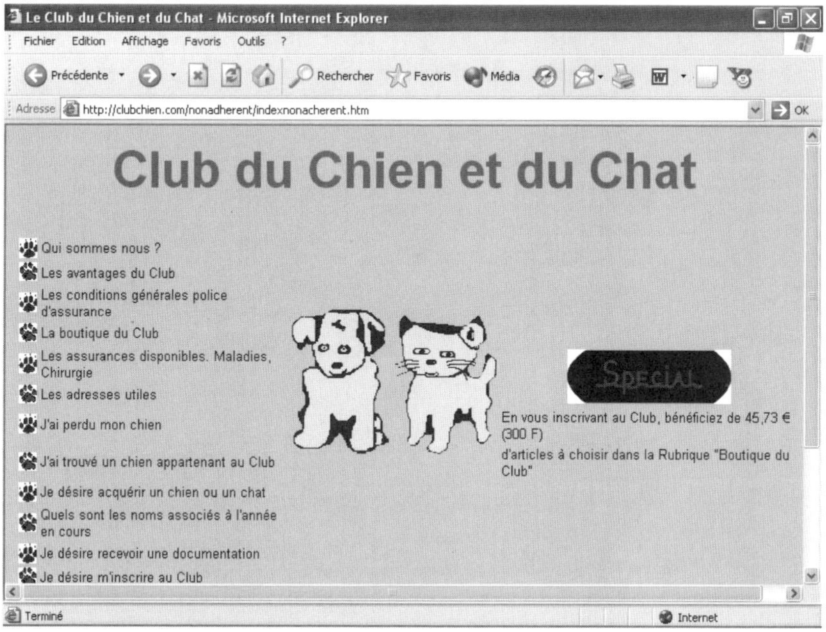

Entre Chats

Le chat dans la culture et l'histoire : un bien joli programme pour ce site ludique et visuel. Étymologie, citations, dictons et expressions, chats peuplant les romans, la poésie ou les contes, rôle et place du chat dans l'histoire et la société, etc., sont au menu de ce site très documenté.

`pages.infinit.net/feliweb/`

Chapitre 21

Dix dangers domestiques à éviter

Dans ce chapitre :

- Les liaisons dangereuses version chat
- Antigel ? Antichat !
- Mortel sèche-linge.
- Des médicaments qui tuent.
- Les créatures vertes.
- Une expérience de choc.
- Menaces à quatre roues.
- Les dangers du garage.
- Attention aux chutes !
- Antipuces canins ? À éviter !

Un de nos amis vétérinaires travaille dans un service d'urgence pour animaux domestiques. Ce travail lui fait voir toutes sortes de choses.

Il voit des personnes qui amènent des animaux sains avec quelques problèmes de santé mineurs, tels que des parasites internes (pour la plupart, des vers), qui ne présentent aucun caractère d'urgence. Il voit des propriétaires attristés qui viennent faire piquer leur vieux compagnon à quatre pattes. Il voit des chats mordus par des chiens ou d'autres chats. Il voit des chats atteints de la leucose féline. Il voit des animaux molestés par des êtres « humains », blessés par balles, brûlés ou les côtes écrasées : autant de raisons pour vous faire réfléchir à deux fois avant de laisser sortir votre petit félin.

Si la mort de tout animal est toujours une tragédie, certaines morts sont plus difficiles à accepter que d'autres. Dans cette catégorie se situent tous les décès d'animaux de compagnie que leurs propriétaires auraient pu éviter *si seulement* ils avaient su comment.

Afin de vous éviter tout accident tragique, nous avons assemblé ici, avec l'aide du Dr Turner (l'ami vétérinaire évoqué ci-dessus), une liste des dangers domestiques les plus courants que votre chat pourrait rencontrer.

Qu'est-ce qu'une urgence vétérinaire ? La réponse se trouve au chapitre 10, dont les informations peuvent sauver la vie de votre chat.

Les liaisons dangereuses version chat

Que vous évoque un chaton avec une pelote de laine ? Une scène attendrissante de la vie féline ? Un instant ludique ? Une belle photo ? Et s'il s'agissait d'un accident en puissance ?

Chats et chatons adorent jouer avec des ficelles, cordelettes et tout autre accessoire qui s'agite et se tortille. Ils aiment se cacher, bondir sur leurs proies, les faire voltiger et les repousser pour les attaquer de nouveau. Tout cela est très amusant à regarder et répond parfaitement à leurs instincts de prédateurs. Mais il y a de fortes chances pour qu'un chat ne s'arrête pas là et tente de manger sa « proie » filandreuse. Une suite logique qui peut devenir beaucoup moins amusante, dans la mesure où ces cordes, ficelles, guirlandes ou rubans peuvent causer de graves dégâts dans les intestins de votre chat, suffisamment sérieux pour motiver une visite d'urgence chez le vétérinaire et peut-être même nécessiter une intervention chirurgicale.

Si vous pratiquez des activités de couture ou de tricot, pensez toujours à bien ranger tous vos accessoires après utilisation, et si vous emballez ou dépaquetez des cartons, assurez-vous que votre chat n'est pas dans les parages. Le matériel d'empaquetage (tel que les rubans adhésifs ou les flocons de polystyrène) peut également être très dangereux pour votre animal.

Même si votre chat n'est pas d'un tempérament très joueur, il ne pourra résister à certains types de ficelles : celles, encore bien juteuses, qui entouraient votre rosbif ou poulet rôti. Éloignez bien toutes ces tentations dangereuses de votre chat en les jetant dans une poubelle fermée.

Les chats adorent jouer avec toutes sortes de ficelles et rubans, mais ne les laissez faire que si vous êtes à l'autre extrémité.

Photo : Angie Hunckler.

Antigel ? Antichat !

Si vous bricolez sur votre voiture ou nettoyez votre maison, soyez particulièrement attentif aux produits toxiques d'usage. En effet, de nombreux antigels, liquides de refroidissement et détergents peuvent être excessivement toxiques pour les animaux (et les enfants !). Quelques chiffres parlants : aux États-Unis, les antigels intoxiquent près de 120 000 animaux de compagnie tous les ans, et 90 000 d'entre eux meurent des suites de cet empoisonnement.

Et il n'en faut pas beaucoup pour les tuer. Quelques gouttes suffisent.

Soyez très précautionneux lorsque vous utilisez ces produits, surtout dans votre garage, et veillez à ne jamais en renverser. Le cas échéant, nettoyez soigneusement toute surface maculée.

LE CHOIX DES CHATS

Des produits moins toxiques, à base de propylène glycol et non d'éthylène glycol, sont aujourd'hui disponibles sur le marché. Vérifiez l'étiquette avant d'acheter et n'hésitez pas à changer vos habitudes.

Mortel sèche-linge

Les chats adorent les cachettes sombres et chaudes. Et le sèche-linge, rempli de vêtements encore tièdes, est l'un des endroits qu'ils affectionnent le plus. Vous serez étonné de voir avec quelle facilité vous pouvez jeter quelques vêtements supplémentaires dans votre sèche-linge, refermer la porte et le mettre en marche sans vous apercevoir que votre chat s'y est installé. Une des amies de Gina a perdu son chat de cette tragique manière.

La prévention est simple : gardez la porte de votre sèche-linge fermée et vérifiez toujours avant de l'utiliser que votre chat ne s'y trouve pas. Il en va de même pour votre lave-linge, four et lave-vaisselle.

Le sèche-linge, très apprécié des chats, peut leur être fatal. Ne laissez jamais sa porte ouverte.

Photo : Johanna Bader.

TRUC

Si vous trouvez votre petit félin en cours d'activité intense de sieste dans le sèche-linge, le four, le lave-linge ou le lave-vaisselle, prenez une profonde respiration et soyez un peu cruel pour une fois, dans le plus grand intérêt de votre animal : faites-lui très peur. Refermez doucement la porte alors qu'il est encore à l'intérieur et cognez sur l'appareil plusieurs fois, en faisant un bruit à réveiller les morts. Ensuite, ouvrez la porte et laissez-le s'échapper, suffisamment terrifié pour qu'il n'essaie plus de s'y aventurer. Vous ne pouvez vous assurer que tous les membres de votre foyer penseront à garder les portes de ces appareils fermés ou à vérifier que le chat n'est pas dans les parages au moment où ils appuient sur le bouton de mise en marche. Alors, prenez les devants et éduquez votre animal à la dure. Le convaincre d'éviter de tels lieux de repos est votre meilleure garantie.

Des médicaments qui tuent

Voici une règle facile à mémoriser : ne donnez jamais de médicament à votre chat sans avoir préalablement contacté le vétérinaire.

Cette règle s'applique à tous les médicaments d'une manière générale et plus particulièrement aux antalgiques. Si vous pouvez donner, en toute sécurité, de l'aspirine à un chien souffrant d'arthrite, le métabolisme différent et plus réduit des chats fait de ce médicament une option dangereuse pour eux. Le paracétamol, principe actif du Doliprane, peut également leur être fatal, tout comme les nouveaux antalgiques longue durée disponibles sans prescription médicale pour les humains.

Si votre chat semble souffrir, consultez immédiatement le vétérinaire. Les chats sont de petites créatures remarquablement résistantes, de sorte que si vous notez un quelconque signe d'inconfort chez eux, c'est qu'ils sont probablement très souffrant et ont besoin de soins d'urgence. En ce qui concerne les douleurs chroniques, là encore, laissez votre vétérinaire vous prescrire un médicament efficace et sans danger.

Les créatures vertes

Bizarrement, les chats raffolent de verdure et adorent mâchouiller les feuilles des plantes. Certains spécialistes affirment que cette « déviance alimentaire », chez des animaux reconnus comme des carnivores endurcis, puise son origine dans le contenu à moitié digéré des estomacs de leurs proies végétariennes. Mais notre explication est beaucoup plus simple : les chats mangent des plantes parce qu'ils aiment cela.

Offrez à votre chat des plantes appropriées qu'il peut grignoter à volonté (voir le chapitre 8), et surtout assurez-vous qu'il ne mâchouille rien qui ne soit susceptible de le rendre malade. Vous pouvez dissuader un chat de mâchonner des plantes d'appartements, mais vous ne pourrez jamais l'en empêcher radicalement. L'idéal consiste donc à éloigner de votre chat tout ce qui peut lui faire du mal et, par conséquent, à ne pas acheter de plantes toxiques ou à faire pendre du plafond celles que vous possédez déjà (pour les rendre inaccessibles).

ATTENTION

Les plantes toxiques

Un chat peut se transformer en véritable « Terminator » de plantes, mais celles-ci sont parfois capables de venger leur espèce. Voici une liste de quelques plantes toxiques. La plupart « se contentent » de rendre les chats malades (provoquant souvent des troubles digestifs, mais aussi rénaux, nerveux, oculaires et des dermatites), mais quelques-unes peuvent leur être fatales. Si votre animal a taquiné l'une de ces « mauvaises graines », consultez le vétérinaire. Et n'oubliez pas : même les « bonnes » plantes présentent des risques si elles ont été traitées avec un insecticide.

- Abricot (noyau)
- Abrus
- Allamanda
- Aloès Véra (plante médicinale)
- Amaryllis
- Andromeda
- Aracées (famille des)
- Asperge (pousse)
- Aucuba
- Avocat (fruit et noyau)
- Azalée
- Cactus de Noël
- Caladium
- Cerise (feuilles et graines)
- Chrysanthème
- Cinéraire
- Clématites
- Crocus
- Cyclamen
- Dieffenbachia
- Dipladenia
- Dracæna
- Dragonnier
- Euphorbiacées (famille des)
- Ficus (sève et feuilles)
- Géranium
- Gui
- Hibiscus
- Houx
- Hyacinthe
- Hydrangea
- Laurier rose
- Liliacées (famille des)
- Marijuana
- Mimosa du Japon
- Narcisse
- Oignon
- Pêche (feuilles et noyau)
- Pomme (pépins)
- Primevère
- Rhododendron
- Rose de Noël
- Solanum
- Tomate (fruit vert et feuilles)
- Tulipe
- Yucca

Dans la mesure où il est impossible de contrôler tout ce que peut manger votre animal à l'extérieur, vous devez connaître les symptômes les plus courants et notamment ceux indiquant un empoisonnement, qui sont abordés au chapitre 10.

Une expérience de choc

Les fils électriques présentent un risque surtout chez les chatons curieux qui pourraient s'électrocuter en les mâchonnant, mais protéger votre chat adulte contre ces dangers n'est pas une précaution inutile. De tels accidents peuvent provoquer de graves brûlures dans la bouche et sur la langue. Essayez de masquer le mieux possible les fils et câbles électriques de votre domicile et, si vous ne pouvez cacher ceux qui semblent le plus attirer votre animal, enduisez-les d'un produit répulsif pour animaux (disponible dans tous les bons magasins) afin de les inciter à aller mâchonner ailleurs.

Les fils électriques ne sont pas les seuls objets que les chats adorent mordiller. Pour savoir comment persuader votre animal d'arrêter de s'en prendre à vos pulls (et autres vêtements), lisez le chapitre 13.

Menaces à quatre roues

Les voitures présentent un grand danger pour les chats, essentiellement lorsqu'elles roulent. L'issue de la rencontre d'un véhicule de 2 tonnes avec un minou de 5 kilos n'est jamais en faveur du félin. Mais les véhicules en stationnement peuvent également devenir une tentation mortelle pour un chat.

Les chats adorent la chaleur, et nombre d'entre eux découvrent très vite que les moteurs des voitures restent chauds longtemps après que le contact a été coupé. Ces chats se glissent à l'intérieur du capot en passant derrière les roues, se blottissent contre le métal encore tiède et s'installent pour une bonne sieste. Par une nuit glaciale, un tel lieu protégé peut sembler paradisiaque.

Un moteur qui tourne est beaucoup moins idyllique pour un chat, et celui qui s'y trouve encore lorsque le véhicule démarre peut être gravement blessé.

Même si votre chat ne sort jamais et ne peut accéder au moteur de votre voiture, vous pouvez sauver la vie d'un de ses cousins en adoptant un réflexe très simple : avant d'entrer dans votre voiture – particulièrement par un matin d'hiver – tapez deux ou trois fois sur le capot. Si un chat s'y est réfugié, le bruit le réveillera et le fera fuir sur-le-champ.

Les dangers du garage

Les garages sont rarement bien rangés. Sans compter tout ce qui peut fuir d'une voiture (dont les antigels, bien sûr), les produits d'entretien, insecticides, pots de peinture, fertilisants, et autres produits toxiques sont souvent à la portée d'un chat curieux.

Bien que les chats soient généralement plus sélectifs quant à ce qu'ils ingurgitent que les chiens, prendre soin de nettoyer tout liquide qui aurait pu se répandre au sol et bien ranger les produits chimiques et détergents ne sont pas des précautions inutiles.

Autre danger du garage : la porte. La porte d'un garage en position ouverte représente une cachette idéale pour un chat, mais ce perchoir opportun peut blesser votre animal si vous déclenchez le système de fermeture alors qu'il s'y trouve encore.

Et pendant que vous y êtes, pensez aussi à vérifier de temps en temps toutes ces autres cachettes où les chats adorent se réfugier – et se font parfois enfermer – telles que les caves et les placards.

Attention aux chutes !

Paul est un enfant de la ville, et il a fait son internat dans le centre médical pour animaux de New York, le plus grand hôpital au monde pour animaux de compagnie. Au cours de ses années d'étude, il a eu l'occasion de voir de nombreux chats qui étaient tombés – ou qui avaient sauté – d'appartements situés à des étages élevés. Certains avaient pu s'en sortir, d'autres non.

Étaient-ils tombés ou avaient-ils sauté ? Si la chute est généralement considérée comme accidentelle, personne ne peut jamais l'affirmer avec certitude. Et, même si les chats ont cette faculté de retomber sur leurs pattes, l'impact peut être mortel.

La prévention est le meilleur moyen d'éviter de tels accidents. Protégez vos fenêtres, et si vous habitez à un étage très élevé, ne laissez pas votre chat se promener seul sur la terrasse, ou installez un grillage ou des canisses qui l'empêchent de sauter.

Paul a vu des chats survivre à des chutes vraiment vertigineuses, du haut de 15 étages et plus ! (Est-il besoin de rappeler que New York est célèbre pour ses nombreux gratte-ciels ?) En fait, des études sur le « syndrome de la chute » chez les chats ont révélé que la majorité de ceux qui s'en sortaient étaient ceux qui tombaient d'une hauteur moyenne. Lorsque l'étage n'est pas très élevé, le chat n'a pas toujours suffisamment de temps pour ajuster sa tête, son corps et ses membres avant l'impact. S'il est trop élevé, la chute est trop grande pour qu'il survive. C'est entre les deux que se situe sa marge de survie, même si peu de chats se relèvent sans égratignure.

Antipuces canins ? À éviter !

Si vous pensez que les produits antipuces conçus pour chiens et chiots sont aussi inoffensifs pour les chats, détrompez-vous ! Ces poudres, pulvérisateurs et flacons antiparasites canins peuvent être mortels pour les félins.

N'utilisez *jamais* de produits antiparasites canins sur votre chat. De nombreuses personnes ont tendance à prendre ces recommandations à la légère, mais ces insecticides sont conçus pour répondre à des besoins très spécifiques : ils doivent contenir suffisamment de toxines pour tuer les parasites, mais pas assez pour mettre en danger la vie de l'animal domestique. Un produit conçu pour répondre à ce type d'impératif pour les chiens peut ne pas être adapté pour les chats. Avant d'utiliser le produit, vérifiez l'étiquette. Renseignez-vous auprès de votre vétérinaire. Si besoin est, appelez le fabricant. Il en va de la vie de votre animal !

À LA TRACE

Pour un contrôle efficace et sans danger des parasites externes (et internes) des chats, lisez le chapitre 7.

Chapitre 22
Dix écrivains parlent des chats

Dans ce chapitre :

- Calme et discret.
- Compagnon.
- Sensuel.
- Libre.
- Internaute.
- Solitaire.
- Indomptable.
- Extraterrestre.
- Singulier.
- Parfait.

Avec leur charme particulier, leur inimitable élégance et leurs mystérieuses attitudes, les chats ont inspiré nombre d'esprits créateurs de toute sorte et de tout temps – poètes, écrivains, romanciers, hommes de théâtre, peintres, sculpteurs, photographes et même publicistes. L'héritage qu'ont laissé ces fervents amoureux des chats a su traverser les générations. Et si les médias ont changé – comme en témoigne l'explosion féline sur le Web –, le chat reste toujours le même. Les paroles de grands auteurs tels qu'Edgar Allan Poe (« C'était un animal remarquablement grand et merveilleux, d'un noir de jais intense et d'une sagacité étonnante »), Oscar Wilde (« Approche mon adorable et langoureux Sphinx ! Repose ta tête sur mes genoux ! Et laisse-moi caresser ta gorge et admirer ton corps de Lynx ! ») ou Charles Baudelaire (« Lorsque mes doigts caressent à loisir/Ta tête et ton dos élastique/Et que ma main s'enivre du plaisir/De palper ton corps électrique ») n'évoquent-elles pas encore chez tous les amoureux des chats de merveilleux moments passés avec leurs propres compagnons ?

Cet être « aux prunelles magiques », qui se devine plus qu'il ne s'explique, n'a jamais laissé indifférent. Il dérange ou fascine, et aura toujours de grands admirateurs pour célébrer ses merveilleuses qualités – d'aucuns les qualifieraient même de « supérieures ».

Calme et discret

Les amoureux fervents et les savants austères
Aiment également, dans leur mûre saison,
Les chats puissants et doux, orgueil de la maison,
Qui comme eux sont frileux
et comme eux sédentaires.
[...]
Ils prennent, en songeant, les nobles attitudes
Des grands sphinx allongés au fond des solitudes
Qui semblent s'endormir dans un rêve sans fin.
Charles Baudelaire

Compagnon

Ami superbe, plein de fière bonté, daigne s'il te plaît t'asseoir à mon côté.
Sinburne

Sensuel

Le chat ne nous caresse pas, il se caresse à nous.
Antoine Rivarol

Libre

J'aime dans le chat cette indifférence avec laquelle il passe des salons à ses gouttières natales.
Chateaubriand

Internaute

Nombre de guerres de propos (*flames*) sur l'Internet sont lancées par des chats qui n'ont pas eu ce qu'ils souhaitaient pour dîner.

Judy Heim

Solitaire

Je suis le chat qui s'en va tout seul, et tous les lieux se valent pour moi.

Rudyard Kipling

Indomptable

Si je préfère les chats aux chiens,
C'est qu'il n'y a pas de chats policiers.

Jacques Prévert

Extraterrestre

Le chat est tellement d'ailleurs qu'ici ne l'intéresse pas.

Claude Mauriac

Singulier

Un chat a trois noms [...] un nom de tous les jours, comme Pierre ou Jean-Paul, [...] un vrai nom personnel, plus majestueux, comme Méta-Méthyl, Ouitchi, Kalikola [...] et le nom que jamais nul ne peut deviner, son nom ineffable, affablement ineffable, indicible, profond – et singulier –, son Nom.

T.S. Elliot

Parfait

Il est deux choses esthétiquement parfaites en ce monde, la cloche et le chat.

Alain

Le plus petit des félins est une œuvre d'art.

Léonard de Vinci

Annexe
Carnet d'adresses

Associations félines

Association internationale féline (AIF)
38, avenue du Président-Wilson
75116 Paris
Tél. : 01 45 53 71 48
Fax : 01 47 04 59 20

Association féline internationale indépendante (AFII)
6, chemin de l'Esperel
30210 Ledenon
Tél. : 04 66 26 08 70

Association française des chats de France (AFAP)
11, allée du Parc
59120 Loos
Tél. : 03 20 07 17 17
Fax : 03 20 07 02 22
E-mail : leroim@wanadoo.fr
www.felis-afap.fr.fm

Association « Les chats de France »
207, rue de la Ville-de-Paris
95530 La-Frette-sur-Seine
Tél. : 01 30 76 13 17
Fax : 01 30 76 04 41

Association Pacions
221, rue de la Chapelle
78925 Carrières-sous-Poissy
Tél. : 01 39 79 05 78
Fax : 01 30 81 39 35

Clubs et cercles

Association nationale féline (**ANF**, affiliée à la SCFF)
24, rue de Nantes
75019 Paris
Tél. : 01 45 79 14 85

Cat Club de Paris et des provinces françaises (affilié à la FFF)
75, rue Claude-Decaen
75012 Paris
Tél. : 01 46 28 26 09

Cercle européen du chat
Les Pascarons
84220 Murs en Provence
Tél. : 04 90 72 60 76

Cercle félin de paris (CFP)
12, rue Janssen
75019 Paris
Tél. : 01 46 39 85 24
Fax : 01 46 66 88 68

Club félin français (CFF)
3 bis, rue du Lavoir
78870 Bailly
Tél. : 01 34 62 00 34

Livre des origines félines des provinces françaises (LOPF, affilié à la SCFF)
1, route d'Orléans
91160 Saulx-les-Chartreux
Tél. : 01 64 48 90 61

Livre d'origine des races félines (LORF)
La Folie
74570 Évires
Tél. : 04 50 62 01 60
Fax : 04 50 62 02 08

Loisirs félins français (LFF)
5, allée Pablo-Neruda
28500 Vernouillet
Tél. : 02 37 42 53 79

Fédérations

Association nationale des cercles félins français (ANCFF)
7, rue Chaptal
75009 Paris
Tél. : 01 48 78 43 54

Fédération féline française (FFF)
75, rue Claude-Decaen
75012 Paris
Tél. : 01 46 28 26 09

Fédération internationale du chat (FIC)
15, rue des Acacias
91270 Vigneux
Tél. : 01 69 03 51 98

Société centrale féline de France (SCFF)
24, rue de Nantes
75019 Paris
Tél. : 01 40 35 18 04
Fax : 01 40 34 36 20
`multimania.com/marina/scff`

The International Cat Association (TICA)
134, avenue de Paris
78740 Vaux-sur-Seine
Tél. : 01 30 99 06 15

Associations de protection animale

Assistance aux animaux
24, rue Berlioz
75116 Paris

Confédération nationale des sociétés de protection des animaux (CNSPA)
25, quai Jean-Moulin
69002 Lyon
Tél. : 04 78 38 71 71
Fax : 04 78 38 71 78
`perso.wanadoo.fr/confspa`

École du chat
110, rue Championnet
75018 Paris
Tél. : 01 42 23 21 16

Fondation Brigitte Bardot
45, rue Vineuse
75016 Paris
Tél. : 01 45 05 14 60
Fax : 01 45 05 14 80
www.fondationbrigittebardot.fr

Fondation Trente Millions d'Amis
40, cours Albert-Ier
75008 Paris
Tél. : 01 56 59 04 44
www.30millionsdamis.fr

Société protectrice des animaux (SPA)
39, boulevard Berthier
75017 Paris
Tél. : 01 43 80 40 66
Fax : 01 43 80 99 23
www.spa.asso.fr

Services d'urgence et vétérinaires

Centre antipoison de Paris
Tél. : 01 40 05 48 48

Centre antipoison de Lyon
Tél. : 04 72 11 69 11

Centre antipoison des écoles vétérinaires
Lyon
Tél. : 04 78 87 10 40
Maisons-Alfort
Tél. : 01 48 93 13 00
Nantes
Tél. : 04 40 68 77 40
Toulouse
Tél. : 05 61 19 39 40

École nationale vétérinaire
7, avenue du Général-de-Gaulle
94700 Maisons-Alfort
Tél. : 01 43 96 70 00
Fax : 01 43 96 71 25
www.vet-alfort.fr

Syndicat national des vétérinaires urbains (SNVU)
10, place Léon-Blum
75011 Paris
Tél. : 01 43 79 36 12

Après la mort

Cimetière pour animaux

Asnières
Quai Docteur Dervaux
92600 Asnières
Tél. : 01 40 86 21 11

Marcoussis
243, route de Couard
91460 Marcoussis

Villepinte
18-24, route de Tremblay
93420 Villepinte
Tél. : 01 43 83 76 33

Incinération

Service d'incinération des animaux familiers
3, rue du Fort
94130 Nogent-sur-Marne
Tél. : 01 48 76 68 18

Chats perdus ou trouvés

Fichier national félin
10, place Léon-Blum
75011 Paris
Tél. : 01 44 93 30 30

Presse animalière

Animaux Magazine (édité par la SPA)
39, boulevard Berthier
75017 Paris

Atout chat
35, rue des Chantiers
BP 14 - 78035 Versailles Cedex
Tél. : 01 39 20 70 76
Fax : 01 39 02 74 66

Chat magazine
16, rue de Logelbach
75017 Paris
Tél. : 01 44 40 21 00
Fax : 01 44 40 21 01

Féli Mag (la revue technique d'Atout Chat)
35, rue des Chantiers
BP 14 - 78035 Versailles Cedex
Tél. : 01 39 20 70 76
Fax : 01 39 02 74 66

La Voix des bêtes (revue bimensuelle éditée par l'association Assistance aux animaux)
24, rue Berlioz
75116 Paris

Le Magazine des animaux
35, rue des Chantiers
75035 Versailles Cedex

Trente Millions d'Amis
10, rue du Colisée
75008 Paris
Tél. : 01 44 95 02 30
Fax : 01 44 95 02 22

Clubs de race

Pour trouver d'autres clubs de race que ceux mentionnés ci-dessous, consultez le site Web `www.chatsderace.com`.

Bengal

Club du chat du Bengale
13, rue Villebois-Mareuil
18000 Bourges
Tél. : 02 48 21 02 04

Table ronde autour des chats Bengalis et Bengales
Hôpital Marin Route de la Corniche
64700 Hendaye
Tél. : 05 59 48 08 51

Burmese

Club du chat Burmese
59, boulevard du Château
92200 Neuilly
Tél. : 01 46 24 90 60
`members.aol.com/Bgwood2/Club-Burmese/`

Chartreux

Club du chat des Chartreux (FFF)
66, rue de Ponthieu
75008 Paris
Tél. : 01 45 62 03 51

Chat de Ceylan

Club du chat de Ceylan
La Rose des Vents
Les Noyers
63410 Manzat
Tél. : 04 73 86 93 99

Chat des forêts norvégiennes

Association internationale du Skogkatt
2, place de la République
37240 Ligueil

Tél. : 02 47 92 05 60
`www.infini.fr/~skogkatt`

Club des chats des forêts norvégiennes
Château de Perrassier
03310 Neris les Bains
Tél. : 04 70 03 22 45

Oriental et Siamois

Association féline des amis du Siamois
6, square Arago
Résidence du Parc Montaigne
78330 Fontenay le Fleury

Association féline du Siamois, de l'Oriental et du Balinais
75, allée du Château
95120 Ermont
Tél. : 01 34 15 50 37

Club du Siamois et Oriental (FFF)
23, avenue Charras
63000 Clermont-Ferrand
Tél. : 04 73 91 49 83

Maine Coon

Association féline du Maine Coon
216, rue Lafayette 75010 Paris
Tél. : 01 46 07 21 25

Abyssin

Alliance Abyssin Somali
Hameau Chamblin
10130 Ervy-le-Chatel
Tél. : 01 46 75 92 32

Persan

Amicale féline des Persans
176, rue Denans
83140 Six Fours les Plages**Association féline du Persan**
Rue de la Piauzière
45110 St Martin d'Abbat

Cercle du Persan colourpoint (FFF)
5, rue du Vallon
51260 Marcilly
Tél. : 03 26 81 41 55

Chinchilla club de France
15, rue de la République
41110 Mareuil-sur-Cher
Tél. : 02 54 75 07 45

Club du Persan chinchilla, Silver Shaded et dérivés (FFF)
12, rue Bildstein
67500 Hagueneau
Tél. : 03 88 93 50 41

Club du Persan particolore
Château de la Haute-Braconnière
85170 Dompierre-sur-Yon
Tél. : 02 51 07 59 10
www.geocities.com/persanparticolore

Shadow and Light (smoke et silver tabby)
5, rue du Général Leclerc
93220 Gagny
Tél. : 01 43 01 12 53

Sacré de Birmanie

ANABI
8 bis, rue de Troyes
77390 Les Étards
Tél. : 01 64 07 64 85
www.ifrance.com/anabi

Cercle du chat Sacré de Birmanie (FFF)
8, place du Marché à la volaille

28210 Nogent le Roi
Tél. : 02 37 51 38 99
Fax : 02 37 51 39 14

Scottish Fold et Highland Fold

Club européen du Scottish Fold et du Highland Fold
134, rue du Faubourg
B6110 Montigny-le-Tilleul
Belgique
membres.lycos.fr/cesfhf/

Index

N

O

P

Q

R

S

T

U

V

W

Y